大佛頂首楞嚴經講義 下冊

群生莫不有心　而真心難悟

修行莫不有定　而性定難明

虛雲敬題

圓瑛法師◎著

大佛頂如來密因修證了義諸菩薩萬行首楞嚴經講義

福州鼓山湧泉禪寺圓瑛弘悟述　受法弟子明暘日新敬校

寅三　六識圓通分六　卯初　鶖子眼識　二　普賢耳識　三　難陀鼻識　四　滿慈舌識　五　波離身識　六　目蓮意識　今初

舍利弗，即從座起，頂禮佛足，而白佛言：我曠劫來，心見清淨，如是受生，如恆河沙，世出世間，種種變化，一見則通，獲無障礙。

舍利弗，此云鶖子，起座頂禮白佛：我曠劫來，心見清淨：心見即眼識，不染色塵曰清淨。如是指眼識清淨。受生如恆河沙劫之久，世出世間，凡聖染淨諸法，六凡法界，善惡攸分，苦樂不等，四聖法界，大小差殊，權實有異，故曰種種變化。一見則通者：祇要眼識一見，隨念分別，則能通達，了然明白，獲無障礙，不必意識，計度分別，此顯多劫，眼識明利也。

我於中路，逢迦葉波，兄弟相逐，宣說因緣，悟心無際。

舍利弗，初事沙然梵志。沙然歿後，無師可事，一日於中路，逢三迦葉波，兄弟相逐即相隨，宣說因緣深義，偈云：「因緣所生法，我說即是空；亦名爲假名，亦名中道義。」此四句，即大乘因緣，天台宗，藏、通、別、圓四教，即依此偈而立，四句依次立四教。鶖子一聞，便悟圓理，圓理即是藏心，故曰悟心；周徧法界，故曰無際。　有云舍利弗，路逢馬勝比丘，威儀庠序，即趨問汝師是誰？答曰：我師釋迦牟尼。又問：汝師授汝何法，可得聞乎？答曰：我初入道，祇記得因緣之法：諸法從緣生，諸法從緣滅，我佛大沙門，常作如是說。舍利聞已，即得初果。歸告目連亦悟，二人率領徒衆，投佛出家，今云逢迦葉波者，或同時所遇，非獨一人，彼此互出耳。

從佛出家，見覺明圓，得大無畏，成阿羅漢，爲佛長子，從佛口生，從法化生。

既聞勝法，乃知師亦非常。遂從佛出家，見覺亦眼識也。向者眼識，雖得無礙，尚未明圓，今則更承佛誨，識精明圓，得大自在，具四無畏，爲接樂小之儔，權取四果，成阿羅漢；欲伏邪外之衆，示居智魁，爲佛長子，乃以智德居長也。從佛口生，從法化生者：非說色身，乃指法身，從佛聞法，而得悟證法身，如從佛口生也。在教法中，常承法乳，長養之力，是從法化生也。

佛問圓通，如我所證，心見發光，光極知見，斯爲第一。

此結答圓通。如我所修所證，心見發光，即由眼識，而成無障礙智，光即智也。智光極處，徹佛知見，斯眼識最爲第一。他經云：「鶖子過去，已成金龍如來，乃不捨大悲，倒駕慈航。」則知七日通達佛法，半月得證聖果，皆示現耳。

卯二　普賢耳識

普賢菩薩，即從座起，頂禮佛足，而白佛言：我已曾與恆沙如來，爲法王子。十方如來，教其弟子菩薩根者，修普賢行，從我立名。

此自述遠因。普賢菩薩：行彌法界曰普，位隣極聖曰賢。起座頂禮白佛言：我已曾與恆沙如來，爲法王子。此顯事佛之多，恆沙如來，悉皆承事，無空過者，故得證位之深，以爲法王眞子，位當等覺，可以承紹法王家業也。行願品云：「一切如來有長子，彼名號曰普賢尊。」十方諸佛如來，教其弟子，有大乘菩薩根器者，即圓頓一類之機，修普賢行，即大乘法界行，十大願王是也。此行從我立名者有二意：一、令行人有所效法；二、令普賢有所加被也。

世尊！我用心聞，分別衆生所有知見，若於他方恆沙界外，有一衆生，心中發明普賢行者，我於爾時，乘六牙象，分身百千，皆至其處，縱彼障深，未得見我，我與其人，暗中摩頂，擁護安慰，令其成就。

世尊我用心聞：心聞即耳識。惟用耳識，隨念分別，不假五俱意，及獨頭意識，計度分別，便能分別衆生，所有知見。然衆生知見不一，有邪、正、大、小、權、實，種種差別，但用心聞，即能了知。若於他方，恆河沙界之外，極言其處之遠。有一衆生，心中發明，普賢行者：先悟毘盧性海，次入普賢行門，雖然在遠不遺，如十方世界，有無量衆生，發明普賢行者，我於爾時，乘六牙象，分身百千，皆至其處；此菩薩利生念切，及時而應。準法華象是白象，表清白梵行之相，六牙表六度，乘此爲因，而到如來果地也。分身百千：極言其多，非定數也。有無量衆生，發明普賢行，菩薩即現無量身，而徧應之，此不思議之力用也。一身不分而普現，群機咸應以無違，如一月當空，影臨衆水，縱彼惑重障深，能障遇聖善根，我與其人，暗中摩頂，消其惑業，除其障難，冥中擁護，令不退轉。如無障者，現身安慰，令其增進。成就、雙指有障無障，皆得成就，普賢廣大行願心也。

佛問圓通，我說本因，心聞發明，分別自在，斯爲第一。

此結答圓通。我上來所說，最初本因，但用耳識，隨念分別。能發智慧光明，普照群機，得大自在，現前諸行，莫不資始乎此，故曰斯爲第一。

卯三　難陀鼻識

孫陀羅難陀，即從座起，頂禮佛足，而白佛言：我初出家，

從佛入道，雖具戒律，於三摩地，心常散動，未獲無漏。世尊教我，及拘絺羅，觀鼻端白。

孫陀羅，此云艷，是妻名，難陀是本名，此云喜，連妻爲名曰艷喜。因佛會下，難陀多人，加艷以別之。是佛胞弟，具三十相，短佛四指，身亦金色，若入衆中，有不識者，謂是佛來。起座頂禮白佛言：我初出世俗家，從佛而入出世道。雖具戒律：言於戒雖然無缺，於定尚未時入，故曰於三摩地，心常散動。散者心攝不起，動者心定不下，因無定不能發慧，無慧不能斷惑，故未獲無漏。世尊教我：乃因機施教。及拘絺羅，此云大膝，是舍利弗母舅，同爲散心之機。故佛教觀鼻端白，兩目注視，鼻尖微有白相，令其注心一處，收攝散動也。

我初諦觀，經三七日，見鼻中氣，出入如煙，身心內明，圓洞世界，徧成虛淨，猶如瑠璃，煙相漸銷，鼻息成白。

我初秉教諦觀，經三七日，見鼻中氣，出入如煙：當知此氣，由風火而起，鼓煩惱濁，故其狀如煙，昧者不覺。惟諦觀能見，視微若著。煙相漸銷，鼻息成白兩句：應接如煙下，觀之既久，煩惱垂盡，煙相漸銷，出入鼻息，竟成白相。身心內明者：身心即鼻識，以肉鼻同身，內明即定成之相，定功既成，便能發慧，明即智慧光明，煩惱既銷，慧光迭發。圓滿洞徹，依報世界，徧成虛淨。虛則無礙，淨則無染，皆慧光徧鎔所致，故得內明外虛，猶如瑠璃，內外明徹。

心開漏盡，諸出入息，化爲光明，照十方界，得阿羅漢。世尊記我，當得菩提。

首句藏心開顯，諸漏俱盡，諸出入氣息，皆化爲智慧光明，普照十方世界，得成大阿羅漢，此轉煩惱成菩提之先聲。故世尊記我，當得菩提，即當來成佛也。

佛問圓通，我以銷息，息久發明，明圓滅漏，斯爲第一。

此結答圓通，不取鼻、聞、鼻識，而取觀息之功。我以銷息者；始而觀鼻攝心，見氣如烟；繼而烟相漸銷，鼻息成白，故曰銷息。銷息乃銷如烟之氣，而成白淨之息也。息久發明者：銷息既久，定力愈深，幷息亦銷，諸出入息，稱性發化，成爲智慧光明。明圓滅漏者：光明圓照十方，銷滅諸漏，不僅見思，幷滅塵沙無明，惟斯鼻觀，最爲第一。

卯四　滿慈舌識

富樓那彌多羅尼子，即從座起，頂禮佛足，而白佛言：我曠劫來，辯才無礙，宣說苦空，深達實相。如是乃至恆沙如來，秘密法門，我於衆中，微妙開示，得無所畏。

滿慈子，起座頂禮白佛，自述遠因。我曠劫來，辯才無礙：此由宿命通，能憶遠劫之事。辯才有四：一、法無礙辯，能說世出世法，一一名相，無不了知；二、義無礙辯，能說諸法，差別之義，通達無礙；三、辭無礙辯，能以一言，而含無邊妙義，能收廣義，納在數語之中；四、樂說無礙辯，隨順衆生好樂，善巧方便，而爲說法。宣說苦空：對小機說小法；深達實相：對大機說大法；又正說苦空之時，深達實相之理，了知苦本無苦，苦即法身，法身即實相也。了知眞空不礙妙有，妙有不礙眞空，權實諸法，隨宜能說。

如是乃至，恆沙如來，秘密法門：即大乘了義秘密深奧法門。我於大衆之中，將精微之義理，用巧妙之言詞，對衆開示，人衆既多，根器不等。開示曰微妙者，自必三根普利，一雨均沾也。得無所畏者；分得如來，四無所畏：一、一切智無畏，二、漏盡無畏，三、說障道無畏，四、說盡苦道無畏。能於衆中，作師子吼，心無所畏，於法而得自在也。

世尊知我，有大辯才，以音聲輪，教我發揚。我於佛前，助佛轉輪，因師子吼，成阿羅漢。世尊印我，說法無上。

此敍現迹。本師世尊，知我有大辯才；誠爲知弟莫若師，因才而教育。以音聲輪：即口輪說法，亦即法輪。教我發揚者：教我觀機發揚，愼勿不淨錯施於爐鞴，數息竟授於塚人。我於佛前，助佛轉輪者；助揚佛化，代轉法輪。因師子吼；即說法無畏也。師子一吼，群獸皆伏，妙法一宣，邪、外歸化。以此舌識，上輔佛化，下度衆生，成阿羅漢。世尊印證我，說法人中，爲無有上。

佛問圓通，我以法音，降伏魔怨，銷滅諸漏，斯為第一。

此結答圓通。我以舌識，說法無畏，即以法音，降伏三界諸魔，五陰怨賊，銷滅結使，以及諸漏，以斯舌識，最為第一。

卯五　波離身識

優波離，即從座起，頂禮佛足，而白佛言：我親隨佛，逾城出家；親觀如來，六年勤苦；親見如來，降伏諸魔，制諸外道，解脫世間，貪欲諸漏。

優波離此云上首，嚴持淨戒，為衆綱紀故。起座頂禮，而白佛言：我親隨佛，逾城出家者：據傳說，佛為太子時，優婆離為東宮執事之臣。及佛背父出家，彼優婆離亦有失職之咎，當然不安於位，且無職可供矣，故即隨佛出家。但非國王所派遣，不在五比丘之列耳。

親觀如來，六年勤苦者：太子剃除鬚髮已，將寶冠寶衣等，交車匿持回，告稟父王母后，不必憂念。淨飯王派遣五臣，同車匿往請太子回國，太子曰：

「不成佛道，不回本國。」於是與太子隨行。普曜經云：至伽闍山，苦行林，天獻麻米，日食一顆。五臣同波離，與太子伴修，五臣先後離去，惟波離始終不離，故曰親觀如來，六年勤苦。親見如來，降伏諸魔，制諸外道者：佛在雪山苦行，本可成道，祇恐貽誤衆生，以苦爲道，故不在雪山成道。遂起詣菩提樹下安坐，誓曰：「不成佛道，不起此坐。」經四十八日，波旬魔王，夢見三十二變，覺已恐怖，觀察閻浮提菩薩坐樹下，將成正覺。敕四魔女，令壞禪定，現三十二媚相，菩薩身心，寂然不動，令女自見九孔二藏，八萬蟲戶，汚穢不淨，嘔吐而去。魔怒親率魔兵，有欲加害，亦無可奈何，此亦波離目覩之事，故曰親見。

制諸外道：此佛成道以後。佛未出世，印度只有外道婆羅門教，佛成道已，人多信仰，外道嫉妒，屢欲害佛，如申日以毒飯害佛，佛自念我心無毒，自不受毒，食已安然。如以醉象害佛，佛伸五指，現五師子，醉象伏地不動。又度優樓頻螺迦葉等，皆親見制諸外道也。解脫世間，貪欲諸漏者：此波離自敍悟證有由，因親觀苦行，親見降魔制外，信出世之有益，厭世間之無常，深知貪欲，爲諸漏根本，既已深知，自然不着，故曰解脫。

承佛教戒，如是乃至三千威儀，八萬微細，性業遮業，悉皆清淨，身心寂滅，成阿羅漢。

此述稟教得果。承佛教戒：即授以二百五十條比丘戒，此小乘戒也。如是乃至：漸次增進，大乘菩薩戒法。三千威儀：以行、住、坐、臥四威儀，各具二百五十戒一千，對三聚淨戒，各一千則成三千。八萬微細者：以三千威儀，配身口七支，則成二萬一千，復配貪、瞋、癡、等分，合成八萬四千細行。性業遮業者：謂所戒之法，體性即惡，不待制止，犯則成業，如殺盜婬妄等，是爲性業。若所戒之法，體性非惡，以能引令作惡，佛故遮止；如飲酒食葷塟土等，是爲遮業。由是大、小兩乘之戒，悉皆能持，清淨無犯。身心寂滅，成阿羅漢者：小乘制身，故身識寂然；大乘制心，故意識亦滅。此即由戒生定，定力既成，慧光斯發，乃得人空慧，成阿羅漢道。

我是如來眾中綱紀。親印我心，持戒脩身，眾推爲上。

我是如來律中首領，於大衆中，能以戒律，整綱肅紀。統領曰綱，維持曰紀，佛令稽查持犯，處斷重輕，統領僧衆，維持律宗，故曰我是衆中綱紀。親印我心者：此云大乘制心之戒；是我密行，無念總持，蒙佛親印我心戒清淨。小乘制身之學，持戒修身，是我顯迹，蒙佛於大衆之中，推爲無上。如智論云：「長老優波離，於五百羅漢中，持律第一」是也。

佛問圓通，我以執身，身得自在；次第執心，心得通達，然後身心一切通利，斯爲第一。

此結答圓通。佛問圓通，我以（用也）身識，執持小乘身戒，身識不起，於觸塵中，並無違順俱非等相，身得自在；由外及內，次第以身識，執持大乘心戒。心得通達者：即悟明無作妙戒，既無所持之戒，亦無能持之心，然後若身若心，不待執持，自然無犯。故曰：「一切通利。」得入圓通，以斯身識，最爲第一。

卯六　目連意識

大目犍連，即從座起，頂禮佛足，而白佛言：我初於路乞

食，逢遇優樓頻螺、伽耶、那提三迦葉波，宣說如來因緣深義，我頓發心，得大通達。

大目犍連，此云大采菽氏。起座頂禮白佛：我當初於路乞食，逢遇三迦葉波，兄弟三人，優樓頻螺此云木瓜林，依此林而修；伽耶山名，即象頭山，依此山修故，那提江名，近此江修故。宣說如來，因緣深義：即「因緣所生法，我說即是空，亦名為假名，亦名中道義」。非取世間和合麤因緣相。有云舍利，聞說因緣之法，歸告目連，此目連自述，親聞所說。我頓發心有二義：一、發心從佛出家；二、發明意識心，即如來藏。故曰：「得大通達。」所謂窮源徹底，了知全識全性也。

如來惠我袈裟著身，鬚髮自落。我遊十方，得無罣礙，神通發明，推為無上，成阿羅漢。

既聞法已，仰慕於佛。聞舍利弗歸投於佛，佛呼善來比丘四字，袈裟着身，鬚髮自落，頓成比丘之相。我遊十方，得無罣礙，去住自由。神通發明者：

由此神通，發明意識即藏性，不變隨緣，自在無礙，故於衆中，神通推爲無上，成阿羅漢道。

寧惟世尊，十方如來，歎我神力，圓明清淨，自在無畏。

此言我之神通，豈獨本師世尊，於阿含會上，許我神通第一。即十方如來，亦皆歎我神力，具有四義：一、徧遊十方，作諸佛事，故曰圓明；二、一眞不動，纖塵不染，故曰清淨；三、任運示現，無礙解脫，故曰自在；四、無魔不降，有怨(讀寃)皆伏，故曰無畏。

佛問圓通，我以旋湛，心光發宣。如澄濁流，久成清瑩，斯爲第一。

此結答圓通。佛今問我，悟十八界，誰爲圓通？從何方便入三摩地？我以(用也)意識，旋轉虛妄分別之意識，復歸圓湛常住之心性，心地光明，由此顯發宣流，現爲神通，如澄濁水，流即水也。妄識種種分別如濁水，旋字即澄濁之功，旋之既久，而成湛然澄清，瑩淨皎潔之藏性，惟斯意識，最爲第一。三六識圓通竟。

寅四　七大圓通分七　卯初　烏芻火大　二　持地地大　三　月光水大　四　琉璃風大　五　空藏空大　六　彌勒識大　七　勢至根大

卯初分四　辰初　陳白因欲得觀　二　觀行成就得名　三　證果心發大願　四　結答所證圓通　今初

烏芻瑟摩，於如來前，合掌頂禮佛之雙足，而白佛言：我常先憶，久遠劫前，性多貪欲。有佛出世，名曰空王，說多婬人，成猛火聚，教我徧觀，百骸四肢，諸冷煖氣。

烏芻瑟摩此云火頭，即火頭金剛。七大本以地大爲首，玆以火大居先者，以婬欲屬火，婬爲壞定之寃賊，當首戒之，故以火大居先。烏芻起座，頂禮白佛：我常先憶，久遠劫前，身居凡位，性多貪欲，以宿生婬習，積習成性。於時有佛出世，名曰空王，佛名空王，證第一義空也。法華經佛云：我與阿難，同於空王佛所發心，則烏芻亦與佛，同在空王會下同學，今爲護佛法，乃現力士之身。空王善能觀機施教，說多婬人，生爲欲火，死爲業火，婬多火亦多，故成猛火聚。欲火非惟燒諸善根，幷能燒滅智種。乃教我徧觀百骸四肢：百骸是周身骨節，四支即兩手、兩足。諸冷煖氣者：於欲心未動之時，全身本自淸冷，迨欲念旣萌之後，擧體便覺煖熱，自信火聚之言不虛，心生怖畏，專心修觀。

辰二　觀行成就得名

神光內凝，化多婬心，成智慧火。從是諸佛，皆呼召我，名爲火頭。

禪觀之中，徧觀周身煖觸，厭畏心生，婬欲心歇，遂成正定。一段神光，內凝不動，能化多婬之心，轉欲火，而成智慧之火，因得火光三昧。從是諸佛，以我善觀火性，皆呼召我，名爲火頭。

辰三　證果心發大願

我以火光三昧力故，成阿羅漢。心發大願，諸佛成道，我

為力士，親伏魔怨。

我以觀火成定，名為火光三昧，由此三昧力故，斷諸結縛，證入圓通，成大阿羅漢。心發大願：即護法之願，諸佛成道，我為力士，擁護佛法，親伏魔怨音冤決不姑容。正法念經云：昔有國王，第一夫人生千子，欲試當來成佛次第，以千籌令抽驗之，拘留孫抽第一。釋迦第四，彌勒第五，乃至樓至當一千；第二夫人生二子，一願為梵王，請千兄轉法輪，一願為密跡，金剛神王，護千兄法。今諸佛成道烏芻為力士，諸佛或指賢刧千佛，釋迦正當為四也。

辰四　結答所證圓通

佛問圓通，我以諦觀身心煖觸，無礙流通，諸漏既銷，生大寶燄，登無上覺，斯為第一。

我以諦觀，因諦觀火大，得成三昧。初觀百骸四肢，是觀身之欲火；後神光內凝，是觀心之欲火。煖觸即火大，觀行成就，則化婬心為道心，轉欲火成智火，婬心既化，智火已成，不為惑業所礙，故曰無礙。復以神光智火，流貫十方，融通藏性，而成性火眞空，性空眞火，諸漏旣已銷除，生大寶燄之智火，此即火光三昧。轉凡成聖，登無上覺，此則顯明，大本齊佛，示居因位，輔揚佛化矣！我證圓通，即以諦觀火大，斯爲第一。

卯二　持地地大　分五　辰初　陳白積平地行　二　兼敍修效力行　三　蒙佛授平心教　四　依教悟無生忍　五　結答所證圓通　今初

持地菩薩，即從座起，頂禮佛足，而白佛言：我念往昔，普光如來，出現於世，我爲比丘，常於一切要路津口，田地險隘，有不如法，妨損車馬，我皆平塡，或作橋梁，或負沙土。

因積平地行，後持平心教，依教修證，故名持地。起座頂禮白佛：此自述遠因，我念往昔，普光如來，出現於世：佛名普光者，以身光智光，普照法界，乃五十三佛之首。我於彼佛，發心出家，而爲比丘，勤脩苦行，常於一切往來必經之要路，水陸交通之津口，田地險隘之處所。險者高深不平，隘者迫窄不寬。所有不如法，不便行走之道路，必至妨害於車，損傷其馬，車有折軸之危，馬有失足之患，我皆平塡，高者夷之使平，深者塡之使滿，或作橋梁，以利津口，或負沙土，以脩要路。

辰二　兼敍修效力行

如是勤苦，經無量佛，出現於世。或有衆生，於闤闠處，要人擎物，我先爲擎，至其所詣，放物即行，不取其直。

首句指上平塡道路，或作橋梁，或負沙土，皆勤勞苦行。經無量佛出現於世：經時之久，常行不退。此結平地行，下敍效力行。或有衆生：指老弱乏力者，於市垣曰闤，市門曰闠，商場貿易，要人擎物，我先爲擎，至其所詣之處，放物即行，不論親疎貴賤，悉皆不取其直，直即工價，非但不索，即物主與之，亦復不取。此以效勞，布施身力，以爲其行，此中具足施度三施：一、財施，身爲內財，以身力施故；二、法施，廣結善緣，感化於人故；三、無畏施，人知其善，不生怖畏故。又不取其直，併以外財布施也。

毗舍浮佛，現在世時，世多饑荒，我爲負人，無問遠近，唯

取一錢，或有車牛，被於泥溺，我有神力，爲其推輪，拔其苦惱。

梵語毘舍浮，此云徧一切自在。此佛是莊嚴劫之末，最後一尊佛，住世之時，衆生同業所感，世多饑荒，即饑饉荒年，五穀不熟，糧食不足，乞食爲難。我爲荷負之人，與人負物，無論路途遠近，人面生熟，平等爲懷，唯取一錢之直，節取活命，更不多貪也。

或有車牛，被於泥溺者：前云饑荒，饑荒有二：一、旱荒，二、水荒。此云泥溺，當是久雨之水荒。又前云饑荒，或是旱荒，其地必燥，何以泥溺？俗語有云：久晴必有久雨，旱時土地晒乾，雨後成泥，此車牛被於泥溺，當是旱後時事也。我有神力三句：上負物屬利人，此拔苦兼利物，由積劫苦行，福報所感，故得神力。車牛或指牛車，或車與牛，被汚泥之所陷溺，人牛俱受苦惱；我有神力，爲其推輪，拔除苦惱。

辰三　蒙佛授平心教

時國大王，延佛設齋。我於爾時，平地待佛，毗舍如來摩頂謂我，當平心地，則世界地，一切皆平。

交光法師云：夫平地之行，志在普利，效力之行，不檢親疎，其心亦久平矣，何至此而方蒙平心之教乎？蓋前屬事相平心，未能悟理，今令悟知，內心外地，本惟一體，故惟平心，不分情、器，則境隨心轉，安有不平，較前豈不天淵乎？　時、即國王請佛設齋之時；延、即請也。我在爾時，知佛必由此路，而至王宮，王既爲國修福，屈九五之尊，而迓萬德之聖，我則平地待佛，以表敬佛之意，此待佛，即所以待敎也。　毗舍如來摩頂者，愍其事行久勞，慈悲攝受也。謂我當平心地，則世界地，一切皆平：此佛欲令以理融事，故謂之曰，當平心地，以心爲諸法之本，地由心造，內心既平，外相斯夷，滄桑變易，常自如如，故曰則世界地，一切皆平。淨名經云：「欲得淨土，當淨其心，隨其心淨，則佛土淨。」換言之，欲平大地，當平心地，隨其心平，則世界地平。毗舍、金粟二佛之言，若合符節。

辰四　依敎悟無生忍

我即心開，見身微塵，與造世界，所有微塵，等無差別，微塵自性，不相觸摩，乃至刀兵，亦無所觸。

前脩二行，屬權漸，此則心開，入圓頓。心開者：即藏心開發顯現，始知藏心隨緣成事，心歧則千差競起；此心返妄歸眞，心平則法界坦然，了達內色外色，地大平等。到此則超過聲聞之智，非但不執內四大爲我，亦復洞明外四大唯心矣！見自身中，地大微塵，與能造世界，所有微塵，唯是藏心平等，無有差別。微塵自性，不相觸摩者：微塵，指內外地大色法，自性，即如來藏性心法，色、心不二，性色眞空，內身外界，所有微塵，悉皆自性，不相抵觸，不相擦摩，如空合空，似水投水，不相妨礙。乃至外地大之刀兵，與內地大之身根，以刀觸身，亦無所觸傷，如空合空，似水投水也。持地所脩，具四法界：初脩平地效力，事相之行，屬事法界；蒙平心敎，心平地平，以理奪事，屬理法界；心開見塵，色心不礙，屬理事無礙法界；刀兵觸身，亦無所傷，屬事事無礙法界。肇法師曰：「將頭臨白刃，猶若斬春風。」彼但證性無傷，如六祖延頸，刺客三揮利刃，俱如斬影，此則到事事無礙矣！

我於法性，悟無生忍，成阿羅漢，迴心今入菩薩位中。聞諸如來，宣妙蓮華，佛知見地，我先證明，而爲上首。

指掌云：身界二塵，該一切法，彼既同一自性，則一切法，皆同一自性，誰爲能生？誰爲所生？由此於一切法，悟無生理，忍信不疑。按悟處已齊八地，但以伏斷分齊，分盡見思，故云成阿羅漢。悟大證小其故何也？以所知障輕，故得悟大，煩惱障重，故但證小。由其悟處既深，不住淺位，故迴小乘心，今入大乘菩薩位中。聞諸如來：當指賢刧中四佛，非獨指釋迦。以前毘舍浮佛時，悟明圓理，廻小入大，故聞諸如來，宣說妙蓮華，佛知見地，先爲證明。妙蓮華，即指本經，是名妙蓮華，金剛王寶覺；佛知見：即根中不生滅性，一乘寂滅場地，爲諸佛之因地心，依此進修，可獲果地覺，我先證明，率衆依脩，而爲上首。

辰五　結答所證圓通

佛問圓通，我以諦觀，身、界二塵，等無差別，本如來藏，虛

妄發塵，塵銷智圓，成無上道，斯爲第一。

此結答圓通。我因諦觀，身界二地大，內塵外塵，平等無差。此由蒙平心教，藏心開顯，以無分別智，諦審觀察，相妄性眞，故曰本如來藏。所有地大，無非藏性隨緣，循業發現而已；旣屬循業，虛妄顯現，故曰虛妄發塵。今旣悟全相即性，萬法唯心，則塵相銷除，智光圓滿，能成無上覺道，以斯地大進修，最爲第一。

卯三　月光水大　分四

辰初　陳白古佛授觀　二　觀成未得亡身　三　亡身方能合界　四　結答所證圓通　今初

月光童子，即從座起，頂禮佛足，而白佛言：我憶往昔，恆河沙劫，有佛出世，名爲水天，教諸菩薩，脩習水觀，入三摩地。

童子乃童眞入道，月光具童眞德，故得是名。起座頂禮白佛：我回憶往昔，恆河沙劫，有佛出世，名爲水天：此佛因脩水觀，得悟性天，乃三十五佛之一。教諸菩薩者：乃爲一類之機，非專爲月光一人也。脩習水觀：以水爲觀行，觀成得入三摩地。

觀於身中，水性無奪；初從涕唾，如是窮盡，津液精血，大小便利，身中旋復，水性一同。見水身中，與世界外，浮幢王刹，諸香水海，等無差別。

此依觀久修。上八句觀內水，下五句觀外水，先觀自身中水性，無相傾奪，此爲總標；下釋無奪之義。初從涕唾：在鼻曰涕，在口曰唾，此水在外易見者；在咽下嚥曰津，在喉外溢曰液，此水近內可覺者；在骨髓曰精，在筋肉曰血，此水幽隱難知者。飲食茹退，曰大小便利。其中津液，水之清相，餘皆水之濁相，在一身之中，旋環往復，淸濁雖異，水性一同，性既相同，故無傾奪。

見水身中者：見水在一身之中，旋環往復，內觀既熟，引令擴充，觀世界水。乳峯摘脈云：按華藏莊嚴世界海，名普光摩尼香水海，海中有一大蓮華，名種種光明蕋香幢，華中有十佛刹，微塵數香水海。一一海中，各有一刹種；

每一剎種，皆有二十重佛剎；累高如幢，爲佛剎之王，故曰浮幢王剎。諸香水海，即指總別諸香水海。觀身內水，與世界外香水海水，雖有遠近大小，水性亦復一同，平等無有差別。又同者通也，內水外水互通，不相留礙也。

辰二　觀成未得亡身

我於是時，初成此觀，但見其水，未得無身。

此則依教脩習。是時即脩習時，能觀之智，與所觀之境，初得相應，是爲初成。此觀即水觀，觀行成就，入觀之時，不見其人，但見其水，即以水爲身，尙未得無相，不能無身。

當爲比丘，室中安禪，我有弟子，窺窗觀室，惟見清水，徧在室中，了無所見。

此舉事以證，尙爲身累。當時我爲比丘，在靜室之中，安心禪觀，即脩水觀。我有弟子，乃巾瓶執侍之人，因見久在室中，遂乃窺其窗縫，觀其室中，以探情形，唯見滿室清水，了無他物所見，此即心境相應，觀水現水，是謂定果色，定境現前也。但定果色，尋常入觀之時，唯自見之，此月光水觀，與烏芻火觀，皆能令他人見者，實觀力殊勝也。

後梁漢州綿竹縣，水觀和尚，時寇作亂，欲入綿竹。水觀和尚，即作水觀觀綿竹縣，全縣皆水，寇至惟見汪洋澤國，不見縣境，全縣人民，皆免於難，可證此義。

童稚無知，取一瓦礫，投於水內，激水作聲，顧盼而去。我出定後，頓覺心痛，如舍利弗，遭違害鬼。

童子幼稚，無有知識，心懷疑慮：一、疑此室何故有水，徧滿其中？二、疑師在室中安禪，何以不見其人？不知此水是水非水，乃取一瓦礫，投於水中，激水作聲。激是激動，水既作聲，信知是水，乃顧視盼望而去。我出定後，忽然覺着心痛，就如舍利弗，遭違害鬼之事。舍利弗於耆闍崛山，入定之時，有二鬼從虛空過，一名違害，一名復害。復害謂違害言：我欲以拳打此沙門。違害勸云：勿興此意。復害不聽，違害即去。復害以拳，便打舍利弗之頭，出定後頓覺頭痛。白世尊言：體素無患，今何頭痛？佛告之曰：有伽羅鬼，手打汝頭，彼鬼大力，打須彌山，便成二分，汝若無定，身應粉碎，此鬼受報，身已陷入阿鼻地獄矣！今云違害者，乃同時所遇，錯舉其名耳。

我自思惟：今我已得阿羅漢道，久離病緣，云何今日，忽生心痛，將無退失？

我自心思量惟忖，疑慮莫釋：今我已得阿羅漢道，久離病緣，應當無有現業，云何今日，忽生心痛之病？將無退失句，且作二解：一、心痛之病，出定將無退失？二、阿羅漢，久離病緣，今得心痛之病，將無退失果位耶？正脈云：羅漢有病無病，當明子、果二縛。夫宿種今種，應召來果，而尚未受身者，謂之子縛；今已受身，即身應受，謂之果縛；若實行新證四果，已將子縛見思二惑斷盡，不受後有，不要再來受生，然現身尚未灰滅，則果縛猶存，所有病苦，即身應受，故舍利頭痛，畢陵足痛，皆斯類也。

爾時童子，捷來我前，說如上事。我即告言：汝更見水，可即開門，入此水中，除去瓦礫。童子奉教，後入定時，還復見

水，瓦礫宛然，開門除出。我後出定，身質如初。

捷來者：月光出定，童子速來我前，說如上事。我則料知，心痛必是瓦礫投水之故。遂告童子言：汝更見水，可即開門，入此水中，除去瓦礫。童子奉教，後月光復至室中入定，童子還復窺見，水中瓦礫宛然，開門除出。我後出定，身質體也如初無恙。自覺心痛者，未得亡身之故也。

辰三　亡身方能合界

逢無量佛，如是至於山海自在通王如來，方得亡身，與十方界，諸香水海，性合眞空，無二無別。今於如來，得童眞名，預菩薩會。

逢佛無量，經劫必久，至於山海自在通王如來，此佛亦從水大圓通，成無上覺，若山若海，水性自在流通。山屬地大，俗云山高水更高，水大地大，自在無礙。王即自在之義。先修內觀，後修外觀，由淺及深，至此佛時，逢佛既多，觀力愈深，方得亡身合界，與十方世界，諸香水海之水，一味流通，性合眞空者：即悟明藏性，性水眞空，性空眞水，無二無別，全相全性，即體即用。今於如來座下，得童眞名，預入大乘菩薩之會。

辰四　結答所證圓通

佛問圓通，我以水性，一味流通，得無生忍，圓滿菩提，斯爲第一。

此結答圓通。我因修水觀，觀內水外水，同一氣分，一味流通，等無差別，了悟水性空寂，本自無生，得無生忍，證入圓通。如欲圓滿無上菩提，惟斯水大，最爲第一。

卯四　瑠璃風大　分四　辰初　陳白古佛示觀　二　觀察群動無二　三　觀成頓證徹悟　四　結答所證圓通　今初

瑠璃光法王子，即從座起，頂禮佛足，而白佛言：我憶往昔，經恆沙劫，有佛出世，名無量聲，開示菩薩，本覺妙明，觀此世界，及衆生身，皆是妄緣，風力所轉。

瑠璃光依觀得名，取後身心發光，洞徹無礙，故得是號。梵語具云吠瑠璃，此云青色寶。此法王子，常放青色光明，同彼瑠璃，即涅槃經，瑠璃光菩薩，放青色光，至釋迦座前者。今在楞嚴會上，自述圓通，起座頂禮白佛：我回憶往昔，經恆河沙劫之前，有佛出世，名無量聲，此佛亦由觀風大所成之佛。由觀一切音聲，因風而生，聲既無量，風亦無量，即聲觀風，在在可成觀境，故知此佛，亦由觀風大所成也。開示菩薩，本覺妙明二句，有機教體用兩對：開示是教，菩薩是機，對大機說大教，故說本覺妙明，最上一乘之理。本覺即天然本具，靈覺之性，寂然不動，有感則通，在衆生分上，爲本來佛性。妙是體，明是用，稱體起用，全用即體，體用不相捨離，即妙而明，即明而妙；又妙是不變義，明是隨緣義，不變常隨緣，隨緣常不變，而風性不變，常隨衆緣，而成聲也。

觀此世界，及衆生身下，示脩觀法，觀即能觀之智，世界指無情依報之世界，衆生身指有情正報之衆生，爲所觀境。此依正之境，皆是無明妄緣，風力所轉變而有也。本覺即眞如，眞如界內，本來不立一塵，豈有世界衆生？皆由最初一念無明妄動，動則有風，風大即一念心中動相耳。情器世間，一切諸風，莫不資始乎此，故曰皆是妄緣，風力指無明所轉變也。欲細釋此二語，可將第四卷首，佛答三種忽生之文，從性覺必明起，至彼無同異，眞有爲法止，可作此註脚。

辰二　觀察群動無二

我於爾時，觀界安立，觀世動時，觀身動止，觀心動念，諸動無二，等無差別。

我於爾時：即彼佛授觀時，指示風大發源時，風大由於本覺妙明，隨緣起念，一念妄動，自蔽妙明，妄循無明風力所轉，故有世界衆生。但能觀得風性本空，動相非有，便可旋妄復眞，還歸本覺妙明之眞心矣！故我依教脩觀，觀察界之安立，十方界相，皆由風力執持；世之流動，三世推遷，皆由風力密移；身之動止靜也，行、住、坐、臥，莫非風力所使；心之動念，生、住、異、滅，莫非風力所推。如此觀察，外而世界，內而身心，諸動雖多，其體無二，唯一風性，故曰等無差別。

我時覺了，此羣動性，來無所從，去無所至，十方微塵，顛倒衆生，同一虛妄。

先觀世界身心，諸動雖多，唯一風性；我此時覺了，此群動之風性，無所從來，亦無所去，當體全空，無有實體，可跟究故。十方微塵世界：此指無情之器界；以及顛倒衆生：此指有情之根身，同一虛妄，皆妄緣風力所轉耳。

辰三　觀成頓證徹悟

如是乃至，三千大千，一世界內，所有衆生；如一器中，貯百蚊蚋，啾啾亂鳴，於分寸中，鼓發狂鬧，逢佛未幾，得無生忍。

如是乃至：是從廣至狹，從微塵數世界，乃至三千大千，一世界內，所有一切衆生：上是法，下舉喻。喻如一器皿之中，貯百蚊蚋，啾啾小鳴之聲亂鳴，在分寸小器之中，鼓發狂鬧：鼓動也，狂亂也。一器喻一界，蚊蚋喻衆生；一界衆生，如小器中，貯百蚊蚋，於分寸中，亂鳴鼓動狂鬧，喻各爲妄緣風力所轉，於世界中，爭人競我，稱王圖霸，求名謀利，此皆狂鬧。由觀力故，觀大同小，觀妄非眞，即妄緣風力，亦皆虛妄無體。逢佛未幾者：逢遇無量聲佛授觀，經時未久，速得悟證；先悟風大，來無所從，去無所至，當體性空。風大如是，諸大皆然，本無生滅之相可得，即得無生法忍，獲證圓通。

爾時心開，乃見東方不動佛國，爲法王子，事十方佛，身心發光，洞徹無礙。

心開：乃本覺眞心開顯。東方屬震，爲群動之首，乃見動中有不動佛，即阿閦佛。梵語阿閦，此云不動。此乃於風性妄緣動中，親見本覺不動之眞體；即於不動佛會下，爲法王子，乃能徧事十方諸佛，即如觀世音，在彌陀會下，爲法王子，而能遊化諸國，徧事諸佛。身心發光者：既了妄身妄心，皆屬妄緣，風力所轉，親見法身眞心，乃是當人自性本具，內外洞徹，如淨瑠璃，映現諸法，此即得名所以。

辰四　結答所證圓通

佛問圓通，我以觀察風力無依，悟菩提心，入三摩地，合十方佛，傳一妙心，斯爲第一。

此結答圓通。我以因也觀察風力無依，即是無體，此了妄也；悟明本覺菩提眞心，此悟眞也。又觀風大，來無所從，去無所至，則風大無依，當體即空；則由妄緣風力所轉，身心世界，豈不亦空？此句即前所云，諸妄銷亡。悟菩提心，妄窮眞顯，即前所云，不眞何待？　從此得入三摩地，合十方諸佛，所傳微妙心印：如第二卷，顯見不分科中，文殊代問，佛告文殊，十方如來，及大菩薩，於其自住三摩地中，見與見緣，并所想相，如虛空華，本無所有；此見及緣，元是菩提，妙淨明體，即諸佛所傳妙心。瑠璃光，因觀風大證此，故曰斯爲第一。

卯五　空藏空大　分五　**辰初　陳白自身所證　二　詳明色空無礙**
三　依正攝入圓融　四　總由觀空神力　五　結答所證圓通　今初

虛空藏菩薩，即從座起，頂禮佛足，而白佛言：我與如來，

定光佛所得無邊身。

清涼云：混虛空爲體性，故名虛空藏，以虛空爲身，又名無邊身，因虛空無邊故。藏字之義，如宗鏡云：大集會中，虛空藏來時，純現虛空相，謂阿難言：我以自身證知，是故如所證知，能如是說，何以故？我身即是虛空，以虛空證知一切法，爲虛空印所印。爾時五百聲聞，各以所著，鬱多羅僧，奉虛空藏，一時同聲說如是言。智法藏中，不墮其外。所奉之衣，即便不現，諸聲聞問：衣何至耶？虛空藏言：入我藏中。又此菩薩，以虛空爲庫藏，雨十方無量阿僧祇世界，所有寶物，衣服飲食故。偈云：虛空藏菩薩，得虛空庫藏，充足諸有情，此藏無窮盡，因是名爲虛空藏；即從座起，頂禮白佛。

我與如來：指釋迦如來，定光佛即然燈佛。大論云：太子生時，身光如燈，後發心出家，直至成佛，故名然燈。是釋迦如來，第二僧祇，授記本師。虛空藏與釋迦，但同事然燈，得無邊身，乃菩薩自述所證，非與釋迦同得也。

辰三　詳明色空無礙

爾時手執四大寶珠，照明十方微塵佛剎，化成虛空。

菩薩既以空性爲身，應以空慧爲手；四大寶珠：即照空四大之智珠，菩薩已得虛空身，則內四大之我已空，若外四大之法不空，則身相不純，大用不徧；故復以空智，照明十方微塵數佛刹，所有外四大，一一化成虛空；此空非斷滅空，乃空諸妄相，妄盡眞純，以眞空妙智，智光所融，一一化成眞空妙理；爲此得體，證法身德。

又於自心現大圓鏡，內放十種微妙寶光，流灌十方，盡虛空際。

自心：即自己本覺眞心。現出大圓鏡智：此智是佛轉第八識所成。因虛空藏，分證如來三德秘藏，故能現此智，且能於此總智，更現十種別智；十種微妙寶光，即十智，如華嚴三世智，乃至無邊諸佛智。智光流灌十方，盡虛空邊際：則空中所有世界，無一不在智光所照之中，色空無礙。或以一智，而現十智，照徹十法界，窮盡眞空妙有，此屬現相，全事即理，而成理事無礙法界，證般若德。

辰三　依正攝入圓融

諸幢王剎，來入鏡內，涉入我身，身同虛空，不相妨礙。

此攝剎入身，及下分身入剎，依正互相攝入，圓融自在，乃事事無礙法界，不思議業用。諸幢王剎：即無量香水海中，諸浮幢王剎，乃依報廣大之境，攝入我正報身中，身同虛空，彼此不相妨礙，此廣陿自在無礙門。

身能善入微塵國土，廣作佛事，得大隨順。

此以正報入依報。身能善入者：以一身而入一國，或多身而入多國，皆不得稱為善入；今能善入者，以一身而分無量身，同時徧入微塵國，廣作無邊佛事。得大隨順：即大自在。此乃起用，證解脫德。

辰四　總由觀空神力

此大神力，由我諦觀，四大無依，妄想生滅，虛空無二，佛國本同，於同發明，得無生忍。

此大神力：即指色空無礙，依正攝入。由我下：出神力之來由，由我觀空所致，我則諦觀四大，本非心外實有，唯心所現，無體可得；無依、即無體也。乃隨妄想以生滅，念起則非有似有，念息則當體即空，故曰虛空無二。四大既同虛空，無有差別，佛國亦以四大爲能成，故佛國亦自本空；同、即空也，以虛空爲同故。於同發明，得無生忍者：即於空性，發明藏性，悟明性覺眞空，性空眞覺，清淨本然，周徧法界。空性生即無生，諸大亦然，自不見有少法生滅之相，故曰得無生忍。前所發大自在用，皆此忍之力也。

辰五　結答所證圓通

佛問圓通，我以觀察虛空無邊，入三摩地，妙力圓明，斯爲第一。

此結答圓通。我因修空觀，觀察虛空無邊，觀成得定，入三摩地。妙力圓明者：即前色空無礙，依正互融，十方圓明，得大自在，以斯空觀，最爲第一。

卯六　彌勒識大分四　**辰初　陳白上古佛世　二　教脩唯心識定　三　中古定成得記　四結答所證圓通**　今初

彌勒菩薩，即從座起，頂禮佛足，而白佛言：我憶往昔，經微塵劫，有佛出世，名日月燈明，我從彼佛，而得出家，心重世名，好遊族姓。

彌勒，梵語具云梅怛利曳，此云慈氏，姓也，名阿逸多，此云無能勝，今稱慈氏，由得慈心三昧故，慈無能勝。起座頂禮白佛：我憶往昔，經微塵劫，有佛出世，名日月燈明，此佛以三智立名。我從彼佛，而得出家；此但出世俗之家，心重世間名聞（去聲）利養，名與利相因，則身爲利役，好奔走於貴族，交遊乎大姓，有名利可圖，故曰好遊族姓。法華經云：「貪着於名利，求名利無厭，好遊族姓家，棄捨所習誦」是也。

辰二　教脩唯心識定

爾時世尊，教我修習唯心識定，入三摩地，歷劫以來，以此三昧，事恆沙佛，求世名心，歇滅無有。

爾時世尊，觀機授教，因我重世名，心馳散故，教我脩唯心識定，觀察三界唯心，萬法唯識。通達一切外境，無非心識之所變現，如夢如幻，無一眞實。因脩此定，心不馳散，而不外求，得入三摩地。此唯心識定成，自日月燈明佛起，歷劫以來，以此三昧，奉事恆沙諸佛。唯識定深，觀「人間富貴花間露，世上功名水上漚」。但脩內觀，無復外求，故求世名心，歇滅無有。

辰三　中古定成得記

至然燈佛，出現於世，我乃得成，無上妙圓，識心三昧。

然燈佛乃釋迦如來，第二僧祇授記本師。出現世時，我乃得成無上妙圓，識心三昧。前雖得三昧，未臻妙圓，不能稱爲無上，然積行雖經多劫，入理在一刹那，如瓜熟蒂落，一刹那間，頓悟性識明知，覺明眞識，全識全性，全性全識，本如來藏。妙眞如性曰妙，圓滿周徧曰圓，此即由相宗之權，而入圓教之實。

乃至盡空如來國土，淨、穢有無，皆是我心，變化所現。

上科成定得體，此科稱體起用。此現國土，爲所依處，後現如來爲教化主；所現如來國土有三：淨穢有無，即對三土。或法性土，法身所依，無淨無穢，即常寂光土；次現受用土，報身所依，有淨無穢，即實報莊嚴土；三現變化土，應身所依，有淨有穢，即凡聖同居土。一一皆我識心，變化所現。既云所現，體本自空，既曰變化，相非實有，眞空不礙妙有，故現國土；妙有不礙眞空，故唯變現。

世尊，我了如是唯心識故，識性流出無量如來，今得授記，次補佛處。

我既了達如是，淨穢國土，唯是心識所現之故，識性又復流出，無量如來，我雖未成佛，已能現土現佛，成辦諸佛所應作事，廣度無量衆生。今佛知我已證無上妙圓識心三昧。故得蒙授記，候補作佛，以爲賢劫第五尊佛，於當來下生，龍華三會，說法度生。

辰四　結答所證圓通

佛問圓通，我以諦觀，十方唯識，識心圓明，入圓成實，遠

離依他，及徧計執，得無生忍，斯為第一。

此結答圓通。我以識大，諦觀十方，一切依、正，染、淨，唯是識心之所變現，了知三界唯心，萬法唯識，識心無二，一體圓明。又一解：識心具足一切法，普照一切法，法法無非識心，故曰圓明。是以能入，圓滿成就，眞實之性；既入圓成實性，自可遠離，依他起性，徧計執性。

圓成實性是眞體，能爲諸法所依，喻如麻；依他起性，依圓成實性所起，虛妄之相，相有性無，此約依眞，喻如繩；繩依麻所成故。徧計執性，於依他起性，周徧計度，分別妄執，情有理無，喻如蛇如夜間見繩，妄認爲蛇。。今既遠離二種情執，如佛所言，若離妄想，則無師智，自然智，一切顯現，便得無生法忍，即入圓成實性，我即以斯諦觀唯識，最爲第一。

三性唯識云：一、徧計執性，頌曰：「由彼彼徧計，徧計種種物，此徧計所執，自性無所有。」論曰：周徧計度，故名徧計；品類衆多，說爲彼彼。以六、七二識，徧於一切染、淨法上，計有實我實法，名徧計所執。徧計本空，如繩上蛇。二、依他起性，頌曰：「依他起自性，分別緣所生。」論曰：衆緣所生，心心所體，及相、見分，皆依衆緣，而得起故。以依他衆緣，和合互起，猶如幻事，如麻上繩。三、圓成實性，頌曰：「圓成實於彼，常遠離前性。」論曰：於依他起上，常遠離前偏計所執，內不執實我，外不執實法，我、法二空，所顯眞如爲性，故云：圓成實性，此則如麻。故攝論云：「分別性如蛇，依他性如繩，圓成性如麻。」麻上生繩猶是妄，何況繩上更生蛇。

卯七　勢至根大　分五　**辰初　陳白古佛授法　二　詳喻感應道交　三　合喻顯示深益　四　述己自利利他　五　結答所證圓通**　今初

大勢至法王子，與其同倫五十二菩薩，即從座起，頂禮佛足，而白佛言：

此根大圓通，乃都攝六根，非單修一根。若單脩則與六根同，七大中根大，在識大前。今此菩薩，說在彌勒之後，爲對機故。如觀世音不預六根之列，而獨殿後者，中有三意：一、知佛密意，於前敎令悟圓入一科中，已密示耳根爲最優。二、知此方衆生，耳根最利，易於修證，如文殊云：「此方眞敎體，清淨在音聞。」三、知若對多聞之阿難，一向慣用耳根，但令不順流聞聲，而逆流照性，便可就路還家；順流聞聲，即是結縛之元，乃爲生死本。逆流照性，即是解脫之要，可入涅槃門。故觀音殿後，敍述解結修證，廣談利生大用，以啓阿難羨慕之心。大勢至，亦知佛之密意，若對此方機宜，修證楞嚴大定，固是耳根爲最，若論普被三根，橫超生死，惟有念佛法門，最簡易、最圓頓、堪稱第一，故說在識大之後。

大勢至，觀經云：「以智慧光，普照一切，令離三途，得無上力，是故名大勢至。」思益經云：「我投足處，震動大千，及魔宮殿，故名大勢至。」又名得大勢，以能成辦一切所應作事故，得大勢力也。悲華經云：往昔因中，彌陀作輪王時，觀音爲長子，勢至爲次子，今在極樂，居彌陀左右，輔弼佛化，候補作佛。

阿彌陀名無量壽，乃有量之無量，亦有涅槃。彌陀涅槃之後，正法住世，亦復無量劫，正法於上半夜滅盡，下半夜觀世音菩薩成佛，名普光功德山王如來。佛壽與正法，亦皆無量，正法住世時，大勢至菩薩，教化衆生，候補作佛，至正法於上半夜滅，大勢至菩薩於下半夜成佛，名善住功德寶王如來。法王子，是菩薩別稱，法王指佛，佛爲法王，於法自在。法王子，能發四種心：

一、發廣大心：誓度無邊衆生，於十方世界，攝念佛人，歸於淨土。二、發第一心：誓成無上佛道，雖已分證三德，仍求究竟二嚴。三、發常時心：輔助彌陀觀音，久經刧數，不生厭倦。四、發不顚倒心：歷刧度生，不着度生之相，無度而度，度即無度，能荷擔如來重擔，能承紹法王家業；爲法王眞子，故稱法王子。與其同倫，五十二菩薩：與者共也，倫者類也。要分自行與化他二類：一、自行，同以念佛心，得入無生忍，雖同脩念佛法門，功行淺深不等，或有住乾慧地者，或有住十信、十住、十行、十回向、十地、等覺者，合計五十二位，故曰五十二菩薩，非局定數也。二、化他，同以念佛法門，教化衆生，今於此界，攝念佛人，歸於淨土，功行淺深，所化之衆，亦有五十二位差別。

菩薩具云菩提薩埵，梵語菩提，此翻爲覺，薩埵、翻爲有情，有情即是九界衆生之通稱。六凡衆生，愛情未斷，三乘衆生，識情未盡，故同稱有情。覺有情乃指大勢至菩薩，有三義解釋：一、自利，是已經覺悟之有情，自身本來是佛，若肯念佛，必得成佛。二、利他，能以自覺之道，覺悟一切有情，教化衆生，同心念佛，齊成佛道。三、運智，上求佛覺以自利，運悲，下度有情以利他，有此三義，名覺有情。即從本座而起，頂禮佛之雙足，以至尊之首，頂禮我佛至卑之足，以表至敬，而白佛言：此是請法之儀，乃是結集經家所敘。

我憶往昔，恆河沙劫，有佛出世，名無量光，十二如來，相繼一劫，其最後佛，名超日月光，彼佛教我，念佛三昧。

菩薩自稱曰我，乃是菩薩假我，及法身眞我，不妨隨順世人，同稱爲我，非同凡夫妄執之我。凡夫妄執四大妄身，以爲實我，不了諸法本無我，我執既起，貪、瞋、癡，無不從此而生。或貪財爲我受用，或貪色爲我娛樂，或貪名爲我榮耀，或貪食爲我滋養，或貪睡爲我安息；是我所貪之財、色、名、食、睡，設若爲他人之所妨礙，以及剝奪，則瞋怒之心，勃然而起，此因貪起瞋，即愚癡。是知我執，爲諸惡根本。身心因此不得安樂，世界由此不得和平。

又非同外道妄計之我。外道有二十五諦，最初爲冥諦，冥諦生覺大，覺大生我心，我心生五微，五微生五大，五大生十一根，最後曰神我，計有神我爲萬能，此屬邪知邪見。菩薩已得我空，故非妄執與邪計，凡、外二種我也。我憶往昔，恆河沙劫：我字已如上釋，憶者憶念，明記不忘也。過去稱爲往昔。

恆河亦云殑伽河，此云天堂來，狀其來處之高。此河在印度雪山之頂，無熱惱池流出，無熱惱是龍王名，此池以龍爲名，池有四口，流出四河：東銀牛口，流出殑伽河，此云天堂來（狀其來處之高），即恆河，闊四十里，河底銀沙，沙細如麵。南金象口，流出信度河，此云驗河，河底金沙。西琉璃馬口，流出縛芻河，此云青河，河底琉璃沙。北玻瓈師子口，流出徙多河，此云冷河，河底玻瓈沙，中國黃河源。佛所住祇園，相近恆河，凡言數目之多，常取河沙爲喻。此言恆河沙劫，以顯經時之久也。劫具云劫波，此云長時分。

有佛出世，名無量光者：於時有佛，出現於世間，佛梵語具云佛陀，此言覺者，乃大覺悟之人，具本覺之妙理，發始覺之妙智，證究竟覺之妙果，方名爲佛。佛在因地之中，亦是人道一衆生，修成爲佛。本覺者，即衆生本有之佛性，人人本具，個個不無，此性即衆生六根之中，不生不滅之眞性，亦即眞如妙理，隨衆生之染緣，其體不變。前云：「縱汝形銷，命光遷謝，此性云何，爲汝銷滅？」隨緣不變，故謂之妙。本覺妙理，雖人人本具，多皆迷而不覺，故爲衆生，或遇知識開導，或閱經教開悟，了知衆生，具有佛性，本來是佛，是爲始覺，由不覺而方始覺悟也。此始覺即屬妙智，依此妙智，返照妙理，照澈心源，而成究竟覺之佛果，是謂三覺圓，萬德具，爲大覺悟之人。超九界以獨尊，爲三界之導師，作四生之慈父，故出現於世間。　名無量光者：此佛以光明而立號，因光明勝故，名無量光。然光有身光、智光之別，智光，諸佛同得一切種智，智光相同；身光，有照一由旬，十由旬，百千由旬，或照一世界，十世界，百千世界者。今稱無量者，則普照十方國土，無所障礙，乃至鐵圍山間，日月神光照不到，亦得大明，此無量光佛名，與彌陀名同，因在恆河沙劫之前，當非彌陀，乃同名佛也。同名諸佛甚多，如釋迦古釋迦之類。

十二如來，相繼一劫者：據大彌陀經云：無量光佛、無邊光佛、無礙光佛、無對光佛、炎王光佛、清淨光佛、歡喜光佛、智慧光佛、不斷光佛、難思光佛、無稱光佛、超日月光佛。一、無量光佛，實智照理，無限量故。二、無邊光佛，權智照事，無邊際故。三、無礙光佛，慈光與樂，無障礙故。四、無對光佛，悲光拔苦，無對敵故。五、炎王光佛，光音應化，得自在故。六、清淨光佛，惑垢既離，發淨光故。七、歡喜光佛，令他受用，生大喜故。八、智慧光佛，以大智慧，破諸惑故。九、不斷光佛，常放身光，不斷絕故。十、難思光佛，妙用無盡，難思議故。十一、無稱光佛，具足衆德，不可稱故。十二、超日月光佛，窺天鑑地，超一切故。此十二如來，相繼一劫，出現世間。

其最後佛，名超日月光：日月雖光，不照覆盆，此佛光明，耀古騰今常自若，逾於千日放光明。彼佛教我，念佛三昧：彼佛就本經文意看來，當指最後一佛，若據大本之意，十二佛名，乃無量壽佛之別號，唯一佛身，此言十二佛相繼出世，則非一體明矣。彼佛教我：言語指示謂之教，教即佛度衆生，方便之法，教以修因剋果，教以離苦得樂。

念佛三昧：即修因剋果，離苦得樂之勝方便。念佛是修行（清淨三業之行），三昧是得定（事理一心不亂），果能念佛，必得三昧，欲得三昧，祇要念佛。念佛有四：一、持名念佛，聞說佛名，一心稱念。二、觀像念佛，設立佛像，注目觀瞻。三、觀想念佛。以我心眼，觀彼如來。四、實相念佛，即念自性，法身眞佛。此四種念佛，名字有差別，義理有淺深。

今本章念佛，乃是持名念佛，有事念理念之分：事念者，有能念之心，所念佛號，一心繫念於佛，心佛不相捨離。余常示人：事念之法，心中惟有佛，佛外更無心，口念心念，心念口念，字字從心起，字字從口出，字字從耳入。如是念法，不至昏散，念念相繼，無有間斷。設若念久口燥，心念口不念則可，口念心不念則不可。更有二喻，以喻念佛之法：一、當如貓捕鼠，提起全副精神，身毛皆豎。又當如鷄抱卵，放下一切思想，飲啄渾忘。果能如是念佛，雖爲事念，不但往生可必，而悟理亦自可期。如空谷禪師云：「不必參念佛是誰，直爾純一念去，亦自有悟日」是也。理念者不必別舉話頭，只須把一句阿彌陀佛，即念反觀，能念心外，無有佛爲我所念（心即是佛），所念佛外，無有心能念於佛（佛即是心），能所雙亡，心佛一致，此即中道，理性念佛。終日念佛，終日無佛可念，終日無念，終日念念念佛；若言其有，則能念之心，了不可得，所念之佛，離相絕名；若言其空，則能念之心，靈靈不昧，所念之佛，歷歷分明。如是念佛，空、有不立，心、佛一如，則持名念佛，通乎實相。雖然四種念佛，後後深於前前，而理念功成，亦前前徹於後後也。

三昧：是梵語，此云正定，即一心不亂，念佛功成也。亦有事一心念佛三昧，理一心念佛三昧。何謂事一心念佛三昧？聞說念佛法門，可以橫超三界，疾出生死，即深信不疑，願生淨土，專心繫念，句句分明，念念相續，行、住、坐、臥，惟此一念，更無二念，即是以一念，而除衆念，不爲內惑外境，之所雜亂。如成具光明定意經云：「空閒寂寞，而一其心；在衆煩惱，而一其心；乃至訕謗利失，善惡等處，而一其心」者是也。此於事上即得，理上未徹，惟得信力成就，未見道故；但屬定門，無有慧故；祇能伏妄，不能破妄；往生淨土，九品蓮華之中，則在中三品。以功力之淺深，而分上、中、下；而下品三品，乃未得事理一心，念佛三昧者之所生也。

何謂理一心念佛三昧？聞說念佛法門，即是無上深妙禪，即於念佛之時，諦實觀察，念佛即所以念心，心佛一如，能所不二，寂而常照，是無念而念，照而常寂，是念即無念，了知佛即是心，心即是佛，心佛見泯，能所情亡，寂然不動，湛然常住。此不專事相，純修理觀，而得觀力成就，能見諦故，屬慧門攝；兼得定故，安住唯心淨土，親見自性彌陀。往生淨土，當在上三品。生則決定生，去則實不去。以十萬億程外之極樂，亦不出一心之外故也。

三昧是禪觀通名，如智論云：「一切禪定攝心，皆名三昧」是也。此曰念佛三昧，亦名一行三昧。文殊般若經，佛告文殊：欲入一行三昧者，應處空閒，捨諸亂意，不取相貌，繫心一佛，專稱名字，隨彼方所，端身正向，能於一佛，念念相續。即是念中，能見過去、未來、現在諸佛，念一佛功德，與念無量佛，功德無二。若得一行三昧者，諸經法門，皆悉了知。

問：「此教念佛，爲念十方佛耶？爲念阿彌陀佛耶？」答：「爲念阿彌陀佛。」普廣菩薩問佛：十方俱有佛土，何以獨讚西方？佛言：閻浮提人，心多雜亂，令其專心一境，乃得往生，若念十方諸佛，境繁意散，不成三昧，況諸佛同一法身，念一佛，即念一切佛故。　又稱念彌陀名號，隨佛本願，願云：十方衆生，聞我名號，乃至十念，若不生者，不取正覺。十念尚得往生，況一心憶念耶？念佛法門，古稱徑中徑，但能淨念相繼，便得往生，如驥騄雖超群馬，未及龍飛；鶴冲已過凡禽，爭如鵬舉。驥騄鶴冲，譬餘門念佛，群馬凡禽，譬其他法門，龍飛鵬舉，譬持名念佛，惟此持名念佛法門，但持六字洪名，便得往生淨土，圓證三不退，其功簡、其效速。

辰二　詳喻感應道交 分二　**巳初　先以二人爲喻　二　再以母子爲喻**

今初

譬如有人：一專爲憶，一人專忘，如是二人，若逢不逢，或見非見，

此明單憶無益。譬如現在世間，有二人，指親友之屬，一人專心爲憶，憶念此親友，一人專憶他務，忘其親友。如是指上一憶一忘，由此二人，若逢不逢，或見非見：若逢或見，對專憶者言；不逢非見，對專忘者言。二人，譬喻佛與衆生，憶即憶念，記持不忘曰憶，繫緣不捨曰念。一專爲憶，喻佛念衆生也；一人專忘，喻衆生不念佛也。佛專憶衆生，有二種意：一、佛具大悲願故，觀見一切衆生，與我本來同體，我今已成正覺，已得涅槃，衆生尚在輪迴，不了生死，故運大悲願，專憶衆生。二、佛具平等心故，佛在因地，爲菩薩時，尚念念不捨衆生，況今成佛，視大地衆生，皆如一子，故以平等心，專憶衆生。

衆生不念佛，亦有二種意：一、衆生障重故，爲惑、業、苦三，纏縛不脫，於人天因果，尙不肯修，何況念佛法門，故不念佛。二、衆生智暗故，於此念佛，殊勝妙法，可以斷煩惱，了生死，成佛道，現生念佛，能斷一切煩惱妄念，臨終往生，橫超三界輪迴生死，既生彼國，圓證不退，疾成佛道，不生信心，不願往生，故不肯念佛。

是如二人，若逢不逢，或見非見：如是二人，即喻上佛念衆生，衆生不念佛也。佛以大悲願力，常念衆生，遊化娑婆，乃令衆生，若逢或見，如彌陀化身為豐干禪師，在浙江台州，天台山為比丘，人皆不識，此即若逢等於不逢，或見成為非見，都由無念佛之力，及求見彌陀之願故也。

豐干禪師是彌陀化身，出自寒山之口。豐干，在天台山國清寺，住在碾米房，常騎虎出入，衆不知其為何許人。一日，豐干邀寒山、拾得，同朝五台。曰：與我同行，是我同流，不與我同行，不是我同流。寒山問曰：汝朝五台作甚麼？干曰：朝禮文殊。山曰：汝不是我同流，我不同去。於是干獨行，至杭州，適有閭邱胤，候補多年，家貧破產，是時省府，派任台州府知府，忽患頭痛之病，調治罔效。豐干特為造訪，閽人拒絕不見。干曰：我特來救他命，為何不見？閽人入報，閭即延見。干曰：汝何病？閭曰：頭痛欲裂。干曰：取水一杯，吾為汝治。乃為持咒訖，以水置手心，向其頭三撲，即時痛止。遂即感謝，叩詢大師法號？住何寺廟？答曰：名豐干，住台州天台山國清寺。閭曰：寺中如大師道行有幾人？干曰：我無道行。寺中高僧，如文殊化身之寒山子、普賢化身之拾得，皆在國清寺內，遊化我國。閭即備禮酬謝，干不受而去。閭到任三天，即到國清寺進香。問知客僧，寒山、拾得二大士何在？煩陪往拜見。知客曰：此二人是瘋僧，大人有何吩咐？閭曰：有欲禮拜。知客曰：可喚之前來。閭曰：不可！自當往拜。遂陪至廚房，寒山、拾得，正在灶門烘火，二人且語且笑，人皆不識，所語何義。知客呼寒山、拾得起來，大人與汝說話。閭一見即就地頂禮，二人即奔走。閭追之，至寒山岩二人入，寒山回首曰：「賊！賊！賊！豐干饒舌（多話也），彌陀不事，禮我何為？」閭趨視岩中不見。寒山、拾得，自此遂不復出焉。豐干亦從此不回國清，聖人應化人間，既經洩露，不能再留。閭在山中，檢查事跡，乃於山上石岩竹木，及鄉間牆壁上，抄錄二大士詩多首，皆是佛法，諷世之意，現刊行於世。錄此因緣，以證佛念眾生，眾生不念佛，若逢不逢，或見非見之事實耳。

二人相憶，二憶念深，如是乃至從生至生，同於形影，不相乖異，

此明雙憶不離。二人相憶，二憶念深：自可相見相親，不相捨離，乃至生生同於形影；喻生佛念同，眾生念佛，如佛念眾生相同，久憶不忘，一切時，一切處，佛不離心，乃至盡形壽，亦所不忘也。如是乃至，從今生以至他生，同如形影，不相乖違離異。乃至，超略詞，不但今生常得見佛，乃至往生之後，常隨佛學，同於形之與影，不相違，不相離也。此形影不離之喻，有二意存焉：一、喻衆生念佛，必得見佛，生佛不相捨離，合下憶佛念佛，現前當來，必定見佛也。二、喻衆生念佛，必得成佛。因果不相捨離，念佛是因，成佛是果，如大勢至菩薩，以念佛心，入無生忍，在極樂國中，輔助彌陀弘化，及輔助普光功德山王佛，次補佛處，即念佛必得成佛，因果不相捨離也。

巳二　再以母子爲喻

十方如來，憐念衆生，如母憶子。若子逃逝，雖憶何爲？子若憶母，如母憶時，母子歷生，不相違遠。

上科二人之喻，親友猶疎；此科母子之喻，骨肉更親。上五句同前，喻單憶無益，下四句同前，喻雙憶不離。又首三句，合前一專爲憶，次二句合前一人專忘。如來母也，衆生子也；世間慈愛最切者，莫過於母親，子不聽教，猶復念念不捨。子若悖逆，忘恩負德，種種不孝，母念或衰，心生悔恨，佛念衆生，更過於母，逆惡重者，佛念更深。又母念子，慈止一世，佛念衆生，慈心無盡，世世相隨，無有退轉。此云十方如來，憐念衆生：憐者哀憐，念者護念，衆生久在輪迴，備受諸苦，故爲佛之所哀憐；雖在生死，佛性不失，又爲佛之所護念。三昧經云；諸佛心者，大慈悲是。慈悲所緣，緣苦衆生，若見衆生受苦惱時，如箭入心，欲拔其苦。如母親見子受苦，憶念之心更無有異也。

問：前二人一專爲憶，喻彌陀念衆生；一人專忘，喻衆生不念佛；云何此云十方如來耶？答：此有二意：一、即指彌陀一佛。以三世十方，有無量彌陀故。觀經云：從下方金光佛刹，乃至上方，光明王佛刹，於其中間，無量塵數，分身無量壽佛，故曰十方如來。二、通指十方諸佛。謂不唯彌陀一佛，悲願如是，即十方如來，憐念亦然，正顯佛佛道同故。

若子逃逝：喻衆生不念佛，墮惡趣，受極苦。雖憶何爲：喻佛念衆生，單憶無用，不能成益。問：「逃逝與上專忘，同耶？異耶？」答：不念佛不能見佛，雖遇佛若逢不逢，或見非見，不蒙法益則同；而異者，此人專忘，但是不肯念佛，佛若憶念，或可發心，而能成益。此逃逝，非唯專忘，或且謗佛，以不信招愆，墮落三途，佛雖憶念，亦復何爲，即言無益也。如城東老母，佛有意往度，彼不信佛，不願見佛，逃入房中。佛以手指壁，壁如玻璃，復以二手遮其眼，還不願見佛。此足證單憶無益也。

子若憶母，如母憶時，母子歷生，不相違遠：上二句合前，二人相憶，二憶念深；下二句合上，生生不離，此則雙憶成益。子若憶念母親，能如母親念子之心，心心相契，母爲慈母，子成孝子，不但今生，母子不離，乃至經歷多生，母子之緣未盡，不相違背遠離二字皆去聲。子是衆生，母是佛，衆生若能憶念如來，猶如如來憐念衆生一樣，則生佛感應道交，自然生生世世，常得見佛，常隨佛學，不至遠離。彼佛既教念佛三昧，又舉疎、親二喻，蓋欲念佛衆生，念佛之功，漸次增進，日親日近，非特見佛可必，而且成佛有望矣！

辰三　法合顯示深益

若衆生心，憶佛念佛，現前當來，必定見佛。

此下法合。但合雙憶不離成益，不合單憶無益。上二句重在心字，必要心憶心念，以揀口念心不念也。憶則記持不忘，有時間斷，憶即暫念；念則繫緣不散，念念相續，念即常憶。若衆生心常憶佛，心常念佛，將佛印在心中，念茲在茲，時刻不忘。慈雲懺主云：凡涉歷緣務，而內心不忘於佛，謂之憶念。譬如世人，切事繫心，雖經歷語言，去來坐臥，種種作務，而不妨密憶，前事宛然。念佛之心，亦應如是。若或失念，速速攝還，久久成性，任運憶念，不勞作意。又復心起妄念，即便念佛，以眞念而敵妄念，妄念自消。若見他人受苦，以念佛心，憐愍於他，願其離苦，如是相續，念佛繫心，能辦一切淨土功德。

此憶佛念佛，有事有理，前雖已明，此更略說：若事憶念，則專心注意，毫無雜緣，能念所念，心佛分明，唯此一念，更無餘念，念念相續，成就定力，起信所謂：以專意念佛因緣是也。若理憶念，則以妙明心光，圓照自性，能所一如，心佛不二，唯此一緣，更無他緣，湛寂靈明，成就慧力。起信所謂：雖念亦無能念可念是也。如上所釋，事理二種憶念，普被三根：若是上智，則專修理憶念；或有鈍根，則專修事憶念；或有中人，則先修事，然後入理；皆隨機宜，未可一概而論。

現前當來，必見定佛：現前見佛者，於現在生中，念佛功純，或於夢中見佛。法華經云：若於夢中，見諸如來，坐師子座，圍繞說法等。或於定中見佛，大集經，剋期取證，定四十九日，文云：若人專念一方佛，或行或坐，至七七日，現身見佛，即得往生。又般舟三昧經定九十日，文云：若人自誓九十日，常行常立，一心繫念，於三昧中，得見阿彌陀佛。觀經云：無量壽佛，相好光明，徧十方界，念佛衆生，攝取不捨，故禪觀中，皆得見也。廬山初祖，遠公大師，一生三覩聖相，至第三次，見佛身徧滿虛空，自知往生時至，遂集衆告知，前後見佛之事，乃謝絕諸緣，精進念佛。果至其時，告別諸弟子，跏趺念佛往生。　亦有現前念佛聲中見佛者，如往生集云：昔葛濟之夫人，一心念佛，家貧終日織布，機梭一擲，一聲佛號，頻年行之不倦，其夫信道教，勸脩金丹之術；他勸夫學佛，其夫不從，遂各脩其道。一日正在織布，念佛聲中，見彌陀現全身於空中，遂即禮拜，乃喚濟之來看，濟之只見佛上半身。莊嚴光耀，亦即禮拜，由是信從，夫妻同脩淨業，同生淨土。

當來見佛者，或報盡命終，見佛來迎。佛說阿彌陀經云：「執持名號，若一日，乃至若七日，一心不亂。其人臨命終時，阿彌陀佛，與諸聖衆，現在其前，是人終時，心不顚倒，即得往生阿彌陀佛極樂國土。」或託質蓮胞，華開見佛，如一生念佛爲因，必得往生之果，第八識從頂門而出，化佛來迎，託生九品蓮華，以蓮華爲父母。品位高下，乃由一生念佛，勤惰之分，寶池蓮華，並非彌陀變化所作，乃是念佛衆生，自己心力願力所種。十方世界衆生，今天聞說念佛法門，發心念佛，求生淨土，七寶池中，即結一蓮蕋，標名其上。

念佛精進，華大甚速，光色亦好；念佛懈怠，華大亦緩；退心不念，華即枯矣。勤惰纔分，榮枯立見，是爲感應冥符妙。命終往生，即生自己之華；往生者衆，不相錯謬，是爲勝劣分明妙。此華是爲脫凡殼之靈宮，安慧命之神宅。九品華開，隨品位爲遲速；蓮華一開，即得見佛聞法，圓證三不退。所受之身，純黃金色，具三十二相，壽命同佛無量。必定者有三意：一、因果相應：以念佛因，得見佛果，如若往生，早遲必得成佛。二、感應道交：以念力爲能感，現身爲能應，感應之道，必定不差。三、始本契合：專以理念，念本性佛，始覺功深，本覺顯現，於自心中，見法身佛。此皆一定不易之理，故曰必定見佛。

去佛不遠，不假方便，自得心開。

上科事念，夢中空中，乃至臨終，皆見他佛；理念本覺顯現，見法身佛，乃見自佛。去佛不遠有二釋：一、既得見佛（或夢中空中日中），則此去往生彼國，華開見佛，事在不遠，前見佛是化身，此見佛是眞身。二、既得理念，見本性佛，從此進修，往生上上品蓮華，經宿即開，面禮彌陀，親聞妙法，頓證無生法忍，則去究竟佛地不遠矣！不假方便，自得心開者：約事念，則念佛法門，即勝異方便，不假諸餘方便門，以助顯我本性也。尙不假觀像，觀想、參究，何況其他法門。約理念，則念佛即是念心，心佛一如，自他不二；豈離惟心自佛，而假心外他佛作方便耶？自得心開：即理念功成。古德所云：「一念相應一念佛，念念相應念念佛。」自得心佛開發顯現，得成自佛，以念佛心，始本合一，成究竟佛也。

如染香人，身有香氣，此則名曰：香光莊嚴。

此喻憶佛念佛，必定成佛。如染香之人，身上即有香氣；法中，念佛之人，即得佛之氣分：念佛名即染佛名香，近佛身即染佛身香，開佛心即染佛心香。念佛之人，身心皆染佛香，喻上、中、下三根：上根染佛心香，中根染佛身香，下根染佛名香。下二句出三昧名，亦即法門名。以佛法身香，智慧光，莊嚴自己本覺佛。念佛之心，無相無形，不生不滅，即是法身。此心具足靈覺之性，即是智慧。今則念佛，以佛法身香，智慧光，莊嚴自己本覺心佛，故曰香光莊嚴。起信論云：「如世間衣服，實無於香，若人以香，而熏習故，則有香氣；無明染法，實無淨業，但以眞如而熏習故，則有淨用。」無明染法者，本覺心佛，藏在無明殼也。彼論明在纏如來藏心，今經喻出纏如來藏心，故云：「心開」，即本覺心佛開顯也。

辰四　述己自利利他

我本因地，以念佛心，入無生忍。今於此界，攝念佛人，歸於淨土。

上三句初句因也，二句該因徹果，三句果也，均屬自利，下三句屬利他。我本因地：即自述因地脩行；以念佛心，爲本脩因地心。佛是所念，心爲能念，此心非第六意識心。世人有謂念佛是口念，非也；即說是意識心念，亦非也。能念之心，是不生滅，圓湛根性眞心。以大勢至菩薩，明言都攝六根，淨念相繼，不但說識心念者，非也；即單說意根念者，亦非也。此章是根大法門，若單說意根，則與須菩提，意根法門相濫。都攝六根解在下，此念佛即第一決定義所云：「得元明覺，無生滅性，爲因地心，然後圓成，果地脩證」是也。入無生忍者：即依因所感之果也。入、是證入，無生、是所入之理，忍、以慧心安住此理，亦即慧之定也。念佛爲能入，此忍爲所入。無生之理，始終不異，即不生不滅；迷悟無差，即不垢不淨；生佛平等，即不增不減；證入法忍，地位有殊。如本經第三漸次文云：「一切如來，密圓淨妙，皆現其中。」是人即得無生法忍，謂圓敎初住，即得無生法忍，破一品無明，證一分三德，分身百界，八相成道。仁王經云：無生忍菩薩，所謂遠不動觀慧。遠、即第七遠地行，不動、即第八不動地，觀慧、即第九善慧地。以此而觀，前後所證之理是一，能證之功行，不無淺深。喻如象、馬、兎，三獸渡河，所渡之河不異，而入水淺深，非無差別。兎子則水面渡過，脚入水中；馬則頭伸水上，身入水中渡過；象則全身入水，由河底行過。後後勝於前前，實敎大菩薩，徹法流之源底，大勢至位居等覺，所證法忍，當非淺淺，上述自利，即以自利者，轉以利他。

今於此界，攝念佛人，歸於淨土者：此界、指本土娑婆五濁惡世；淨土、指西方極樂五淸淨土。攝者攝受，通於能所，能攝是大勢至，所攝是念佛人；生前則以慈力攝受，令行人念佛之心，堅固不退；臨終則以願力攝受，令行人正念昭彰，接引往生。

此界如旅舍，彼土是家鄉。猶如有人，捨父逃逝，馳走他鄉，飄零孤露：菩薩如親友，勸令念佛，即指示歸家道路，併贈以資糧，方能得歸家鄉，親見本生父母。念佛即具信、願、行三資糧，信則念，不信則不念，念具信資；以念佛爲因，願求往生之果，念具願資；念念念佛，力行不倦，念具行資。以此念佛，所具信、願、行，即贈以歸家三資糧也。能具信、願、行三資糧者，始名念佛人，始得歸於淨土也。又念佛，即具三資糧，聞說念佛法門，心不疑貳，謂之信；信已而解，心起樂欲，謂之願；願已而念，心勤精進，謂之行。彌陀經云：「若有信者，應當發願」，「執持名號」是也。又念佛，即具聞、思、脩三慧，聞說佛名，諦信不疑，爲聞慧；記憶在懷，恆不忘失，爲思慧；持念不輟，無有間斷，爲脩慧。佛地論云：菩薩履三妙慧，淨土往還，是念佛人，必具三慧，方歸淨土。

辰五　結答所證圓通

佛問圓通，我無選擇，都攝六根，淨念相繼，得三摩地，斯爲第一。

首句牒所問，第五卷前，佛問言：「我今問汝，最初發心，悟十八界，誰爲圓通？從何方便，入三摩地？」故此牒所問。次三句敘本因，後二句明所證。我無選擇者：佛前備顯六根功德，囑令詳擇其可入者，吾當發明，令汝增進。我於本因，亦是從根修證，但無選擇。都攝六根：外不擇眼耳等六根之相，內不擇見聞等六根之用；都攝者：唯攝一精明，不令託根緣塵，則一精既攝，六用不行，而六根都攝矣！淨念相繼者：衆念不生曰淨，一心繫佛曰念，念念相繼也，無有間斷；一念相應，一念佛，念念相應，念念佛；相應、乃心佛一如，即心是佛，即佛是心，念而無念，無念而念，不落空有二邊，全歸中道，即是理一心也。

得三摩地：乃依因感果，由本脩因，證圓通果。梵語三摩地，此云等持，又云等至，等持即定慧均等任持，雙離昏沉掉擧也；至即是到，由定慧平等，能到勝定故。斯爲第一者：斯指都攝六根，念佛法門，最爲第一。問：「文殊揀選圓通，乃選觀音耳根，偈曰：成就涅槃心，觀世首爲最。今念佛法門，何得稱爲第一？」答：「若對此方之機，娑婆衆生，耳根利故，所以觀音當選。若對十方通論，念佛法門，都攝六根，橫超三界，直截生死，速證菩提，無有何門可及，故稱第一。卯七勢至根大竟，併前二十三位，丑初諸聖略說竟。

楞嚴經講義第十四卷終

大佛頂首楞嚴經正文卷第五終　講義第三册終

大佛頂如來密因修證了義諸菩薩萬行首楞嚴經講義

福建鼓山湧泉禪寺　圓瑛弘悟　述　　受法弟子明暘日新　敬校

丑二　觀音廣陳 分四　**寅初　陳白古佛授法　二　次第解結修證**

三　詳演稱體起用　四　結答所證圓通　今初

爾時觀世音菩薩，即從座起，頂禮佛足，而白佛言：

爾時，乃大勢至菩薩，陳述根大念佛圓通已竟之時。以上諸聖，但皆略說，惟有觀世音，殿後廣陳者，有三意存焉：一、以此方衆生，耳根最利。如文殊選根偈云：「此方眞教體，清淨在音聞，欲取三摩提，實以聞中入。」二、因聞佛教示悟圓入一科中，已密選耳根爲圓通本根，故引古觀世音佛，教示從聞、思、脩法門，正是從耳根下手；三、以阿難偏於多聞，不勤定力，故詳談修證，次第解結之法，令阿難得以就路還家，下偈文云：「將聞持佛佛，何不自聞聞？」是以從容陳述也。　觀（去聲）世音是以能觀之智，觀所觀之境；得名因緣有二：一、約因中修行自利釋：依耳根本覺聞性理體，起始覺觀照智用，不出流緣塵，但入流照性，觀照能聞世間音聲者是誰？此以能聞聞性，爲所觀境，下結答圓通文云：「我從耳門，圓照三昧，因入流相，得三摩提。故彼佛如來，歎我善得圓通法門，於大會中，授記我爲觀世音號。」

二、約果上應機利他釋：如法華經普門品，佛答無盡意菩薩所問：觀世音菩薩，以何因緣，名觀世音？佛答：十方無量衆生，受諸苦惱，一心稱念觀世音菩薩名者，菩薩即時觀其音聲，皆得解脫。此所觀者，世間衆生，念菩薩名號音聲，而菩薩則尋聲救苦，故名觀世音。能觀之智是一，所觀之境有殊，乃繼大勢至之後，即從本座而起，頂禮佛足，仰白佛言：

世尊！憶念我昔無數恆河沙劫，於時有佛，出現於世，名觀世音。我於彼佛，發菩提心，彼佛教我，從聞、思、修，入三摩地。

憶即記憶，念即思念，乃迴憶追念，過去無數劫前之事。此是菩薩所得，三明中宿命智明，劫以恆河沙稱，極言過去時之久遠也。於、即在義，在彼之時，有一佛出現於世間。佛爲一大事因緣故出現於世；爲欲開示衆生，本具佛之知見故，出現於世；爲欲令衆生，悟入佛之知見故，出現於世。彼佛亦名觀世音，或因中亦由耳根修證故，或鑑機宜，當從耳根得入故，以是立名，將自行之法，輾轉以化他也。佛教從聞、思、修，入三摩地，即開示悟入佛之知見，開示衆生，耳根聞性，即是不生不滅之佛性，此佛性即本具佛之知見。令衆生從聞、思、修；聞即聞佛開示，悟明本有佛性，爲因地心，依悟而起思修，而得證入。本有佛性是正因，悟明爲了因，思修屬緣因。緣了有功，正因方顯，得入佛之知見，此爲彼佛出世之大因緣也。我於彼佛，發菩提心：此菩薩自述，最初發心。彼佛即觀世音佛，梵語菩提，此翻爲道。發菩提心：即發大道心，不求人天福報，聲聞緣覺，乃至權乘諸位菩薩，惟依最上乘，發菩提心，即上求無上菩提道之心也。

梵語菩提，又翻爲覺；覺有三義：本覺、始覺、究竟覺。本覺即衆生本有之佛性，一切衆生，本來是佛，迷而不覺，將本覺佛性，埋沒於五陰煩惱之中。今始覺悟，雖迷不失，依此始覺智，發心勤求究竟覺之佛道，是謂發無上菩提心。菩提心、爲心中之王，菩薩修行，此心爲先，若不發菩提心，一切萬行，無從建立，華嚴經云：忘失菩提心，修諸善法，是名魔業。昔有菩薩，往昔遇佛，已發菩提心，後在世間修行，將前所發菩提心忘失，並不記憶，如是所脩世出世善，皆名魔業。問：出世善法，何以亦爲魔業？答：本經五十種陰魔，聲聞、緣覺，亦列其中，即此可知，皆由不發菩提心故；忘失尙爾，況不發乎？　菩提心、亦即起信論三心：一者直心，正念眞如法故。此念之所以爲正者，不著二邊，起智觀照眞如正理，即契菩提心體。二者深心，樂修一切諸善行故，好樂修習世出世間自利利他諸善行。三者大悲心，欲拔一切衆生苦故，以平等大悲心，拔除一切衆生分段變易二生死苦，此二皆發菩提心用，今發此心，爲求無上菩提也。菩提心最爲貴重，初發即如王子處胎，貴壓群臣，諸佛護念，萬聖加被。華嚴百喻，未足以盡其盛德，故我於彼佛，先發此心，以爲因地心也。

彼佛教我，從聞、思、修者：此明秉受法門，旣發大心，須求佛示，彼佛即指觀世音佛，教我從聞、思、修三慧下手；此之三慧，不同常途，常途則以聞經解義爲聞慧，其體即耳識，與耳家同時意識，所發之勝解；思修亦即獨頭意識，將所聞之聲教，思惟修習；此皆不離生滅識心，識心爲圓通之障礙。本經以捨識用根爲要旨，故三慧不同常途。

今此聞慧，即從耳根聞性妙理，所起始覺妙智，不聞所聞之聲塵，但聞能聞之聞性；思慧、即正智觀察，能聞者是誰，不著空、有二邊，一味反聞聞自性；修慧、即如幻聞熏聞修，念念旋元自歸，伏歸元眞，發本明耀，解六結越三空，破五陰超五濁，全憑無分別智，反聞之功。

入三摩地：此即即慧之定，由聞教信解，而起修證。有修中三摩地，即從根解結工夫；有證中三摩地，即寂滅現前境界。此有入字，乃六結盡解，證入圓通之三摩地；亦即阿難所請三名中之妙三摩，經題中了義修證也。

寅二　次第解結修證

初於聞中，入流亡所，所入既寂，動靜二相，了然不生。如是漸增，聞所聞盡；盡聞不住，覺所覺空；空覺極圓，空所空滅；生滅既滅，寂滅現前。

此是妙三摩，從根解結之正行，一門深入之次第。前佛令選擇圓根，已密示耳門，於解結次第中，但列三空，意含六結，故觀世音，陳述圓通，具示從淺至深，層次分明，解六結、破五陰，以彰修證了義。上發菩提心是願，此是依願所起之行；上秉受法門是教，此即依教所起之修也。

初於聞中者：即最初乃於耳根聞性之中，下手起修；以耳根爲所入之妙門，以聞性爲所照之理境。從根中本覺妙理，起如幻始覺妙智；以智照理，聞熏聞修也。此聞中二字，首宜揀別分明，不可錯用因心。一非肉耳之中，以肉耳浮塵色法，不合決定義門。二非耳識之中，以耳識隨念分別，固非菩提正因。三非意識之中，以意識生死根本，正是圓通障礙。故阿難請求佛定，佛即三番破識，欲令捨而去之；十番顯見，欲令取而用之。眼耳雖別，其性則同。今此聞中，即佛所顯之見中也；又即如來，廣會四科，徧融七大，所顯三如來藏性之中也；又即如來所顯，圓湛不生滅性，朗照萬法，不偏空有，中道之中也。若能於此體察分明，依之爲本修因，自可圓成果地修證。

入流亡所者：古觀世音佛，教示從聞、思、脩，入三摩地，觀世音菩薩，依教起修，初從聞中下手，即聞慧。此句至生滅既滅，即思、修二慧；寂滅現前，即入三摩地。入流是對出流爲言，耳根順聞出流奔聲，即結縛之元，反聞入流照性，即解脫之本。故諸佛異口同音，告阿難言：使汝輪轉，生死結根，唯汝六根，更非他物，令汝速證，安樂解脫，寂靜妙常，亦汝六根，更非他物。觀世音秉教所修之法門，正合本師釋迦，十方諸佛之意旨。　入流：以觀智爲能入，耳門爲所入，入即旋反聞機，不出流緣聲，而入流照性也。又即逆彼無始織妄業流，隨順耳根聞性眞流，入流即是思慧，更兼修慧。用觀智思惟修（非識心分別思惟），能聞世間音聲者是誰？亦即參究工夫，同前不隨分別，世間、業果、衆生三種相續，而斷三緣。但提起一段疑情，驀直參去，能聞者是誰，緜緜密密，無有間斷。聲動時，參聞聲者是誰？聲靜時，參聞靜者是誰？即同宗門下，參看話頭，一切時，一切處，不離一句話頭。但彼多用意根，此專用耳根，爲稍異耳。同是智光內照，如佛所言，汝但不循動靜等塵，脫黏內伏，伏歸元眞，則智光不外洩，所有聲塵，不期亡而自亡耳，故曰：入流亡所。入流、即是合覺，亡所、即是背塵，背塵合覺，爲本經妙脩行路，至簡要、至巧妙之脩法也。

亡所：但於六結中，先解聲塵之動結（有聲爲動），祗是初步工夫，而得相應。此之亡所，並非聲塵銷滅，惟定功得力，而得離塵工夫，則聲塵不亡而自亡矣！入流，是修證圓通總訣，亡所、是但得初步效驗；如永嘉禪師所云：流非亡所而不入，所非入流而不亡，亡所則入流而亡，入流則亡所而入，凡修禪功者，貴在入流耳。　余二十一歲，由閩航海來蘇，參常州天甯寺冶開和尚學習禪功，參「如何是我本來面目」一句話頭，放下一切思想，提起一段疑情，連參三年，暫見自己本來面目，了明生死大事。至二十四歲冬，在禪七之中，專切參究，乃至飲食不知其味，一切時處，心光皆照一句話頭，至第十日下午，二板香止靜後，參究得力，身心忽空，內外虛融，定境法樂，非言語所能形容，一動喜心，定境即失。後於別枝香，欲求定境再現，皆不可得。禪七考功時，將是事陳白冶公和尚。則曰：「汝自後有求定境復現否？」答曰：「有」。乃警之曰：「切不可求，若求則魔得其便，汝將為魔眷矣！」復問：「如是境界好否？」公曰：「不作聖證之心，名善境界，若作聖解，即受群邪，此不過用心得力，暫得輕安，從此進修，不著不求，悟證有望。」後閱本經，五十種陰魔所述，知善知識，不可不親近也。至二十八歲，參浙江甯波天童寺寄禪和尚，亦在冬月禪七之中，勇猛精進，生死心切，於第八日晚，定境復現，較勝於前，其樂亦勝。自此深信，宗門中自有奇特事在，後閱楞嚴經，於向所未通者，無不明了，又信本經為禪門關鑰，更復悉心研究，定能發慧，其語亦有徵矣！

余惜後爲叢林供職，重興道場，辦理慈善，主持佛教會務，以致自誤禪功，未明本分上事，雖承緇素群推，楞嚴獨步，何異說食不飽，數寶常貧也。

又入流亡所，實非聞性斷滅，但以專切反聞，回光內注，所有動塵，一一皆亡，聞性不滅。前佛有云：聲於聞中，自有生滅，非爲汝聞，聲生聲滅，令汝聞性，爲有爲無也。然動塵已滅，靜塵方現，終日惟聞靜塵之境，當知靜塵亦是結，亦宜解除，仍舊不捨思、修二慧，不緣所聞靜塵，參究能聞靜塵者是誰？靜塵是境，聞性是心，若聞靜塵，還是出流，反聞能聞是誰？方是旋聞與聲脫也。　所入既寂，動靜二相，了然不生者：上亡所，是解「動結」，此三句乃解「靜結」，動相不過併言而已。首句所字，即牒上亡所；入字、即仍舊入流。謂所有動塵雖亡，仍是反聞入流，不捨本脩，不住靜境；此靜境即是色陰區宇，如明目人，處大暗室。既寂之寂，非是境靜之寂，乃是動靜二塵，到此俱寂之境。然所入既寂，則動結與靜結俱解，聲塵全泯，故曰：動、靜二相，了然不生。此了然不生，即動、靜二種塵相，了不可得也；此二句亦即既寂之註脚也。而工夫到此，聲塵動靜二結俱解，則色陰破矣！　如是漸增，聞所聞盡者：此解「根結」。如是、指法之詞，指上反聞離塵，思修二慧，塵中二結已解，根結斯現，此根乃聚聞於耳，結滯爲根之根，亦復是結，亦當解除。仍照如是本修之法，漸次增進，加功用行，定力轉深，所聞動靜二塵，既已了然不生，能聞之根，亦隨所聞以俱盡。塵既不緣，根無所偶，到此則根結亦解，無有能受所受，則受陰破矣！根塵既銷，識無從生，則想陰亦於此破矣！即佛前云：此根初解，先得人空，正齊於此；以塵亡根盡識泯，人無所依故。此中三結，亦即佛示，六結生起次第中所云，勞見發塵，今麤三結已解，則塵不復發，見不復勞矣！

盡聞不住，覺所覺空者：此解「覺結」。盡聞二字，是牒上能聞與所聞俱盡，根塵雙泯之境，六用不行，惟餘一覺。若住此境，但得我空，未得法空，則永墮無爲深坑。不住者，仍復加功用行，進觀聞性。下句爲新證之境，正脈云：盡聞之後，根塵迥脫，湛一無邊之境現前；故今言覺者，即照此境之智也；所覺者，即此湛一之境也。盡聞若住，則境智恆對，能所仍存，終爲勝進之障，即潙山所謂：具足心境也。今言覺所覺空者，謂能覺之智，與所覺之境，二俱空寂，泯然無復對待也。　覺是智分，乃屬般若，智能契理如何亦空？當知此破法執，若恪惜此智，不肯放捨，即是一種愛智之法愛，亦復是結，亦當解除。圓覺經云：「幻塵滅故，幻心亦滅，幻心滅故，幻智亦滅，幻智滅故，幻滅亦滅；幻滅滅故，非幻不滅。」彼文全同此之解結工夫。今此覺結，即彼幻智，亦即佛示，六結生起次第，知見妄發，發妄不息。今覺結已解，則知見不發，妄不相續矣！空覺極圓，空所空滅者：此解「空結」。空即覺所覺空之空，覺即能覺之與所覺，由有此空，空彼能所二覺，則覺結雖解，空亦是結，亦當解除；以能空所空，二俱宛在，空性未圓，若悋惜空理，不肯放捨，即是愛理之法愛，還要入流照性，加功用行，參究空何所依？究而極之，以求圓滿空性。

空所空滅者：非惟所空之智境滅，即能空之空亦滅。如以木鑽木，火出木燒，二俱滅矣。今空結已解，則行陰破矣！亦即佛言，空性圓明，成法解脫，正齊於此，已得俱空之境。

生滅既滅，寂滅現前者：此解「滅結」。生滅二字，總指諸結而言。動滅靜生，靜滅根生，根滅覺生，覺滅空生，空滅滅生，六結皆生滅法，故滅結亦當解除。此結不解，恆住俱空之境，猶爲圓通細障，即同「百尺竿頭坐的人，雖然得法未爲眞，百尺竿頭重進步，十方剎土現全身。」惟是此結，最難解除，禪門謂之末後牢關，到此境界，不肯進步，又謂之貼肉布衫難脫，此結一解，則可親見本來面目矣。同圓覺經，迷智四相之壽者相。一我相，心所證者，以所證涅槃，認爲我體。二人相，心所悟者，悟知所證之非。三衆生相，心所了者，了前悟證俱非，四壽者相，心所覺者，覺前前非，認己爲是，即住此相中，深生法愛。譬如有人，不肯斷命，祖師門下，謂之命根不斷也。故仍須入流照性，返窮流根，滅相迥脫，至不生滅，方是到家時節。既滅者，即觀智還元，一切生滅，悉皆滅已，此去更無可滅。此滅結，即佛前示，六結次第生起之第一結，由汝無始，心性狂亂；今六結盡解，五陰全破，狂心已歇，歇即菩提。亦即佛云：解脫法已，俱空不生，妄窮眞露，寂滅眞理現前。所謂寂滅者，此寂非對動之寂，從無始來，本自不動之寂也；此滅非對生之滅，從無始來，本自無生之滅也。虛心絕待，妙體孤圓，即如來藏，妙眞如性，亦即一乘，寂滅場地，爲眞心之全體。前佛云：是名菩薩，從三摩地，得無生忍。上解六結，是從聞、思、修，此寂滅現前，是入三摩地，得證圓通。古觀世音佛，所授之法，與釋迦如來，解結修證，無二無別。既得寂滅現前，親證藏性，而入首楞嚴三昧，當登圓教初住之位。下忽然超越之下，皆稱全體所起之大用也。

正脈云：通前次第解結一科，會於四卷末節：入流，即守於眞常，亡所，即棄諸生滅；盡聞即根塵識心，應念銷落；覺所覺空，與空所空滅，即想相爲塵，識情爲垢，二俱遠離；寂滅現前，即法眼清明，毫無差爽矣！若會永嘉奢摩他文，入流即息念，亡所即亡塵，亦應倣其文云：「流非亡所而不入，所非入流而不亡，亡所則入流而亡，入流則亡所而入。」此四句可齊動靜不生。又云：「亡所而入，則入無能入；入流而亡，則亡無所亡。」此四句根塵俱泯，可齊於聞所聞盡。又云：「亡無所亡，則塵遺非對；入無能入，則念滅非知。」此四句無對無知，可齊於覺所覺空。又云：「知滅對遺，一向冥寂。」此二句可齊於空所空滅。又云：「闃爾無寄，妙性天然。」此二句可齊於生滅既滅，寂滅現前，亦似脗合，而無聞矣！但永嘉似乎都攝六根，或專攝意根，此經乃專攝耳根爲異耳。又永嘉方談最初銷顯，向後更有脩治，斯經已談深證高位，向後惟彰發用，今與合會而觀，節文宛似，令知圓頓初後，無有異心，行者不可委爲高位，視爲不切己也。

寅三　詳演稱體起用　分二

卯初　標列二本　二　承演三科　今初

忽然超越，世出世間，十方圓明，獲二殊勝。

上是菩薩修證圓通，自利之因行；下是菩薩稱體起用，利他之妙行。自利之行，言之甚略，利他之行，演之甚詳；中有二意：一、從根解結，佛於第二決定義門，已令選擇圓根，一門深入，脫黏內伏，併示解結次第，入三摩地，至爲明晰，何勞多述。二、詳演果用，無作妙力，自在成就，乃爲激發回小向大之機，令起羨慕，立志欣修，不得不爲廣陳也。　忽然超越者：即從聞、思、修，最後一剎那，證圓通體，發自在用時也。超越乃解脫無礙之義，寂滅眞體，本自圓明，六凡爲我執所礙，不能超越世間；三乘爲法執所礙，不能超越出世間；菩薩入三摩地，我法雙空，俱空亦復不生，故得超越世出世間。　十方圓明：即四卷佛云：「我以不滅不生，合如來藏，而如來藏，惟妙覺明，圓照法界。」菩薩亦復如是，指掌云：「十方所有諸法，無非自性光明，周徧圓滿。」古德云：盡大地是自己光明，無一法不在光明裏者。獲二殊勝：此總標大用，即上合下同之二，權、小莫及，故稱殊勝。

一者上合十方諸佛，本妙覺心，與佛如來，同一慈力。

此下二節，別明大用。菩薩已證心佛衆生，三無差別之理，故得上合十方諸佛，所證本來妙覺眞心，此心佛與菩薩衆生，無二無別，即金剛經所云：「是法平等，無有高下」者是也。上合即與佛同其體；同一慈力，即與佛同其用；佛運無緣無所不緣慈，度有情界，下三十二應，即同其用也。

二者下合十方一切六道衆生，與諸衆生同一悲仰。

下合衆生，亦應有本妙覺心一句，文略例上可知。此亦與生同其體；生佛雖殊，其體一致。同一悲仰：即與衆生同其用；衆生與佛，其體雖同，其用則異。悲者悲哀，仰者仰望，衆生身罹苦難，哀求拔苦，希望與樂；菩薩同其用，故施無畏力，下十四無畏，即同其用也。

卯二　承演三科 分三　**辰初　三十二應　二　十四無畏　三　四不思議**　辰初分三　**巳初　標承慈力　二　條陳妙應　三　結名出由**　今初

世尊！由我供養觀音如來，蒙彼如來，授我如幻，聞熏聞脩，金剛三昧，與佛如來，同慈力故，令我身成三十二應，入

諸國土。

此爲妙應體用洪源。世尊，乃稱呼釋迦，爲六凡有情世間，三乘正覺世間，九法界之所共尊也，又即超九界以獨尊之稱。觀音如來，即菩薩因地本師。由我供養，不出二種：一、供養佛身：侍奉左右，執勞服役。二、供養佛心：依教起修，暢佛本懷。蒙彼如來：即觀音如來，傳授耳根修證法門。如幻聞熏聞修，金剛三昧者：如幻是喻，聞熏聞修是法，金剛三昧亦然。上聞字，指本覺聞性內熏，熏起始覺之智；下聞修，即始覺反聞修習，入流照性之功。此種修法，無修而修，修即無修，喻如幻事，從無而有，有即非有；修成而得三昧，名曰金剛三昧。修即入流照性，照破五陰，解除六結，返窮流根，至不生滅，澈法底源，無動無壞，究竟堅固，喻如金剛，堅固不壞。三昧是梵語，此云正定，即首楞嚴大定，證此定爲得圓通。與佛如來，同慈力故：既證圓通，與佛同其體，故能與佛如來同其用。下令我身成三十二應，入諸國土：即應機所起之妙用也。此用，即菩薩所得，三輪不思議業用：一、身輪不思議：一身能現無量身，應以何身得度，即現何身。溫陵曰：「三十二應者，現十法界身，圓應群機也。」二、口輪不思議：一口能說無量法，應以何法得度，即說何法，說皆契理契機也。三、意輪不思議：一意能鑒無量機，一切衆生，根性不等，樂欲不同，或樂有爲，或樂無爲，或樂入世，或樂出世，菩薩鑒機既定，乃爲現身說法，善巧方便。輪有運載之義，以此三輪，入諸國土，即十方諸國土，無刹不現身，普載迷倫，同躋覺地也。

巳二　條陳妙應 分六

午初　應求聖乘　二　應求諸天　三　應求人趣　四　應離八部　五　應入修人　六　應離非人　今初

世尊！若諸菩薩，入三摩地，進修無漏，勝解現圓，我現佛身，而爲說法，令其解脫。

此應菩薩所求，以菩薩志在菩提，故現佛身。其餘前三，則現聖身；下皆現同類身。若諸菩薩：諸是助語詞，若作多解亦可；菩薩則該權實諸位，權實雖復不同，而希望成佛，則一而已。三摩地：即所修法門之正定，有相似位、分證位差別，無漏、勝解亦然。勝解現圓：各隨所修法門，無間道，因行已滿，將入解脫道，所起殊勝之解，將現圓滿，而未滿之時。以下諸位，勝解之字雖同，其義有異；即本科亦當作二種解：若相似位菩薩，入相似三摩地，進修中道無漏，則分證勝解現圓。若分證位菩薩，入分證三摩地，進修金剛無漏，則究竟勝解現圓。大士即現佛身，爲說頓入佛乘之法，令得分證解脫，或究竟解脫。

問：「大士證入圓通，但登圓教初住之位，如何能現佛身，而爲等覺菩薩說法？」答：「初住能分身百界，八相成道，豈不能爲等覺說法？又大士近迹，雖在初住，約其遠本，早成正法明如來，是爲等覺說法，理無可疑。」

若諸有學，寂靜妙明，勝妙現圓，我於彼前，現獨覺身，而爲說法，令其解脫。

此現獨覺身。三科皆云，有學者，以未證無學位故。獨覺者，出無佛世，觀物變化，自覺無生，故號獨覺。若諸有學，志求獨覺者；寂靜妙明：即在修道位中，樂獨善寂，曰寂靜，求自然慧，曰妙明。勝妙現圓者：殊勝妙慧（即自然慧）將現圓滿之相，如鑽木取火，已得煖相，其火將出未出之時。我於彼有學之前，現獨覺身；應其所求，令易信從，爲說無生之法，令其解脫，見思煩惱，而證無學之位。此非天然外道，以多生熏習小教，今出無佛世，覽物榮枯，觸境悟道也。

若諸有學，斷十二緣，緣斷勝性，勝妙現圓；我於彼前，現緣覺身，而爲說法，令其解脫。

此現緣覺身。秉佛十二因緣之教，覺悟無生之理，故稱緣覺。十二因緣，有流轉還滅二門：一流轉門，謂遷流不息，輪轉生死；二還滅門，謂復還本性，滅諸生死。順觀流轉門，乃知生起次第，有十二支，又名十二有支，不出惑、業、苦三。而成三世因果：無明緣行（行即業行，由無明惑而來。此是過去世惑業二支因。）；行緣識（即投胎時第八識），識緣名色（胎中心色和合，名即是心，以心無形相，但名而已，心即投胎之想愛，色投胎中父精母血）；名色緣六入（即一身所具六根，而能入塵）；六入緣觸（孩童時，六根觸對於六塵。）；觸緣受（稍長根塵相對，便知領受，此現在世五支果。）；受緣愛（成人時，對順境則生愛，逆境則生憎，說愛憎含其中，此是現在世之惑。）；愛緣取；取緣有（此二支，是現在世之業，取是業之初，有是業之成。）；有緣生（即未來世受生）；生緣老死（即來生由少而老，由老而死。此二支，乃未來世之苦果。）。此十二支，連環鉤鎖，相續不斷，從因感果，果上再造因，由因再感果，惑、業、苦三，循環無已，生死不息，故曰流轉門。逆觀還滅門，得悟無生之理，無明滅，則行滅，乃至生滅，則老死滅。今云斷十二緣，乃約還滅門說。緣斷勝性者：勝性即無生理性，以超世間法故稱勝，此性必由緣斷而顯，故曰：緣斷勝性。勝妙、以悟因緣性空，故稱勝妙。正在勝妙將現圓滿，未滿之時，我於彼有學之前，現緣覺身，慰其所求，而爲說緣生無性之法，令其解脫分段生死，而證緣覺之果。

若諸有學，得四諦空，修道入滅，勝性現圓；我於彼前，現聲聞身，而爲說法，令其解脫。

此現聲聞身。若諸有學，在見道位中，以八忍八智十六心，斷四諦下惑，見惑已斷，曰得四諦空，而入修道位，斷三界思惑，八十一品，品品皆證一分擇滅無爲，故曰修道入滅。勝性，即滅諦無生之性，將現圓滿之時，如未雨已先得雲。我即於有學之前，現聲聞身，投其所好，爲說滅諦無生之法，令其解脫，世間諸漏，超出三界，而入方便有餘土涅槃。

午二　應求諸天　分二　**未初　天王**　**二　天臣**　今初

若諸衆生，欲心明悟，不犯欲塵，欲身清淨，我於彼前，現

梵王身，而爲說法，令其解脫。

此現梵王身。若諸衆生，指在欲界之衆生。欲心明悟者：對婬欲一事，心得明悟，了知欲爲招苦之本，欲由愛生，身因欲有，身爲衆苦所集，無非婬欲之所招致，故持戒修身，不犯欲塵，令此欲身，而得清淨。清淨乃是生梵之因，故我於彼衆生之前，現梵王身，爲說四無量心，及出欲論，教脩離欲定。此定若成，可以超出欲界，上生色界，不由胎生，乃是化生，身相莊嚴清淨，令得解脫欲界苦麤障，而得色界淨妙離也。

若諸衆生欲爲天主統領諸天，我於彼前現帝釋身，而爲說法，令其成就。

此現帝釋身。若諸衆生，或爲人道，或是初二天天人，願爲忉利天主。梵語忉利，此云三十三，爲六欲天第二天，在須彌山頂，東西南北各八天，帝釋天主，住善見城，居中一天，合成三十三天，不惟統領忉利諸天，兼統四天王。我則應其所求，故於彼前，現帝釋身，即忉利天主，釋提桓因，此云能爲主。而爲說法者，說上品十善，及種種善論，令其成就帝釋之果。

若諸衆生欲身自在遊行十方，我於彼前現自在天身，而爲說法，令其成就。

此現自在天身。若諸衆生，指人倫及欲界諸天；欲得此身，逍遙自在，遊行十方，而無阻礙。我於彼前，現他化自在天身（謂此天樂具，他天化作，自在受用，福報超勝，居欲界頂。），而爲說上品十善等法，令其成就自在天福報。或云六天別有魔王宮，亦自在攝。

若諸衆生欲身自在飛行虛空，我於彼前現大自在天身，而爲說法，令其成就。

此現大自在天身。若諸衆生，指欲界天人，欲得此身自在，而能飛行虛空，上云遊行十方，不過六欲四洲之十方；此云飛行虛空，飛行較遊行爲勝。此虛空，乃大千世界之虛空，因大千世界，上覆以四禪天，大自在天，即色界頂天，世間福報最勝，得大自在也。我應其所求，即現大自在天身，而爲說上上品十善，四禪四無量心，令其成就最勝果報。有謂此天，即摩醯首羅天王，有三目八臂，騎白牛，執白拂，能飛行虛空者。

未二　天臣

若諸衆生，愛統鬼神，救護國土；我於彼前，現天大將軍身，而爲說法，令其成就。

此現天大將軍身。若諸衆生：指人道及八部，心愛統領鬼神，乃八部鬼神。無福德曰鬼，有福德曰神。正脈云：「四王主帥，各有八將，韋馱爲上首。金光明經，散脂爲大將，統領二十八部，巡遊世間。」今云愛統鬼神，即欲求天大將軍身也。救護國土者：即巡視世間一切國土，除妖降福，賞善罰惡耳。我則應其所求，即於彼前，現天大將軍身，而爲說五戒十善，及秘密神咒，呼召鬼神之法，令其成就威勇，保護蒼生也。

若諸衆生，愛統世界，保護衆生；我於彼前，現四天王身，而爲說法，令其成就。

此現四天王身。若諸衆生，指人類衆生，及四天天衆，愛統世間四大部洲，保護各國衆生；我則應其所求，即於彼前，現四天王身，爲說上品十善，及護國安民之法，令其成就，統領世界之願。四王居須彌山腰，爲帝釋外臣，故列天臣。東方持國天王居黃金埵，領乾闥婆、富單那二部；南方增長天王居瑠璃埵，領鳩槃茶、薜荔多二部；西方廣目天王居白銀埵，領比舍闍、莫呼落伽二部；北方多聞天王居水晶埵，領藥叉、羅刹二部。

若諸衆生，愛生天宮，驅使鬼神；我於彼前，現四天王國太子身，而爲說法，令其成就。

此現天王太子身。若諸衆生，指人倫及四天人民，有志愛生四天王宮，爲太子，能驅遣使令一切鬼神。鬼即八部，神即四王，各八大將軍之屬；或有鬼神作祟，擾亂人間，四王太子，而能制止。設有違制，則遣大力鬼神，或天大將軍，而降伏之。輔助天王，保護衆生。我則應其所求，即現四天王國太子身，而爲說皈依齋戒，十善符咒之法，令得成就其志願也。

大吉義經云：「護世四王，各有九十一子，姿貌端正，有大勢力，即那吒之類。」灌頂疏云：「唐天寶間，西番五國，來寇西安，國軍莫能禦，玄宗詔不空三藏入內，持念護國仁王陁羅尼。方二七遍，忽見神將五百，荷戈殿前。對曰：北方天王，第二子獨健，往救西安；寇進攻，仰見無數天兵天將，布陣空中，寇畏歎曰：中國有聖人，未可犯也！即退兵。隨即表奏，帝喜，因敕諸道府州，各建天王殿以祀之。」海內大刹，皆有天王，即此由來矣。二應求諸天竟。

午三　應求人趣　分四　**未初　王臣人民　二　秉教男女**
三　世諦婦女　四　童眞男女　今初

若諸衆生，樂爲人王，我於彼前，現人王身，而爲說法，令其成就。

此現王身。溫陵戒環法師曰：自金輪以至粟散，皆爲人王。釋曰，世間人王有五：一、金輪王，即轉輪聖王，亦具三十二相，有七寶隨身，人中最上，無能勝者。即王位時，有金輪寶，從空飛下，而至其前。乘此輪寶，一日能遊行東西南北四大部洲，各國莫不服從，以十善化世，得王（去聲）一四天下。二、象寶有白象王。三、馬寶，名勇疾風。四、將軍寶，又稱主兵臣寶、名離垢眼。五、主藏臣寶，財寶隨身，同輪王出遊，不必帶諸財寶，王欲布施時，但有土地，藏臣令掘，取用不盡。六、寶藏瓶，王隨身攜帶，欲要何物，能如輪王之意，一一出生。七、女寶，即輪王第一夫人，名淨妙德，能輔王化，各國人民，受王之化，悉修十善，世無惡人，此亦福報所感也。二、銀輪王，即王位時，有銀輪寶，從空飛至，乘之一日能遊行東西南三洲，除北洲，王去聲三天下，各國悉皆服從。三、銅輪王，有銅輪寶，能遊行東南二洲，各國歸其統領。四、鐵輪王，有鐵輪寶，能遊行南洲一洲，所有各國，皆歸統轄，如阿育王者是也。五、粟散王，即各國小王，如散布其粟，徧地皆是。若諸衆生：指人倫；樂爲人王：王者往也，懷仁布德，四方歸往，欲爲有道之君，治理邦國者也。我於彼前，現人王身，爲說五戒十善，以爲生貴之因；及說帝王德業，熏成隔生之種，令其成就善因，而獲福果。問：「心懷篡逆，窺竊神器，未知菩薩亦爲現身說法否？」答：「菩薩志在利生，豈肯助逆。」

若諸衆生，愛主族姓，世間推讓；我於彼前，現長者身，而

爲說法，令其成就。

此現長者身。我國年高德重，即可稱爲長者，西域長者，頗不易稱，須具十德：一、姓貴，謂刹利尊姓，貴族大家。二、位高，謂宰輔丞相，朝中老臣。三、大富，謂豐饒財寶，充裕倉廩。四、威猛，謂霜威嚴重，望之可畏。五、智深，謂心如日月，慧燦珠璣。六、年耆，謂耆年宿德，老當益壯。七、行淨，謂矩範堪親，楷模足式。八、禮備，謂威儀庠序，接物和光。九、上歎，謂上爲王者之所稱歎。十、下歸，謂下爲人民之所依歸。具此十德，方稱長者，故列宰官之前。若諸衆生，愛主一族同姓，併願爲世間所推重，到處讓居上首者；我於彼前，現長者身，爲說博施濟衆，仁民愛物之法，令其成就。

若諸衆生，愛談名言，清淨自居；我於彼前，現居士身，而爲說法，令其成就。

此現居士身。若諸衆生，愛談古今名人，嘉言典章，可以垂範作則，以訓於世。清淨自居者：身處塵勞，心恆清淨，不染世欲，以道自居。我於彼前，現居士身，爲說淸心寡慾，潔己脩身之法，令其成就。居士乃以道自居之士，即在俗修行者，有有德有位者，如蘇東坡之類，有有德無位者，如王通、邵雍之流，隱淪不仕者。

若諸衆生，愛治國土，剖斷邦邑；我於彼前，現宰官身，而爲說法，令其成就。

此現宰官身。若諸衆生，愛治理國家領土，輔佐政治。溫陵謂：三台輔相是也。能爲朝廷，整綱立紀，能爲民間，易俗移風。剖斷邦邑者：大者爲邦如省，小者爲邑即縣，剖乃剖雪寃屈，斷則決斷是非，如片言折獄，訟簡刑淸者也。我於彼前，現宰官身：宰者治也，官者公也，上自三台輔相，下至州牧縣長，皆名宰官；菩薩現身，爲說脩齊治平，護國愛民之法，令其成就。

若諸衆生，愛諸數術，攝衛自居；我於彼前，現婆羅門身，而爲說法，令其成就。

此現婆羅門身。若諸衆生，愛諸數術，攝衞自居者：謂有一類衆生，愛好天文地理，陰陽度數，曰數；醫卜命相，咒水書符，曰術；調攝身心，節勞靜神，曰攝；保衞生命，固精養氣，曰衞。如前文所云：求太陰精，用和幻藥，可以益壽，可以脩世。以此數術，攝衞自居，不求他學也。

我於彼前，現婆羅門身：婆羅門，此云淨裔，謂此是劫初梵天苗裔，苗裔即後裔。梵者淨也，又云梵志，以彼志在梵天故，菩薩現身，爲說世智，調氣煉神之法，令其成就，數術攝衞之學也。

未二　秉教男女

若有男子，好學出家，持諸戒律；我於彼前，現比丘身，而爲說法，令其成就。

此現比丘身。若有男子，好學出家：此是在俗男子，心厭塵勞，好學佛法，是以割愛辭親，捨俗出家。持諸戒律：初出家所受之沙彌十戒，進受比丘，二百五十戒。比丘名含三義，即五不翻中多含不翻。三義者：一、乞士：謂內乞法以資慧命，外乞食以養身命。二、怖魔：謂受比丘戒，登壇白四羯磨時，地行夜叉讚善，空行夜叉，天行夜叉，亦復讚善，輾轉聲傳六天，魔王聞之生怖，怖懼魔界減少，佛界增多。三、破惡：修持淨戒，能破身口七支之惡。我即現比丘身，爲說戒、定、慧學，淸白梵行之法，令其成就。

若有女人，好學出家，持諸禁戒；我於彼前，現比丘尼身，而爲說法，令其成就。

此現比丘尼身。若有女人，既厭塵勞之累，復嫌五障之軀：一者不得作梵天王；二者不得作帝釋；三者不得作魔王；四者不得作轉輪聖王；五者不得作佛。好樂學道脩行，出離世俗之家。持諸禁戒者：諸字包括之辭，尼有三百四十八戒，餘諸八敬等法，皆爲佛所制禁戒。尼此云女，比丘尼，女人出家，受具戒者。我現比丘尼身，合其所慕。而爲說法：即離染淸淨，精脩梵行之法，令其具足三學，成就五德也。上現出家，秉教二衆。

若有男子，樂持五戒；我於彼前，現優婆塞身，而爲說法，令其成就。若有女子，五戒自居；我於彼前，現優婆夷身，而

爲說法，令其成就。

此現在家秉教二衆。設若有男子，志慕佛教，不能捨俗出家，但好樂去聲受持五戒。五戒爲出家、在家，通脩之戒，即殺、盜、婬、妄、酒：一不殺害生命，恆存仁愛慈心；二不偷盜財物，見利自當思義；三不姦婬男女，在家之衆，惟戒邪婬，夫妻正婬仍當節欲，克守世間禮教；四不虛妄語言，履踐信實之道。上四殺、盜、婬、妄是根本戒，又爲性業，本性即是罪業，不特受戒者犯之有罪，不受之人犯之，國法亦皆治罪。五不飲酒昏迷，而失本有智性。酒本無罪，飲之昏迷失性，醉後糊塗，能爲造罪之因，是爲遮業，故佛遮止，不許飲酒。經中具說，飲酒有三十六種過失。

古時夏禹王，有臣名儀狄，製酒佳味，進貢於禹王，禹王飲之，知此酒能誤害於人，遂將儀狄貶於蘇海。又古有優婆塞，因酒而破五戒：因酒戒不能持，一日有酒無肴，隣舍走來一鷄，遂將盜藏。隣舍覓鷄，問曰見否？妄言不見，少頃殺而烹之，以酒燉鷄，隣婦聞氣味生疑，故來探視，遂留同飲同食，醉後調戲成姦，是則因酒，而五戒全破也。

此之男女，身處塵勞；樂持五戒：欲以五戒自居（即自守也），以修其身。我於彼前，現優婆塞身：此云近事男，可以親近承事三寶之男子；現優婆夷身：即近事女。爲說五戒，爲人道因，五戒全持，則爲上等人，若持四戒，未免美中不足，若持三戒，則爲中等之人，如持二戒，則爲中人以下。但持一戒，亦可不失人身，此人前生，持戒太少，雖得人身，極爲愚癡苦惱，應當持滿分戒（即五戒全持）。此五戒，即儒教仁、義、禮、智、信五常。不殺仁也；不盜義也，不邪婬禮也；不妄語信也；不飲酒智也。爲說五戒，令其成就淸信士女之身。

未三　世諦婦女

若有女人，內政立身，以脩家國；我於彼前，現女主身，及國夫人、命婦、大家（音姑），而爲說法，令其成就。

此現婦女身。內政立身者：女正位乎內，故曰內政。家門以內之事，女人主之，孝敬翁姑，教育子女，是爲內政。貴而能勤，富而能儉，貞靜幽嫻，以修女德，名曰立身。閨門爲萬化之源，關於國家之治亂興衰，曠觀自古及今，上自朝廷，下至家庭，無不皆然。女人又爲教育之所係，母教更有力於師教，孟母即其證也。以脩家國者：即內政立身，而身脩矣。感化家庭，關係國政，如岳武穆之母教，以成精忠報國之志。家通大夫以上，國通諸侯以上。女人如能內政立身，脩身，即爲齊家治國之本。我於彼前，觀其志願，或現女主身，即天子之后；或現國夫人身，即邦君之妻。君稱之曰夫人，國人稱之曰君夫人，一國主君之婦也。命婦，謂受朝廷誥命之婦，妻因夫榮，丈夫爲官，女人受誥封也。大家、家訓姑，才德兼備，能爲女主之師，如漢扶風縣名曹世叔之妻，乃同郡班彪之女和帝常召入宮，令皇后貴人師事之，世稱曹大家也。爲說三從四德，端莊淑愼之法，令其成就。

未四　童眞男女

若有衆生，不壞男根，我於彼前，現童男身，而爲說法，令其成就。

此現童男身。若有保守天眞，不染欲塵之男子，天眞未洩，男根不壞，有志終身持守，是謂童眞。我於彼前，現童男身，爲說守眞抱璞，固精保元之法，令其成就童眞也。

若有處女，愛樂處身，不求侵暴；我於彼前，現童女身，而為說法，令其成就。

此現童女身。，若有處女，亦名處子，乃未出閨門，未嫁之女子，愛樂好去聲也處女之身，白圭無玷，不求婚嫁。縱有強施侵暴，迫之令嫁，亦誓所不從，願終身不字，永為處女之身。我於彼前，即現處女身，為說堅貞美德，清淨自居之法，令其成就。上自天主至此，乃是大士以如幻三昧之力，應衆生希求之心，竿木隨身，逢場作戲，同事攝化之妙也。三應求人趣竟。

午四　應離八部

若有諸天，樂出天倫；我現天身，而為說法，令其成就。

以上諸科，皆應希求，令得成就，出世入世之願望。以下諸科，皆應厭離，令得成就，出離本位，得生人道。問：「餘趣求生人道，是事不疑，天本勝人，何以反求，轉入人道？」答：「天道雖樂，樂有終盡，五衰相現，畢竟無常。又則天人著樂，不肯脩行。裴相國云：整心慮趣菩提，惟人道為能耳。所以諸佛皆從人中得道，三乘聖人，亦皆人身脩證。」故諸天樂出天倫，得生人道，既得人身，可成四聖也。我現天身，爲說無常，苦、空、無我之法，令得成就也。

若有諸龍，樂出龍倫，我現龍身，而爲說法，令其成就。

灌頂云：梵語那伽，此云龍。龍有四類：一守天宮殿、二興雲降雨、三開瀆決江、四守護伏藏。其類不一，故曰諸龍。過去亦曾修福，所住宮殿，亦爲寶成，身能變化，多化人形，惟五時不免蛇形：生時、眠時、婬時、瞋時、死時。長阿含經明龍有三患：一熱沙炙身、二風壞宮衣、三金翅鳥噉。因有多苦，故樂出離。阿含經又云：就因先世多瞋，心曲不端，犯戒鬥諍，故墮龍中，由大行布施福力，故七寶爲殿。我現龍身，爲說布施持戒，正直柔和，仁慈謙讓等法，令其成就。

若有藥叉，樂度本倫；我於彼前，現藥叉身，而爲說法，令其成就。

梵語藥叉，此云捷疾，其行捷疾故；亦名勇健，勇猛强健故；或云暴惡，其形暴惡故。有地行、空行、飛行三種。最勝王經云：是等藥叉悉皆愛樂如來正法，深心護持。樂度本倫者：因受佛法熏習之力，知暴惡爲墮緣，故樂度脫本倫。我現藥叉身，爲說持戒脩福，柔和善順之法，令其成就人倫；若能兼修慧業，亦可成就聖倫也。

若乾闥婆樂脫其倫，我於彼前，現乾闥婆身，而爲說法，令其成就。

乾闥婆，此云香陰，在須彌山南，金剛窟住。此神不噉酒肉，惟食諸香，以資五陰，是帝釋樂神。帝釋須樂，燒沉水香，此神尋香而至。好樂脫離本倫，我於彼前，現乾闥婆身，爲說離於放逸，及五戒、中品十善之法，令其成就。

若阿修羅樂脫其倫；我於彼前，現阿脩羅身，而爲說法，令其成就。

阿脩羅此云非天，有天福無天德故，此指化生阿脩羅，是天趣攝。更有胎生人趣攝，卵生鬼趣攝，濕生畜趣攝。亦云無端正，男醜女美，無端正男故。長阿含經云：南洲金剛山，有脩羅宮，六千由旬，欄楯行樹，每日三時，苦具自至，刀鎗劍戟，從空飛入宮中，脩羅若不躲避，必受殺傷，故生厭離，樂脫其倫。名義集云：由在因時，雖行五常，懷猜忌心，欲勝他故，作下品十善，感脩羅身。我於彼前現阿脩羅身，爲說慈忍謙恭，虛心受教，及中品十善之法，令其成就。

按法華經普門品，此部之後有迦樓羅，此云金翅鳥，以龍爲食，龍求佛救，佛授袈裟，俾纏龍角，乃至纏袈裟一縷者，金翅鳥皆不敢食。鳥亦往佛求救，佛曰汝無人食汝，何爲求救？鳥曰：我無龍食，則必餓死，佛安可不救？佛曰：汝遵吾教，不可食龍，我每日受食時，布施汝食。現在侍者施食，偈云：「大鵬金翅鳥，曠野鬼神衆，羅刹鬼子母，甘露悉充滿。」故亦樂脫其倫。大士現同類身，爲說仁慈愛物之法，令其成就。此經無此部，諒係抄寫之脫漏也。

若緊那羅，樂脫其倫；我於彼前，現緊那羅身，而爲說法，

令其成就。

緊那羅此云疑神，其形似人，頭有一角，見者生疑，唐翻歌神，是帝釋唱歌之神，貌醜而音美。菩薩處胎經云：須彌山北，十寶山間，有緊那羅，於中治化，由昔布施之力，居七寶殿，壽命極長，天欲奏樂，腋下汗流，便自上天。帝釋請佛，諸天絃歌而頌法門者，即是此神。今樂脫其倫者，大士爲現同類身，爲說歌詠亂心，欲樂無常，及中品十善之法，令其成就。

若摩呼羅伽，樂脫其倫，我於彼前，現摩呼羅伽身，而爲說法，令其成就。

摩呼羅伽此云大蟒神，亦云地龍，而無神通，乃屬腹行，較之天龍，其苦自倍。此類因心中多癡恚，故所感之報，聾騃無知，常含毒傷生，必更墮落。今樂脫本類，求生人道，大士爲現同類身，爲說修慧、修慈，忍辱柔和，及中品十善之法，令其成就，四應離八部竟。

午五　應人修人

若諸衆生樂人脩人，我現人身，而爲說法，令其成就。

若諸衆生：衆生之名，本是六道通稱。此對下句，樂人脩人，即是人道，好樂生生世世爲人。經云：人身難得，今生既得，好樂脩持人道，來生不失人身，故曰樂人脩人。六道之中，諸天著樂，餘道多苦，故樂得人身；又以人身，方値佛法，諸佛皆於人中成道故。又人道易於脩證，出世四聖，皆人道脩成，所以八部，皆樂脫本倫，轉生人道。人者仁也，惻隱之心，人皆有之，惻隱即是仁。孟子曰：無惻隱之心非人也。是則內教外教，皆重人倫。我於彼前，即現人身，爲說五戒，中品十善，令其成就。五應人脩人竟。

午六　應離非人

若諸非人，有形無形，有想無想，樂脫其倫；我於彼前，皆現其身，而爲說法，令其成就。

指掌云：上科人倫，統收人王宰官等，不盡之機。此科非人，統收天龍八部等，不盡之類。以彼所不攝者，皆此攝故。長水子璿法師云：有形有色蘊，如休咎精明等，無形無色蘊，如空散銷沉等；有想有四蘊，如鬼神精靈等；無想無四蘊，如精神化為土木金石等。有好樂度其本倫，轉生人道者，我於彼等之前，一一各隨其類而現身，各應其機以說法，令其成就。二條陳妙應竟。

巳三　結名出由

是名妙淨，三十二應，入國土身；皆以三昧，聞熏聞脩，無作妙力，自在成就。

上三句指所現之身，下四句出起用之本。是字即應九界機，普門示現身相。上結列總標之名，名為妙淨三十二應，入國土身：一時頓現，隨類各應曰妙；所現身相，不著於相曰淨；又妙者不可思議，淨者無所染著，即大士證圓通已，而得三輪不思議之明證也。先由意輪鑒機既定，應以何身得度，即現何身，應以何法得度，即說何法；身、口、意三輪，皆不思議，曰妙，一一皆無染著曰淨，是為妙淨三十二應。入國土身：即十方諸國土，無剎不現身，以一身普入一切剎，一切剎中作佛事。如是妙用，乃稱圓通體所起，皆由耳門脩證三昧之力也。聞熏聞修者：由本覺聞性內熏，熏起始覺妙智，作反聞修習之工夫，時時反聞自性，熏變執習，解六結，破五陰，妄窮眞露，生滅既滅，寂滅現前。得成無作妙力：即不假作意，不可思議之力用；一身不分而普現，萬機咸應以無違，如一月在天，影臨衆水，月豈作意而臨水耶？千江有水千江月，世間之物尚然，何況大士，圓通妙力？自在成就者：即任運而應，有感斯通，千處祈求千處應，苦海常作渡人舟。以上所現三十二應之身，與法華普門品，互爲出沒，如天趣，此有四天王國太子，人趣此有女主及國夫人，彼經則無。八部中彼有迦樓羅，八部外彼有執金剛神，此並不列。大士妙應無方，神化莫測，三十二應，亦不過略言而已，實則應化無盡，故兩經隨意取捨，以成三十二數也。初三十二應竟。

辰二　十四無畏　分三　巳初　標承悲仰　二　條陳無畏　三　結名顯益　今初

世尊！我復以此聞熏聞修，金剛三昧，無作妙力，與諸十方三世，六道一切衆生，同悲仰故。令諸衆生，於我身心，獲

十四種無畏功德。

此標自證圓通妙力，能與衆生同悲仰也。亦由大士返聞證性，下合衆生，本妙覺心，既同其體，遂運同體大悲心，故能與衆生同悲仰。乃稱呼世尊，自述我又因此，聞性內熏，熏起始覺之智；智光不外洩，反聞修習，以照能聞之性，是謂回光返照；照徹心源，無動無壞，是名金剛三昧。此二句乃證體，下則起用，用不離體也。　無作妙力者：稱性無作，任運成益，故曰妙力。由此不思議力用，所以得與十方三世，六道一切衆生，同其悲哀拔苦，仰望與樂也。故字即大士與衆生，同悲仰之故，以爲無畏之本。衆生悲仰之心，即大士之心，大士悲愍之心，亦即衆生之心，凡聖體同，交相感應也。故能令衆生，於大士身心，獲（得也）十四種無畏功德；身、即大士妙應身，心、即大士妙觀心。若衆生在苦惱厄難之中，一心稱名，感應道交，正在怖畏之中，蒙救得脫，即獲無畏。無畏，約衆生說；功德，約大士言。由大士圓通妙力，功能德用，故令衆生脫苦無畏。普門品云：「衆生被困厄，無量苦逼身，觀音妙智力，能救世間苦。」

巳二　條陳無畏 分四　午初　八難無畏　二　三毒無畏　三　二求無畏　四　持名無畏　今初

一者：由我不自觀音，以觀觀者，令彼十方苦惱衆生，觀其音聲，即得解脫。

此苦惱難無畏。八難中此一爲總，餘七爲別。逼迫外身曰苦，逼迫內心曰惱。上三句出自修之本，下四句彰利他之用。一者由我不自觀音以觀觀者：觀爲能觀之智，智光不外照，即不自觀世間之音聲，以觀能觀者是誰？上句是離塵，下句爲照性，亦即脫黏內伏，背塵合覺，由此聞熏聞修，金剛三昧，無作妙力，加被衆生；故能令十方苦惱衆生，但能一心稱我名號，我則觀其稱念音聲，尋聲救苦，令其即得解脫苦惱，則苦惱無畏矣！

此即觀世音菩薩，果上得名之因緣。法華經普門品，無盡意菩薩問佛：觀世音菩薩以何因緣，名觀世音？佛告無盡意菩薩：善男子，若有無量百千萬億衆生，受諸苦惱，聞是觀世音菩薩，一心稱名即稱念菩薩名號，觀世音菩薩，即時觀其音聲，皆得解脫觀世間稱念菩薩名號音聲，故名觀世音。彼經但約菩薩，果上利他而立名，故不說菩薩因中所修自利之行。此經雙約兩利，由得自利行成，方能利他也。或有以觀其音聲句，作衆生受苦惱時，自己觀其音聲。交師非之當矣！因此經苦惱衆生下，略去一心稱名等字，致有如是錯解，交師加蒙我二字，意即顯矣！衆生在苦惱難中，能有幾人解作觀？即使能作觀得脫，與總標之文，於我身心，獲十四種無畏功德，亦不能合。試詳察焉。

二者：知見旋復，令諸衆生，設入大火，火不能燒。

此大火難無畏。知見二字，包括六根見、聞、齅、嘗、覺、知。旋復：即旋妄復眞，旋轉緣塵之妄知妄見，復歸自性之眞知眞見。大士用耳根，反聞入流工夫，旋聞與聲脫，既旋彼妄聞，而與聲塵脫離，則根塵不偶，一根既返源，六根成解脫，故諸根一一皆能旋妄復眞。知見旋復，則內見覺之大火既息，而外世間之火，不能爲害。溫陵曰：內外四大，常相交感，見覺屬火，故見業交，則見猛火。今知見旋復，則無見業，是以火不能燒。令諸衆生，入火不燒，此即大士，自證之力，加被衆生。普門品言：「由是菩薩威神力故」。正脈云：「證極法界，威神無量，故令一心稱名者，即爲大悲威光所攝，不墮火難，如入山陰，暑不能侵也。」此能令衆生，大火不燒，則大火難無畏矣！大火不燒，是事難信，特爲引證。應驗傳云：祝長舒，晉元康中，於洛陽住草屋，爲大火延燒將及，隣舍幾家，皆忙搬移物件，他在草屋中，一心稱念菩薩聖號，乃爲菩薩威神加被，風回火轉，至隣舍而滅，人皆奇之，草屋飛一火星，亦當燒滅，何以安然無恙？乃詢其故，答曰：惟念觀世音聖號。里中有一人，不信稱名所致，特因風燥之時，夜間擲火燒之，一次不燒，連擲三夜，皆不能燒，方信菩薩神力冥加，乃向直言懺悔。

三者：觀聽旋復，令諸衆生，大水所漂，水不能溺。

此大水難無畏。觀聽旋復：此句是妙力，下是大用。謂由反觀聽聞之性，旋彼妄聞，復歸眞聞，聽聞屬水，故聞業交，則見大水，今既旋聞復性，則無聞業，是以水不能溺。令諸衆生，大水所漂，水不能溺：亦即大士自證之力，加被衆生，故大水難無畏矣！　唐岑文本，字景仁，棘陽人，少信佛，嘗誦普門品，一日往吳江舟覆，文本亦溺水中，俄聞有人云：能誦普門品，水難應免。如是者三，遂浮水面，須臾水浪漂送岸邊，爲人所救，得免於難。

四者：斷滅妄想，心無殺害，令諸衆生，入諸鬼國，鬼不能害。

此羅刹難無畏。妄想乃是第六意識，前佛破識非心文云：此非汝心，乃是前塵，虛妄相想，喻之如賊。能殺害衆生法身慧命，如同羅刹能食人，深可怖畏。大士反聞入流，外不緣塵，內不循根，根塵不偶，識心亦滅，故曰斷滅妄想。妄想既滅，心無殺害，全超鬼神心行；以此威力，加被衆生，故能令衆生，諸羅刹鬼國，但能一心稱名，鬼不能害，則羅刹難無畏矣！傳云：師子國有入商賈，一百餘人，航海而來，忽遇惡風即鬼風，將船飄墮羅刹鬼國，許多羅刹女來歡迎。內有一商人多智，知入羅刹鬼國，乃號召於衆曰：今者船入鬼國，汝等當一心稱念觀世音菩薩名號，得免於難。衆即依言稱念，忽起大風，將船吹出，速達我國，足證聖言之不虛也。

五者：熏聞成聞，六根銷復，同於聲聽，能令衆生，臨當被害，刀段段壞，使其兵戈，猶如割水，亦如吹光，性無搖動。

此刀兵難無畏。熏聞成聞者：大士反聞照性，本覺內熏，熏彼妄聞，而成眞聞，耳根如是，銷妄復眞，六根悉皆銷復。後偈云：一根既返源，六根成解脫；同於聲塵聽聞之性，一一復歸元眞，塵亡根盡；根塵既銷，云何覺明，不成圓妙。大士以此自證，金剛三昧，不動不壞之本，加被衆生，能令衆生，臨當被害，刀段段壞，即大士金剛三昧之力，加被被害衆生，身同金剛，故其刀觸身，刀即段段壞。縱然其刀不壞，其身亦無所損，使其兵戈，猶如刀割水，水無斷痕，如風吹光（日光也），光不息滅。以能觸之刀，色塵即藏性；所觸之身，身根亦藏性；藏性合藏性，即同以空合空，性無搖動，則刀兵難無畏矣！齊書孫敬德，防守北陲，造觀音像，每日禮事，後爲賊橫引，判處死刑。有一梵僧，教誦觀音經千遍（即普門品），後臨刑刀成三段，其首無傷。丞相爲奏免。又如六祖，刺客三揮利刃，猶如斬影，刃從頭過，頭無所傷，此乃六祖，自證之力耳。

六者：聞熏精明，明徧法界，則諸幽暗，性不能全，能令衆生，藥叉、羅剎、鳩槃茶鬼，及毗舍遮、富單那等，雖近其旁，目不能視。

此諸鬼難無畏。聞熏精明，明徧法界者：反聞熏修，伏歸本元眞精之性。發本明耀，耀性發明，徧周法界，則諸幽隱暗昧爲性之鬼神，皆不以自全矣！此明能破暗故。大士以此威光，加被衆生，能令衆生，仗承威光，諸鬼雖近其旁，目不能視，以彼背明向暗，反不堪於光耀。如梟鳥晝盲夜視，羅刹向日不見，視尚不能視，何能加害耶？　藥义，此云輕捷，有地行、空行、天行三種，是男鬼；羅刹，此云可畏，是女鬼；此二皆食人之鬼，人屍若臭，咒養令鮮食之，乃北方多聞天王管轄。鳩槃茶，此云甕形，是魘魅鬼，能魘魅於人者，乃南方增長天王管轄。毘舍遮，此云噉精氣鬼，能噉人及五穀精氣，乃東方持國天王管轄。富單那，此云主熱病鬼，乃西方廣目天王管轄。等者，以該其餘諸鬼。皆以陰隱爲性，故雖近其旁，目不能視，如土地不見洞山者，既不能視，則諸鬼難無畏矣！

七者：音性圓銷，觀聽返入，離諸塵妄，能令衆生，禁繫枷

鎖，所不能著。

此枷鎖難無畏。音性圓銷者：音聲動靜二性，悉皆銷滅，即動靜二相，了然不生，故曰圓銷。觀聽返入者：即觀照能聽聞之性，逆流而入，故曰返入。如是，則入一無妄，不但聲塵銷滅，則色等諸塵，亦隨聲塵以俱滅，故曰離諸塵妄。塵既不緣，根無所偶，見等諸根，亦隨聞以旋復，根塵雙泯。以此妙力，加被衆生，故能令被難人民，而能稱名即成感應，禁繫枷鎖，所不能著其身。因妄塵既離，妄身亦空，故禁閉囹圄，繫縛身體；在頸曰枷，練脚曰鎖，此皆治罪人之刑法；或誤入憲網，或屈遭陷害；若能一心稱念聖號，皆得解脫，則枷鎖難無畏矣！晉竇傳河內人，永和七年，爲高昌步卒，呂護所俘。同伴七人，共繫獄中，不久將殺，僧道山時在護營中，與傳相識，乃往視之。傳曰：命在旦夕，能相救乎？山曰：「爾至心念觀世音菩薩，必有感應。」傳遂至心默念三晝夜，械鎖忽然自解械鎖，即脚梏之鎖。傳念同伴桎梏，何忍遽捨，復求菩薩神力普濟，乃勸同伴，同心稱念聖號，諸人刑具亦解，遂同遁回鄉里，自是篤信奉法，一鄉之人，莫不敬事觀音也。

八者：滅音圓聞，徧生慈力，能令衆生，經過險路，賊不能刼。

此刦賊難無畏。滅音圓聞者：即大士反聞入流時，滅音、而解脫聲塵，圓聞、而證極根性。塵滅、則外無敵對，根圓、則咸歸一心，故能徧生慈力。乃至磣心毒人，亦不能起惡，悉化爲慈悲眷屬矣！法華云：念彼觀音力，咸即起慈心是也。大士以此慈力，加被衆生，能令衆生，經過危險之路途，或曠野山隘之間，或盜賊衝出之處，皆險路也。但能稱念聖號，賊不能刦，則刦賊難無畏矣！　昔尼宗本，高平金鄉人，幼有清信，日誦普門品，鄉黨稱之。後出家爲尼，被虜所拘，急誦普門品，旋即得釋，歸路出冀州，復遇賊所逐，攀上枯樹，誠念觀音聖號，賊尋索不見，得免賊難。初八難無畏竟。

午二　三毒無畏

九者：熏聞離塵，色所不刼，能令一切多婬衆生，遠離貪欲。

貪、瞋、癡名爲三毒；以能毒害法身慧命，故名三毒，甚可怖畏！又貪、瞋、癡，是三途因：多貪衆生墮地獄，多瞋衆生墮餓鬼（瞋心屬火，餓鬼則受飢火燒然之報。），多癡墮畜生，亦可怖畏！今言三毒無畏者，非縱惡無所畏，乃由持名離毒，大威神力，得無畏也。　此離貪毒無畏，諸貪之中，貪欲爲首。惟此婬欲一事，人最易犯，見色動心，必落愛欲深坑，且最難斷，爲害最大。若要離欲，法華普門品云：常念恭敬觀世音菩薩，便得離欲。由仗菩薩威神之力，及自已持名念力，以念力對治婬心，仗威神銷除業障也。

熏聞離塵者：此乃反聞照性之功，熏彼出流之妄聞，而成入流之眞聞，入流則必亡所。聲塵之結既解，諸塵之結齊解，而色塵豈能劫於家寶乎？能令一切多婬衆生：婬而言多者，乃是夙習深重，數數（入聲）現起婬念，發爲婬行，輕則損身失德，重則傾家喪命。其尤甚者，婬欲屬火，菩薩見欲，如避火坑。寶蓮香比丘尼，持菩薩戒私行婬欲，妄言行婬非殺非偷，無有業報。發是語已，先於女根，生大猛火，後於節節，猛火燒然，墮無間獄。多婬衆生，能常念菩薩聖號，由菩薩威力加被，即能遠離貪欲，則離貪毒，自可無畏矣！

十者：純音無塵，根境圓融，無對所對，能令一切忿恨衆生，離諸瞋恚。

此離瞋毒無畏。純音無塵者：純一聞音妙性，別無所對聲塵。此句，即動靜二相，了然不生。既無所對之境，亦無能對之根，根境双泯，惟一圓融，清淨寶覺，內外一如，無能對之與所對；以瞋恚生於對待違拒，大士自證境界，圓融一體，無對無礙；以此加被衆生，能令一切有忿怒瞋恨之衆生，但能常念恭敬觀世音，以念力而伏瞋機，仗慈風掃除恚熱，便得離諸瞋恚，則離瞋毒，自可無畏矣！

十一者：銷塵旋明，法界身心，猶如琉璃，朗徹無礙，能令一切昏鈍性障，諸阿顚迦，永離癡暗。

癡由妄塵所蔽，無明所障。銷塵旋明者：銷除所緣之妄塵，旋復自性之本明，此即前文所云：脫黏內伏，伏歸元眞，發本明耀。所以外之法界，內之身心，猶如琉璃寶，洞然朗照，內外明徹，無所障礙。大士以此自證智力，加被衆生，能令一切，昏鈍性障，諸阿顚迦，永離癡暗。昏鈍性，即是愚癡，愚癡、以昏迷暗鈍為性。能障智慧，故曰昏鈍性障。阿顚迦此云無善心，皆由癡習偏重，迷正知見，邪見熾盛，撥無因果。若能常念恭敬觀世音，以正念而祛邪執，仗智日以破昏蒙，便得永離癡暗，則離癡毒，自可無畏矣！二三毒無畏竟。

午三　二求無畏

十二者：融形復聞，不動道場，涉入世間，不壞世界；能徧十方，供養微塵諸佛如來；各各佛邊，為法王子。能令法界，無子衆生，欲求男者，誕生福德智慧之男。

此應求男無畏。世人無有男子，其畏有三：一年老無人服事；二後事無可囑咐；三宗嗣必至斷絕。故必求生男。普門品云：「設欲求男，禮拜供養觀世音菩薩，便生福德智慧之男。」彼經但說求男之法，未說菩薩加被之力，此經但說加被，未說求男之法，兩經會合解釋，其義則全。融形復聞，不動道場；此二句，指修行證理，銷融四大之幻形（即如是漸增，聞所聞盡。）旋復一眞之聞性（即生滅既滅，寂滅現前。）

，證入不動搖不生滅之理體。亦即佛所云：皆獲一乘，寂滅場地也。涉入世間，不壞世界七句；乃稱體所起之大用。菩薩身能善入微塵佛刹，以一身而現無量身，涉入三世間（器世間，有情世間，及正覺世間。），隨類現身，不壞世間之相，依理成事，從眞涉俗，即方便智，方便屬權，權能幹事，有生男義。能偏十方，供養微塵如來，各各佛邊，爲法王子：供養有二：一身供養，執侍巾瓶，效勞服役，此求福足。二心供養，常隨佛學，代轉法輪，心能善順佛心，令佛暢慰本懷，各各佛邊，爲法王眞子：此求慧足。以此餘福餘慧，加被衆生，能令法界，無子衆生，禮拜供養觀世音菩薩，便生福德智慧之男。有福德，則富而且貴；有智慧，則廉而能明。若有福無慧，則識庸見淺。若有慧無福，則家貧力薄。凡有求者，菩薩令生福慧双美之男，則求男無畏矣！

余亦父母向觀世音菩薩所求而生。余籍福建，古田縣吳氏，父爲木商，年三十五歲，生二女而無男子。余父同母，即向觀音大士求男，家供奉大士像，余母每日禮拜，後有孕，禮拜益力，一夜夢見大士，抱一孩兒，授余母曰：此孩與汝作子。余母接之喜而醒，乃告余父，及余祖母。即日設供，供養大士，虔誠禮拜，越三日生余，加意撫育，不幸五歲父母双亡，由祖母及叔父教養，至七歲入私塾，師及鄉黨，目余為神童，至十歲，好武力，與同里兒童角力，將他打傷，其童哭而歸告其母。其母與余祖母交涉，祖母對其再三道歉，乃罵余曰：那裏曉得觀音大士，送汝這一個頑皮兒到我家裏來。當時聞之，不知其意。待祖母喜時，向詢其事，乃將父母求男相告。祖母曰：我以為大士送來，必是好子，那知汝乃頑皮兒，余即思念，倘若不立志學好，菩薩都要受累，乃跪向祖母言：望勿憂慮，必定學好。從此即專心求學，十四歲入考，至十五六，常思入山修行，當時亦不知為僧。十七歲祖母逝世，十八歲欲出家為僧，為叔父所覺，不許。至十九，方入佛門，二十歲，受具足戒，即出外參學。廿四歲，聽通智老法師，講楞嚴經即發願為法師，以利生為事業，弘法作家務，弘揚楞嚴大法，令得久住世間，前曾創辦圓明楞嚴專宗學院，亦本此志願也。

十三者，六根圓通，明照無二，含十方界，立大圓鏡，空如來藏，承順十方微塵如來，祕密法門，受領無失，能令法界無子眾生，欲求女者，誕生端正，福德柔順，眾人愛敬，有相

之女。

此應求女無畏。指掌云：男承內嗣，女結外親，有男無女，亦非全美。故半子亦有求者。法華普門品。約女人欲求生女，以是同類爲親，故欲求之；求之之法，亦不外禮拜供養而已。六根圓通：圓者圓融，六根互相爲用，隨舉一根，皆具見、聞、齅、嘗、覺、知。通者通達，六根根隔無礙。圓通二字，貫下諸句。由通達故，明照無二，六根靈明照用，無二無別，所以立大圓鏡，能承順十方，微塵如來，一切秘密法門。由圓融故，含十方界，而能含裹十方，諸佛世界，所以立空如來藏，能領受諸佛法門，大小權實，完全無失。正脈云：承順即坤儀柔德，受領即閨門能事，故能應求女也。能令法界，無子衆生，欲求女者：大士以此自在妙力，加被衆生，能令法界，無有女子之衆生，欲求生女者，果能禮拜供養觀世音菩薩，便得誕生，端正福德，柔順之女，外則品貌端正，窈窕莊重，則有福；內則性情柔順，貞靜幽嫻，則有德。有福衆人見之生愛，有德衆人見之生敬，有相即福相與德相也。若但端正，而不柔順，則可愛，而不可敬；若但柔順，而不端正，則可敬，而不可愛。福德二字，福字連上，德字連下，福德兼備，故得衆人愛敬，則求女無畏矣！三二求無畏竟。

午四　持名無畏

十四者：此三千大千世界，百億日月，現住世間。諸法王子，有六十二恆河沙數，修法垂範，教化衆生，隨順衆生，方便智慧，各各不同。

此明持名無畏。以但持觀世音菩薩名，不持諸菩薩名，恐一名不及多名，而生怖畏也。此三千大千世界：指娑婆世界，共有百億須彌山，百億日月，百億四天下。現住世間：即現住三界六道，隨類化身，乘願利生；諸法王子，有六十二恆河沙數之多，此爲聖人現量，所知所見。修法垂範下：顯諸法王子，行化不一，有脩實行，自利之法，亦可垂範衆生，以爲衆生模範。教化衆生者：有修權行利他之法，隨順衆生根性，示現四攝布施、愛語、利行、同事，用方便權智者，各各則有不同。

由我所得，圓通本根，發妙耳門，然後身心，微妙含容，周徧法界，能令衆生，持我名號，與彼共持六十二恒河沙諸法王子，二人福德，正等無異。

此明一名能敵多名。其故何也？由我所得耳根圓通，即是圓通本根。本根有二義：一、爲娑婆本利之根，欲取三摩提，實以聞中入。二、爲諸圓通中之本根，此是微塵佛，一路涅槃門。上但標名，下出體相；謂此圓通本根，發自妙耳門之中。耳門所以稱妙者，即古觀世音佛，所授從聞、思、修之法，依根中聞性，不生不滅之妙理，起反聞照性之妙智，照破五陰，解除六結，生滅既滅，寂滅現前，證圓通體，發自在用。　然後身心，微妙含容，周徧法界者：然後稱體起用，應化無方，身之微妙也；鑒機不謬，心之微妙也。含容、指妙心，謂心含十方，無量世界衆生；周徧、指妙身，謂身徧聖、凡、染、淨十界。故能令衆生，持我觀世音一名，與彼共持六十二恒河沙數諸法王子名號，二人福德，正等無有別異也。

世尊！我一名號，與彼衆多名號無異；由我修習，得眞圓通。

指掌云：一名多名，單持共持，以二人之行迹論之，有類霄壤；以二人之福德論之，不異絲毫。其故何也？大士曰：單持我一名號，與彼共持衆多名號，福德無異，則持名無畏矣！此實由我脩習耳門三昧，乃得眞實圓通故也。以具足圓通常三眞實，故能超二十四聖而獨妙，當敵諸法王子以勿疑矣！觀後二句，菩薩密意，已將諸聖圓通，選己爲獨最也。後佛敕文殊更選者，爲不了佛與觀音密意者，添此葛藤也。二條陳無畏竟。

巳三　結名顯益

是名十四施無畏力，福備衆生。

此結名。前總標文云：「令諸衆生，於我身心，獲十四種無畏功德。」一是即指上十四種，乃名十四施無畏力。菩薩以身心爲能施，無畏力爲所施，十四種衆生，是受施者。菩薩三輪體空，不住於相，無能施之身心，無所施之無畏力，無受施之衆生，無住相布施，其福德不可思量，故能周徧普及十方衆生，令得離苦受益也。　以上十四種衆生，機徧十方，八難衆生，身罹苦難，畏其性命不保，但能持聖號，即蒙大士以無畏力，福德周備，而全性命。三毒衆生，惑業深重，畏其將來墮落，但能持聖號，即蒙大士以無畏力，福德周備，令得離毒。二求衆生，無有後嗣，畏其老死無靠，但能持聖號，即蒙大士以無畏力，福德周備，令生男女。持名衆生，持念一名，畏其福德缺少，但能得一心，即蒙大士以無畏力，福德周備，令等無異。故十方世界衆生，皆稱觀世音爲施無畏菩薩也。辰二十四無畏竟。

楞嚴經講義第十五卷終

大佛頂如來密因修證了義諸菩薩萬行首楞嚴經講義

福州鼓山湧泉禪寺　圓瑛弘悟　述　受法弟子明暘日新　敬校

辰三　四不思議　分五　巳初　標承圓通自在力　二　同體形咒不思議　三　異體形咒不思議　四　破貪感求不思議　五　供養佛生不思議　今初

世尊！我又獲是圓通，修證無上道故，又能善獲四不思議無作妙德。

此重標自證圓通體用。上三句證體，下三句起用；前上合下同，帶果行因，歷位進脩，皆標從三昧。此重標，我又得是眞實圓通：獲者得也；修證無上道故：當是功行漸深，修證將滿，得成無上之佛道故，溫陵多約等覺釋之。又能善獲下，稱體起用；而言善獲者，即不假作意，任運自在，至妙至神，不可思惟，不可擬議，言思所不能及，口欲談而辭喪，心欲緣而慮亡也。四種皆是無作無爲不可思議之德用，妙即不可思議之謂也。

巳二　同體形咒不思議

一者：由我初獲，妙妙聞心，心精遺聞，見、聞、覺、知，不能分隔，成一圓融，清淨寶覺，故我能現，衆多妙容，能說無邊，祕密神咒。

此敍得體現用之來由。一者，四種居首，即第一不思議。推其原由，即由我蒙彼觀世音如來，教我從聞、思、修入三摩地，初於聞中，入流照性，從本覺妙理，起始覺妙智，以妙智，照妙理，理智雙妙，故曰妙妙聞心。又六根之性，爲妙性耳根超諸根而獨妙，是謂妙中之妙。初得此心，爲本修因地，故曰初獲妙妙聞心。心精遺聞：遺者脫也，即聞所聞盡，惟一心精，根塵雙脫也。見、聞、覺、知：即六精，舉四攝六故。不能分隔者：見等不爲六根分離隔礙，以塵亡根盡，反流全一，六用不行，即屬此根初解，先得人空。成一圓融，清淨寶覺者：即不住化城，漸次增進，而得法空，俱空。直透末後牢關，生滅既滅，寂滅現前，伏歸本元眞體，成一圓融無礙，清淨本然，寶覺眞心。六根互用曰圓融，諸塵不染曰清淨。證入三如來藏心，本覺理體，猶如摩尼寶珠，故曰寶覺。寶覺眞心，由來淸淨，本無一法可得，即空如來藏，如摩尼珠之體，淸淨無染：眞心隨緣，而成十界諸法，如摩尼珠，隨方現色；眞心雖隨緣，而本體不變，如摩尼珠，雖現衆色，珠體不變。故我能現，衆多妙容下：大用現前。一身能現多容，即現首、現臂、現目。能說無邊秘密神咒：咒而稱秘密者，乃諸聖密言，下位不知，上位密咒。持之得益，具有神妙力用，故又稱神咒也。

其中或現一首、三首、五首、七首、九首、十一首、如是乃至一百八首、千首、萬首、八萬四千爍迦羅首。

此明現首。其中即衆多妙容之中。首爲五根都聚之處，一身以首爲尊，以首爲貴，菩薩故先現之。首以一數爲本數，遞加至八萬四千，以應法門之數，對治塵勞煩惱。六祖曰：「我此法門，從一般若，生八萬四千智慧。何以故？爲世有八萬四千塵勞煩惱，若無塵勞，智慧常現，何用轉染成淨？」爍迦羅此云堅固不壞也。或問：「菩薩現八萬四千首，是事奚足信？」答：「此是菩薩不思議境界，詎可以凡情測度哉？普賢菩薩，於一毛孔，不可說佛刹次第入，則現首更無足疑，即如人之一身，有八萬四千毛孔，無足異也。」

二臂、四臂、六臂、八臂、十臂、十二臂、十四、十六、十八、二十、至二十四，如是乃至一百八臂、千臂、萬臂、八萬四千母多羅臂。

此明現臂。臂即手臂。一身二臂爲本數，遞增至八萬四千，以表法門如前說。母多羅：此云印，謂臂各有手，手各結印故。

二目、三目、四目、九目，如是乃至一百八目、千目、萬目、八萬四千清淨寶目。

此明現目。人但二目，摩醯首羅天王，則有三目，故以雙數單數，互增至八萬四千。清淨寶目：即法眼圓明清淨，無礙無染，如佛紺目澄清是也。

或慈、或威，或定、或慧，救護衆生，得大自在。

此之慈、威、定、慧，對上首、臂、目言。或是不定之意，或現慈容可親，或現威容可畏；或垂臂提攜則慈，或擎拳勇健則威；或慈眼眷顧爲慈，或怒目猙獰爲威；或結印安靜則定，或摩頂授記則慧；慈是愛念相，威是雄勇相，定是寂靜相，慧是開朗相。所現諸相，皆爲救護衆生，救是救拔，令其離苦，護是護念，令其得樂。又慈以護其善根，威以救其惡性，定以護其散亂，慧以救其昏迷。得大自在：即由不思議妙德，不勞作意，任運示現，自在成就，無往而不適其宜也。形既如是，咒可例知，亦必救護自在矣！

巳三　異體形咒不思議

二者：由我聞思，脫出六塵，如聲度垣，不能爲礙，故我妙能現一一形，誦一一咒，其形其咒，能以無畏，施諸衆生。是故十方微塵國土，皆名我爲施無畏者。

上科同體形咒，一身能現衆多妙容，能說無邊神咒。此科異體形咒，鑑機不一，現形亦多，應現何形，一一現之，各爲說咒，故不同上科。亦不同三十二應，各隨所求，各應同類，此不拘類求，此能施無畏；亦不同十四無畏，彼但冥加，此則顯應。

前四句明證體，中明起用，是故下延得名。二者，由我聞思脫出六塵：即從聞、思、修，入三摩地，諸根圓拔，六塵迥脫，所以塵不能礙。此二句是法，下二句是喻：如音聲能度垣牆之外，雖有垣牆，不能爲礙。因是證體，故我能現妙用，任運隨緣，能現一一身形，能誦一一神咒。誦者，即誦古佛所說之咒，如過去千光王靜住佛，所說廣大圓滿無礙大悲心大陀羅尼等，所現之形，所說之咒，皆能以無畏力，布施於衆生，是由實德咸孚，令聞廣譽，十方世界，微塵國土衆生，皆名我爲能施無畏者。

己四　破貪感求不思議

三者：由我修習本妙圓通，清淨本根，所遊世界，皆令衆生，捨身珍寶，求我哀愍。

前三句爲能感，後四句爲所感。由我修習本妙圓通者：圓通乃衆生人人本具，迷而不發，雖處迷位，依然不失，故曰本妙圓通。清淨本根：是指耳根，根性即是如來藏性，清淨本然，爲此方對機之根，是爲本根。上句在迷本具，此句修證離染，故得清淨。由證清淨之體，一切無有染着，故令衆生，能捨慳悋執著之心。而我所遊化世界，皆能令衆生，破除慳貪，發心喜捨，捨自身所有珍珠寶物，求我哀愍，受之而爲施作佛事也。　正脈云：衆生慳不捨也心最難破，捨心最難發，求心不可强致。今所過之處，即感衆生，破慳施捨哀求，是誠不可思議，威神所使然也。孰知其洪源，但由修習耳根，清淨無着，故能類感如此。此事法華普門品可證，無盡意菩薩聞佛所說觀世音菩薩，遊化諸國，利益娑婆。即白佛言：「世尊！我今當供養觀世音菩薩，即解頸衆寶珠瓔珞，價值百千兩金，而以與之，作是言：仁者！受此法施，珍寶瓔珞（瓔珞雖然貴重，本是財施，而曰法施者，一解供之時，了達三輪體空；二不爲己施，乃爲衆施，求作佛事，饒益衆生，故成法施。）。時觀世音菩薩，不肯受之。無盡意復白觀世音菩薩言：仁者！愍我等故，受此瓔珞（觀世音不受有二意：一不供佛，而供我，佛不命受，故不敢受；二現從頸解，受之非義，故不宜受。無盡意重請，亦有二意：一表誠懇，望佛轉致，令其必受；二爲衆而施，爲衆而受，乃無傷於義。）。爾時，佛告觀世音菩薩，當愍此無盡意菩薩，及四衆八部，受此瓔珞。即時觀世音菩薩，愍諸四衆八部，受其瓔珞，分作二分，一分奉釋迦牟尼佛，一分奉多寶佛塔（既爲衆而受，亦爲衆而供，奉供二尊，佛爲無上福田，以此轉供，回施一切衆生，令植佛因，旁引法華，以見菩薩，言之有徵也。）。

巳五　供養佛生不思議

四者，我得佛心，證於究竟，能以珍寶，種種供養十方如來，傍及法界，六道衆生。

前二句述所證體，下明所起用。我得佛心者：即得諸佛如來，秘密之因地心。依此因心，而起了義修證，從妙耳門，反聞照性，證得一切事究竟堅固首楞嚴定，即證入如來藏，則世出世法，一一無不含藏其中，故能具足珍寶，供養佛生，以見佛生不二，等與供養也。證於究竟：莫作妙覺極果解，以菩薩示居等覺因位故也。

求妻得妻，求子得子，求三昧得三昧，求長壽得長壽，如是乃至求大涅槃，得大涅槃。

上則佛、生等供，此則財、法二施。求妻得妻，求子得子：此對人道，以外財布施，國城妻子，皆外財也；求長壽得長壽：此對人道天仙，以內財布施，壽命色力，皆內財也。此應在三昧前。人間，有求長年益壽，仙道有求堅固形骸，壽千萬歲；天道，亦有長壽天，有求皆得，上皆以財布施。求三昧得三昧：此對上二界諸天，及三乘聖衆，或求四禪，四空，有漏禪定，或求聲聞、緣覺、三賢、十聖，無漏三昧，皆能令得三昧；或求無餘大涅槃，究竟斷德，即令得大涅槃；此皆以法布施。蓋由大士，證得藏心，一眞法界，平等眞如，故能生佛等供，財法二施，其無作妙力，豈可得而思議哉？二承演三科竟，併上科寅三詳演稱體起用竟。

寅四　結答所證圓通

佛問圓通，我從耳門，圓照三昧，緣心自在，因入流相，得三摩地，成就菩提，斯爲第一。

佛前問我等，悟十八界，誰爲圓通，從何方便，入三摩地？我觀世音乃從妙耳門，依本根圓湛不生滅性，起智觀照，是謂圓照，即反聞照性，照到一心本源，即得三昧，是首楞嚴王三昧。此圓照三昧四字，上二修因，下二證果。緣心自在句，即果後脩因，又曰帶果行因，包括上三科。緣字，即三十二應，十四無畏，四不思議，隨緣應化，所起妙用，心得自在。上結答佛問悟十八界誰爲圓通，我悟妙耳門，即是圓通根。因入流相，得三摩地者：此結答佛問從何方便，入三摩地，我因入流相，得三摩地。因入流相四字，即從聞、思、修，解六結，破五陰，所有行相。因者依也，依耳根，最優勝，最圓滿之根；又因者由也，由耳根聞性，起始覺智。入流者，逆生死流，入涅槃流，由淺入深，入到生滅既滅，寂滅現前，得三摩地，即如幻聞薰聞修，金剛三昧，名得耳根圓通。　此上所答五句，該攝一經總題，亦即該攝全經要義。我從妙耳門，圓湛不生滅性，爲因地心，即如來密因。照字是起智觀照，做入流照性，背塵合覺之工夫，即修證了義。緣心自在，隨緣普應，或冥應，或顯應；心得自在，任運利生，即諸菩薩萬行。得三摩地，即得首楞嚴大定。　成就菩提者：此成無上極果之菩提，圓得三菩提也。證眞性菩提之妙理，滿實智菩提之妙智，起方便菩提之妙用，故曰成就菩提。上我從耳門圓照，即得元明覺，無生滅性，爲因地心。此句即然後圓成果地修證。　斯爲第一者：斯者此也，此耳根圓通，最爲第一，即結答法門殊勝。此耳根一門，即佛首告阿難，有三摩提，名大佛頂，首楞嚴王，具足萬行，十方如來，一門超出，妙莊嚴路之一門；亦即阿難請入華屋之門；亦即十方薄伽梵，一路涅槃門：故爲第一。　又此成就菩提，斯爲第一者：即觀世音代佛明答阿難所問，十方如來得成菩提，妙奢摩他、三摩、禪那，最初方便。謂我從耳門，悟圓湛不生滅性，大開圓解，即妙奢摩他；起智觀照，依耳根，爲本修因，反聞照性，而起圓修，即妙三摩；隨緣應化，心得自在，安住圓定，萬行繁興，即妙禪那。具足三定，圓成首楞嚴大定，成就無上菩提，惟此耳根第一。悟根性爲因地心，是最初方便；從根修證，是初方便（爲入初發心住之方便。）；獲二勝、發三用，隨緣利生，是方便。阿難能問耳根圓通，悟徹得成菩提之法，改偏聞之轍，向耳根門頭，旋妄復眞，即是具足三慧，速證圓通，何待佛敕文殊再選也。

世尊！彼佛如來，歎我善得圓通法門，於大會中，授記我爲觀世音號。

此結自利殊勝。彼佛如來，即古觀世音如來，教我從聞、思、修入三摩地，我即秉教修習，而得圓通。歎我善得圓通法門，即讚歎於我；善得者，費力少，而收效速，得循圓根，與不圓根，日劫相倍也。於大會中，授記我爲觀世音號，此即依修證自利行，而授因位之名，應在證圓通時授之，由其師資道合，故授同名之記。

由我觀聽，十方圓明，故觀音名，徧十方界。

上約人得名，此約法得名。法即修證之法，由我觀照耳根，聽聞之性，圓照法界，惟妙覺明，十方衆生，念我名號，無不圓明了知，不因心念，不假作意，與樂拔苦，自在成就，由是十方衆生，皆稱我名，故觀音名，徧十方界。十方衆生，皆與菩薩有緣，禮念供養，甲於其他菩薩也。二觀音廣陳竟，併上諸聖異說，子二衆說本因竟。

子三　佛現瑞應　分二　**丑初　彰圓通總相　二　顯圓通別相**　今初

爾時世尊，於師子座，從其五體，同放寶光，遠灌十方，微塵如來，及法王子，諸菩薩頂。

此因諸聖各說圓通，二十五門悉啓，雖門門皆可證入圓通，而以觀音耳根爲最。爾時，即諸聖各說已竟之時，佛現瑞應。世尊，指本師釋迦，於師子座上：師子爲獸中王，遊行無所畏，佛爲法中王，說法無所畏，故以師子名座。從其五體：乃從佛全身，一首兩手兩脚爲五體，同放寶光；其光遠灌十方，微塵數如來之頂，及法王子，諸菩薩頂：此則表顯圓通總相，圓通妙理，自他因果交徹；諸佛表果，諸聖表因，光明互相灌注，正顯自他因果交徹也。今佛光灌諸佛頂，乃以自果徹他果；灌菩薩頂，以自果徹他因；然必灌其頂者，表圓通妙理，爲最勝頂法也。

彼諸如來，亦於五體，同放寶光，從微塵方，來灌佛頂，並灌會中，諸大菩薩，及阿羅漢。

此他佛光灌我佛，主伴之頂。正顯佛佛道同，頂法無二，唯一藏心。諸佛以之爲密因，菩薩依之興萬行，皆不離乎此者也。

丑二　顯圓通別相

林木池沼，皆演法音，交光相羅，如寶絲網，是諸大衆，得未曾有，一切普獲，金剛三昧。

上彰圓通總相，即圓通妙理，諸佛同證；此顯圓通別相，色聲諸法，法法圓融。林木池沼聚水處大者爲池，小者爲沼。屬無情，皆演法音成有情，如極樂世界，水流花間，風吹行樹，皆演法音，此即情與無情共一體。交光相羅，如寶絲網者：我佛光灌他佛，他佛光灌我佛，光光相交，彼此羅織，猶如寶絲網相似，同體不分，不雜不亂。此即處處皆同眞法界，以表諸聖法門，即同而異，即異而同，互徧互嚴，天地呈祥，滿目瑞相，而成圓通眞境。是諸大衆，眼觀瑞相，耳聞法音，身居法會，頂灌佛光，各各得未曾有。一切普獲金剛三昧者：乃即事明理，因相悟性，悟明一切事究竟堅固之理性，即普獲大士所證金剛三昧，是謂徹法底源，無動無壞。此顯同悟，陰、入、處、界、七大，本如來藏，妙眞如性，諸聖入門，雖各不同，所證圓通，則一而已。

即時天雨（去聲落也）**百寶蓮華，青、黃、赤、白，間錯紛糅，十方虛空，成七寶色。**

即時，即於諸佛放光現瑞之時。諸天雨華，供養海會佛生，所雨之華，乃是百寶蓮華，而分青、黃、赤、白四色，相間錯綜，紛然糅合；一時十方虛空，寶華盈滿，成七寶色。華分四色以表行，寶具光明以表智；蓮華因果同時，方華即果以表因心具足果覺，果覺不離因心；百寶四色，表智行紛敷；間錯糅合，表智行相即；空成寶色，表理智互嚴也。

此娑婆界，大地山河，俱時不現，唯見十方，微塵國土，合成一界，梵唄詠歌，自然敷奏。

正當諸佛放光，而成種種瑞相之時，此娑婆世界，依報之大地山河，俱同時不現，唯見十方，微塵諸佛國土，合成一個世界，自他不隔，一體圓融。也此文上三句，表諸妄銷亡，中三句表一眞獨露。妄空眞顯，即生滅既滅，寂滅現前，正是圓通眞境，到此則梵唄詠歌，自然敷奏。梵者淨也，唄爲讚頌，西域之唄，猶東土之讚，即歌詠讚歎。自然敷揚節奏，無異天樂鳴空也。此表圓通法樂，任運而成。二佛敕諸聖各說竟。

癸三　佛敕文殊選擇　分二　子初　如來敕選　二　文殊偈對

子初分二　丑初　先示諸說平等　二　後出選擇本意　今初

於是如來，告文殊師利法王子：汝今觀此二十五無學，諸大菩薩，及阿羅漢，各說最初成道方便，皆言修習眞實

圓通，彼等修行，實無優劣，前後差別。

此佛敕文殊揀選。因前悟圓入一科中曾云：「得循圓通，與不圓根，日劫相倍。」又云：「隨汝詳擇，其可入者，吾當發明，令汝增進。」因阿難不知最圓之根，佛雖密示耳根，阿難仍未領悟，故請如來，最後開示，退藏密機，冀佛冥授。故佛敕諸聖各說因地修證法門，皆曰斯爲第一。阿難亦復罔知所措，故敕文殊揀選圓通根，文殊爲根本大智，過去乃七佛之師，承命揀選有二意：一者、佛前雖令一門深入，究竟未曾顯說，何門即是；況今諸門並陳，理宜決定一門也。二者、諸聖所說，各皆方便，惜不對根智，惟觀音曲合機宜，惟此一選，決定捨諸門，而獨取耳門也。　於是如來，特告文殊師利法王子，汝現今觀此二十五位菩薩羅漢；皆稱無學者，以圓人修同無修故。各說最初，成道方便，皆言修習，眞實圓通者：各說最初發心，乃至成道，無非根、塵、識十八界，以及七大，以爲下手，權巧方便，皆言依此修習，究竟俱得眞實圓通，各稱第一也。　彼等修行，實無優劣，前後差別者：彼諸聖等，所修之行，所證圓通，畢竟無二，實無優劣之分，與差別之異也。此雖歸元無二，其實方便多門，而其所入之門，不無巧拙遲速之不同耳；是猶千徑九逵，共會王城之意。據此，則二十五門，應無所揀矣！

丑二　後出選擇本意

我今欲令阿難開悟，二十五行，誰當其根；兼我滅後，此界衆生入菩薩乘，求無上道，何方便門，得易成就？

上正爲阿難。以證處雖皆平等，而從入之門，豈盡對此方之機，豈盡可常時修學耶？我今欲令阿難開悟，於二十五行，誰當其根？阿難多聞第一，慣用耳根，故下文殊選出：「將聞持佛佛，何不自聞聞？」下兼爲未來，兼我滅後，此界末世衆生，根機愈鈍，開悟愈難，若不選對方之根，則縱入菩薩乘，捨小慕大，求無上道，亦難究竟。故佛命文殊選擇，先授意云：一對阿難一類之機，次對末法此界衆生，三修眞因，四得極果，乃曰何方便門，能得容易成就也。

子二　文殊偈對　分二

丑初　敍儀標偈　二　詳演偈文　今初

文殊師利法王子，奉佛慈旨，即從座起，頂禮佛足，承佛威神，說偈對佛：

此經家敘儀。文殊師利法王子，奉佛慈旨者：欽奉我佛慈悲之法旨，即所授意揀選之事，故後偈云：「堪以教阿難，及末劫沉淪，但以此根（指耳根）修，圓通超餘者。」即從座起，頂禮佛足者：果後大人，受命常儀，尚且如是。承佛威神者：仗佛威德神力，加被於我，以二十五聖，與文殊齊肩者，實有其人，非仗佛威神，焉敢自行品量也。而以偈對，不以文對者，貫華易持，令聞已而思修也。

丑二　詳演偈文分六

寅初　發源開選　二　了揀諸門　三　獨選耳根　四　普勸修持　五　結答覆命　六　求加總結

寅初分三

卯初　雙示二源　二　略彰生滅　三　正明須選　今初

覺海性澄圓，圓澄覺元妙，元明照生所，所立照性亡。

上二句，所依眞源，即是本有眞心，亦即如來藏性。此猶前文，將問明與不明，先標性本二覺，將破有爲無爲，先標眞性二字也。覺海不作法喩解，乃直稱覺性爲海，如華嚴所謂刹海，劫海等是也。若取水海，猶墮法喩不齊之過。以覺海橫無邊涯，竪無底蘊，非若水海，尙有邊底也。覺海性，性字指體大，澄圓圓澄約相大，元妙元明謂用大。澄圓謂覺海澄湛不動，圓含萬有，此即寂而照，不變常隨緣也。圓澄，謂覺海雖然圓含萬有，究竟澄湛不動，此即照而寂，隨緣常不變也。元妙，本來自妙，不由造作；元明，本來自明，不假功用，既曰元妙元明，則一念不生，法爾具足。此中元妙二字，即含有元明之意，對上澄圓，即元妙義，圓澄即元明義也。元明照生所，所立照性亡：此二句能依妄源，即最初根本不覺，亦即獨頭生相無明，一切妄法，皆依他而生，故此句元明二字，躡上文而來。元明，不妄生照用，則是本明，毫無一物，今於彼元明性上，妄生照用，此照是妄照，即經前所云：「性覺必明，妄爲明覺。」生所者，因妄照而妄所生，即前所云：「覺非所明，因明立所」。以所照之妄境既立，而眞照之性遂亡，即所謂有相當情，無相即隱，如迷雲起，必障蔽於慧日也。遂將本有如來藏，轉成無明藏識也。

卯二　略彰生滅

迷妄有虛空，依空立世界，想澄成國土，知覺乃衆生。

此明從眞起妄，妄成世界、衆生、業果，三種相續之相。以其妄所既已成立，則轉本有之智光，而成能見之妄見，欲見本識，不知本識，卒不可見，遂迷性空，而妄成頑空，故曰迷妄有虛空，即前晦昧爲空是也；親依無明，虛空先現耳。次句依空立世界者：以本識既不可見，而定欲見之，空見相對，堅執欲緣，如瞪目發勞，依虛空晦昧，結暗境而成四大之色法，故曰，依空立世界；即前空晦暗中，結暗爲色是也。想澄成國土，知覺乃衆生者：上句，即溫陵所謂：妄想凝結，成無情國土也。下句，謂妄想知覺，成有情衆生也。此依無明藏識，生起依、正二報，而有見、相二分。指掌疏云：且約本識中細相言之，而不言粗相者，以其示迷途未遠，見歸源之易也。

空生大覺中，如海一漚發，有漏微塵國，皆依空所生，漚滅空本無，況復諸三有？

前四句，明諸法忽生；後二句，明諸法還滅，即返妄歸眞之意。前迷妄有虛空，則虛空生於大覺心中，僅如海之一漚發現而已。以覺心，喻之如海；虛空，喻之如漚，其大小爲何如耶？有漏微塵國，皆依空所生者：有漏，即前之有情世界，具足欲漏、有漏、無明漏也。微塵國，即前之器世界，皆依虛空之所生，不出空外，益見其微劣與虛妄矣！此四句，即前引起塵勞煩惱，起爲世界，靜成虛空，虛空爲同，世界爲異，彼無同異，眞有爲法。漚滅空本無，況復諸三有者：空性如漚，有生必滅，究之生滅，亦屬妄見；漚滅，虛空本無所有，況復空中，諸三有世間耶？三有即三界，謂欲有、色有、無色有也。妙理無端，妄成三界，如水結成冰，物而不化，故謂之曰有。又取中三界九地，則爲九有：廣開四洲四惡趣，六欲併梵天，四禪四空定，無想阿那含，則爲二十五有也。又依空同體，安危事一，故滅則俱滅。是知漚性不實，滅之仍歸於海，則知空性本無，滅之仍歸如來藏性也。

卯三 正明須選

歸元性無二，方便有多門。聖性無不通，順逆皆方便，初心入三昧，遲速不同倫。

上明可以還滅，已引歸元之路；此明圓通順逆之意，意謂：但能滅除妄識境界，自可復歸本來元有如來藏性；既歸藏性，其理則無有二。設若欲入此無二之理，其方便自有多門；如京畿是一，入路多歧也。　聖性無不通，順逆皆方便者：諸聖證入此性，則無有不通；以三科七大，或順修而入，或逆修而入，二十五門，皆爲方便之門，如千逕九逵，皆達帝京也。孤山曰：「觀音耳根則順，餘聖諸根則逆。對此方之機爲順，不對此方之機爲逆也。」正脈云：「順塵識流，宛轉達道曰順入，則六塵六識，火大至識大圓通也。如順背京之路，繞遠方到者也。逆根性之外流，而旋返入性曰逆入，即六根及根大圓通也。如逆背京之路，囘身即到者也。請觀諸根圓通，俱有旋反字面可見矣！　初心入三昧，遲速不同倫者：此二句，正見須選；以上所云，順逆皆方便，所謂十方如來，於一切法門，皆能證得，何須選擇！但初發心人，欲入三昧，指楞嚴大定，得循圓根，與不圓根，日劫相倍。以不得圓根，則艱難而遲，雖修數劫，不及一日，以得圓根則容易而速，但修一日，可當數劫。因此遲速難易，自不同倫，又不可以不選也。初發源開選竟。

寅二　了揀諸門 分四　**卯初　揀六塵　二　揀五根　三　揀六識**

四　揀七大　今初

色想結成塵，精了不能徹，如何不明徹，於是獲圓通。

前來佛說，彼等修行，實無優劣，乃據諸聖，證得藏性而言。今欲初心，修證三昧，有遲速難易之殊，故不得不揀耳！此揀六塵圓通。一、優婆尼沙陀色塵，因觀色性空而悟入者。言色惟憑妄想凝結而成，爲障蔽之塵，若以心精了之，終不能使之明徹；良以色塵之體，元本結暗所成，如何以此不了明，不透徹之物，而欲初心依此，而速獲圓通者哉！

音聲雜語言，但伊名句味，一非含一切，云何獲圓通？

二、憍陳那聲塵，因聞法音而悟入者。音聲即徑直聲，語言即屈曲聲，即此音聲一法，未免雜於語言文字。但伊名句味：伊者彼也，名詮自性，以一字直目爲名，如言瓶等，並不言何瓶；句詮差別，如言花瓶二字，帶表爲句；文詮聯合，以多字聯合爲文；今言味者，即文理所詮之義味也，惟以彼之名句義味而已。且一名非能偏含一切名，一句非能偏含一切句，一義，非能偏含一切義；云何初心，依此不通之物，而速獲圓通者哉？

香以合中知，離則元無有，不恆其所覺，云何獲圓通？

三、香嚴童子香塵，因香塵而悟入者。香塵必以鼻根，合中方知其有香，如若離而不合，則元無有香。且能覺之根，不能恆常與所覺之塵相合，以塵合時，則有能覺，塵離時，併無所覺；云何初心，依此不恆之物，而速獲圓通者哉？

味性非本然，要以味時有，其覺不恆一，云何獲圓通？

四、藥王、藥上味塵，因味塵而悟入者。然此味塵體性非本然，而自知有味也。本然即自然，要以味塵合舌根時，方知其有味。其舌根能覺之性，不能恆常與所覺合而爲一；云何初心，依此不恆之物，而欲速獲圓通者哉？

觸以所觸明，無所不明觸，合離性非定，云何獲圓通？

五、跋陀波羅觸塵，因觸塵而悟入者。然觸塵本無自性，要以有知之身根，與無知之外物合，而覺知冷煖澁滑，違順等相，方名爲觸。此上觸字指觸塵，下觸字指身根所對之物，故云觸塵必以身根所對之物，乃得發明顯現。無所不明觸者：若無有所觸之物，則不能發明觸塵之相。合離之性，本非一定；云何初心，依此不常之物，而欲速獲圓通者哉？

法稱爲內塵，憑塵必有所，能所非徧涉，云何獲圓通？

六、摩訶迦葉法塵，因法塵而悟入者。法塵非同外五塵之實質，乃是五塵落謝影子，謝在意地之中，惟意中獨緣；合外五塵，俱屬法塵，爲獨影境，故稱爲內塵。憑塵必有所者：憑外五塵落謝，必有所落謝之影，是則外塵爲能謝，內塵爲所謝；但外塵有五，落謝必有先後，內塵亦五，影子非無甲乙。起意緣時，惟專一境，捨一緣一，能所非能互徧互涉；云何初心依此不徧之物，而速獲圓通者哉？

卯二　揀五根

見性雖洞然，明前不明後，四維虧一半，云何獲圓通？

六根，今言五根者，惟留耳根爲當選也。一、阿那律眼根，因見性而悟入者。然見根之性即眼根，雖洞然明徹，若四方論，但明前一方，及左右兩方，不明後一方，故曰明前不明後。若以四維論，只見前兩維，不見後兩維，故言四維虧了一半；則三分言功，一分無德；云何初心依此不圓之根，而速獲圓通者哉？

鼻息出入通，現前無交氣，支離匪涉入，云何獲圓通？

二、週利槃特迦鼻息，因觀鼻根而悟入者。鼻息者，鼻中之氣息也。出而通於外，入而通於內，故曰出入通。即前云，有出有入是也。現前無交氣者：出息盡時，不能即入，入息盡時，不能即出，即此出入少停之時，名為現前，無有交接之氣，則無功德，即前云，而缺中交是也。據此，則三分論功，而缺一分。支離匪涉入者：而且支分離異，各有所據，有出無入，有入無出，即此支離處，匪能互相涉入；云何初心，依此不圓之根，而速獲圓通者哉？

舌非入無端，因味生覺了，味亡了無有，云何獲圓通？

三、憍梵鉢提舌根，因舌根而悟入者。溫陵曰：舌不因味，而即能覺了，乃為無端。無端，即無因也。謂舌入非無因，而能知味，因有味塵，合到舌根之時，方生覺了之知。設或味塵銷亡，則覺了之知，本無所有；云何初心，依此不常之根，而速獲圓通者哉？

正脈問：耳離聲而聞靜，說爲本性，何不舌離味而嘗淡，亦說爲常耶？耳爲離知，恆常普徧，離聲聞靜，更比聲圓，人所易曉。經云：動若邇遙，靜無邊際是也。今舌根覺味之知，不過三寸，合知尚劣，而離知淡相，更爲眇昧，豈能同耳之常性彰顯乎？

身與所觸同，各非圓覺觀，涯量不冥會，云何獲圓通？

四、畢陵伽婆蹉身根，因觀身根苦諦而悟入者。此之身根，與彼所有觸塵相同，前云：觸以所觸明，無所不明觸。今身正與相同，謂身之覺性，亦因所觸而得發明，若無所觸之塵，不得發明。各非圓覺觀者：以圓之一字，雙貫覺、觀二字，圓覺者，獨立之全體也，圓觀者，絕待之全智也。此身根與前觸塵，各非圓覺之與圓觀也。良以合中之知，根塵相待而顯，故前觸塵，離此身根，其相即隱，固無獨立之全體，與夫絕待之全智也。而此身根，離前觸塵，其知亦泯，亦無獨立絕待，全體全智也。此二句總明合而後有知也。涯量不冥會者：且身根之與觸塵，一屬有知，一屬無知，各有邊涯，各有分量，不能於離時，而得冥知契會；此句乃明離而後無知也。合有離無，其性不定，云何初心依此不常之根，而速獲圓通者哉？

知根雜亂思，湛了終無見，想念不可脫，云何獲圓通？

五、須菩提意根，因意根而悟入者。知根、謂意知根，即意根也。意根，乃第七末那識；第六依第七爲根，故曰意根。雜者夾雜，亂思是意識，此識於諸識中，最亂最強，最難調伏。湛了終無見者：言脫盡意識，湛然了知之境，終不可見：如是則想念，不可一時頓脫之故；云何初心依此雜亂不離之根，而速獲圓通者哉？

卯三　揀六識

識見雜三和，詰本稱非相，自體先無定，云何獲圓通？

此揀六識。經初以六識爲生死根本，不可依之錯誤修習，故以捨識用根爲經旨。而諸聖自陳圓通，仍備六識者，見聖性無不通，順逆皆方便也。此處文殊復揀去者，正以初心入三昧，遲速不同倫也。一、舍利弗眼識，因眼識而悟入者。識見：應云見識，見屬眼，即眼識也。雜三和者：根塵相對，識生其中，能所合說也。乃眼家隨念分別，外對色塵，內對眼根，中間詐現，隨念麤略分別，是爲眼識。以能依自體，所依根、塵，故曰雜三和。詰本稱非相者：即所生之識，詰其根本，無所從來。一者、不從根生，惟根無塵，不自生故。二者、不從塵生，色塵無知，非生識因故。三者、非根、塵和合共生，根是有知，塵屬無知，應所生之識，一半有知，一半無知，今則不然。故舉體虛妄不實，稱爲非相。自體先無定，云何初心，依此不常之識，而速獲圓通者哉？

心聞洞十方，生於大因力，初心不能入，云何獲圓通？

二、普賢菩薩耳識，因耳識而得悟入者。心聞：即耳識，能洞徹十方，圓聞無礙者；此皆生於脩法界行，大因威力之所成就，非耳識自能有如是功能，須是深位菩薩方可。云何初心依此久遠之因，而速獲圓通者哉？

鼻想本權機，祇令攝心住，住成心所住，云何獲圓通？

三、孫陀羅難陀鼻識，因鼻識而悟入者。鼻想者：於鼻端作觀白之想也。本權機者：本來權巧方便，隨順機宜而設，非鼻識本有也；鼻識以分別香臭爲用。次句，即其權施之意，祇令收攝其散亂心，令得暫住而已。三句云：既有能住之心，則鼻端白，即成所住之境。蓋眞心無住，云何初心依此有住之心，而速獲圓通者哉？

說法弄音文開悟先成者，名句非無漏，云何獲圓通？

四、富樓那舌識，因舌識而悟入者。舌識說法，惟是播弄音聲，及以語言文字。而富樓那得大開悟，成阿羅漢者，乃是先所成，曠劫辯才之力，故能如是耳，非一時舌識之功能。以名身、句身、及文身，乃不相應行，有為法所攝，非無漏法。云何初心，依此有為法，而速獲圓通者哉？

持犯但束身，非身無所束，元非徧一切，云何獲圓通？

五、優波離身識，因身識而悟入者。持犯者：持婬、殺、盜戒，欲令清淨，不使有犯，但能約束身識而已。非身識之範圍；如妄言、綺語、惡口、兩舌，則身識無所從束，是尚不徧於口、意二業；況夫菩薩，清淨律儀，乃至八萬細行，一切法門耶？故曰元非徧一切。云何初心，依此不徧法門，而速獲圓通者哉？　指掌疏「問云：波離執身，次第執心，俱得通利，今何但云束身？答曰：此約初心言之，大凡初心持戒，先斷婬、殺、盜、妄，妄猶可緩，而最所宜急者，唯婬、殺、盜耳。但執心誠難，故先以身識束身。如身識不起邪覺，離於惡觸，自然無復婬、殺、盜事，是爲束身。至若心動婬、殺、盜機，口出妄言、綺語等，非不欲斷，但非身識能持，人不盡皆然。波離豈能依此入圓哉？」

神通本宿因，何關法分別？念緣非離物，云何獲圓通？

六、大目犍連意識，因意識而悟入者。不可測度，謂之神，自在無礙謂之通。大目連神通，雖由旋識復湛，心光發宣，究其深本，乃宿因久修。故遇佛聞法，即得成就，是知其有由來矣，何關意識之事！法分別：即意識也。因對法塵上，所起分別，念念攀緣；即合法塵則有，離法塵則無，故曰念緣非離物；物即法塵也。云何初心，依此攀緣妄識，而速獲圓通者哉？

卯四　揀七大

若以地性觀，堅礙非通達，有爲非聖性，云何獲圓通？

此揀七大圓通，前五大同塵，第六同識，第七同根。今一、持地菩薩地大，因平地而悟入者。若以地大之性而爲觀察，境則是堅凝障礙之物，而非通達之相。持地平塡道路，尚涉有爲，而非無漏之正性耳，聖者正也；後遇平心之教方歸聖性。云何初心，依此有爲之法，而速獲圓通者哉？

若以水性觀，想念非眞實，如如非覺觀，云何獲圓通？

二、月光童子水大，因觀水大而悟入者。若以水大之性，而爲觀境。皆由想念而成，非眞如實際，如如不動之理。凡欲契如如不動之理，須得如如不動之智；而起心分別覺觀，皆不與相應，故曰如如，非六識覺觀所能契入也。云何初心依此覺觀之心，速獲圓通者哉？

若以火性觀，厭有非眞離，非初心方便，云何獲圓通？

三、烏芻瑟摩火大，因觀火大而悟入者。若以火大之性，而爲觀境。烏芻厭有欲火，而求離欲，非到身心俱斷，斷性亦無，乃非眞離欲也。然初心不盡多婬之機，有少欲無欲者，豈必藉此，以爲方便？云何初心依此不通之法，而速獲圓通者哉？

若以風性觀，動寂非無對，對非無上覺，云何獲圓通？

四、琉璃光法王子風大，因觀風大而悟入者。若以風大之性，而爲觀境。

彼雖徧觀內外，皆是妄緣風力所轉，然風大有動有寂，便屬循環生滅，無常之法，非無對待。既有對待，自非無上覺體。云何初心，依此不常之法，而速獲圓通者哉？　正脈「問：反聞法門，亦從動靜而入，何殊於此？答：彼乃漸脫動靜二塵，以取無動靜之聞性，爲初心方便。此即取有動寂之風性爲入門，所以大不同也；豈可以此難彼？」

若以空性觀，昏鈍先非覺，無覺異菩提，云何獲圓通？

五、虛空藏菩薩空大，因觀空大而悟入者。若以空大之性，而爲觀境，諦觀四大無依，妄想生滅，虛空無二，佛國本同。虛空，乃晦昧所爲，昏即冥也，鈍即頑也。乃以冥頑爲相，自體先非靈明覺知之用。無覺異菩提者：既無靈明覺知之用，自與菩提相異。梵語菩提，此翻覺道，即圓通所證之無上覺道也。今欲以昏鈍之因，而取靈明之果，何異鑽冰取火也；云何初心依此無覺之物，而速獲圓通者哉？

若以識性觀，觀識非常住，存心乃虛妄，云何獲圓通？

六、彌勒菩薩識大，因觀識大而悟入者。若以識性，爲所觀境，諦觀十方唯識。然此識性，念念生滅不停，實非常住之性；且存心觀之，已是虛妄，何況所觀之識大，而不虛妄耶？云何初心依此不常之心，而速獲圓通者哉？

諸行是無常，念性元生滅，因果今殊感，云何獲圓通？

七、大勢至法王子根大。按根大應當在第六，今彌勒識大超前，勢至根大居此者，足見菩薩明知欲脩楞嚴大定，獨讓觀音殿後，而求其普被三根，利鈍兼收者，惟此念佛一門。凡有動作遷流，全屬諸行，皆是無常。而勢至則曰，都攝六根，淨念相繼；既是都攝，則屬根大；可見念佛，不是口念，不是第六意識心念，乃是意根都攝六根而念。雖曰淨念，終成有念；既曰相繼，難免生滅；故曰念性元生滅也。以此念佛為因，往生淨土為果，因果相孚，則萬修萬人去。若以此生滅之因，而求現證，不生滅之圓通，則因果相背，感應咸殊，故曰因果今殊感。云何初心依此生滅之心，而速獲圓通者哉？　正脈云：通論二十四聖，約其所證，必等觀音；而原其入門，不從本根，略有四緣，所以當揀：一者、不對方宜；二者、不便初心；三者、別有資藉；四者、非常脩學。反顯耳根、對方宜、便初心、不勞資藉，通常可脩也。意在後偈，預此明之。二了揀諸門竟。

寅三　獨選耳根分二　卯初　備彰門妙　二　詳示脩巧　卯初又分四

辰初　根隨方利　二　法以人勝　三　示法眞實　四　顯行當根　今初

我今白世尊：佛出娑婆界，此方眞教體，清淨在音聞。欲取三摩提，實以聞中入。

上來餘門，既經揀去，此則應選耳根，故云：我現今重白世尊言：佛出娑婆世界，此云堪忍，以娑婆衆苦具足，衆生堪能忍受諸苦故。如來必隨一方機宜，而立教體。設教不應機，化則不勝。準維摩經云：或有佛土，以光明而作佛事；或有佛土，以佛菩提樹而作佛事；乃至或以園林臺觀，或以虛空影響，或以音聲語言，或以寂無言說，各隨機宜，教體不同。今佛世聞聲得益者多，即末世亦從此方衆生耳根偏利，能由聞性，偏達無量差別理事。故對此一方機宜，以音聲施作佛事，所以透彼聞根之利也。如來在世，聞教得益者多，即末世亦從開示，而得悟入者衆；意言常途但以音聲爲教體，是隨相假體。而此方眞實教體，清淨本然，周偏法界者，惟在聽音之聞性而已。　欲取三摩提，實以聞中入者：良以教詮藏性，而聞性最切近藏性者也。然領悟雖以雙託音聞，而修定但宜單取聞性，故凡欲取證三摩提，即楞嚴大定，實在要以耳根聞性得入。如觀音自敍：彼佛教我，從聞、思、脩，入三摩地。於是依教，初於聞中，做入流照性工夫，解六結而越三空，破五陰而獲二勝，是則從說選根以來，直至此處，方以決定指出耳根，為圓通本根，至妙之法門矣！

辰二　法以人勝　分二　**巳初　略讚自利　二　廣顯利他**　今初

離苦得解脫，良哉觀世音！

此科以耳根圓通之法，因為觀音之人殊勝故，其法必堪珍重也。此二句，略讚自利功德。離苦者：離分段、變易二種生死之苦，即解六結而越三空也。得解脫者：得離繫自在，二種解脫之樂，即破五陰，而獲二用也。此乃言自備利他體用故，判屬自利也；良有二義：一、誠實義，如云：離苦得解脫，誠哉觀世音之人耳。二、讚善義，如云：離苦得解脫，善哉觀世音之法耳。

巳二　廣顯利他

於恆沙劫中，入微塵佛國，得大自在力，無畏施衆生。

此科廣顯利他功德。第一句，明豎窮三際；於恆沙劫，顯化導時長也。第二句，明橫徧十方；入微塵國，顯現身處廣也。第三句，顯三十二應，有無作妙力，自在成就之語。第四句，顯十四無畏，有施無畏力，福備衆生之語。又以此三四兩句，總顯四不思議科：第一不思議科後，有救護衆生，得大自在；第二不思議科後，有能以無畏，施諸衆生也。且連上兩句，貫成四句。總顯此等妙用，皆極盡沙劫之常，皆窮盡塵刹之徧；總顯常徧二義，誠爲巧妙也。

妙音觀世音，梵音海潮音，救世悉安寧，出世獲常住。

溫陵曰：以說法不滯爲妙音，尋聲救苦爲觀音，音性無着爲梵音，應不失時爲海潮音。今三十二應中說法，四不思議中說咒，由菩薩妙觀察智，觀定應說何法而得度，即爲說法，或說咒，此皆妙音之力也。十四無畏中之救八難，四不思議中之施無畏，由菩薩以觀智，觀世間稱念菩薩名號音聲，皆得解脫，此皆觀世音之力也。十四無畏之除三毒，四不思議之破慳貪，由菩薩音性清淨無著，此皆梵音之力也。三十二應中之赴徧求，十四無畏中之赴二求，四不思議中之赴廣求，由菩薩及時說法，應不失時，此皆海潮音之力也。然法華，有勝彼世間音，此中獨缺，以致持名一科，無所收屬。以菩薩一名，與彼六十二恆河沙，法王子名號，正等無異；以彼一名，正屬勝彼世間音，如是則五音具足矣！救世二句，義攝後不思議。以世人慳貪積聚，患得患失，皆不安寧；而第三不思議中，破貪感求，正救此病，令悉安寧。以脩行欲求出世，錯用因心，不得究竟；而第四不思議中，有求大涅槃，得大涅槃，證出世無上覺道，而得不生不滅，無去無來，常住快樂也。

辰三　示法眞實　分三

巳初　圓眞實　二　通眞實　三　常眞實

今初

我今啓如來，如觀音所說，譬如人靜居，十方俱擊鼓，十處一時聞，此則圓眞實。

此顯示耳根，具足三種眞實，誠正定之眞修也。決定速證圓通，不勞資藉。我者文殊自稱，現今啓白如來，所以揀去諸聖，獨選耳根者，如觀音所說：我從耳門，圓照三昧，所以速證圓通也。非指下偈爲觀音所說，偈中仍是文殊取前六根數量，併擊鐘驗常等科中，佛說語意，而加發揮，見耳根之本妙也。譬如人靜居者：假設聞鼓一事，以例聞一切聲皆然，故云：譬如靜居；寂靜居處，揀非鬧時也，以鬧時聞性，雖則常圓，殊不自覺。正脈云：十方俱擊鼓者：一時同擊也。十處一時聞者：聞無先後也。此見耳根聞性，人人本來自圓，喻如最大圓珠懸於空中，周輝普照；諸聲如影，亂映齊現，絲毫不昧。此則圓眞實者：本來圓滿周徧十方，眞而無妄，實而不虛之妙義也。

巳二 通眞實

目非觀障外，口鼻亦復然，身以合方知，心念紛無緒。

此以耳根超勝五根。二、三句語倒，且口字是舌字，以舌在口中，故以代之。目能觀障內之色，非能觀見遮障之外所有諸物；其猶隔窗外，不見外物，隔皮膚不見臟腑。是近而薄者，尙障隔不通，況遠厚乎？身以合方知者：即身根，亦必以塵合身，方有知觸之用。口、鼻二根，之與味、香，二塵亦復然，稍離尺寸，便不覺知。心是意根，又雜意識，想念紛亂，無有頭緒，如是則想念尙不能脫，況能通乎？

隔垣聽音響，遐邇俱可聞，五根所不齊，是則通眞實。

此言耳根在動用中，現具靈通之相，隔垣牆而聽音響，尙無隔礙。不知者，謂聲能透入；其知者，以聞性湛然，周徧圓滿。無線電話，可以驗知，並非聲來耳邊，亦非耳往聲處，如隔數千里之遙，問答如在目前，因聞性周徧故。遐邇俱可聞者：遐遠也，邇近也；所有一切聲音皆可得聞。五根所不齊者：則隔垣能聽，非若眼根之不觀障外也。遐邇俱聞，非若三根之離塵不知也。於靜中聞鼓時，則俱擊齊聞，非若意根之雜亂無緒也。以是而觀，則五根功能，所不能與耳根齊等，況塵識與諸大，非根之類者，豈能齊哉？此見耳根聞性，人人本來自通，喩如洪水普爲淹沒，草舍竹籬，悉皆通透一無隔礙。是則通眞實者：本來通達，周徧無礙，眞而無妄，實而不虛之妙義也。

巳三　常眞實

音聲性動靜，聞中爲有無，無聲號無聞，非實聞無性。

此對聲塵以顯聞性常住。初四句，動靜無關，音聲是總相，動靜是別相，此取擊鐘驗常科中義。前羅睺正擊之時，則音聲之性屬動；擊久聲銷，音響雙絕，則對動說靜。聞中爲有無者：言動靜二相，常於聞性湛然體中，循環代謝。時羅睺更擊，動則音聲歷然現有；擊久聲銷，靜則音聲寂然現無。世人顛倒，尙且惑聲爲聞，因於無聲之際，號爲無聞，殊不知無聲之時，聞性愈覺無有邊際，故曰非實聞無性也。

聲無即無滅，聲有亦非生，生滅二圓離，是則常眞實。

此四句，生滅雙離。如上所說，無聲之時，聞性既無有滅，以此例知有聲之時，聞性亦非有生。是知聞性，湛然常住，一任其中，聲有則聞動，聲無則聞靜。而自體了無生滅之相，故曰生滅二圓離。以見聞性，人人本來自常，喻如太虛空，恆無起滅。是則常眞實者：豈非常住眞心，性淨明體，眞而無妄，實而不虛之妙義也！

縱令在夢想，不爲不思無，覺觀出思惟，身心不能及。

此離思惟，以顯聞性常住。思惟，乃是第六散位意識所爲，而夢想亦第六獨頭意識所現。今云縱令在夢想之中，完全忘却夢外動靜之境，而了無所思；而此聞性，亦不爲彼無思而即便滅無。如前熟睡之人，聞舂擣聲，惑爲鐘鼓響，可見聞性，不爲彼不思而便成無耶。覺觀出思惟，身心不能及者：上覺字，即聞性本體：下觀字，指聞性照用；而此照用，乃是寂而常照，不假思惟，超出思惟之外。身根、兼眼、鼻、舌三根，心是意根，如是五根對此，皆不能接夢外五塵之境，而有覺耶？惟獨耳根，能通夢外之聲，一呼便覺，超彼心身，所不能及也。然此圓通常三種眞實，皆吾人尋常日用所現具者，不待修習而後有也。若能依之反聞自性，修證圓通，猶風帆行於順水，必至易而至速也。

辰四　顯行當根　分二　**巳初　舉此方教體　二　明病在循聲**　今初

今此娑婆國，聲論得宣明。

此明耳根行門，正對此方之機。今此娑婆國：譯爲堪忍，以此方具足苦境，堪能成就行人忍力故。此雖約處，實則因對此方衆生，耳根偏利故，佛以音聲，而作佛事，立諸聲、名、句、文，一切經論，義理得以宣暢，心性得以了明。正脈謂：含蓄所宣明者，無非皆爲詮顯圓湛妙明之性。而此妙性，又祗在於能聞本根之中。衆生當可由所聞聲論，而反聞能聞之本根，方爲得旨矣！若是則下科之意，自有來歷矣。

巳二　明病在循聲

衆生迷本聞，循聲故流轉，阿難縱强記，不免落邪思，豈非隨所淪，旋流獲無妄？

此明病在循聲。此方衆生，耳根旣利，如來旣以音聲爲佛事，凡聞聲者，皆當免於流轉矣！無奈衆生迷本聞，此衆生乃指狂慧學者，迷而不悟，不能因言會道，聞教觀心；能聞之本聞，是爲妙明心性；而但循順所聞之聲教，增益戲論，故自取於流轉也。阿難縱强記，不免落邪思者；乃舉事證驗，即如阿難，縱能强記，十方如來，十二部經，淸淨妙理，如恆河沙，猶尚不免落於邪思，爲物所轉，溺於淫舍，不得自由也。豈非隨所淪，旋流獲無妄者：豈非二字，乃承上文決定之辭，下八字病藥相當，即在迷本聞，不迷本聞而已。迷則隨所淪，隨即循也，所即聲塵，淪即流轉，言循聲必至流轉，即如諸佛，異口同音告曰：「阿難汝欲識知，俱生無明，使汝輪轉，生死結根，唯汝六根，更無他物。」若不迷則旋流，旋彼聞根，反聞聞性。獲無妄者：獲得眞實常住，不流轉之性，即如諸佛告言：「汝復欲知，無上菩提，令汝速證，安樂解脫，寂靜妙常，亦汝六根，更無他物。」此兩句又如偈云：「迷晦即無明，發明便解脫。」

若能發明，旋流反聞，便得無礙大解脫也。但初心之人，於一切時處，獨向耳根，反聞自性，別無他事，自有到家消息，豈不速而易修耶？初備彰門妙竟。

卯二　詳示修巧　分四　辰初　出名教所反聞　二　法說次第超越

三　擧喩以合前法　四　結示因果究竟

阿難汝諦聽：我承佛威力，宣說金剛王，如幻不思議，佛母眞三昧。

此呼阿難之名而告之曰：汝果欲旋流反聞，應當諦聽我語。我今仗承我佛威神之力，所以爲汝宣說觀音所證之三昧，汝當生珍重之心。金剛王者：具體、相、用三大，其體堅固，不可破壞；其相光明，照了一切；其用銳利，能斷無明；亦即三德秘藏。王者，自在無礙義，前五卷有寶覺二字，此則俱含三字中。如幻不思議者：幻是譬喩，無而忽有，雖有若無。謂所修三昧，無修而修，修即無修也。不思議者，不可以心思口議，謂所修速疾，超乎世出世間之意，前偈：「有如幻三摩提彈指超無學」，故知然也。佛母眞三昧者：第一卷告示阿難，及諸大衆，有三摩提，名大佛頂首楞嚴王，具足萬行，十方如來，一門超出。妙莊嚴路。五卷偈云：「十方婆伽梵，一路涅槃門。」可見十方諸佛，都從此一門超出，趣入涅槃之門，所以稱爲佛母，出生諸佛故。所證之三昧，是眞三昧，乃天然自性本定，非同工夫引起之定，有入住出也。此出名中，已示修巧之意，且簡要易速四義爲巧。但依耳根，一門深入，此則爲簡；入一無妄，彼六知根，一時淸淨，此則爲要；但向根中，旋流反聞，此則爲易；自入流亡所，而至寂滅現前，此則爲速；具此四義，故成此眞三昧也。

汝聞微塵佛，一切秘密門，欲漏不先除，蓄聞成過誤。

此抑多聞而顯過。汝阿難是多聞第一之人，與我同於空王佛所發心，我常勤精進，汝常樂多聞，據此則所遇之佛，數等微塵，皆以多聞之力，護持法藏，凡一切秘密深奧之法門，悉皆得聞。欲漏不先除者：惟務多聞，不勤定力，欲漏種習，不先除却。蓄聞成過誤者：因欲漏不先除，故蓄積多聞，反成過誤；非但聞於普通佛法，乃至聞於秘密深法，皆爲循塵流轉矣！

將聞持佛佛，何不自聞聞？

此決取捨而反聞。決定捨於循塵之聞，而取反聞之聞也。首句上佛字，指佛身，下佛字指佛法，次句上聞字屬聞根，下聞字屬聞性。故以警之曰：將自己之聞根，受持諸佛所說之佛法，何不識取本聞，而旋倒聞根，以聞聞性乎？此科是教反聞之正文也。觀此但聞一聞性，便勝無量多聞，亦見其至簡，而最要矣！

辰二　法說次第超越

聞非自然生，因聲有名字，旋聞與聲脫，能脫欲誰名？

此科法說。當修反聞，如何修、如何證？先明超越情界，次示超越器界。聞非自然生者：聞指妄聞，乃攬塵所結之根，非是自然而生也。因聲有名字者：因於動、靜二種妄塵，黏起湛然一精明之體，發爲聽精，聽精映聲，捲聲成根，由此無始來，遂有耳根之名字，即根元；目爲清淨四大，因名耳體，乃聚聞結滯爲根之體。旋聞二句，言既因攬聲而結，必待脫聲而解。旋觀能聞之聞性，而與所聞之聲塵脫離，即入流亡所。乃至動靜二相，了然不生，旋倒聞根，反聞自性，而與聲塵脫離也。能脫即指聞根，前因攬塵而結，玆因旋根而脫；欲誰名者，言塵已脫，而根隨盡，更有誰名爲根也？此二句即當如是漸增聞所聞盡，併能聞耳根之名亦失，惟一妙性而已。正脈云：此四句喻水本因寒而結冰，故冰須脫寒而還水矣！

一根既返源，六根成解脫。

此如後三漸文云：「塵既不緣，根無所偶。」亦即返流全一，六用不行，人疑但解一根，餘根尚結，不知根雖有六，體本是一；此橫論六根，結則同結，解則齊解，六根同一成壞也。正同豎論六結，每一根，約迷眞起妄，從性至塵。由細向麤，皆有次第六結；約返妄歸眞，從塵至性，由麤向細，亦有次第六結；如一結成時，六根同成一結，乃至六結皆然；或一結解時，六根齊解，一結乃至六結皆然。解結者，但從耳根，逆流而入。六結：一動、二靜、三根、四覺、五空、六滅。此處，一根既已返本還源，覺性現前，不復循塵結根，於六結，但解動、靜、根三結，則六根俱成解脫。是則一根返源，豈不至簡耶？六根齊脫，豈不至要耶？夫至六根皆脫，則衆生世界，已自不能纏縛矣！

見聞如幻翳，三界若空華，聞復翳根除，塵銷覺圓淨。

此科明器界超越，不是情器根塵平言。蓋言塵界，全倚情根而立，今情根解脫，而塵界自必隨銷。見聞等四句，乃重明上文之意，以起下淨極光通之義。本一精明之體，起於見、聞、齅、嘗、覺、知六用，如依淨眼，起於幻翳相似，三界依正，猶翳眼所見空華，翳病若除，華於空滅；聞根今已旋妄復眞，則翳根之病除矣！幻翳既除，而塵界應念隨銷，如空華滅於虛空。覺圓淨者：由是本覺之體，根除爲圓而不礙，塵銷爲淨而不染，所謂迥脫根塵，靈光獨耀矣！夫根身解，而器界隨銷，其亦至易，而甚速者乎！

淨極光通達，寂照含虛空。却來觀世間，猶如夢中事，摩登伽在夢，誰能留汝形？

上言覺圓淨者，似未至極圓極淨也。蓋必覺所覺空，乃至寂滅現前，乃爲淨極；而心光自然通達，徧照塵刹，乃爲圓極。夫淨極即寂，光通即照，此光寂而常照，稱性含裹虛空。虛空，乃世界之最大者，今以大覺海中比之，其猶一漚之小，何況空中，所有世界耶？却來觀世間，猶如夢中事者：乃涉世無礙之意；既得全體，復獲大用，却來涉世利生，以含空之寂照，覺察世間，悉皆如夢，了無罣礙，即所謂超越世界，得大自在也。摩登伽在夢，誰能留汝形者

：乃激發阿難之語，汝昔之所以被邪術所制，無自由分者，正由不能解根超界，得大解脫也。亦由不知根中圓湛妙心，寂照含空，無可拘制，而但取緣塵影事爲心，妄認身中，是以受制莫脫。若能以此觀世，則摩登伽女，乃是夢中之人，以夢中之人，不能牽夢外之身，故曰：誰能留汝之形乎？

辰三　舉喻以合前法

如世巧幻師，幻作諸男女，雖見諸根動，要以一機抽，息機歸寂然，諸幻成無性。

此喻，明從眞起妄，返妄歸眞也。巧幻師，即能作之人，喻眞如能隨緣也。幻作，即所作幻術，喻成事無明也。諸男女，即幻作之人，喻六根也。一機抽，即抽男女之機關也，喻一精明之體也。元依一精，分成六用，在眼曰見，乃至在意曰知，所謂雖見諸根動，喻六根之用差殊。要以一機抽者：喻惟一精明之體，隨緣異用也。息機：休息機關而不抽，喻旋一根精明之體，令其還源也。歸寂然者：男女諸根皆不動，六根俱解脫也。諸幻成無性者：所依幻處，亦成無性，全泯於無也，即器界亦得超越也。

六根亦如是，元依一精明，分成六和合，一處成休復，六用皆不成，塵垢應念銷，成圓明淨妙。

此法合，言六根中性，亦如幻人之諸根是也。一精明，是依眞妄和合而起，而爲六精之總相，即本經所稱，陀那微細識。六根是能依，一精是所依，故曰元依一精明，分成六和合。依此分爲六性，和合根塵，性雖有六，體本是一。合上幻師，幻作男女，雖見諸根動，要以一機抽也。正脈云：當補兩句，雖見六用殊，惟一精明轉，合喻中雖見諸根動二句方全。一處成休復：即指耳根反聞照性，合喻中息機。六用皆不成：指見聞齅嘗覺知；一精既轉，六用不成，合喻中歸寂然。齊此，喻明情界脫纏。末二句，合諸幻成無性；塵垢即指器世間，六塵垢染世界。應念銷者：如前經云：山河大地，應念化成無上知覺是也。成圓明淨妙者：無情器之分曰圓，無無明之蔽曰明，無根塵之汚曰淨，無結縛之礙而互用變現曰妙，此更喻明，器界超越。

辰四　結示因果究竟

餘塵尚諸學，明極即如來。

餘塵者：斷無明未盡，謂之有餘微細之塵；如等覺菩薩，尚有一分生相無明未盡，尚在諸學地。明極即如來者：謂本明證極，無明盡淨，即是究竟如來。夫法門既妙，修證又巧，乃至成佛無難，所以惟選於耳門也。

寅四　普勸修證

大衆及阿難，旋汝倒聞機，反聞聞自性，性成無上道，圓通實如是。

此以文殊選定耳根圓通，勸衆普修。意謂反聞之功，易而且速，實效如此，故呼大衆，勿迷本聞，及汝阿難勿再強記，眞實圓通，別無他法，惟在旋轉循塵之顚倒聞機，反聞以聞自己之聞性。此性，即是圓湛不生滅性，亦即菩提涅槃元淸淨體，實成佛之眞因。故判決此性，定成無上之佛道，即究竟極果也。末句謂圓通法門雖多，若尅定眞實，便於初心，惟修如是聞性而已。

此是微塵佛，一路涅槃門：過去諸如來，斯門已成就；現

在諸菩薩，今各入圓明；未來修學人，當依如是法；我亦從中證，非惟觀世音。

此是十方三世，微塵諸佛，到菩提家，入涅槃門，一條妙修行之大路。過去諸如來，已得成佛，是斯門已成就；現在諸菩薩，雖未成佛，今依此各入圓明，圓明，即淨極光通之意；未來修學人，必當依此耳根反聞之法，如是而修也。不唯諸佛菩薩，由斯而入，即我文殊，亦從耳根反聞之中，而得修證也，非唯觀世音一人爲然。則知此法，爲三世通修之路，是諸佛共入之門，汝等當從妙耳門而入焉。正脈云：蓋自不修，惟勸人修，人或不從，先身入，而率衆同入，人皆樂與，故文殊明己亦從耳根修證，所以啓人之必信從也。

寅五　結答覆命

誠如佛世尊，詢我諸方便，以救諸末劫，求出世間人，成就涅槃心，觀世音爲最。

此結答。即觀世音爲最一句覆命，因前佛敕，揀選圓通，今當覆命。誠者眞也，如佛言，眞眞如佛所命，表信從佛旨也。次四句，牒前敕選授意之文。我今欲令阿難開悟，二十五行，誰當其根，兼我滅後，此界衆生，入菩薩乘，求無上道，何方便門，得易成就。詢我諸方便者：即問我諸二十五聖，方便行門，那一門最當阿難之根機，揀取一門，爲通常可修法也。而阿難多聞，一向慣用耳根，此答第一旨。以救諸末劫者：即前兼我滅後，此界衆生，而欲令其出離生死；蓋此界衆生，耳根最利，循聲故流轉，旋流獲無妄也，此答第二旨。求出世間人，成就涅槃心二句：即前入菩薩乘，求無上道，三、四二旨。求出世間人，即先厭離，聲聞、緣覺諸小乘法，發心勤求無上菩提，即此令回小向大，得成就究竟涅槃心也。

觀世音爲最者：正脈云：能於佛之前旨，四義全順者，惟觀音耳門最爲第一也。蓋耳根圓通，即多聞者之聞根，故能獨當阿難之根，即順第一旨也。人人現具，淺深均脩，故能普救諸末劫，即順第二旨也。先得人空，次脫法執，故能應求出世，即順第三旨也。生滅旣滅，寂滅現前，故能成就涅槃心，即順第四旨也。又前二顯契機，後二顯契理，機理雙契，聖旨全孚，此觀之門，所以獨超諸門矣！

自餘諸方便，皆是佛威神。即事捨塵勞，非是常修學，淺深同說法。

自觀音耳根圓通之外，其餘諸二十四聖，所修方便法門，皆佛之威德神力，令其即遇之事，而能捨脫塵勞也。非是二字，雙貫下句，非是通常可修之法；若通常可修學，不須仗佛威神加被，但任運進修，自能入圓也。亦非是淺位與深位，同時可以說法，若淺深可同說，不須即事而捨塵勞，但三根普利，無機不收也。然就諸門中，明佛威加被者，如那律失明，佛示樂見照明；槃特闕誦，佛教調息攝心。明即事捨塵者，如烏芻多淫，佛教觀欲火；難陀心散，佛教觀鼻端。人不皆然，豈尋常可以通修乎？且此等，唯對於淺位，深位則不相宜。如普賢之大因，滿慈之宿辯，善現之解空，舍利之淨見，皆屬深心。豈淺智初心，可得入乎？若觀音之耳根法門，則是淺深可以同說，久長可以共修，而最初入門方便，更無過於此矣！五結答覆命竟。

寅六　求加總結

頂禮如來藏，無漏不思議。願加被未來，於此門無惑，方便易成就。堪以教阿難，及末劫沉淪，但以此根修，圓通超餘者，眞實心如是。

初二句有二解：一敬禮尊法也。以此耳根一門，修證定體；即前佛說，三如來藏自性淸淨之理體也。所證定用，乃屬無漏無爲，不思議之事用也。此正如來，眞如法身，全體大用也；故頂禮求加。二、敬禮三寶也。如來藏，如來即佛寶也。藏，謂藏心法寶也。無漏不思議，意指圓通諸聖，僧寶也。無漏，指大阿羅漢，已斷見思故。不思議，指諸菩薩，神用莫測故。故我頂禮，願求加被未來學者。於此一門無惑；無惑當作兩解：一、無生疑惑，加被衆生，於此法門，必信從而無疑惑也。二、無生迷惑，加被衆生，於此法門，必解悟而無迷惑也。此正初心方便，不遲而速，容易成就也。何以故？因未修之先，本來現具圓通之相，由是加修，一反聞間，彈指可超無學，乃至入住成佛，不勞多劫，豈不容易成就哉？

堪以敎阿難，及末劫沉淪者：自阿難以至末劫群生，俱是當機。以阿難多聞，耳根偏利故堪敎，此即答佛敕選時，囑云：欲令阿難開悟，二十五行誰當其根？娑婆世界，聲論得以宣明，雖至末劫沉淪，亦耳門堪敎，此即答前兼我滅後，此界衆生，何方便門，得易成就也。但以此根修二句；明其但以此耳根，一門修習，而所證圓通，便超其餘二十四聖，凡欲修楞嚴大定者，眞實修心要訣，不過如是而已。此文殊奉命揀選，乃至求加總結，唯此耳根反聞，獨當其選矣！二如來敎示一門深入竟。

辛三　大衆承示開悟證入　分二　**壬初　阿難一類開悟　二　登伽一類證入**　今初

於是阿難，及諸大衆，身心了然，得大開示，觀佛菩提，及大涅槃，猶如有人，因事遠遊，未得歸還，明了其家，所歸道路。

此阿難一類之機，所知障輕，故能頓悟；而煩惱障重，故未能頓證。且圓頓教旨，惟重徹悟，不愁不證。阿難既是大權示現，雖不證亦復何礙？於是，即指文殊偈選之後，於是時也；阿難及諸大衆，一類之機，各各身心了然。此與五卷偈後，身心皎然不同。彼以身心，結之次第，與解之次第，皎然明白矣。尚未知所入一門，是何門，當以何修法。此了然者，豁然貫通義。由聞文殊偈選，分明指出，將聞持佛佛，何不自聞聞，及成就涅槃心，觀世音爲最，是了知從入之門，獨在耳根，而修證唯在旋流。又明得耳根解，而六處之根齊解，是身了然，以根即身也。明得聞性復，以六處之性齊復，是心了然以性即心也。得大開示：因前未知，從入之門，冀佛冥授，於是如來敕令諸聖各說本門，再令文殊，分明揀選，傍敲側擊，借口傳言，到此始得豁然貫通，功由得大開示也。

觀佛菩提及大涅槃者：解見在前不覆。今得大開示，觀佛智斷二果，修證之法，了然不昧，故以喻明之。猶如有人者：喻阿難及諸大衆，一念未動以前，安住菩提涅槃家鄉；俄而無明不覺，忽動一念，三細勃興，六麤競作。背覺合塵，流而忘返，即同因事遠遊，六道往返，日久月深，不唯未得歸還，即家鄉之道路，亦幾忘失。今者幸遇如來，種種開示，及聞文殊敕選，雖未即得圓通，而相似解發，已知耳根解結次第，旋流即獲無妄，即同明了其家所歸道路。雖未做裝錦旋，然已了知歸家道路，即無上乘，妙脩行路矣！

壬二　登伽一類證入

普會大衆天龍八部，有學二乘，及諸一切，新發心菩薩，其數凡有十恆河沙，皆得本心，遠塵離垢，獲法眼淨。

此約登伽一類，煩惱障輕，故能頓證。然圓頓行人，悟即徹底，證分淺深。而登伽前聞神咒，不思議力加持，頓證三果，此以聞偈開悟，乘悟頓斷殘思，故與此等列作一類。凡經敍證，多從深至淺，此中三段，但約圓位：一初住，二七信，三初信也。普會大衆，總標在會之機。天龍八部，應是利根凡夫；有學二乘，應是不定初心；發心菩薩，應是圓人初機。此等宿因實深，現位雖淺，皆屬煩惱障輕，故得乘悟證入；其數有十恆河沙，可謂機熟者衆！皆得本心者：咸皆悟得本有眞心；此心即六根門頭，圓湛不生滅性也；與第三卷末，阿難等獲本妙心，同一心相，但彼悟得，此則證得也。良以圓人，初後二心究竟不別，故初住即證得本有眞心矣！遠塵離垢，得法眼淨者：正脈云：即四卷想相爲塵，識情爲垢，二俱遠離也。覺所覺空，則塵遠；空所空滅，則垢離矣。得法眼淨者：莊嚴論解法眼淨，初地見道位，若依圓教，即十住初心也。蓋生滅既滅，寂滅現前，即法眼淨矣。此位是證徹圓通因地心，成果地初步，四卷末云：「則汝法眼，應時清明」是也。

性比丘尼，聞說偈已，成阿羅漢。

性是登伽，華言出家，名比丘尼，尼即女也。聞文殊說偈已，增進成阿羅漢，即圓之七信，借小聖名，稱大凡位。按圓通即此根初解，先得人空，而文齊於聞所聞盡也。

無量衆生，皆發無等等，阿耨多羅三藐三菩提心。

此初發心菩薩，即圓教初信位。數以無量稱者，愈見其不可思議也。智論云：阿婆磨，此翻無等等，以佛果菩提乃爲無等，謂無有何法可與齊等也。今既皆能發成佛之心，謂於無可等者，今已能等，故曰無等等也。阿耨多羅三藐三菩提，合之即一佛字，此名乃超九界以獨尊之號。從下釋上：三菩提此云正覺，超過六凡衆生之不覺；三藐此云正等，超過二乘人自他不能平等，但求己利不肯利他；阿耨多羅此云無上，超過菩薩之有上，雖爲等覺菩薩，猶有妙覺，尙稱有上士；唯佛一人，獨當此稱。寶鏡疏云：當機所求，唯曰路、曰門、乃至賜屋，是尙未知有本家也。今聞耳根圓通之後，經家直敘曰家者，正顯當機大衆，了明自心，不從人得，義如本家，非賜屋之可比也。然即以此耳根返聞，爲還涅槃鄉，歸菩提家之門路也。初選根直入一大科已竟。

楞嚴經講義第十六卷終

大佛頂如來密因修證了義諸菩薩萬行首楞嚴經講義

福州鼓山湧泉禪寺圓瑛弘悟述　受法弟子明暘日新敬校

庚二　道場加行　分二　辛初　初請略說　二　重請詳示　辛初分二

壬初　阿難請　二　如來說　今初

阿難整衣服，於大衆中，合掌頂禮，心迹圓明，悲欣交集，欲益未來諸衆生故，稽首白佛：大悲世尊！我今已悟成佛法門，是中修行，得無疑惑。

此道場加行科，乃爲圓根近下者設也。然上科爲初方便，此科更爲最初方便，亦助修圓通而已。阿難整理衣服，於大衆中，合十指爪，頂禮於佛。心迹圓明，悲欣交集者：心即根中圓湛不生不滅之眞心；迹即旋流反聞，次第解結之事迹；不達本有之心，則曠劫積行，徒勞無益；不達修證之事，則塵埋寶藏，莫救貧窮。今性修畢達，故曰圓明，即上明了其家所歸道路之義；得路未歸故悲，到家有望故欣，一時悲欣交集於一心也。　自解已圓，愍後未悟，現欲利益未來末法諸衆生等。稽首白佛，稱曰大悲世尊：因如來悲心無盡故。我今已悟，成佛法門者：言我求成菩提最初方便，而今相似解發，已悟成佛法門。是中修行，得無疑惑者：是中指耳根之中，修行即離塵照性，旋流反聞工夫，得無有疑惑，不勞重建道場也。

常聞如來，說如是言：自未得度，先度人者，菩薩發心，自覺已圓，能覺他者，如來應世。我雖未度，願度末劫，一切衆生。

此顯道場，專爲心迹，未得圓明者請也。常聞如來所說如是言，即指下之所說：無論因人果人，皆以利他爲事業。自未得度先度人者：此指因人；無明未盡，猶非得度，但捨己利他，此是菩薩發心，以度人爲先，先盡生界，後取菩提也。自覺已圓，能覺他者：此指果人；自心三覺已經圓滿，萬德畢備，而能覺悟法界衆生，此如來十號，以應世爲本，倒駕慈航果後興悲也。我雖未度三句，願學菩薩，發利他之心，我雖未度，願度末劫，一切衆生；此爲地藏菩薩，衆生度盡方證菩提是也。

世尊！此諸衆生，去佛漸遠，邪師說法，如恆河沙，欲攝其心，入三摩地，云何令其安立道場，遠諸魔事？於菩提心，得無退屈？

此請道場，遠離魔事。復稱世尊，此諸衆生，指末劫時候，去佛漸遠，根機愈薄，邪說競興，魚目難辨，蠱惑初心，彼彼皆是，如恆河沙之多。且邪必亂正，有欲初心後學，收攝其心，從聞、思、修，入三摩地，豈不難哉？敢請如來，云何令其初心後學，安立道場，使諸魔事，自然遠離，不能惑亂，於菩提心，念念增長，得無有退屈也？初阿難請竟。

壬二　如來說　分三　癸初　許說承聽　二　總舉三學

三　別列三學　今初

爾時世尊，於大衆中，稱讚阿難：善哉！善哉！如汝所問，安

立道場，救護衆生末劫沉溺，汝今諦聽：當爲汝說。阿難大衆，唯然奉教。

此讚其請問之當，而許說也。正脈云：善哉有二意：一、善其發利他心，得菩薩正行。二、善其請道場意，得利他法要也。意謂如汝所問，祗恐邪師說法，擾亂定心，必須安立道場，方可遠離魔事；此誠救度一切衆生，末劫之時，免於沉淪陷溺，極要之法也。汝今諦聽，吾當爲汝分別解說。阿難大衆唯然奉教者：唯然應諾之辭，奉命承教，而諦聽也。

癸二　總擧三學

佛告阿難：汝常聞我毘奈耶中宣說修行，三決定義，所謂：攝心爲戒，因戒生定，因定發慧，是則名爲三無漏學。

此佛正說道場助行。寶鏡疏云：以持戒誦咒，爲助修之行也。蓋前佛對當機，一往發明如來藏心，由耳根圓通，悟理直入者，乃爲正修也。今當機憐愍末劫，恐多障難，故遠魔辯異，設立道場，所以如來，有帶事兼修之說，名爲助行，謂助正修之行也。然助有二：一、惑重者，先持禁戒，以制斷發業無明；二、習重者，兼持秘咒，令熏斷俱生無明。故知末世修禪定者，非此助行，則不免於邪說所惑，而成魔魅也。

佛告阿難：汝尋常豈不聞我所宣說，毘奈耶中，有三種修行，決定義耶？毘奈耶，大小乘律藏之通名，故佛常說，阿難常聞。毘尼，此翻善治，謂自治淫、怒、癡，亦能治人淫、怒、癡，亦云調伏，謂調練三業，制伏過非也。毘奈耶，正詮戒學，兼詮定、慧，故成三決定義，謂決定依此修證也。攝心爲戒者：檢異權小，多約身、口事相爲戒；今約大乘，但收攝其心，一念不生，衆戒具足，所以攝心，便名爲戒。因戒生定者：心既攝已，寂然不動，漸生於定，如風止息，波浪自停。圓覺經云：「尸羅不清淨，三昧不現前。」因定發慧者：定心成就，本明漸發，照涵萬象，如風停水湛，自體生光。圓覺經云：「無礙清淨慧，皆從禪定生。」則名爲三無漏學：以能修三無漏學，不漏落於生死輪迴故。正脈云：今此所修，仍是耳根圓通，但爲最初近下之根，特加戒律、道場、持咒之三事，故大科云加行也。至於因戒所生之定慧，仍是亡塵盡根妙定，及彼定所得三空慧耳。觀經文但惟詳戒，而略於定慧可見也。問：

「前門何不用此？」答：「中根煩惱輕微，無自起淫等四念，且彼於亡塵時，防護有力，世俗曲屈聲，已不容入，安有自起四念，何況道理徑直等聲，一併止絕哉？至於阿難初果，已能不入色聲等六塵，但加反聞，尚不多費亡塵之力，安有自起淫等之念耶？故知斯門，特爲塵勞素重，不待聲引而頻擧，自發淫等四念，乃至身口，亦所未免者，加四戒以爲反聞之前方便；加道場持咒，以爲正反聞時之助行也。舊解全不知此，杳無一字，豈自此後，別爲一法門哉？此非一小失，故特爲警示學人珍重。」結名三無漏者，戒中已自不容一念漏於諸非，何況定慧？然此非但不漏落於三有而已，以注心反聞，兼不漏落空有二邊，所以爲眞無漏，而非小乘比也。二總擧三學竟。

癸三　別列三學 分二　**子初　歷明預先嚴戒　二　略示場中定慧**

子初分二　**丑初　正教持戒　二　助以咒力**　丑初分三　**寅初　攝前徵起**

二　開釋四重　三　總結遠魔　今初

阿難！云何攝心，我名爲戒？

心爲戒本，若攝之則名持戒，若放之則爲破戒，故以攝心，名爲戒也。

寅二　開釋四重分四　卯初　斷淫　二　斷殺　三　斷盜

四　斷妄

辰初分三　卯初分二　辰初　曲分損益之相　二　判決邪正之說

巳初分二　巳初　首陳持犯利害　二　預辨魔佛教儀　三　確定菩提成否

午初　持則必出生死　二　犯則必落魔道　今初

若諸世界，六道衆生，其心不淫，則不隨其生死相續，

此明戒爲三學之首。以初卷至四卷半，皆明生信開解，即是慧學。自學喻華屋，請示修門，至此乃是定學。以故向下爲根機稍下者，正明戒學。則知此經，俱詮三學。然唯說四重，以是大小二乘，共具之根本戒也。溫陵曰：諸經戒殺居首，謂設化以慈悲爲先；此經淫戒居首，爲眞修以離欲爲本。蓋欲氣麤濁，染汚妙明，欲習狂迷，易失正受，續生死喪眞常，莫甚於此，故須首戒也。

若諸世界，六道衆生：皆因淫欲，而正性命，是以纏縛生死。其心不淫，則不隨其生死相續者：而於淫欲一事，非但不動身口，亦不生一念思想之心，方爲不犯，方與攝心爲戒相應。餘三仿此，既心戒清淨，則樹倒根斷，枝葉不生，自不隨其生死相續。如後乾慧地文云：「欲愛乾枯，根境不偶，現前殘質，不復續生。」可證斯義。

午二　犯則必落魔道

汝修三昧，本出塵勞，淫心不除，塵不可出。

汝修耳根三昧，本思出離塵勞，塵勞即界內見思二惑。淫心不除，塵勞必不能出，淫欲爲塵勞上首故。

縱有多智禪定現前，如不斷淫，必落魔道：上品魔王，中品魔民，下品魔女。

此承上文，帶淫修禪，塵不可出。縱有多智者：世智辯聰，善說諸法。禪定現前者：世間禪定，善入住出，而得現前。縱有二字，雙貫多智、禪定二種。如不斷淫者：於修三昧時，不捨絕淫念，皆爲魔業，必落魔道，魔樂欲境。今既不斷淫欲，上品則墮魔王，以魔界欲勝、福強、心靈，非禪智不能便生；今以禪智而助淫心，使淫增熾。如陰魔中，行空禪者，卻留塵勞，廣化七珍，多增寶媛是也。設無世智禪定，則直墮地獄無疑矣！中品則墮魔民，下品則墮魔女，上、中、下三品，則隨福厚薄，以爲階降耳。

彼等諸魔，亦有徒衆，各各自謂，成無上道。

彼等諸魔，其徒實繁；以淫欲爲傳法，遞相傳授，令不斷絕，各各自謂成無上道。我慢成習，非果計果。如受魔文云：其人亦不覺知魔著，自言謂得無上涅槃是也。初首陳持犯利害竟。

巳二　預辨魔佛教儀　分二　**午初　貪淫化世即魔教　二　教人斷淫即佛誨**　今初

我滅度後，末法之中，多此魔民，熾盛世間，廣行貪淫，爲善知識，令諸衆生，落愛見坑，失菩提路。

我者佛自稱。滅五住煩惱，度二種生死，即去世之別稱也。正像已過，末法之中；去聖時遙，魔强法弱，故云多此魔民，熾盛世間。此多魔教，生受其惑，死爲魔眷；如後受魔文云：「命終之後，必爲魔民」是也。如火熾然盛發，世間盡受其焚；如後想魔文云：「如是邪精，魅其心腑，近則九生，多踰百世，令眞修行，總成魔眷」是也。　廣行貪淫者：即先世帶淫修禪之輩，來爲教師，現通現慧，密教行淫，以爲佛事，遞相傳授。爲善知識者：自以爲善知行淫之事，善識行淫之理；如後想魔文云：「讚歎行淫，不毀麤行，將諸猥媟，以爲傳法」是也。令諸衆生，落愛見坑，失菩提路：愛即思惑，見即見惑，而以淫欲，爲教化之端，則墮愛坑；而以淫欲，爲眞修之法，則墮見坑；不能自出，而失菩提正路矣！

午二　教人斷淫即佛誨

汝教世人修三摩地，先斷心淫，是名如來先佛世尊，第一決定清淨明誨。

此囑阿難，轉教末世。初心修三摩地者：即耳根圓通。淫欲爲大定寃賊，不唯身不行淫事，且要心不起淫念方可。此正防微杜漸，臨深履薄之誡。果能如是，方名如來，先佛世尊，第一決定，清淨明誨。如來指今佛，先佛世尊，指過去諸佛，今昔之佛，皆作是說，定可信從也。第一者，居四重之首，決定斷除心淫，清淨脩學，究竟明誨也。

巳三　確定菩提成否分二　午初　喻不斷無成　二　勸深斷方成

今初

是故阿難！若不斷淫，修禪定者，如蒸沙石，欲其成飯，經百千劫，只名熱沙。何以故？此非飯本，沙石成故。

此承上是佛教斷淫之故。阿難！若不斷淫心，修禪定者，如蒸沙石，欲其成飯，經百千劫，祇名熱沙，此非飯本。而以禪定薰修，喻之以蒸；以不生滅心，爲本修因，然後圓成果地修證，喻如蒸米成飯。

汝以淫身，求佛妙果，縱得妙悟，皆是淫根，根本成淫，輪轉三途，必不能出，如來涅槃，何路修證？

設汝不斷淫欲，是以淫身，求佛所證妙覺極果；此因果不孚，如蒸沙成飯相似。縱得妙悟者：謂縱經多劫修習，得開妙悟，合上經百千劫，只名熱沙；經劫修習如蒸，得開妙悟如熱相。皆是淫根五句：合上此非飯本，沙石成故。根本成淫者：有淫欲種子，觸處便發，由此惡業日臻，必至輪轉三途，必不能出；人身尚不可得，況欲修佛果耶？如來涅槃者：佛所證之如如理；何路修證者：沙石成故，決難成飯也。

午二　勸深斷方成

必使淫機，身心俱斷，斷性亦無，於佛菩提，斯可希冀。

機者，發動之由，如弩牙也。謂身之淫機，由心使作，心之淫機；由念弛放，必使一念不生，身心二途，方得俱斷。若使能斷之性猶存，而所斷緣影仍在，終非杜絕，必使斷性亦無，方稱藥病雙除，始爲無病人也。正如息機歸寂然，諸幻成無性矣！即此無幻之性，方合於佛果菩提，菩提佛所證之如如智，斯可希冀矣！此與上科涅槃，乃理智一如，互影說故。寶鏡疏云：身斷淫，律儀戒也；心斷淫，定共戒也；斷性亦無，道共戒也。初曲分損益之相竟。

辰二　判決邪正之說

如我此說，名爲佛說；不如此說，即波旬說。

此判決邪正。以當機深防，未來邪說亂正，魔佛難辨，而求說辨魔規則，佛則以四根本戒，以辨驗之，令末世修學，永爲龜鑑。如我此說，修三摩地，先斷心淫者，是則名爲佛說，急宜從之。不如此說，或行淫不礙眞修，是即波旬說，速當絕之。波旬訛也，正云波卑夜，此云惡者。能傷法身，而害慧命者也，此釋迦出世，魔王名也。魔字從石，梁武帝謂，此惱害於人，易之爲鬼，今從梁易也。初斷淫竟。

卯二　斷殺 分二　**辰初　曲分損益之相　二　判決邪正之說**

辰初分三　**巳初　首陳持犯利害　二　預辨魔佛教儀　三　確定解脫得否**

巳初分二　**午初　持則心出生死　二　犯則必落神道**　今初

阿難！又諸世界，六道衆生，其心不殺，則不隨其生死相續。

此殺戒，亦注重在心，非但身不行殺，乃至其心，亦不起殺念。殺念尚且不起，何況身臨殺事！是則可爲眞持戒者，可以眞修三昧也。其心苟無殺念，則不負他命，不欠他債，自然不隨其生死相續。何以故？如本經云：汝負我命，我還汝債，以是因緣，經百千劫，常在生死，今命債既無，生死自離矣！

午二　犯則必落神道

汝修三昧，本出塵勞，殺心不除，塵不可出。

汝修三昧本來求出塵勞生死；如若殺心不能除去，則與衆生結怨連禍，塵勞不可出矣！

縱有多智，禪定現前，如不斷殺，必落神道：上品之人，爲大力鬼；中品則爲飛行夜叉，諸鬼帥等；下品當爲地行羅剎。

指掌疏云：恐謬辨云，多智之人，了知殺性本空，禪定得力，殺過縱使現前，似無關於塵勞；聰明長者，作家居士，喫得肉已飽，來尋僧說禪者，類多此計，故如來以縱有多智等防之。有多智，指多世智辯聰；禪定，謂有漏禪定；現前，謂智能通達，善說諸法，禪能出入三昧境界。今以禪智助殺，必定墮落神道。鬼神福報，雖分勝劣，均爲惡趣；故從人道而入者，謂之墮落也。上品之人，禪智勝於殺業，神通既大，福德又勝，故爲大力之鬼；應是天行夜叉，及諸鬼主，如川嶽等；人間尊奉，稱帝稱天者。中品之人，禪智與殺業正等，神通福德，既次於上，則爲飛行夜叉，諸鬼帥等；應是空行夜叉，如山林城隍等。下品之人，禪智劣於殺業，神通既微，福德亦劣，則爲地行羅刹，噉人精氣，亦如大海邊，羅刹鬼國是也。

彼諸鬼神，亦有徒衆，各各自謂成無上道。

未證謂證，未得謂得，各各自己謬稱成無上道。初首陳持犯利害竟

巳二　預辨魔佛教儀　分二　午初　**食肉化世即鬼教**

二　教人斷殺即佛誨　今初

我滅度後，末法之中，多此鬼神，熾盛世間，自言食肉得菩提路。

此言滅後，末法之中，世衰道微，邪魔惡鬼，盛行世間；倡言食肉，當得菩提正路。乃云：「酒肉穿腸過，佛在心頭坐。」眞鬼語也。

阿難！我令比丘食五淨肉，此肉皆我神力化生，本無命

根。汝婆羅門，地多蒸濕，加以沙石，草菜不生，我以大悲神力所加，因大慈悲，假名為肉，汝得其味。奈何如來滅度之後，食眾生肉，名為釋子！

此預防問難。食肉既是鬼教，佛應嚴戒，何故如來亦許比丘食五淨肉耶？故呼阿難而告之曰：我令比丘食五淨肉者：不見殺、不聞殺、不疑為我殺、及自死、鳥殘，此為五淨肉。此肉皆我神力之所化生，本無命根：命根者，識、煖、息三，連持色心者，以為命根。下又訪問難，既是如來神力，何不化穀菜，而乃化淨肉，反令後之食肉者，得以藉口，豈慈悲者之所為耶？乃曰：汝婆羅門國，地多蒸濕，過炕謂之蒸，過潤謂之濕，加以沙石，不唯不產五穀，且草菜亦不能生；設若不化五淨肉，而化稻粱蔬菜，事出反常，人以為怪，我以大悲神力所加，愍其饑虛，而化成五種淨肉。因大慈悲，假名為肉，令汝暫得其味，聊以支身，非有心性命根之眞肉也。奈何如來滅後，有實食眾生肉者，而更欲名為釋子耶？西域四姓出家，同稱釋子。涅槃經云：「善男子！從今日始，不聽食肉，應觀是食，如子肉想，夫食肉者，斷大悲種。」

汝等當知，是食肉人，縱得心開，似三摩地，皆大羅刹，報終必沉生死苦海，非佛弟子。如是之人，相殺相吞，相食未已，云何是人得出三界？

此令知必墮。汝等當知者：欲其將如來語，傳示末法，急爲救正也。當以智知，是食肉人，縱使修學，暫得心開，亦不過相似三摩地，終非眞實三昧也。夫殺貪不除，現生皆大羅刹，報盡壽終，必沉生死苦海，永爲鬼類，非佛弟子。如是之人，命債不了，互相殺害，互相吞噉，互相食噉，未有已時，無由解脫，云何得出三界？

午二　教人斷殺即佛誨

汝教世人，修三摩地，次斷殺生，是名如來，先佛世尊，第二決定清淨明誨。

此佛敕轉教末世之人。修三摩地，即耳根圓通。次斷殺生者：對淫能障定，殺乃違慈，故次斷之。是名先佛世尊，第二種決定，清淨脩學之明誨也。

巳三 確定解脫得否 分二 午初 喻不斷難脫 二 勸深斷方脫 今初

是故阿難！若不斷殺，脩禪定者，譬如有人：自塞其耳，高聲大叫，求人不聞，此等名爲欲隱彌露。

此承上是佛敎斷殺之故。阿難！若不斷殺，脩禪定者，不得解脫。譬如有人，喻帶殺修禪之人。自塞其耳者：謂以手塞耳，避人聽聞，而復高聲大叫，謂殺生食肉，無有罪報，求人不聞者，此正欲隱而彌露也。

清淨比丘，及諸菩薩，於歧路行，不蹋生草，況以手拔？云何大悲，取諸衆生，血肉充食。

首二句，指二乘持戒人。歧路者，分歧小路也。生草易長，清淨二乘之衆經行，足倘不蹋，況以手拔耶？仁慈之心，猶及草木，云何大悲，取衆生血肉，以充滋養，任意食噉耶？

午二　勸深斷方脫

若諸比丘，不服東方絲、緜、絹、帛，及是此土，靴、履、裘、毳、乳、酪、醍醐，如是比丘，於世眞脫，酬還宿債，不遊三界。

此勸斷殺，必須深斷，方可脫離生死。若諸比丘六句，明服有二種：一服用，如東方絲、緜、絹、帛，及是此土靴履裘毳。二服食，如乳、酪、醍醐。然雖此中，一概遮止，唯經律論所明，不無輕重。如絲緜絹帛，則大小乘，並皆嚴禁，以其害多命也。靴履裘毳，小乘一向聽許，大乘亦不全遮，以其非專爲此而害命也。乳、酪、醍醐，大小並許。今云不服者，以能不服，則彌善耳。如是比丘，子縛已斷，於諸世間，眞得解脫；然果縛尙存，不過酬還宿債而已。現前殘質既盡，無復續生，故不再遊三界。

何以故？服其身分，皆爲彼緣；如人食其地中百穀，足不離地。必使身心，於諸衆生，若身身分，身心二途，不服不食，

我說是人眞解脫者。

何以故，於世眞脫？服衆生身分，指絲綿等。雖非身肉，然亦是彼身之一分，用之皆爲彼結不離之緣。如劫初之人，體有飛光，足有躡雲，因食地肥，不能輕舉，然後食其地中百穀，足不離地。百穀者，物理論云：粱者黍稷之總名，稻者粳糯之總名，菽者衆豆之總名，三穀各二十，合爲六十；蔬果之實，各二十種，爲百穀也。必使身心，於諸衆生，若身身分：必使身心，指比丘之身心；於諸衆生，指有情衆生；若身，謂肌肉骨髓；身分，謂裘毳乳酪等。身心二途，不服不食者：謂非但身之於衆生身，及身分，不服不食；而心亦無一念貪求服食而已，是身心二途俱斷。我說是人，眞解脫者：旣無負命索債，則三界之生緣斷絕，故說是人，眞解脫者。初曲分損益之相竟。

辰二　判決邪正之說

如我此說名爲佛說；不如此說即波旬說。

如我此說，脩三摩提，次斷殺生者，是則名爲佛說，急宜從之。不如此說，食肉不礙菩提，是即波旬說，速當遠之。卯二斷殺竟。

卯三　斷盜　分二　辰初　曲分損益之相　二　判決邪正之說

辰初分三　巳初　首陳持犯利害　二　須辨妖佛教儀　三　確定三昧得否

巳初分二　午初　持則必出生死　二　犯則必落邪道

今初

阿難！又復世界，六道衆生，其心不偷，則不隨其生死相續。

此斷偷盜。非但盜人財物，乃至言行詐異，誑惑無識，恐令失心，以及一念，希取利養者，皆是也。不唯身無偷盜，要且心無偷盜之念，方爲眞持戒者，可以修三昧也。此中不言身不偷盜者，以心且不動，何況身耶？不斷，則往復徵償，續諸生死，斷故不隨也。

午二　犯則必落邪道

汝修三昧，本出塵勞，偷心不除，塵不可出。

正脈云：「厭塵者，方可以出塵；貪世者，豈能以越世？」

縱有多智，禪定現前，如不斷偷，必落邪道：上品精靈，中品妖魅，下品邪人，諸魅所着。

此防謬云：多智之人，了知塵勞本空，禪定現前，彈指可超無學，雖不斷偷，塵勞莫繫，時節既至，要出便出，何言不可出耶？無恥禪流，往往以此飾非，故以縱有多智，禪定現前警之。謂縱有世智辯聰，有漏禪定現前，如若不斷偷心，必定落於邪道。

指掌疏云：邪道潛取，以偷心爲墮緣，邪通該世，非禪智不能發，今以禪智助偷，必當墮落。其類上品精靈者：盜日月之精華，竊天地之靈秀，附山托水，惑人祭祀者，是也。中品妖魅者：盜人物之津液，竊山林之氣潤，爲魍爲魎，伺便作孽者是也。下品邪人者：賦性險曲，居心邪僻。諸魅所著者：爲精靈之所附，被妖魅之所迷，妄言欺世，詭異惑俗之類。此等亦由禪智盜業，互相勝劣，而感上、中、下異。

彼等羣邪，亦有徒衆，各各自謂，成無上道。

此指帶偷修禪，其類不一，故曰彼等羣邪。亦有徒衆，成慢不歸，邪知邪見，不自覺知，端坐受供，居然如佛，故云各各自謂，成無上道；亦非果計果矣！初首陳持犯利害竟。

巳二　預辨妖佛教儀　分二　午初　潛匿詃惑即妖教　二　教人斷偷即佛誨　今初

我滅度後，末法之中，多此妖邪，熾盛世間，潛匿奸欺，稱善知識，各自謂已得上人法，詃惑無識，恐令失心，所過之處，其家耗散。

此預言滅後末法之中，佛教陵夷，妖邪得便，故言其多。熾盛世間，潛匿奸欺者：熾然惑衆，盛行世間，潛踪詭祕，匿詐藏奸，欺世盜名。如想魔文云：潛行貪欲，口中好言災祥變異，即潛匿奸欺也。信其教化，搖蕩其心，妖言妖行，或現妖通，詐稱得道善知識。各自謂已，得上人法者：上人即是菩薩，以居聲聞上故。此未得謂得，未證謂證，各謂自己，已得菩薩法，此邪師自負也。詃惑無識，恐令失心者：嚇詐誘亂，世間無識者，恐令其人，失於本心，亡其知見。如想魔文云：或言如來，某處出世，或言劫火，或說刀兵，即詃惑無識之事。所過之處，其家耗散者：聞某處佛出，則求其接引，聞劫火刀兵，則望其救濟，傾家奉之，所至之處，令其家財耗散無餘。

我教比丘，循方乞食，令其捨貪，成菩提道。諸比丘等，不自熟食，寄於殘生，旅泊三界，示一往還，去已無返。

此先以己教相形顯。循者順也，方者處也，我教比丘，循順地方處所，而行乞食之法，趣得支身，不妄求不多求，令其捨貪，為菩提道。貪為煩惱根本，根本既捨，枝末自枯，煩惱離而菩提可成。豈同妖邪，詃異惑衆，貪他利養，造生死業耶？　諸比丘等下，釋出捨貪之故。我教比丘，不自炊爨熟食者：令其知身是幻，悟世無常，不過寄居於此，以了殘生而已。旅泊三界者：陸宿曰旅，水宿曰泊；無非借此三界，為旅店客船，以示一度往還，自此已去，無復再返，如此行持，方為佛子。

云何賊人，假我衣服，裨販如來，造種種業，皆言佛法？卻非出家，具戒比丘，爲小乘道，由是疑誤，無量衆生，墮無間獄。

云何是痛斥語，賊人謂內心竊取利養，外貌假借僧儀。稗販如來者：稗者助也，販即販賣。謂着如來衣服，以助販賣也。良以不著佛衣，不能取信於人，販法爲難故。造種種業，皆言佛法者：謂非法說法也；詭言異行，誑惑人心，造種種業，無所不至，皆言是最上一佛乘之正法。卻非出家，具戒比丘，爲小乘道者：謂法說非法也，若以前乞食，正教責之，彼必自是他非。卻乃毀謗眞實出家，具戒比丘，正修行人，爲小乘道；反自妄稱，我是大乘菩薩之行。由是疑誤，無量衆生，墮無間獄者：由是法說非法之故，疑惑無量衆生。以正教爲小乘道。而從妄謗，由是非法說法之故，賺誤無量衆生，以業因爲眞佛法，而遵妄行，一盲引衆盲，皆墮五種無間地獄，則妖邪之害，可勝言哉？初潛匿誑惑即妖教竟。

午二　教人斷偷即佛誨　分二　未初　先出自己誨　二　轉教先佛誨

今初

若我滅後，其有比丘，發心決定，脩三摩提，能於如來形像之前，身然一燈，燒一指節，及於身上，爇一香炷。

此教捨身微因。若我滅後，其有比丘，發大乘心，決定棄捐諸有爲相，修三摩提，即耳根圓通，如幻三摩提也。此句下義含慮有宿生盜業，爲障勝脩，故教修如是微因。能於如來，形像之前者：爲供養佛故，亦爲仗承佛力，銷宿障故，又爲求佛證明，除現執故。然燈燒指，及爇香炷，此爲捨行，一切難捨，無過己身，今則難捨能捨，信其定消宿業也。

我說是人，無始宿債，一時酬畢，長揖世間，永脫諸漏，雖未即明無上覺路，是人於法，已決定心。

我說是然燈燒指，及爇香炷之人，無始宿業盜債，一時酬畢。何以捨身微因，即獲如是善果耶？盜者，取他身外之財物，利養此身，今則捨難捨之自身，供養於佛。一念捨心，即是大智慧光明，無始宿債，即是黑暗，明能破暗，理固然也。長揖即永辭也，世間即有漏三界。永脫諸漏者：謂永遠脫離，見思諸漏，而出生死。無上覺路者：正謂無上妙覺，菩提之路，即五十五位圓通已後事，此人雖未即明圓通法門，信知必得，決知無有疑心也。

若不爲此捨身微因，縱成無爲，必還生人，酬其宿債，如我馬麥，正等無異。

設若不爲此捨身酬債微因，以求懺悔滅罪，則縱成佛，雖得無漏無爲，必定還來生於人間，酬其宿債，以其宿業未盡故。如我在毘蘭邑中食馬麥之報，無有異也。按興起經：昔舍衛國毘蘭邑，阿耆達王，請佛與五百比丘，三月供齋，時有魔惑王心，入宮躭荒五欲，供六日止。又値邑內饑饉，乞食不得。時有馬師，減馬麥半，供佛及僧，至九十日，王乃醒悟，向佛求懺。舍利詢問因緣，佛言：過去毘婆尸佛時，有王請佛及僧，佛僧食已，爲病比丘請，一分食。過梵志山，梵志聞香，詬曰：此髡頭沙門，應食馬麥，何與甘饌，所教五百童子，亦如是說。爾時梵志者，今我身是，五百童子者，今五百羅漢是。

然此但因宿誑佛僧，尚不免報，何況盜他財物，侵彼身分，自應酬債。要知化佛不屬業生，眞佛離諸根量，喚誰受報，蓋爲造業衆生，示有果報，令生恐懼，故今引之，以證宿債必酬，抑亦因此，以見捨行之不可不修也。

未二　轉教先佛誨

汝教世人修三摩地，後斷偷盜，是名如來先佛世尊，第三決定清淨明誨。

此勅轉教末世之人，修三摩地，即耳根圓通。後斷偷盜者：對淫能障定，殺乃違慈，理應先斷故，此居後也。是名如來，先佛世尊，第三種決定，清淨修學之明誨也。

巳三　確定三昧得否 分二　**午初　喻不斷難得　二　勸深斷方得**

今初

是故阿難！若不斷偷，脩禪定者，譬如有人，水灌漏卮，欲求其滿，縱經塵劫，終無平復。

此承上是佛教斷偷之故。阿難！若不斷除偷盜之心，脩禪定者，譬如有人，帶偷修禪人；卮是酒器，漏卮喻帶偷之心；水喻定慧，注水入於帶偷心中，望其成就圓通，如以水灌漏卮，欲求其滿，隨灌隨漏，縱經塵劫，終無平復。

午二　勸其深斷方得

若諸比丘，衣缽之餘，分寸不蓄，乞食餘分，施餓衆生。

若諸末世，清淨比丘，三衣一缽之外，分寸不許蓄積，此止持不貪也。循方乞食，趣得支身，設有餘分，盡施饑餓衆生，此作持不慳恪也。合之，則斷貪恪心。

於大集會，合掌禮衆，有人捶詈，同於稱讚。

上句斷慢心，於大集會之中，合掌禮拜四衆；以必觀實相平等，見人是佛故。下二句斷瞋心，有人嫌其煩瀆，捶打罵詈，歡喜領受，同於稱讚；以必觀怨親一相，榮辱無關故。

必使身心，二俱捐捨，身肉骨血，與衆生共。

上二句斷癡心，必使若身若心二者，俱能捐捨，則斷我、法二執，即斷癡心。下二句，轉貪、瞋、癡、慢，而成同體大悲。身肉骨血，俱皆可捨，則身心寧復有遺哉？以必觀此苦、空、無常、無我、不淨之物，施作佛事耳。此皆成就無偷之心，以上則於依正二報，斷除偷心矣！

不將如來不了義說，迴為已解，以誤初學，佛印是人得眞三昧。

此於佛法上，亦除去偷心。不了義說，如阿含云：蓄物可以資身進道；如婆多論，許百物各可蓄一，但禁餘二者是也。不將如來權乘不了義說，以此迴護過犯，以為自己解釋。因其自己，不能奉行大乘，反曲引權小教中，不了義事，以自誤誤人，皆偷心不死之故。果能如是，偷心盡絕，一念純眞，即證圓通體。以是而修，名眞三昧，佛印是人即得者，良有以也。初曲分損益之相竟。

辰二　判決邪正之說

如我所說，名為佛說，不如此說，即波旬說。

卯三　斷盜竟

卯四　斷妄　分二　辰初　曲示戒勸之意　二　判決邪正之說　辰初分四

巳初　首陳妄語大損　二　表己禁勅無妄　三　轉教先佛明誨

四　確定菩提成否　巳初分三　午初　躡標妄語成魔　二　指述妄語之意

三　記其損善墮惡　今初

阿難！如是世界，六道衆生，雖則身心，無殺、盜、淫，三行已圓，若大妄語，即三摩地，不得清淨，成愛見魔，失如來種。

此明妄語戒。正脈云妄語有二：發言不實，爲小妄語；妄稱證果，爲大妄語。此中所斷大妄語也。不唯口不出小大妄語，乃至其心亦無妄語之念，方名持戒清淨，可脩三昧也。故呼阿難，如是世界，六道衆生，雖然身心無殺，則慈行成就；身心無盜，則捨行成就；身心無淫，則梵行成就：故曰三行已圓。前皆許其出離生死，若大妄語，即奪其不出生死。三摩地不得清淨者：以其猶有貪供心故。成愛見魔者：溫陵曰：貪其供養，求己尊勝，名愛魔；妄起邪見，謂己齊聖，名見魔。既已成魔，自不覺知，生同醉夢，死從淪溺，以衆生本有如來藏心，爲成佛之種，今爲愛見二魔所劫，故曰失如來種也。

午二　指述妄語之意

所謂未得謂得，未證言證。或求世間尊勝第一，謂前人言：我今已得須陀洹果，斯陀含果，阿那含果，阿羅漢道，辟支佛乘，十地地前，諸位菩薩。求彼禮懺，貪其供養。

此指述妄語之意，惟在貪其供養，故作大妄語。所謂未得菩提，謂爲已得，未證涅槃，言爲已證。後云：況復法王，如何妄竊；乃斥乎此。此或求世間尊爲殊勝第一者：謂或復有人，不敢以菩提涅槃妄稱，但求世間，尊爲殊勝第一；以是之故，謂現前之人，作如是言：凡夫人中，初果爲上，故自謂已得，須陀洹果；次於初果，又見二果爲上，故自謂已得，斯陀含果；次於二果，又見三果爲上，故自謂已得，阿那含果；次於三果，又見四果爲上，故自謂已得阿羅漢道；次於出世小乘中，又見緣覺、獨覺中乘爲上，故自謂已得；十地聖人，及地前十住、十行、十回向，三賢諸位菩薩。後說云何自稱得上人法，蓋指乎此。末二句，即述大妄語意，言此人，作如是等大妄語者，爲求彼前人，向自己禮拜懺悔，貪其供養。

午三　記其損善墮落

是一顚迦，消滅佛種，如人以刀，斷多羅木，佛記是人，永殞善根，無復知見，沉三苦海，不成三昧。

此作大妄語，希圖利養。妄罪兼盜，永失善根。是一顚迦，亦云一闡提，此翻斷善根人。善根旣斷，是爲消滅成佛之種。如人以刀，斷多羅木者：南印度建那補羅國之北，有貝多羅樹木，三十餘里，樹葉長廣光潤，諸國書寫，莫不採用；其樹以刀斷，則不復活。佛記是人，永殞善根，無復正知正見，沉淪三途苦海，縱有禪智，咸資魔業，不成眞三昧。初首陳妄語大損竟。

巳二　表己禁勅無妄　分二　午初　佛勅聖化必密　二　惟除命終遺付

今初

我滅度後，勅諸菩薩，及阿羅漢，應身生彼末法之中，作種種形，度諸輪轉。

指掌疏云：佛滅度後，魔強法弱，故勅菩薩、羅漢，應身生彼，挽末法而扶正教，摧邪宗而救衆生也。作種種形，隨類現化。度諸輪轉者：令出生死，所謂應以何身得度者，即現何身而說法也。

或作沙門，白衣居士，人王、宰官、童男、童女，如是乃至淫女、寡婦、姦、偷、屠、販，與其同事，稱讚佛乘，令其身心入三摩地。

初四句現順行，下諸句現逆行，如佛所勅，作種種形也。或作不定辭，以妙觀察智，觀機現形，沙門至童女等，如三十二應說。如是乃至淫女、寡婦、姦偷屠販者：乃菩薩涉俗利生，四攝法中之同事攝也。若不同其事，未免矯拂其心，不相順從，若與其同事，意在得其歡心，以便與其稱讚最上一佛乘，能令衆生，返迷歸悟，離苦得樂，轉彼邪心，令得正定，故曰令其身心，入三摩地。

終不自言：我眞菩薩，眞阿羅漢，泄佛密因，輕言末學。

究竟不肯自言，我眞菩薩，眞阿羅漢，泄漏佛旨，祕密之因。輕言末學者：輕易泄言，於晚學之人也。

午二　惟除命終遺付

惟除命終，陰有遺付。云何是人，惑亂衆生，成大妄語？

惟除命終者，示現捨報也。陰有遺付者：暗中有遺言付囑也。住則不泄，泄則不住，如杜順和尙偈云：「遊子漫奔波，登山禮土坡，文殊祇這是，何處覓彌陀。」云何是斥責辭，是人指愛見魔人，以如是未得謂得，未證謂證之魔說，惑亂後世末學衆生，成大妄語。

巳三　轉教先佛明誨

汝教世人，修三摩地，後復斷除，諸大妄語，是名如來，先佛世尊，第四決定，清淨明誨。

佛勅菩薩、羅漢，現身如是；汝教後世初心之人，欲修三摩地者，先雖能斷淫、殺、盜三，後復要斷除如是諸大妄語；是則名爲，今昔如來，第四決定斷妄語戒，清淨修學之明誨也。三轉教先佛明誨竟。

巳四　確定菩提成否　分二　午初　喻不斷無成　二　許能斷必成

今初

是故阿難！若不斷其大妄語者，如刻人糞，爲旃檀形，欲求香氣，無有是處。

此承上，是如來以斷大妄語之故。又呼阿難，若不斷其大妄語者，喻如刻人之乾糞，而爲旃檀之形像也，因果不類；以妄語心行，喻乾糞，禪定眞修，喻旃檀佛像，正以妄語糞穢之因，欲求禪定法身之果，豈可得乎？故曰欲求香氣，無有是處。

我教比丘，直心道場，於四威儀，一切行中，尚無虛假，云何自稱，得上人法？

所以我教比丘，不斷妄語，不成菩提；但依正直之心，即成道之場。華嚴經云：「菩提妙法樹，生於直心地。」淨名經云：「直心是道場」。無虛假故。於行、住、坐、臥四種威儀，乃至語默，云爲一切行中，尚要正直，無得虛假，云何妄自稱尊，謂得大小諸乘，及上人之法耶？

譬如窮人，妄號帝王，自取誅滅，況復法王，如何妄竊？因地不眞，果招迂曲，求佛菩提，如噬臍人，欲誰成就？

窮人，以喻三摩未成，性德未顯。妄稱帝王者：即大妄語，未得謂得，未證謂證。帝王者，一國之主，妄號之，自取赤族之誅，滅門之禍也。況復二句，乃以輕況重之意，言三乘賢聖，尚不可竊，況佛爲出世法王，如何妄竊？因地不眞，果招迂曲者：以大妄語爲因故不眞，則果地之事，難免迂迴屈曲，求進反退，求昇反墜，而求佛果菩提，自不能成。如噬臍人：噬以口咬也。臍即肚臍，謂口臍相遠，終不能及，以是自作妄語，銷滅佛種，更欲望誰而成就耶？

午二　許能斷必成

若諸比丘，心如直弦，一切眞實，入三摩地，永無魔事。我印是人，成就菩薩，無上知覺。

此深許能斷大妄語，必成無上菩提。若諸比丘，心如弓弦之直，無有諂曲之相。心是四威儀之主；心直，則四威儀中，一切行門，皆悉眞實，永無虛假，則能直入三摩地中。永無魔事：魔行邪險，今心直行眞，魔不得便；故我印是人，成就菩薩，無上知覺。正脈云：菩薩無上知覺，即圓通眞因地心；然以因定果，亦是無上菩提矣！初曲成戒勸之意竟。

辰二　判決邪正之說

如我所說，名爲佛說；不如此說，即波旬說。

如我所說，斷除淫、殺、盜之後，復更斷除大妄語者，是則爲正，即名佛說，急當從之。若不如此說，謂前三已斷，大妄語無礙眞修者，是即爲邪，即波旬說，宜深絕之。此如來欲令阿難，將如來語傳示末法，保護初心眞修習者，令識天魔，不被所惑也。四斷妄竟。併上三科開釋四重竟。

大佛頂首楞嚴經正文卷第六終

寅三　總結遠魔

阿難！汝問攝心，我今先說入三摩地，修學妙門。求菩薩道，要先持此四種律儀，皎如冰霜，自不能生一切枝葉。心三口四，生必無因。

阿難先問，欲攝其心，入三摩地，云何令其安立道場，遠諸魔事？佛按定其意，總結云：阿難！汝問我攝心之法，我今先說四重律儀，即是入三摩地，指耳根圓通，初心修學，至妙之門。此妙門即四重律儀，是故求菩薩道者，要先持此四種律儀；身心皎潔，絲毫無犯，如冰如霜，如是則根本已除，以淫、殺、盜、妄四種是根本戒故，拔本必不滋末，自然不能發生一切枝葉。心三者，指貪、瞋、癡；口四者，指妄言、綺語、兩舌、惡口，皆爲枝葉。然貪、瞋、癡，屬大煩惱。今淫、殺、盜、妄，從心止絕，乃至一念不生故也。根本既除，則枝末無所從生，故曰生必無因，是則嚴持四重，稱爲修學妙門者宜矣！

阿難！如是四事，若不遺失，心尚不緣色、香、味、觸，一切魔

事，云何發生？

此絕塵決定遠魔。如是四事，若能持守，不令一念，漏落於四重中。則心常住戒，尚不緣色、香、味、觸諸塵事業，六塵舉四，可以例知。正脈云：「心塵依念住，念絕而塵何所依？魔托塵入，塵亡而魔何所托？故曰一切魔事，云何發生。」初正教持戒竟。

丑二　助以咒力　分二

寅初　正以勸持讚勝　二　況顯除習無難

今初

若有宿習不能滅除，汝教是人，一心誦我佛頂光明，摩訶薩怛哆，般怛囉，無上神咒。

此正勸持咒。宿是宿生，習是惑業，習氣種子。溫陵曰：現業已制，自行可違，宿習難除，必假神力。今夫行人，好正而固邪，欲潔而偏染，隱然若有驅策，而不能已，宿習之使也。惟有神咒，不思議力，乃可滅除，故云汝教是人，一心誦我，佛頂光明神咒。誦咒而曰一心者，有事有理：事一心者，以能持之心，持所持之咒，能所分明，相續不斷。理一心者：能持之心，全心是咒；所持之咒，全咒是心，能所雙亡，心咒不二，咒則是心，心則是咒。咒是頂光化佛所說，正以表尊中之尊，密中之密。佛本是世間最尊，今是佛頂之化佛，固是尊中之尊。頂是無見，是世間最密，今是化佛，從頂發輝所說，乃是密中密也，亦借此以表除習義故。摩訶薩怛哆，般怛囉，此云大白傘蓋，大表如來藏心之體，絕諸對待故；白表如來藏心之相，離諸妄染故；傘蓋表如來藏心之用，普覆一切故。既即藏心，故稱無上，神妙莫測之咒。

斯是如來，無見頂相，無為心佛，從頂發輝，坐寶蓮華，所說神咒。

斯指神咒，謂此咒是如來無見頂相，即佛三十二相之第一相，曰肉髻頂相。而稱無見者，華嚴九地菩薩，為佛乳母，捧持諦觀，不見其頂，示頂法不可以見見也。無為心佛：乃從世尊肉髻頂相，涌百寶光，故曰從頂發輝。光中涌出，千葉寶蓮，有化如來，坐寶華中，故曰坐寶蓮華。佛稱無為者，以係如來入定，從無為心中現故。重放光明，所說心咒，以是諸佛心印，其體即是如來藏故。初正以勸持讚勝竟。

寅二　況顯除習無難

且汝宿世與摩登伽，歷劫因緣，恩愛習氣，非是一生，及與一劫，我一宣揚，愛心永脫，成阿羅漢。

此顯咒力，不可思議。姑就近事論之，且汝與摩登伽女，宿世因緣，恩情愛戀，習氣種子，非是一生，及與一劫，由來遠矣！難以解脫，如前云：汝愛我心，我憐汝色，以是因緣，經百千劫，常在纏縛。按登伽經云：阿難既返，女啼不止，續念阿難。隨至祇桓，佛使追呼。而問之曰：汝逐阿難，欲何所索？女言：我聞阿難無婦，我又無夫。佛言阿難無髮，汝能剃頭否？女歸白母，已許剃髮。佛問：汝愛阿難何等？答曰：我愛阿難眼、耳、口、鼻，以至身形等。佛言：阿難眼中但有淚，耳中但有垢，口中但有涎，鼻中但有涕，身中但有屎、尿。有夫妻者，便有惡露，有惡露則生子，有子則有死，既有死喪，便有啼哭，是身何益，汝何所愛？女聞是語，便自正心，即得入道。我一宣揚，愛心永脫者：指佛纔一宣揚，勅文殊將咒往護，惡咒銷滅，一聞神咒，冥熏加祓之力，宿習滅除；及見佛聞法，愛河乾枯，頓證三果，故曰愛心永脫。成阿羅漢者：指前聞文殊選圓通後，證四果也。良以先蒙咒力，銷除宿習，復藉法音，悟證聖果，設非咒力，除此宿習，安得淫心速滅，契無爲法耶？

彼尙淫女無心修行，神力冥資，速證無學。云何汝等在會聲聞，求最上乘，決定成佛，譬如以塵揚於順風，有何艱險？

且登伽習厚，尙屬淫女，無心修行，但由神咒，不測之力，資熏之功，尙能速證無學果位。云何，深怪之辭，謂云何汝等，惑習微薄，在會聲聞者，兼有學及無學也：有學斷見惑，無學斷思惑，非同登伽，尙爲淫女耶。且其所求，惟是最上一乘，決定自信，成佛之道，亦非同登伽之無心修行耶。譬如以塵，塵喻習氣，順風喻神咒。以微塵揚於順風，塵無不盡；喻習氣遇於神咒，習無不除，有何艱難險阻之事哉？初歷明預先嚴戒竟。

子二　略示場中定慧 分二　**丑初　因戒生定　二　因定發慧**　今初

若有末世，欲坐道場，先持比丘，清淨禁戒，要當選擇戒清淨者，第一沙門，以爲其師，若其不遇眞清淨僧，汝戒律儀，必不成就。

此明因戒生定，精修律儀，以爲其本。設若末世，有修耳根圓通者，發心欲坐修道之場。必先持此比丘根本四重清淨禁戒；清謂清其源，淨謂淨其流，如上所云：先持四重律儀，皎如冰霜，自不能生，一切枝葉是也。受戒之時，須選授戒之師，蓋師是學人之模範，模範不正，鮮能依之成正器故。必宜選擇戒根清淨，第一沙門，以爲其師。第一者法臘俱長，爲衆所推，如此沙門，能和合成事；用以爲師，羯磨乃得成故。若其不遇眞實清淨大僧，汝雖受戒律，不過虛名，其實無漏戒體，必定不能成就也。若遇眞僧，戒律清淨，德臘俱長，戒方成就。

戒成已後，著新淨衣，然香閒居，誦此心佛所說神咒，一

百八偏，然後結界，建立道場。

戒成已後，道器成就，魔不得便，隨力厚薄，或着新衣，或洗令淨，而著此衣，表裏俱潔。然香以熏其室，閒居以攝其心，心處交熏，如此誦咒，神效易致，宿習易除也。咒誦一百八偏者，表所治煩惱之數。一切衆生，煩惱有百八，故以戒違現業，咒除宿習，魔不得其便也。然後可以擇日建立修道之場。指掌云：結壇必先誦咒者，有二義：一、謂治習淨根，壇儀乃現；二、謂仗咒神功，遠諸魔事。有志行道者，不可不知也。

求於十方，現住國土，無上如來，放大悲光，來灌其頂。

此定中求佛。上二科是用戒意，此方是所生之定。良以衆生心水淨，諸佛影現中，心水澄清即定也，故知此已在定中。求於十方，現住國土者：即現坐道場，無上如來，謂超九界以獨尊，此屬所感也。放大悲光者：光從大悲心中放出，來灌其頂，身心受益，此屬所應也。感應道交，行道無慮矣！初因戒生定竟。

丑二　因定發慧

阿難！如是末世，清淨比丘，若比丘尼，白衣檀越，心滅貪婬，持佛淨戒，於道場中，發菩薩願。

上科因戒生定，此科因定發慧。正脈云：前不兼後，後必兼前。前科但牒戒而生定，此科總標因定，而文中雙牒，戒定爲因也。阿難！如是末世，結界建壇，唯許清淨比丘，若壇儀已成，修習不拘四衆，故云若比丘尼，白衣檀越。出家二衆，持戒有素，故通稱清淨，在家二衆，故通稱白衣檀越；是華梵合稱，檀是檀那，此云布施；越以布施能超越貧窮苦海故。今通許者，以一切衆生，皆有佛性，皆可修習。雖四衆同壇，必各從其類，如優婆塞，隨比丘後，優婆夷隨比丘尼後，此一定之序也。心滅貪淫：指白衣言，心滅貪、癡、淫、愛等念。持佛淨戒：指出家言，嚴持諸佛所制清淨戒律，身心勿犯，方爲可耳。設或不然，勿許濫從，以妨道業。而於修道場中，一向發菩薩四弘誓願，以爲感佛機也。

出入澡浴，六時行道，如是不寐，經三七日。我自現身，至

其人前，摩頂安慰，令其開悟。

正脈云：凡出道場而復入，則必澡浴，外潔其身也。六時行道，即專注反聞，經行排遣，內攝其心也。晝夜十二時，六時行道，六時靜坐，均調昏散矣。如子時行道，丑時靜坐，寅時行道，卯時靜坐是也。然行中，坐中，所習皆反聞自性，入流亡所而已。餘二句結成剋期入定。不寐有二意；一除昏睡不覺，二戒忘失反聞。此科正牒定，而明因定二字。下科乃生慧也。定心，爲生慧之親因。我自現身，至其人前，摩頂表攝授之意，安慰施無畏之力，此爲助緣。因緣既備，令其豁然貫通，朗然大悟也。正脈云：然開悟渾含，淺深諸相，不可一定，若得動靜不生，發須陀洹見道慧；若得聞所聞盡，發阿羅漢人空慧；若得空所空滅，成法空慧；若得寂滅現前，發圓通無上知覺慧也。孤山曰：若見此像，當觀空寂，是佛顯然，是魔則滅。初請略說竟。

庚二　重請詳示　分二　辛初　重請說道場　二　重請說神咒　辛初分二

壬初　阿難重請　二　世尊重說　今初

阿難白佛言：世尊！我蒙如來無上悲誨，心已開悟，自知

修證無學道成。末法修行，建立道場，云何結界，合佛世尊，清淨軌則？

此阿難重請說道場。前雖言入道場，而未說道場如何建設，故重請之。阿難承教持戒遠魔，又令誦咒除習，復示結壇行道；我蒙此等訓誨，皆出如來至極悲心之所流出，故曰無上悲誨。心已開悟者：謂如佛所說，雲散長空，心同皎月，已獲開悟，自知從此但習反聞修證，不須道場，可成無學之道。無學，不僅四果，當指圓通，三空諸果位也。末法修行，道高一尺，魔高一丈，建立道場，自非小事，究竟如何結界，方合佛制，不違世尊，清淨軌則？初阿難重請竟。

壬二　世尊重說　分三　癸初　道場建設　二　修證節次

三　結答酬請

癸初分五　子初　所建壇式　二　所設莊嚴

三　所獻供養　四　所奉尊像　五　所取照映　今初

佛告阿難：若末世人，願立道場，先取雪山，大力白牛，食

其山中肥膩香草，此牛唯飲雪山清水，其糞微細，可取其糞，和合栴檀，以泥其地。

此示道場之建設。蓋聖人施設，理事雙彰：事依理成，理得事顯，非是壇儀，徒壯觀瞻也。佛告阿難：末世衆生，障深業重，非建道場，難以修習，故曰願立也。立壇之地，恐有不淨，故須另塗也。表法諸家，各有所長，惟寶鏡疏，始終表顯，方合圓通修法，故皆依之。雪山者，表眞如法性，不變理體也。大力白牛者：表自性清淨，根本正智也。先取之者，因其飲食如法，乃取糞和香，以泥其地也。食其山中肥膩香草者：雪山有草，名曰忍辱，食之可得醍醐，豐肥油膩，其糞清香。此牛唯飲雪山清水，香草表三慧，清水表正定也。惟以水草呵牛者，正如行人熏修，定、慧均等也。其糞精微細妙者：表因戒生定，因定發慧也。可取其糞，和合栴檀，以泥其地者：除其舊地，覆以新泥也。表三無漏學，能熏法身，成眞因地也。

若非雪山，其牛臭穢，不堪塗地。別於平原，穿去地皮，五

尺已下，取其黃土。

別於平原者：另於平原，以高阜恐堆積不淨，拗下恐流聚汚穢；穿去地皮五尺以下，取其本淨黃土用之。若無雪山白牛者，表且取中根也。穿去地皮，五尺以下者：表蠲除外務，專修返聞，從解結破五陰也。取其黃土者：黃色居中，表六根之中，中道佛性也。

和上栴檀、沉水、蘇合、薰陸、鬱金、白膠、靑木、零陵、甘松、及雞舌香，以此十種，細羅爲粉，合土成泥，以塗場地，方圓丈六，爲八角壇。

和上旃檀等十種香，表十波羅密也。細羅爲粉者：表十波羅密，廣爲萬行也。合土成泥者：表萬行唯心也。以塗壇地者：表成眞因也。方圓丈六，爲八角壇者：此定壇相，表八正道，攝於八邪也。八角則方而復圓，圓而復方，表體用不二，事理同歸也。　蓋上白牛，正表最上根人，以能不隨分別，即三緣頓斷，三因不生，狂性自歇，歇即菩提；喻如唯以牛糞，可和旃檀也。設或不能直下歇狂，須知修行，二決定義，就六根門頭，破除五陰，得元明覺，無生滅性，爲因地心，更加四種律儀，五會神咒，方成妙修者，喻和黃土，旃檀之外，加九香也。　梵語旃檀，此翻與樂，即白檀香也。竺法眞云，出外國羅山有白檀樹。此經用以塗地，非法華海此岸旃檀，六銖價値娑婆者也。沉香，異物志云：出日南國，凡欲取者，斫樹著地，積久朽爛，其心至堅，入水則沉。蘇合，續漢書云：出大秦國，合諸香煎其汁，謂之蘇合，或曰蘇合國，人採花笮汁，煞以爲膏，以賣賈客。熏陸，南方草木狀云：出大秦國海邊大樹，生於沙中，盛夏樹膠流涉沙上，性能止痛，採取賣之。鬱金，說文云：鬱鬯乃百草之華，遠人所貢方物，鬱人搗而煑之，和酒以降神也。白膠，本草云：商雒間多有，樹如白楊，實大如鳥卵，能除惡氣、去瘡瘮，即楓香脂也。青木，南州異物志云：是草根，能寤魘寐，狀如甘草，出交州。零陵，南越志云：一名燕草，又名熏草。出零陵郡山谷之間，葉如羅勒，能止精明目也。甘松，出涼州諸山，能和合衆香，可除腹脹，亦能下氣。雞舌，異物志云：出薄州，云是草萎，乃漢時尙書郎，含之奏事者。設或久服，則能令人身口皆香，即丁香也。

場地者：即密部所謂畫地爲場也。然欲修定，必須擇日，結界建壇；修行既畢，即解界撤壇，不得留至明相出時，此定制也。古云：封土曰壇，除土曰墠，除掃也。國語云：壇之所除也，曰場。封土，即起土也。此中場地，可如其墠，今既名壇，必須起土，故先除地爲場，後別取黃土和香，於其場上，以泥塗起，令成壇相，在室中央，此示楞嚴壇場之法式也。初所建壇式竟。

子二　所設莊嚴

壇心置一金、銀、銅、木，所造蓮華，華中安鉢，鉢中先盛八月露水，水中隨安所有華葉。取八圓鏡，各安其方，圍繞華鉢。鏡外建立十六蓮華，十六香鑪，間華鋪設，莊嚴香鑪。純燒沉水，無令見火。

此明壇中，所設莊嚴。金、銀、銅、木所造蓮華者：是隨力爲之，不必拘執也。然壇心者，乃表中道因心，眞如本體也。蓮華者：表因果同時，染淨不二也。所造者：表眞如位中，本無因、果、染、淨；以能隨緣，故成染淨因果也。鉢名應器，表如來藏，事理圓融，隨衆生心，應所知量也。八月露水：表中道純眞，首楞嚴妙定也。隨安華葉：表如幻聞熏聞修，中道妙慧也。八鏡安方者：表衆生本有八識，大圓鏡智，不離當處也。圍繞華鉢者：表妙慧恆依藏心也。鏡外建立蓮華香鑪者：表依慧發行，從性起修也。各須十六者：表慧華戒香，自行八正，化他八正也。間華鋪設，莊嚴香鑪者：表戒慧互嚴，還修自性也。純燒沉水，無令見火者：表無相妙戒，在惑業而不染惑業也。二所設莊嚴竟。

子三　所獻供養

取白牛乳，置十六器，乳爲煎餅，並諸砂糖、油餅、乳糜、蘇合、蜜薑、純酥、純蜜；於蓮華外，各各十六，繞圍華外，以奉諸佛，及大菩薩。

此明壇中，所獻供養。取雪山白牛乳，置十六器，用以作供。一、乳爲煎餅，謂煎乳成餅也。二、並諸沙糖，謂蔗汁熬糖，如沙而甘也。三、油餅，謂以油和麵作餅，而膩脆也。四、乳糜，謂用乳和米作粥，而甘粘也。五、蘇合，謂和合衆香，煎汁成膏。六、蜜薑，謂以蜜浸薑，味辛而甘。七、純酥，謂乳煉成酥。八、純蜜，謂華蕊成蜜。各各十六，圍繞華外。白牛乳餅，及餘七物者：表稱性所起，禪悅法喜，所謂八正道味也。各各十六，圍繞華外者：表一一正道，各具自行化他，二種八正也。以奉諸佛，及大菩薩者：表以已證禪悅法喜正道之味，因心而向果德也。

每以食時，若在中夜，取蜜半升，用酥三合，壇前別安一小火鑪，以兜樓婆香煎取香水，沐浴其炭，然令猛熾，投是酥蜜，於炎鑪內，燒令煙盡，享佛菩薩。

每以食時，即日中午食之時。溫陵曰：佛以日中受食，故每日以日中致享。若在中夜，佛不受食，唯以酥蜜，燒令煙盡享之。蓋午爲日中，子爲夜中，表諸聖位，必須中中流入也。蜜乃華之精，酥爲乳之精，皆是味中上味，表耳根圓通，妙妙聞心也。半升中數，三合成數，表中道定心，能融五濁，會三空也。壇前別安小火鑪者：正表耳根一門，從此深入也。兜樓婆香，異物志云：

出海邊國，如都梁香，又翻譯云：出鬼神國，此方無故不翻。或翻香草，舊云白茅香。以之煎水浴炭者，表戒根清淨，咒力除習，則正助皆具，而發正定之眞修也。投酥罏內者；表從妙心，修耳根三昧也。燒令煙盡者：正表初於聞中，以至空覺極圓，空所空滅也。享佛菩薩者：乃表生滅既滅，寂滅現前，顯上合下同二種殊勝也。三所獻供養竟。

子四　所奉尊像

令其四外，徧懸旛華，於壇室中，四壁敷設十方如來，及諸菩薩，所有形像。

此外壇尊像也。令其四外：即八角壇之四外。徧懸旛華者：莊嚴壇室，即外壇也。外壇八角，於壇室中，但惟四壁，敷設十方如來，及諸菩薩，所有畫像。令其四外者：表四種明誨之外，不妨諸行互嚴也。蓋旛表密咒，有摧邪輔正之力；華表密因，爲十度萬行之宗。以壇室中，四壁敷設者：表一眞法界，具四法界也。十方如來，表覺果也；菩薩像者，表因心也。

應於當陽，張盧舍那，釋迦、彌勒、阿閦、彌陀，諸大變化，觀音形像，兼金剛藏，安其左右。

應平聲，應於當陽正位也。梵語盧舍那，具云毘盧遮那，翻有三義：一曰偏一切處，法身也；二曰淨滿，自受用身也；三曰光明偏照，他受用身也。三身一名者，同爲眞身故。爲一眞法界，寂場眞主，乃報身智慧也。梵語釋迦牟尼，此云能仁寂默，爲三千大千娑婆教主，即應身慈悲也。梵語梅怛利曳，此云慈氏，正當來之教主也。梵語阿閦，此云不動，居東方羣動之首，表動中有不動智也。梵語阿彌陀，此云無量壽，居西方極樂之邦，表與樂乃無緣慈也。諸大變化，觀音像者：如前文所明，衆首臂目等，此是顯教圓通之主。金剛藏者，常領金剛，護持呪人，伏魔除障，乃是密教圓通之主。安其左右者，表顯密齊彰也。

帝釋、梵王、烏芻瑟摩，幷藍地迦，諸軍茶利，與毗俱胝，四天王等，頻那、夜伽，張於門側，左右安置。

溫陵曰：門側左右，釋梵等衆，有力外護也。末法修行，凡類於此，一有闕焉，必不成就。帝釋云能爲主，即忉利天主。梵王不犯欲塵，即初禪天主。烏芻瑟摩，即火頭金剛。藍地迦，即青面金剛。軍荼利，此云解怨結，亦金剛異名。毘俱胝，即毘盧神變。經云：右邊毘俱胝，手垂數珠鬘，三目持髮髻，尊形猶皓素，圓光色無比者是也。四天王者，即東、南、西、北，所謂持國、增長、廣目、多聞也。頻那、即猪頭使者。夜伽、即象鼻使者。自帝釋之下，此等外護，俱表摧邪顯正之功用也。四所奉尊像竟。

子五　所取照映

又取八鏡覆懸虛空，與壇場中所安之鏡，方面相對，使其形影，重重相涉。

又取八圓鏡，覆懸虛空者：表諸佛果位，轉八識成大圓鏡智，從空如來藏，普照十方塵剎中也。與壇場中，所安之鏡，圍繞華鉢，一方一個，而面向於外，外壇之鏡，一方一個，而面向於內，故曰方面相對；表生心即是佛心，佛心不異生心也。使其形影，重重相涉者：表生佛互融，聖凡無異，乃不可思議之境也。蓋壇中八鏡，仰照空鏡者，表因該果海也。設或行人，二六時中，於此壇儀苟一著眼，了明斯理，則知心、佛、衆生，三無差別，而通身皆在事事無礙法界中矣！初道場建設竟。

癸二　修證節次 分二　**子初　三七初成定慧　二　百日頓證聖果**

今初

於初七中至誠頂禮，十方如來，諸大菩薩，阿羅漢號，恆於六時，誦咒圍壇，至心行道，一時常行，一百八遍。

此修證節次。第一七中，禮誦行道。於初七中，至誠頂禮：頂禮而曰至誠者，專至其心，誠懇不二也。凡人之修道，必須皈敬三寶，以爲最初方便也。十方如來，佛寶也；菩薩、羅漢，僧寶也；持誦心呪，法寶也。恆於六時之中，持誦佛頂心咒圍壇，以至誠心，經行道場，每於一時圍壇，常行一百八遍。此非指全咒，乃指心咒：跢姪他、唵、阿那隸、毘舍提，鞞囉跋闍囉陀唎，槃陀槃陀你、跋闍囉、謗尼泮、虎䜽都盧甕泮、娑婆訶。但要三業相應，自能成效，六時行道，六時頂禮，仗承不思議力加被，助道也。

第二七中，一向專心發菩薩願，心無間斷，我毘奈耶，先有願教。

此第二七中，一向發願。既曰一向，不拘六時；既曰專心，不雜禮誦；唯有專心，發菩薩願。務必心心相續，念念無間，而不斷絕；此恐心生懈退，加以堅固之願也。我毘奈耶，先有願教者：如梵網經、十大願王，及菩薩四弘誓願，行願堅强，得大勇猛也。

第三七中，於十二時，一向持佛般怛囉咒，至第七日，十方如來，一時出現，鏡交光處，承佛摩頂。

此第三七中，一向持咒。溫陵曰：時無間歇，咒無遍限，一向誦持，遂能以精誠感格，進力克功也。至第三七末日，十方如來，一時出現，於壇室中，鏡交光處，佛身既在鏡現，我身亦在鏡現。親承諸佛，手摩其頂，聖凡不隔。重重無盡，則生佛智照，感應道交也。

即於道場，修三摩地。能令如是末世修學，身心明淨，猶如瑠璃。

此定心成就。即於道場中，專修反聞工夫，故曰修三摩地，即首楞嚴，耳根圓通。不令一念，漏落於聲塵境界；念念照性，心心在定，但一味反聞無間耳。　此慧心成就。能令者，以定心為親因，以道場持咒等為助緣，因緣力故，所以能令也。如是之人，雖在末世修學，亦能發慧開悟，則根、塵、識心，應念化成無上知覺，故曰身心明淨。內外映徹，猶如瑠璃。以一切諸法，無不形現其中矣！初三七初成定慧竟。

子二　百日頓證聖果

阿難！若此比丘，本受戒師，及同會中，十比丘等，其中有一不清淨者，如是道場，多不成就。

此明壇儀雖立，設或師友不淨，多不成就。及同會中，十比丘等，準方等陀羅尼云：行此法時，十人已還，既曰已還；六衆、七衆俱可。設無同志，未可勉强，寧可獨行。其中不淨，乃有二種：一受戒師不淨、二同行侶不淨，是二者中，有一不清淨者，如是道場，多不成就，佛聖不臨，龍天不護，正定難修，妙悟難發，故知師友不可不愼選擇也。

從三七後，端坐安居，經一百日，有利根者，不起於座，得須陀洹。縱其身心，聖果未成，決定自知，成佛不謬。

此明三七修學，未克即成定慧。從三七後，端身正坐，寂然安居，經一百日，勇猛精進，修習亡塵照性工夫。有利根者，惑障俱輕，定功綿密，慧照分明，定慧雙流，經一百日，不起於座。此一百日，不起於座，工夫相應，在定中並不知時長也。亦非同平時，坐一時行一時也；因文中明言，經一百日，不起於座，即得須陀洹果。梵語須陀洹，此云入流，不入色、聲、香、味、觸、法，斷分別見惑，爲見道位。借小果名，而論果證，實同圓教初信。阿難圓悟藏性，頓獲法身也。寶鏡疏云：縱其身心俱生細惑，一時難斷；分別思惑，完全仍在；無學聖果，未得即成；然而決定自知，成佛之事，不虛謬也。所謂一信永信，信得自心是佛，自性即佛，更不再疑也。二修證節次竟。

癸三　結答酬請

汝問道場，建立如是。

此總結答。前阿難問云：「末法修行，建立道場，云何結界？」我已言結界建壇，種種方法，與夫修學證果。如是之法，一一詳示，故酬其所請，而結答之曰：「汝問道場，建立如是。」指掌疏云：「如是者，謂如上所說是也。」然如上所說，建壇之法，末世行之，誠爲不易；故下文誦咒，亦許不入道場。而上文有一不淨，則云道場不成。是知有力者，固應如法建壇；無力者，只要持戒清淨。設若有壇無戒，反不如有戒無壇之爲愈也。初重請說道場竟。

楞嚴經講義第十七卷終

大佛頂如來密因修證了義諸菩薩萬行首楞嚴經講義

福州鼓山湧泉禪寺　圓瑛弘悟　述
受法弟子明暘日新　敬校

辛二　重請說神咒 分三　**壬初　會衆重請　二　如來重說**

三　會衆願護　**今初**

阿難頂禮佛足，而白佛言：自我出家，恃佛憍愛，求多聞故，未證無爲。

此重請說神咒。阿難雖蒙其益，未克親聞；故頂禮佛足，而白佛言：自我捨俗出家，猶恃佛之憍憐寵愛，惟求多聞，不務眞修，但得初果，所以道力微弱，故未證四果無爲之道。

遭彼梵天邪術所禁，心雖明了，力不自由，賴遇文殊，令我解脫，雖蒙如來佛頂神咒，冥獲其力，尚未親聞。

遭者遇也，彼指摩登伽，爲愛女之故，用先梵天咒，邪術之所禁制。然在彼時，心雖明了，而未全道力，無自由分。賴遇文殊，將咒往護，令我解脫淫難，始將歸來。今但云賴遇文殊得脫者：舉能持人，略所持咒，故雖蒙如來佛頂神咒，而文殊但是密誦，破邪除淫，而我冥獲其力；眞言密語，尙未親聞。

惟願大慈重爲宣說，悲救此會諸修行輩，末及當來在輪迴者，承佛密音，身意解脫。

此請重說，爲利今後。惟願世尊大慈，重爲宣說，大悲救拔現住此會諸修行輩，此指三乘聖衆，多學少成，難進易退者，均望咒力救拔也。不唯現會獲益，末指當來，佛法展轉流通，即在輪迴者，亦得均霑法利，以承佛密咒音聲，身意俱得解脫；以遠離魔難，身得解脫，破惑證眞，意得解脫也。

於時會中，一切大衆，普皆作禮，佇聞如來秘密章句。

作是請已，於時會中，一切大衆，普皆頂禮於佛。佇者待也，佇聞如來秘密神咒，微妙章句。初會衆重請竟。

壬二 如來重說 分二 癸初 正說神咒 二 說咒利益

癸初分三

子初 光相表顯 二 大衆欽聽 三 五會神咒 今初

爾時世尊，從肉髻中，涌百寶光，光中涌出，千葉寶蓮，有化如來，坐寶華中。

此將說神咒，先現化佛。然此科乃顯中之密，以從如來自身所現也。爾時世尊，從肉髻中：準無上依經云：乃是頂骨涌起，自然成髻，其色紅赤，在青螺紺髮之中，即無見頂相；表如來藏，法身理體也。光從頂放，表般若妙智也；光涌百寶，表解脫大用也。光中涌出，千葉寶蓮者：表依妙智，而發勝因也。有化如來，坐寶華中：表因果一契也。

頂放十道百寶光明，一一光明，皆徧示現，十恆河沙，金剛密跡，擎山持杵，徧虛空界。

此乃密中之密，以從佛頂之佛頂，放寶光之寶光，表斯咒，尊中之尊，妙中之妙也。由一頂髻放十道光，具百寶色者，表如來藏性，圓含萬法，其體清淨本然，周徧法界也。金剛密跡，擎山持杵，徧虛空界者：內祕菩薩之德，外現金剛之跡，擎山制外，持杵降魔，密行化導，故曰金剛密跡。徧滿空界，顯現威力。金剛徧界者，表循業發現，生善滅惡，隨緣妙用也。初光相表顯竟。

子二 大衆欽聽

大衆仰觀，畏愛兼抱，求佛哀祐，一心聽佛，無見頂相，放光如來，宣說神咒。

法會大衆，見佛從頂，放光之中化佛，化佛復從頂放光，光中示現，金剛密跡，事出希有，惟有景仰觀察。畏者畏其威，愛者愛其德；既折、攝並行，而畏愛兼抱；謂二者兼具，令人不能去諸懷抱也。求佛哀祐者：哀憐而攝授之，護祐而帡幪之。一心聽佛，無見頂相，放光如來，宣說神咒者：謂佛從無見頂相放光，光中化現如來，宣說神咒；正表無爲心佛，無上心咒，以顯藏心微妙，不可思議也。咒者咒願，佛說此咒，正咒願衆生，令其斷惑證眞，革凡成聖，具諸不測之威神，而有難思之妙用。二大衆欽聽竟。

子三 五會神咒

南無薩怛他蘇伽多耶阿囉訶帝三藐三菩陀寫 一 薩

怛他佛陀俱知瑟尼釤二南無薩婆勃陀勃地薩跢鞞弊
三南無薩多南三藐三菩陀俱知南四娑舍囉婆迦僧伽
喃五南無盧雞阿羅漢跢喃六南無蘇盧多波那喃七南
無娑羯唎陀伽彌喃八南無盧雞三藐伽跢喃九三藐伽
波囉底波多那喃十南無提婆離瑟赧十一南無悉陀耶毗
地耶陀囉離瑟赧十二舍波奴揭囉訶娑訶娑囉摩他喃十三
南無跋囉訶摩泥十四南無因陀囉耶十五南無婆伽婆帝十六
嚧陀囉耶十七烏摩般帝十八娑醯夜耶十九南無婆伽婆帝二十
那囉野拏耶二十一槃遮摩訶三慕陀囉二十二南無悉羯唎多耶
二十三南無婆伽婆帝二十四摩訶迦羅耶二十五地唎般剌那伽囉二十六
毗陀囉波拏迦囉耶二十七阿地目帝二十八尸摩舍那泥婆悉泥

二十九摩怛唎伽拏三十南無悉羯唎多耶三十一南無婆伽婆帝三十二
多他伽跢俱囉耶三十三南無般頭摩俱囉耶三十四南無跋闍囉
俱囉耶三十五南無摩尼俱囉耶三十六南無伽闍俱囉耶三十七南無
婆伽婆帝三十八帝唎茶輸囉西那三十九波囉訶囉拏囉闍耶四十
跢他伽多耶四十一南無婆伽婆帝四十二南無阿彌多婆耶四十三跢
他伽多耶四十四阿囉訶帝四十五三藐三菩陀耶四十六南無婆伽婆
帝四十七阿芻鞞耶四十八跢他伽多耶四十九阿囉訶帝五十三藐三菩
陀耶五十一南無婆伽婆帝五十二鞞沙闍耶俱嚧吠柱唎耶五十三般
囉婆囉闍耶五十四跢他伽多耶五十五南無婆伽婆帝五十六三補師
毖多五十七薩憐捺囉剌闍耶五十八跢他伽多耶五十九阿囉訶帝六十
三藐三菩陀耶六十一南無婆伽婆帝六十二舍雞野母那曳六十三跢

他伽多耶（六十四）阿囉訶帝（六十五）三藐三菩陀耶（六十六）南無婆伽婆帝（六十七）剌怛那雞都囉闍耶（六十八）跢他伽多耶（六十九）阿囉訶帝（七十）三藐三菩陀耶（七十一）帝瓢南無薩羯唎多（七十二）翳曇婆伽婆多（七十三）薩怛他伽都瑟尼釤（七十四）薩怛多般怛嚧（七十五）南無阿婆囉視耽（七十六）般囉帝揚岐囉（七十七）薩囉婆部多揭囉訶（七十八）尼羯囉訶揭迦囉訶尼（七十九）跋囉瑟地耶叱陀你（八十）阿迦囉蜜唎柱（八十一）般唎怛囉耶儜羯唎（八十二）薩囉婆槃陀那目乂尼（八十三）薩囉婆突瑟吒（八十四）突悉乏之般那你伐囉尼（八十五）赭都囉失帝南（八十六）羯囉訶娑訶薩囉若闍（八十七）毗多崩薩那羯唎（八十八）阿瑟吒冰舍帝南（八十九）那乂剎怛囉若闍（九十）波囉薩陀那羯唎（九十一）阿瑟吒南（九十二）摩訶羯囉訶若闍（九十三）毗多崩薩那羯唎（九十四）薩婆舍

都嚧你婆囉若闍九十五呼藍突悉乏難遮那舍尼九十六毖沙舍
悉怛囉九十七阿吉尼烏陀迦囉若闍九十八阿般囉視多具囉九十九
摩訶般囉戰持一百摩訶疊多一百一摩訶帝闍二摩訶稅多闍
婆羅三摩訶跋囉槃陀囉婆悉你四阿唎耶多囉五毗唎
俱知六誓婆毗闍耶七跋闍囉摩禮底八毗舍嚧多九勃
騰罔迦十跋闍囉制喝那阿遮十一摩囉制婆般囉質多十二
跋闍囉擅持十三毗舍囉遮十四扇多舍鞞提婆補視多十五蘇
摩嚧波十六摩訶稅多十七阿唎耶多囉十八摩訶婆囉阿般囉
十九跋闍囉商羯囉制婆二十跋闍囉俱摩唎二十一俱藍陀唎二十二
跋闍囉喝薩多遮二十三毗地耶乾遮那摩唎迦二十四崛蘇母婆
羯囉跢那二十五鞞嚧遮那俱唎耶二十六夜囉菟瑟尼釤二十七毗折

藍婆摩尼遮二十八 跋闍囉迦那迦波囉波二十九 嚧闍那跋闍囉
頓稚遮三十 稅多遮迦摩囉三十一 剎奢尸波囉婆三十二 翳帝夷帝
三十三 母陀囉羯拏三十四 娑鞞囉懺三十五 掘梵都三十六 印菟那麼麼寫
三十七

誦呪者至此句稱弟子某甲受持

烏鈝三十八 唎瑟揭拏三十九 般剌舍悉多四十 薩怛他伽都瑟尼
釤四十一 虎鈝四十二 都嚧雍四十三 瞻婆那四十四 虎鈝四十五 都嚧雍四十六 悉耽
婆那四十七 虎鈝四十八 都嚧雍四十九 波囉瑟地耶三般叉拏羯囉五十
虎鈝五十一 都嚧雍五十二 薩婆藥叉喝囉剎娑五十三 揭囉訶若闍五十四
毗騰崩薩那羯囉五十五 虎鈝五十六 都嚧雍五十七 者都囉尸底南五十八
揭囉訶娑訶薩囉南五十九 毗騰崩薩那囉六十 虎鈝六十一 都嚧雍

六十二 囉叉 六十三 婆伽梵 六十四 薩怛他伽都瑟尼釤 六十五 波囉點闍吉唎 六十六 摩訶娑訶薩囉 六十七 勃樹娑訶薩囉室唎沙 六十八 俱知娑訶薩泥帝嚇 六十九 阿弊提視婆唎多 七十 吒吒甖迦 七十一 摩訶跋闍嚧陀囉 七十二 帝唎菩婆那 七十三 曼茶囉 七十四 烏件 七十五 莎悉帝薄婆都 七十六 麼麼 七十七 印兔那麼麼寫 七十八

至此句準前稱名若俗人稱弟子某甲

囉闍婆夜 七十九 主囉婆夜 八十 阿祇尼婆夜 八十一 烏陀迦婆夜 八十二 毗沙婆夜 八十三 舍薩多囉婆夜 八十四 婆囉斫羯囉婆夜 八十五 突瑟叉婆夜 八十六 阿舍你婆夜 八十七 阿迦囉蜜唎柱婆夜 八十八 陀囉尼部彌劍波伽波陀婆夜 八十九 烏囉迦婆多婆夜 九十 剌闍壇茶婆夜 九十一 那伽婆夜 九十二 毗條怛婆夜 九十三 蘇波囉拏婆夜 九十四 藥叉揭囉訶 九十五 囉叉私揭囉訶 九十六 畢唎多揭囉訶 九十七 毗舍遮

揭囉訶九十八部多揭囉訶九十九鳩槃茶揭囉訶二百補丹那揭囉
訶二百一迦吒補丹那揭囉訶二悉乾度揭囉訶三阿播悉摩
囉揭囉訶四烏檀摩陀揭囉訶五車夜揭囉訶六醯唎婆
帝揭囉訶七社多訶唎喃八揭婆訶唎喃九嚧地囉訶唎
喃十忙娑訶唎喃十一謎陀訶唎喃十二摩闍訶唎喃十三闍多
訶唎女十四視比多訶唎喃十五毗多訶唎喃十六婆多訶唎喃
十七阿輸遮訶唎女十八質多訶唎女十九帝釤薩鞞釤二十薩婆
揭囉訶南二十一毗陀耶闍瞋陀夜彌二十二雞囉夜彌二十三波唎跋
囉者迦訖唎擔二十四毗陀夜闍瞋陀夜彌二十五雞囉夜彌二十六茶
演尼訖唎擔二十七毗陀夜闍瞋陀夜彌二十八雞囉夜彌二十九摩訶
般輸般怛夜三十嚧陀囉訖唎擔三十一毗陀夜闍瞋陀夜彌三十二

雞囉夜彌三十三　那囉夜拏訖唎擔三十四　毗陀夜闍瞋陀夜彌三十五
雞囉夜彌三十六　怛埵伽嚧茶西訖唎擔三十七　毗陀耶闍瞋陀夜
彌三十八　雞囉夜彌三十九　摩訶迦囉摩怛唎伽拏訖唎擔四十　毗陀
夜闍瞋陀夜彌四十一　雞囉夜彌四十二　迦婆唎迦訖唎擔四十三　毗陀
夜闍瞋陀夜彌四十四　雞囉夜彌四十五　闍耶羯囉摩度羯囉四十六　薩
婆囉他娑達那訖利擔四十七　毗陀夜闍瞋陀夜彌四十八　雞囉夜
彌四十九　赭咄囉婆耆你訖唎擔五十　毗陀夜闍瞋陀夜彌五十一　雞
囉夜彌五十二　毗唎羊訖唎知五十三　難陀雞沙囉伽拏般帝五十四　索
醯夜訖唎擔五十五　毗陀夜闍瞋陀夜彌五十六　雞囉夜彌五十七　那揭
那舍囉婆拏訖唎擔五十八　毗陀夜闍瞋陀夜彌五十九　雞囉夜彌
六十　阿羅漢訖唎擔毗陀夜闍瞋陀夜彌六十一　雞囉夜彌六十二　毗

多囉伽訖唎擔（六十三）毗陀夜闍瞋陀夜彌（六十四）雞囉夜彌跋闍
囉波你（六十五）具醯夜具醯夜（六十六）迦地般帝訖唎擔（六十七）毗陀夜
闍瞋陀夜彌（六十八）雞囉夜彌（六十九）囉叉罔（七十）婆伽梵（七十一）印兎
那麽麽寫（七十二）至此依前稱弟子某甲
婆伽梵（七十三）薩怛多般怛囉（七十四）南無粹都帝（七十五）阿悉多那囉
刺迦（七十六）婆囉婆悉普吒（七十七）毗迦薩怛多鉢帝唎（七十八）什佛囉
什佛囉（七十九）陀囉陀囉（八十）頻陀囉頻陀囉瞋陀瞋陀（八十一）虎𤙖
（八十二）虎𤙖（八十三）泮吒（八十四）泮吒泮吒泮吒泮吒（八十五）娑訶（八十六）醯醯泮
（八十七）阿牟迦耶泮（八十八）阿波囉提訶多泮（八十九）婆囉波囉陀泮（九十）
阿素囉毗陀囉波迦泮（九十一）薩婆提鞞弊泮（九十二）薩婆那伽弊
泮（九十三）薩婆藥叉弊泮（九十四）薩婆乾闥婆弊泮（九十五）薩婆補丹那

弊泮九十六迦吒補丹那弊泮九十七薩婆突狼枳帝弊泮九十八薩婆突澀比唎訖瑟帝弊泮九十九薩婆什婆唎弊泮三百薩婆阿播悉摩唎弊泮三百一薩婆舍囉婆拏弊泮二薩婆地帝雞弊泮三薩婆怛摩陀繼弊泮四薩婆毗陀耶囉誓遮唎弊泮五闍夜羯囉摩度羯囉六薩婆囉他娑陀雞弊泮七毗地夜遮唎弊泮八者都囉縛耆你弊泮九跋闍囉俱摩唎十毗陀夜囉誓弊泮十一摩訶波囉丁羊乂耆唎弊泮十二跋闍囉商羯囉夜十三波囉丈耆囉闍耶泮十四摩訶迦囉夜十五摩訶末怛唎迦拏十六南無娑羯唎多夜泮十七毖瑟拏婢曳泮十八勃囉訶牟尼曳泮十九阿耆尼曳泮二十摩訶羯唎曳泮二十一羯囉檀遲曳泮二十二蔑怛唎曳泮二十三嘮怛唎曳泮二十四遮文茶曳

泮二十五 羯邏囉怛唎曳泮二十六 迦般唎曳泮二十七 阿地目質多迦尸摩舍那二十八 婆私你曳泮二十九 演吉質三十 薩埵婆寫三十一 麽麽印兎那麽麽寫三十二　至此句依前稱弟子某甲

突瑟吒質多三十三 阿末怛唎質多三十四 烏闍訶囉三十五 伽婆訶囉三十六 嚧地囉訶囉三十七 婆娑訶囉三十八 摩闍訶囉三十九 闍多訶囉四十 視毖多訶囉四十一 跋略夜訶囉四十二 乾陀訶囉四十三 布史波訶囉四十四 頗囉訶囉四十五 婆寫訶囉四十六 般波質多四十七 突瑟吒質多四十八 嘮陀囉質多四十九 藥叉揭囉訶五十 囉刹娑揭囉訶五十一 閉㘑多揭囉訶五十二 毗舍遮揭囉訶五十三 部多揭囉訶五十四 鳩槃茶揭囉訶五十五 悉乾陀揭囉訶五十六 烏怛摩陀揭囉訶五十七 車夜揭囉訶五十八 阿播薩摩囉揭囉訶五十九 宅祛革茶耆尼揭囉訶六十 唎佛

帝揭囉訶(六十一)闍彌迦揭囉訶(六十二)舍俱尼揭囉訶(六十三)姥陀囉
難地迦揭囉訶(六十四)阿藍婆揭囉訶(六十五)乾度波尼揭囉訶(六十六)
什伐囉堙迦醯迦(六十七)墜帝藥迦(六十八)怛隸帝藥迦(六十九)者突託
迦(七十)昵提什伐囉毖釤摩什伐囉(七十一)薄底迦(七十二)鼻底迦(七十三)
室隸瑟蜜迦(七十四)娑你般帝迦(七十五)薩婆什伐囉(七十六)室嚧吉帝
(七十七)末陀鞞達嚧制鉗(七十八)阿綺嚧鉗(七十九)目佉嚧鉗(八十)羯唎突
嚧鉗(八十一)揭囉訶揭藍(八十二)羯拏輸藍(八十三)憚多輸藍(八十四)迄唎夜
輸藍(八十五)末麼輸藍(八十六)跋唎室婆輸藍(八十七)毖栗瑟吒輸藍(八十八)
烏陀囉輸藍(八十九)羯知輸藍(九十)跋悉帝輸藍(九十一)鄔嚧輸藍(九十二)
常伽輸藍(九十三)喝悉多輸藍(九十四)跋陀輸藍(九十五)娑房盎伽般囉
丈伽輸藍(九十六)部多毖跢茶(九十七)茶耆尼什婆囉(九十八)陀突嚧迦

建咄嚧吉知婆路多毗九十九薩般嚧訶凌伽四百輸沙怛囉娑那羯囉四百一毗沙喻迦二阿耆尼烏陀迦三末囉鞞囉建路囉四阿迦囉蜜唎咄怛斂部迦五地栗刺吒六毖唎瑟質迦七薩婆那俱囉八肆引伽弊揭囉唎藥叉怛囉芻九末囉視吠帝釤娑鞞釤十悉怛多鉢怛囉十一摩訶跋闍嚧瑟尼釤十二摩訶般賴丈耆藍十三夜波突陀舍喻闍那十四辮怛隸拏十五毗陀耶槃曇迦嚧彌十六帝殊槃曇迦嚧彌十七般囉毗陀槃曇迦嚧彌十八跢姪他十九唵二十阿那隸二十一毗舍提二十二鞞囉跋闍囉陀唎二十三槃陀槃陀你二十四跋闍囉謗尼泮二十五烏吽都嚧甕泮二十六莎婆訶四百二十七句　上來神咒今依紹興海眼諸古本勘對考正

以上神咒，凡有五會，至一百三十七句止，是毘盧眞法會；至一百七十八句止，是釋尊應化會；至二百七十二句止，是觀音合同會；至三百三十二句止，是剛藏折攝會；至四百十八句止，是文殊弘傳會；哆侄他起至咒終，共四百二十七句。長水云：哆姪他前，但是歸命諸佛、菩薩聖賢等，及敍咒願，加被、滅惡離難。至唵字下，方說咒心，即是祕密首楞嚴也。

此咒是如來藏心所成，故曰心咒；而全咒是如來藏心，又曰咒心。今五會併此，共計二千六百二十字。末三字娑婆訶，或云薩婆訶，唐翻速成，令我所作速成就也。然此段既稱心咒，則是五會中，精要之義。如有力者，通前俱持，固爲盡善；設或無力，則但持此段，確信功極，自收成效。然衆生之機，顯密不定，以有衆生，應從顯說，而獲益者；亦有衆生，應從密說，而獲益者。雖顯密互陳，然皆發明，大佛頂如來藏心，不思議體用也。諸經神咒，例皆不翻，即五種不翻中，祕密不翻。而於四例中，即翻字不翻音之例；字是華文，音是梵語，此方人不曉，而天竺之人，日用所共曉解者也。至於祕咒，非但常人不知，理應下位聖賢，不達上位之咒，故於顯部之外，另曰密部也。然在西域祕密部，類分東、西、南、北、中，凡有五部，此咒正當中央，遮那灌頂部也。

天如曰：孤山所引天台四悉檀，悉徧也，檀施也。諸聖以四法，徧施衆生也。初世界悉檀者：隨方異說，令生歡喜益也。二、爲人悉檀者：生善益也。三、對治悉檀者：破惡益也。四、第一義悉檀者：入理益也。　此四悉普益也。如上根之人，誦之可得入理益；其次以誦咒除惡習，得破惡益；其次以誦咒，遠離雜念，得生善益；其次以誦咒，而能摧邪輔正，令生歡喜益也。正脈云：大端聖賢宏化，例有顯密二教，如醫療病，率有二途：一者授方，則顯說病源、藥性，及炮治之法，如佛顯教。二者授藥，則都不顯說，但惟與藥，令服愈病而已，不必求知何藥何治，如佛密教。故今授藥，不必求解，若解生則咒喪矣。　持咒之法，但當深信不疑，一味持之，身、口、意三密相應，不要起心求解，如參話頭相似，只許參，不許解，一念不生，自能得益。　如昔日有一浪人，遠奔他國，詐稱王子。彼國因以公主妻之，食時多瞋難事，其公主欲探其意，願善順之，一日往詢彼國商人，能通語言者。彼商人多智，知彼詐稱王子，未便與言，有關國恥。遂用本國語，作一偈曰：若當瞋時，則含笑念偈云：無親往他國，欺誑一切人，粗食是常食，何勞復作瞋？囑云：須學言音，不必求解。說是偈時，彼知事露，從此不敢生瞋。神咒之功，亦復如是。正脈云：祕咒少分應知，三義略盡：一、理法力：謂以一字含無邊妙理，而稱陀羅尼，謂總一切法，持無量義，斯之威力，全具所詮之理；如此方元、亨、利、貞，亦可避凶致祥矣。二者、威德力：謂諸佛菩薩，一切權實聖賢，威德深重，具大勢力，稱其名號，隨願如意；如今世間，有勢力人，亦可假其名聲，伏惡脫難也。三者、實語力：佛菩薩，一切聖賢，起大悲心，愍衆生故，出誠實語，咒願衆生，離苦得樂，革凡成聖，故誦之可以隨言成益；如世之實修行人，尚可咒願吉凶，隨言成就，何況證理，入位聖賢，眞慈誓願，安可測度？略述由此三義，故持之得不測之神功。然須確信，專持功滿，方收成效，若猶豫間斷中輟，或壇戒不能如法，而謗斯咒無功者，招大罪苦也。須知放光如來，說此神咒，正爲近下根機，最初方便，持之自可遠魔脫難，斷惑證眞，轉煩惱以得菩提，出生死而入涅槃也。初正說神咒竟。

癸二　說咒利益　分二　子初　諸佛要用　二　衆生利賴　子初分三

丑初　指示全名　二　備彰諸用　三　更名無盡　今初

阿難！是佛頂光聚，悉怛多般怛囉，祕密伽陀，微妙章句。

此示咒之全名。佛頂光聚者：以咒原從佛頂光中，化佛說故。光而言聚者，謂燄網交羅，如大火聚。頂表尊勝，光表威靈，聚即神用。悉怛多般怛囉，前有摩訶二字，此云大；悉怛多，此云白；般怛囉，此云傘蓋，以是咒之名目耳。有謂哆姪他唵，下七句爲咒心非也；以彼是五會神咒，都聚之處，結晶之義也。究之此咒，全如來藏心成咒，故曰心咒；全咒即是如來藏心，是名咒心。但此心不出體、相、用三義：體無對待曰大，即如來藏本妙圓心，如實空義；相離染垢曰白，即如來藏元明心妙，如實不空義；用覆一切曰傘蓋，即如來藏妙明心元，如實空不空義。祕密伽陀，微妙章句者：隱祕深密，謂咒中亦有伽陀頌也；精微奧妙。章謂大段，如分五會是也；細分曰句。一一皆不可思議也。

丑二　備彰諸用

出生十方，一切諸佛，十方如來，因此咒心，得成無上正徧知覺。

此明十方如來，自利利他，皆此祕密咒心之功用也。十方一切諸佛，所以出現於世，示生成佛者何也？皆由十方如來因此咒心，以爲密因，修證了義，諸菩薩萬行，然後圓成果地修證，所以得成無上菩提。正徧知覺：即是菩提智果。了知心生萬法，爲正知；萬法唯心，爲徧知。則諸佛因心果覺，始終無二也。

十方如來，執此咒心，降伏諸魔，制諸外道。

此明降魔制外用。十方如來，將欲證眞，多爲魔外所擾，不能速成，遂執此祕密咒心，以爲金剛王寶劍，降伏一切五陰諸魔，制伏斷常諸見外道。

十方如來，乘此咒心，坐寶蓮華，應微塵國。

此明普現身雲用。十方如來，既證眞已，現盧舍那身徧遊華藏世界，遂乘此祕密咒心，以此咒心，即是諸佛眞法身，故坐寶蓮華，徧遊微塵國土，隨類現身。

十方如來，含此咒心，於微塵國，轉大法輪。

此明應機說法用。十方如來，欲轉法輪，必於無礙智中，含此祕密咒心，以此咒心，即是正法眼藏，以爲德本，故能於微塵國土，以八音四辯，轉無上根本大法輪。

十方如來，持此咒心，能於十方，摩頂授記。自果未成，亦於十方，蒙佛授記。

此明授自他記用。十方如來，約由本垂迹，現應化身言之。持此祕密咒心，以此咒心，能爲成佛之本，自成道後，能於十方，慈悲攝受，摩諸菩薩頂，授其當來成佛之記。設或自果未得圓成，亦能於彼十方，蒙佛親授菩提之記。

十方如來，依此咒心，能於十方，拔濟羣苦。所謂地獄、餓鬼、畜生、盲、聾、瘖瘂，冤憎會苦、愛別離苦、求不得苦、五陰熾盛，大小諸橫，同時解脫。賊難、兵難、王難、獄難、風、火、水難，飢渴貧窮，應念銷散。

此明拔苦濟難用。十方如來，依此祕密咒心，能於十方，拔濟羣苦。或教自持，或代咒願。仗神咒威力，得離苦難。所謂，指釋之辭，謂一地獄、二餓鬼、三畜生、四北洲、五盲聾瘖瘂、六佛前佛後、七世智辯聰、八長壽天。以此八種，不堪受教，難入佛法，故名爲難。寃憎會苦，愛別離苦，求不得苦，五陰熾盛苦，併生、老、病、死四苦，合八苦。此中以難言之，則舉前以攝後；以苦言之，則舉後以該前；此苦難之所從分也。大小諸横者：據藥師經言，大有九種，小無數量，難可具說。且九横者，一病不服藥，横殺衆生，信邪祀鬼，本不當死，由不服藥，傷生致死名爲横；二横被王法之所誅戮；三非人奪其精氣；四横爲火焚；五横爲水溺；六横爲惡獸所噉；七横墮山崖；八横爲毒藥，與夫厭禱咒詛，鬼害所中；九横被飢渴所困，不得飲食。同時而得解脫。賊難，有刼財奪命等事；兵難，有銜鋒冒刃等事；王難，有委身致命等事；獄難，有枷鎖禁繫等事；風難，有凜寒飛沙等事；火難有焚燒炙熱等事；水難，有衝陷漂沉等事；飢難，有絕糧枵腹等事；渴難，有喉乾口燥等事；貧窮難，有困苦逼迫等事。如上諸難，應其所念，祕密咒心，而得銷散也。

十方如來，隨此咒心，能於十方事善知識，四威儀中供養如意。恆沙如來，會中推爲大法王子。

此明事師紹法用。十方如來，隨此祕密咒心威力，能於十方世界，事善知識。以彼具正知正見，能爲學者，抽釘拔楔故。若非咒力，豈能十方遠到耶？四威儀中，供養如意者：行、住、坐、臥，一切時中，各有應供之物，各令隨心，故曰供養如意。若非咒力，豈能如意出生耶？恆沙如來，法會之中，助佛轉輪，弘揚法化，推爲大法王子，承紹法王家業，若非咒力，豈能徧事諸佛耶？

十方如來，行此咒心，能於十方，攝授親因，令諸小乘，聞祕密藏，不生驚怖。

此明攝授親因用。十方如來，與歷劫親緣，互相因依。自雖成佛，念彼散在十方，亦常行此祕密咒心。行即持也，攝授護念，縱使墮在小乘，亦乘咒力加被，成就大志，堪受大法，如聞說祕密如來藏心，不生驚疑與怖畏也。

十方如來，誦此咒心，成無上覺；坐菩提樹，入大涅槃。

此明智斷二果用。十方如來，誦此祕密咒心，以爲成佛之本，轉煩惱而成智果，故曰成無上覺。坐菩提樹，一期弘化，轉生死而成斷果，故曰入大涅槃。足知此咒，爲成始成終之大用也。

十方如來，傳此咒心，於滅度後，付佛法事，究竟住持。嚴淨戒律，悉得清淨。

此明付法護戒用。十方如來，傳此祕密咒心，化緣既畢，將欲歸眞，於滅度時，最後遺言，付囑佛法，紹繼之事，令得究竟住持。至於護戒一事，佛雖臨涅槃，猶復叮嚀告誡，以戒爲師，故曰嚴淨戒律，悉得清淨。嚴以治身，淨以治心，身心皎潔，有若冰霜，如是能正法長存，毘尼久住也。二備彰諸用竟。

丑三　更明無盡

若我說是佛頂光聚，般怛囉咒，從旦至暮，音聲相聯，字句中間，亦不重疊，經恆沙劫，終不能盡。

此更明無盡。若我說是佛頂光聚，般怛囉咒者，此略牒全名。雖從淸旦，以至薄暮，音聲相聯，熾然說，無間歇，於其中間，字句亦不重疊。如是縱經恆河沙劫，極顯其字句之廣，說日之長，終不能演說得盡，此咒之功用也。如華嚴所謂，一字法門，海墨書而不盡者也。正脈云：此無盡乃約諸佛要用，並非衆生用也。初諸佛要用竟。

子二　衆生利賴　分二　丑初　別指勝名　二　備彰威力　今初

亦說此咒，名如來頂。

不唯此咒，但名如來藏心，亦說此咒，名如來頂。表其至尊至妙，故能爲衆生利賴也。

丑二　備彰威力　分三　寅初　首示行人必賴以勸持　二　詳伸護生助道以出由　三　承明行人必證以結勸　寅初分二　卯初　正示誦方遠魔　二　開許書帶獲益　今初

汝等有學，未盡輪迴，發心至誠，取阿羅漢，不持此咒，而坐道場，令其身心，遠諸魔事，無有是處。

汝等有學，未盡輪迴者：三果以前，皆名有學。以未能盡分段生死，所以猶屬輪迴。若發至誠心，至極誠懇，取阿羅漢者，設若不持此佛頂神咒，而坐脩道之場，欲令身心淸淨，遠離諸魔事業者，斷然無有此理也。不持下乃反顯，然持方遠魔耳。

卯二　開許書帶獲益

阿難！若諸世界，隨所國土，所有衆生，隨國所生，樺皮貝葉，紙素白氎，書寫此咒，貯於香囊，是人心昏，未能誦憶，或帶身上，或書宅中，當知是人，盡其生年，一切諸毒，所不能害。

阿難！若諸世界，隨所有國土，所有衆生，隨屬何國，所生樺皮：樺樹皮，治令薄軟，可以作書；貝葉，貝多羅樹葉，廣長可書；紙素，紙之素者，如此方抹竹爲漿，而製成之；白氎，白氎華所織成，可作書寫之用。正脈云：白氎天竺物，紙類也，有價値無量者，此土無之。

即用上樺皮等，書寫此咒，貯於香囊，以便帶持。是人心中昏昧，秉性暗鈍，無聞持力，未能誦憶，或帶身上，或書宅中，粉壁俱可。當知是人：即是身帶宅書之人。盡其生年者：謂從生至死。一切諸毒，所不能害者：一切諸毒，當分內外，內則貪、瞋、癡，稱爲三毒，由持咒治習，漸以熏化；外則蚖、蛇、蝮、蠍，所有毒類，由神咒威靈，悉以遠遁，故所不能害。初首示行人必賴以勸持竟。

寅二　詳伸護生助道以出由　分二　卯初　總標二意　二　別列多功

今初

阿難！我今爲汝，更說此咒，救護世間，得大無畏，成就衆生，出世間智。

此詳伸此咒，有護生助道之功勳。阿難！我前說此咒，爲諸佛要用，今則爲汝更說此咒，爲衆生利賴。一、救拔護念，世間衆生，於一切怖畏之中，能誦此咒，令魔鬼不擾，得大無畏。二、或遇有志修學圓通定慧者，令煩惱不侵，斷惑修證，成就出世間智，如觀世音，救世悉安寧，出世獲常住。初總標二意竟。

卯二　別列多功　分二　辰初　約衆生以顯各益　二　約國土以顯普益

辰初分三　巳初　救護災難　二　助成道業

三　稱遂願求　巳初分二　午初　惡緣不能成害　二　惡生不害加護

今初

若我滅後，末世衆生，有能自誦，若教他誦，當知如是誦持衆生，火不能燒，水不能溺，大毒小毒，所不能害。

若我滅後，末法之世，魔强法弱，衆生修行，未免多障，欲免自障，誦此祕密神咒；欲免他障，教他誦此祕密神咒。當知如是持誦衆生，自行化他，均得其益。火不能燒，水不能溺者：火有內火、外火，水亦有內水、外水，內火如欲火等，外火則從緣而起，如天火等。內水如愛水等，外水如劫水等。仗此咒力，自然不致燒溺。大毒如瘟疫流行，小毒如蛇蚖等觸。如此諸毒，皆以神咒之力能迴，故曰所不能害。初惡緣不能成害竟。

午二　惡生不害加護

如是乃至天龍鬼神，精祇魔魅，所有惡咒，皆不能著，心得正受。一切咒咀，厭蠱毒藥，金毒銀毒，草木蟲蛇，萬物毒

氣，入此人口，成甘露味。

如是乃至下，惡咒不著。天龍舉八部之二。無福德曰鬼，有福德曰神，得天之靈曰精，得地之靈曰祇，專於障道曰魔，一於惑人曰魅；此等皆能用咒以害人，故云惡咒。如遇祕密神咒，則如以塵揚於順風，皆不能著。心得正受者：持咒持成三昧也。持至能所雙亡，不受諸受，名得正受。咒詛厭蠱毒藥：厭蠱者，屍毒也，又西南夷所畜，有虵鼠蝦蟆等類；毒藥者，物毒也，鴆毛瀝酒，沾脣即死。如上厭蠱毒藥，皆能毒害於人，加以咒詛之力，則百發百中矣！此以邪受不能動，惡咒不能著，即究竟堅固之三昧也。金毒銀毒者：溫陵曰：金銀入藥，便能發毒。草木蟲虵，舉此四類，餘以萬物毒氣該之。入此人口，成甘露味者：甘露爲不死之神藥，飲之者，得益良多。寶鏡疏云：此如鼎有靈丹，而頑銅鈍鐵，入者成金也。

一切惡星，並諸鬼神，磣心毒人，於如是人，不能起惡，頻那夜迦，諸惡鬼王，並其眷屬，皆領深恩，常加守護。

一切災變惡星，並諸惡鬼惡神，磣心毒人，包藏禍心，常以暗箭傷人之輩，莫不覩德容而意銷，被慈風而心化，不但不能起惡，而且轉暴爲良也。頻那、夜迦，諸惡鬼王，以誦咒饒益彼類；並其眷屬，皆領深恩者：謂素蒙佛化領佛深恩，爲報佛恩，故於是咒，常加守護，爲護咒故，並護持咒之人也。初救護災難竟。

巳二　助成道業分六　午初　資發通明　二　遠離雜趣　三　常生佛前　四　衆行成就　五　諸罪消滅　六　速證無生　今初

阿難當知：是咒常有八萬四千那由他恆河沙俱胝，金剛藏王菩薩種族，一一皆有諸金剛衆，而爲眷屬，晝夜隨侍。

此下至無生忍，皆明助道成智。前說離難遠魔，固是神王之力所及，此明助道須假菩薩。咒是諸佛心印，咒在之處，即爲佛在，故常有聖眷隨侍；故囑當知：是佛頂神咒，常有八萬四千那由他，恆河沙俱胝，金剛藏王菩薩：那由他，此云萬億，俱胝，此云百億。言菩薩之數，百億不足以盡之，復以恆河沙計之；恆河沙百億不足以盡之，復以萬億計之。萬億恆河沙百億，不足以盡之，復以八萬四千計之；極言數目有如許之多。現威勇之形，具降魔之力，故名金剛。蘊秘密之德，攝金剛之衆，故稱藏王。種族者：謂此唯一類相聚，故曰種族。一一皆有諸金剛衆，而爲眷屬，聽其驅策，如火頭金剛，青面金剛等。此諸聖衆，爲護持咒故，併護衛持咒之人，晝夜恭隨侍衛，如慈母之護嬰兒，時刻不離也。

設有衆生，於散亂心，非三摩地，心憶口持，是金剛王，常隨從彼諸善男子，何況決定菩提心者，此諸金剛菩薩藏王，精心陰速，發彼神識。

設若有衆生，於散心亂心之時，非有正定，常住三摩地，但能散心思憶神咒，亂心口持神咒。雖非定心憶持，而金剛王亦常隨從於彼，爲報佛恩，格外施護也。通稱男子者，以能憶神咒，即具善根故也。何況反顯辭，彼邪定聚，及不定聚衆生，尚蒙金剛隨護，何況此等決定發菩提心者，是回小向大，修習耳根圓通，志在無上菩提也。此諸金剛菩薩藏王，執金剛杵，持秘密藏，或稱金剛菩薩，或稱菩薩藏王，或稱金剛藏王菩薩，或稱金剛菩薩藏王，或稱金剛王，或稱金剛藏，隨稱皆可。以此菩薩，既得如來藏心，去惑純精，而與行人，現具藏心，本來無二。聖凡雖異，心精通脗，故能以同體心精。陰者冥也，速者疾也，冥冥之中，如兩鏡相對，以心印心，速疾啓發彼持者之神識，應時得大開悟也。

是人應時，心能記憶，八萬四千恆河沙劫，周徧了知，得無疑惑。

此神識通明。是人，即指精心陰速之人，應時心能記憶八萬四千恆河沙劫前事。一切妙理，周徧了知，得無疑惑，似涉三明。況河沙紀劫，迥超小乘八萬故能獲宿命，而得天眼也。溫陵曰：即所謂成就衆生出世間智也。初賚發通明竟。

午二　遠離雜趣

從第一劫，乃至後身，生生不生，藥叉羅剎，及富單那，迦

吒富單那，鳩槃茶，毗舍遮等，幷諸餓鬼，有形無形，有想無想，如是惡處。

此永離惡處。從第一劫：謂從初發心持咒時起，乃至超略中間，直至最後身。生生謂捨生趣生；不生下之諸趣，因得通明，有助道故。藥叉或云夜叉，捷疾鬼也。羅刹此云可畏，食人鬼也。富單那此云臭惡鬼，主熱病鬼也。迦吒富單那。此云奇臭惡鬼，主熱病之甚者。鳩槃茶此云甕形，魘魅鬼也。毘舍遮或云毗舍闍，此云噉精氣，以能噉人精氣，及噉五穀精氣。並諸餓鬼：如大腹、臭毛、針咽、炬口等。有形：即是有色，如休咎精明。無形：即是無色，如空散銷沉。有想：即靈通怪變，如鬼神精靈。無想：即凝滯堅頑，如精神化爲土木金石等。如上諸處，各有自苦，遮障聖道，故曰惡處。然旣生生不生，則聖道可修，宜乎因圓果滿，而至最後身矣！

午三　常生佛前

是善男子，若讀若誦，若書若寫，若帶若藏，諸色供養。劫

劫不生，貧窮下賤，不可樂處。

是善男子：指決定發菩提心人。不唯不生雜趣，即於人中，不可樂處，亦復不生。若果將此神咒：對本曰讀；背本曰誦；敬寫爲書；便書爲寫；身佩名帶；器貯名藏。諸色供養：如香、花、燈、塗、果之類。劫劫不生，貧窮下賤：貧賤皆妨道業，爲不可樂處。既不生此，則定生可樂處。以持尊勝頂法，故感尊勝果報也。

此諸衆生，縱其自身，不作福業，十方如來，所有功德，悉與此人。

此爲生佛界之由。若果欲生佛界者，定必多修福德因緣方可。今此人自身不作福業，但能持咒，而十方如來，所有功德，悉與此人者，咒力使然也。

由是得於恆河沙阿僧祇，不可說不可說劫，常與諸佛同生一處。無量功德，如惡叉聚，同處熏修，永無分散。

由是下，得生佛前。且得於恆河沙阿僧祇，不可說不可說劫，與佛同生一處，所謂常在佛前是也。無量功德下，方是生後功德，既常在佛前，必常隨佛學，了知諸佛爲衆生心內諸佛，衆生乃諸佛心內衆生，心佛及衆生，是三無差別。如惡叉聚之果，三果一蔕，不相捨離，同處熏煉修習，永無分別離散矣！

午四　衆行成就

是故能令破戒之人，戒根清淨；未得戒者，令其得戒；未精進者，令其精進；無智慧者，令得智慧；不清淨者，速得清淨；不持齋戒，自成齋戒。

指掌疏云：承上神咒，以有如是利益，是故能令衆行成就。破戒之人：如阿難八萬行中，祇毀一戒。戒根清淨者：如阿難心清淨故，尚未淪溺。未得戒者：如登伽宿爲淫女；令其得戒者：如登伽今爲性尼。未精進者：如阿難專好多聞，登伽偏於淫愛。令得精進者：如阿難殷勤請定，登伽成精進林。無智慧者：如登伽纏眠貪愛，不知爲苦。令得智慧者：如登伽與羅睺母，同悟宿因。

不清淨者：如登伽未蒙咒前，欲燄飛揚；速得清淨者：如登伽蒙咒後，淫心頓歇。設或此人，縱有宿愆，不能持齋與持戒者，但能持此咒，日久月深，消除業障，自然成就，能令齋戒圓成。如上破戒之人，能令戒根清淨等，總指未持咒前，有種種諸事，自持咒之後，仗神咒功勳，自能成就。但舉阿難登伽二人，爲證甚善。末後不持齋戒，自成齋戒者：並非謂不要持齋戒，自然能成齋戒，此種惡習，自當誡之。須知戒爲無上菩提本，斯言信不誣也。四衆行成就竟。

午五　諸罪消滅

阿難！是善男子，持此咒時，設犯禁戒，於未受時，持咒之後，衆破戒罪，無問輕重，一時銷滅。

此明持咒能滅現在諸罪也。阿難！是善男子，持此咒時，自應嚴持禁戒，以佛有明誨，故設有犯一切禁戒，於未受持此咒時，乃屬往愆。今既持咒自新，誓不更犯，則從前所有衆破戒罪，無問所犯輕重，一時消滅。重謂小乘初篇，大乘十重；輕謂小乘餘篇，大乘四十八輕。指掌云：羯磨云「前心作惡，如雲覆日，後心起善，似炬銷暗」。今既似炬銷暗，乃何罪不滅？故無問輕重也。

縱經飲酒，食噉五辛，種種不淨，一切諸佛，菩薩，金剛，天仙，鬼神，不將爲過。

縱使往日，曾經飲酒，酒雖非葷物，而無性命，然酒爲起罪因緣，故宜禁戒。食噉五辛，如葱、蒜、韮、薤、興渠，此五辛，熟食發淫，生噉增恚，以至種種葷腥，不淨之物。今既持咒之後，則諸佛菩薩，金剛天仙鬼神，不將爲過，以既往不咎也。

設著不淨，破弊衣服，一行一住，悉同清淨。縱不作壇，不入道場，亦不行道，誦持此咒，還同入壇，行道功德，無有異也。

准前文，佛教著新淨衣，然香誦咒，又教六時行道，三七不寐。今云設著不淨者，則不局於淨衣；又云破弊者，則不局於新衣；又云凡一行動者，則不局於六時行道也；凡一住此者，則不局於三七不寐也。此爲行頭陀行，清貧不備者，恐失誦咒利益，故特開許，悉同清淨也。　准前文，如法建壇，依教行道，方合如來清淨軌則。今者此人既乏貲財，縱不作壇，又不能入楞嚴道場，亦不能隨衆行道，所有功德，等無有異。

若造五逆無間重罪，及諸比丘、比丘尼四棄八棄，誦此咒已，如是重業，猶如猛風，吹散沙聚，悉皆滅除，更無毫髮。

此極重罪滅。設若未誦咒前，造此五逆：殺父、殺母、殺阿羅漢、破和合僧、出佛身血，當墮五無間地獄，故云無間重罪。及諸比丘四棄：即殺、盜、淫、妄，四波羅夷罪。梵語波羅夷，此云棄，謂犯此罪者，永棄佛法海外，猶如大海，不納死屍也。比丘尼八棄者，前四根本戒，與比丘同，再加觸、八、覆、隨；第五觸，謂與染心男子，身相觸；第六八，謂與染心男子，捉手捉衣，屏處共坐，共語、共行、相倚、相期等八事；第七覆，謂覆他重罪；第八隨，謂隨大僧供給衣食，即爲僧所擧，未作共住法者，不得隨彼也。如是等罪，皆極重而不可懺者。若是知慚悔過，誦咒求懺，仗咒力故，應念消滅。如是重業，猶如沙聚，言沙已成聚，非猛風不能吹散。而密咒具不測之威神，故如猛風，一吹便散，悉皆消滅，更無毫髮之少留也。

阿難！若有衆生，從無量無數劫來，所有一切輕重罪障，從前世來，未及懺悔，若能讀誦，書寫此咒，身上帶持，若安住處，莊宅園館，如是積業，猶湯消雪。

此極遠罪滅。阿難！若有衆生，從於無量無數劫來，無量無數，乃西域十大數之一二。百洛叉百洛叉，爲一無數；無數無數，爲一無量。所有一切輕重罪障：罪之所以稱障者，有礙正修故。從前世來，未及懺悔：懺具云懺摩，此翻悔過，懺是梵音，悔是華言，故稱華梵兼舉。懺者懺其前愆，悔者悔其後過，既未及懺悔，必障正修，欲修三摩，須假咒力，若能讀誦，書寫此咒，身上帶持：讀誦者，起坐不忘；書寫者，觸目驚心。若安住處，莊宅園館：莊宅，常時安住處也；園館，暫時遊憩處也。如是積業，猶湯銷雪：如是無量無數劫來，所有積聚罪業，仗神咒之功力，速能除滅，猶如沸湯銷雪相似。五諸罪消滅竟。

午六　速證無生

不久皆得，悟無生忍。

正脈云：圓實初住，便證此忍，別教當在地上，詳前發通，乃是定心成就所發。今悟無生，乃是慧心成就所發。前但了知不昧，未必實證，萬法無生，應知後位，深於前位，況得此忍之後，罪福皆空，聖凡情盡，可以魔佛一如，方能徧涉惡苦諸趣，而無礙無擇。故知此科，超前諸科，而爲助道之成功矣！又所謂出世間智者，發通成始，而無生成終也。按六科，前四即爲人生善悉檀，第五對治破惡，第六第一義入理也。而前之救難，後之應求，乃世界歡喜悉檀也，餘可類知。指掌疏云：宿障既銷，三摩得成，故云不久得忍。准前俱空不生。按後乃當第三漸次，且不可作八地釋之。二助成道業竟。

巳三　稱遂願求

復次阿難！若有女人，未生男女，欲求孕者；若能至心，憶

念斯咒，或能身上帶此悉怛多般怛囉者，便生福德智慧男女。

此稱遂願求。因不諳佛法，但求世間福樂。設若有女人，未曾生男育女，欲求孕者，孕即懷胎。若能以至誠心，憶念斯咒。憶，則常時記憶；念，則常時持念；自應所求皆遂。設或秉性稍鈍，不能憶念，祗能身上帶持此悉怛多般怛囉者，亦得同樣功效。昔以未生男女，恐為丈夫所棄，今則便生福德智慧男女。有福德，富而仁；有智慧，聰而賢；此遂男女求也。

求長命者，即得長命；欲求果報，速圓滿者，速得圓滿；身命色力，亦復如是。

求長命者：貪生惡死，人之常情，無論富貴貧賤，皆求百年無病，永享遐齡。能持誦神咒者，即得長命。欲求果報，速圓滿者：果報有福利修行，二種分別，此中似是福利。而修行，上科中資發通明，速得無生，修行已得圓滿。

身命色力，亦復如是：此福利果報。如謂身體健康，壽命延長，形色端正，筋力强壯。亦復如是者：指同上果報，速得圓滿也。此鈍根劣機，不知持咒，爲當來成佛之因，惟求色身利益，故亦滿其願也。

命終之後，隨願往生十方國土，必定不生邊地下賤，何況雜形？

此求身後往生。命終者，前陰已壞，後陰未成也。隨願往生十方諸佛淨土，以持咒功力，得滿所願。決定不生邊地下賤，邊地下賤，尚且不生，何況地獄餓鬼等，雜形異報耶？指掌疏云：大悲經云：誦持大悲神咒，若不生諸佛國者，我誓不成正覺。蓋彼兼菩薩願力，此兼諸佛心力，以此咒是諸佛心咒，持此咒者，必爲諸佛護念故。初約衆生以顯各益竟。

辰二 約國土以顯普益 分三

巳初 諸難消除 二 兆民豐樂

三 惡星不現 今初

阿難！若諸國土，州縣聚落，飢荒疫癘，或復刀兵，賊難鬬

諍，兼餘一切，厄難之地。

此正顯此咒，能護國安民，轉凶爲吉也。若諸一國領土之內，州縣者國土之分治；聚落者，人烟聚集之村落，此又爲州縣所轄也。飢荒者：即五穀草菜不生，爲饑饉難；疫癘者：癘乃四時不正之氣，人得之而成疾疫，爲疫癘難；刀兵者：邊疆不靖；賊難者：家國不寧；鬭諍者：群小爲亂，皆刀兵難也。兼餘一切厄難之地者：如久雨爲患，旱魃成災，蝗蟲肆虐，風雹時至，凡有損於衆生者皆是。

寫此神咒，安城四門，并諸支提，或脫闍上，令其國土，所有衆生，奉迎斯咒，禮拜恭敬，一心供養，令其人民，各各身佩，或各各安所居宅地，一切災厄，悉皆銷滅。

寫此神咒，安城四門：衆人往來，必經之處。并諸支提：此云可供養處，即清淨佛刹之都稱。或脫闍上，脫闍此云幢，如尊勝幢，陁羅尼幢之類。令其國土，所有衆生，禮拜恭敬。皆同一心，至誠供養。令其人民，各各身上，佩帶此咒，或各各安供於所居宅地；一切災害危厄之事，悉皆銷滅，自可化暴戾為祥和也。

巳二　兆民豐樂

阿難！在在處處國土眾生，隨有此咒，天龍歡喜，風雨順時，五穀豐殷，兆庶安樂。

隨在隨處，國土所有眾生，皆宜有咒，隨有此咒之地方，能信受奉持，方感天龍歡喜，則風雨順時。如古之盛時，五風十雨也。由是則五穀收成，必豐盛而殷實也。兆，十億為兆；庶，眾也，儒典以民為庶。今云兆庶者，即指民眾之多，非局定數也。安樂者，謂各安居樂業也。

巳三　惡星不現

亦復能鎮一切惡星，隨方變怪，災障不起，人無橫夭，杻械枷鎖，不著其身，晝夜安眠，常無惡夢。

鎮者壓也，以此神咒，亦復能鎮壓，一切惡星。星各有方，故曰隨方。變怪者，反常曰變，異餘曰怪，如前孛孛飛流，隨其所感之方而現；彼國衆生，本所不見，亦復不聞；蓋人事作於下，天道應乎上，然變怪既已不興，災障自然不起。災不起，則各盡天年，故曰人無橫夭；障不起，則相安無事，故杻械枷鎖，不著其身。晝夜安眠，常無惡夢者：晝爲覺時，夜爲臥時，安眠者，無有夢想也，謂災障既無，自然臥安覺安，夢想亦安矣！

阿難！是娑婆界，有八萬四千，災變惡星，二十八大惡星，而爲上首；復有八大惡星，以爲其主。作種種形，出現世時，能生衆生種種災異。

娑婆界者，五濁惡世，故有惡星，淨土無之。八萬四千者，乃周列宿之總數，乃應衆生煩惱之數。災變惡星者，惡不自惡，因災而變，故云災變惡星。二十八者，爲四方之經，八大星者，爲循經之緯也。二十八星，佛經世典，大同小異，如東方七星，依孔雀，謂：昴、畢、觜、參、井、鬼、柳。而世典，則角、亢、氐、房、心、尾、箕也。南方七星，依孔雀，謂：星、張、翼、軫、角、亢、氐。而世典，則井、鬼、柳、星、張、翼、軫也。西方七星，依孔雀，謂：房、心、尾，箕、斗、牛、女。而世典，則奎、婁、胃、昴、畢、參、觜也。北方七星，依孔雀，謂：虛、危、室、壁、奎、婁、胃。而世典，則斗、牛、女、虛、危、室、壁也。或孔雀約災變，而世典約常度；言地方清寧，則四七各住本位，若災難將起，則四七遞互交錯，能統領八萬四千，而爲上首。復有八大惡星。長水謂：金、木、水、火、土、羅睺、計都、彗，有謂五星與羅、計、孛也。以爲其主者：以爲八萬四千之主，二十八大惡星。以爲其帥，上列天象，下應人事，順則爲福應，逆則爲災應。儒書所謂惠迪吉，從逆凶，作種種形，或商羊舞水，石燕飛風，如爲小兒，幻出歌謠等。出現世時，能生一切衆生種種患變災異，非常不測之事。

有此咒地，悉皆消滅，十二由旬成結界地，諸惡災祥，永不能入。

溫陵曰：以咒力叶乎百順，故惡變悉滅於天，災祥不入其境。　有此祕咒之地，則能反凶爲吉，所有災象，悉皆消滅。由旬者，正云踰善那，此云合，猶此之驛站也。乃輪王巡狩，一停之舍。由旬有三種：大者八十里，中者六十里，小者四十里。成結界地者：百靈呵護。諸惡災祥，永不能入：祥者，吉凶之先兆也；災祥當是凶兆，不取吉祥之義。二詳伸護生助道以出由竟。

寅三　承明行人必證以結勸 分四

卯初　保護安隱　二　遠離魔寃　三　不犯四過　四　必得心通　今初

是故如來宣示此呪，於未來世，保護初學諸修行者，入三摩地，身心泰然，得大安隱。

承上持呪，能獲如上種種利益，由是之故，如來宣示此呪，留於未來之世，保護初心修學。而不言現在者，以現在佛世，魔不得便，故而不言。久修者，以久修之士，有力降魔故。入三摩地者：以從耳根圓通，入正定者。身心泰然：內外身心，解脫自在，得大安隱也。

卯二　遠離魔寃

更無一切諸魔鬼神，及無始來寃橫宿殃，舊業陳債，來

相惱害。

更無一切者：神咒保護之力。諸魔鬼神：如後陰魔中說。及無始劫而來，寃對橫禍之宿殃，陳舊未了之業債，來相惱害身心，令三摩不成也。

卯三 不犯四過

汝及衆中，諸有學人，及未來世，諸修行者，依我壇場，如法持戒，所受戒主，逢清淨僧，持此咒心，不生疑悔。

汝及衆中，諸有學人：指三果以前之衆。及未來世，諸修行者：未來尚資保護，現會益當信受，依我壇場，所定儀軌，如法持戒，皎如冰霜。所受戒主，逢清淨僧，持此咒心，不生疑悔。正脈云：不犯四過，一壇差，二戒缺，三師穢，四疑悔，犯一則難現生取證，惟種遠因而已。

卯四 必得心通

是善男子，於此父母所生之身，不得心通，十方如來，便

為妄語。

是善男子，不犯四過，於此父母，現前所生五蘊之身，不待後身，若不能得心地，明了藏心，以獲圓通者，則十方如來，所說之法，便為妄語。指掌疏云：心通者，即是心地開通，果能如上所說，不犯四過，自然心地開通；設或自力未充，亦必蒙佛現助。如前略示定慧云：我自現身，至其人前，摩頂安慰，令其開悟是也。　余謂設或自力現證，必得圓解大開；如前三七定後云：端坐安居，經一百日，有利根者，不起於座，得須陀洹果。既證初果，能斷見惑，如阿難位居初果，於本經三卷畢，大開圓解，謂不歷僧祇獲法身，即使其身心，聖果未成，決定自知成佛不謬矣！設或心精通脗，決定必得宿命，如前圓證通明云：是人應時，心能記憶，八萬四千恆河沙劫，周徧了知，得無疑惑矣。二備彰威力竟。併前大科，二如來重說竟。

壬三　會眾願護　分二

癸初　外眾護持　二　內聖護持　癸初分五

子初　金剛力士眾　二　兩天統尊眾　三　八部統尊眾　四　照臨主宰眾　五　地祇天神眾　今初

說是語已，會中無量百千金剛，一時佛前，合掌頂禮，而白佛言：如佛所說，我當誠心保護，如是修菩提者。

金剛者：即手執金剛杵，乃力士衆也。無量百千，極言其多也。一時佛前，合掌頂禮，而白佛言：如佛所說神咒，有如是利益；我當至誠，保佑護持，如是修菩提者：謂修耳根圓通，乃得菩提之正定，由護呪所以護人，亦藏王眷屬之類，非是後文之菩薩也。

子二　兩天統尊衆

爾時梵王，并天帝釋，四天大王，亦於佛前，同時頂禮，而白佛言：審有如是修學善人，我當盡心，至誠保護，令其一生所作如願。

梵釋二天統尊，四天王爲帝釋外臣，亦於佛前同時頂禮，而白佛言：審有，果有也。如是持咒修學耳根圓通者，即爲純善之人，我當盡心至誠保持衛護，令其一生之中，凡有所作，悉皆如願也。指掌疏云：一生所作如願者：即於現身圓滿菩提，所謂不歷僧祇獲法身也。正脈云：一生如願謂令現生取證，及心通也。此入理悉檀。若作事事如願，即餘三悉檀矣。

子三　八部統尊衆

復有無量藥叉大將，諸羅剎王，富單那王，鳩槃茶王，毗舍遮王，頻那夜迦，諸大鬼王，及諸鬼帥，亦於佛前合掌頂禮，我亦誓願，護持是人，令菩提心，速得圓滿。

此曰大將、曰王，皆統尊之義。亦於佛前頂禮，而發誓願，護持是誦咒修習之人。令菩提心速得圓滿者：上求佛道之心，速得圓滿成就也。

子四　照臨主宰衆

復有無量日月天子，雨師、雲師、雷師、并電伯等，年歲巡官，諸星眷屬，亦於會中，頂禮佛足，而白佛言：我亦保護是修行人，安立道場，得無所畏。

日月爲世界照臨之主，一四天下，一對日月，故云無量。風、雨、雲、雷而稱師者，電稱伯者：長也，即統尊之號。年歲巡官者：即司年値歲，監察人間所有善惡之巡官，如十二宮神之類。亦於會中，頂禮佛足，而白佛言：見賢思齊，亦願保護是修行耳根圓通之人。安立楞嚴道場，令其尅期取證，心安如海，得無所畏也。

子五　地祇天神衆

復有無量山神、海神、一切土地、水、陸、空行、萬物精祇，并風神王、無色界天，於如來前，同時稽首，而白佛言：我亦保護是修行人，得成菩提，永無魔事。

復有無量山神，即主山神，如五嶽之類；水神，即主水神，如四瀆之類；土地，即主地神，如堅牢地神之類。水陸空行者：此擧三居，以該一切神祇也。萬物精靈者：如藥草樹林，苗稼神等。以上乃有形之類，下屬無形之類。風神王：即主風神也；無色界天：即四空天也。於如來前，同時稽首，而白佛言：或云風神王，無色界天，憑何稽首？答：舜若多神，如來光中，映令暫現，亦得受樂。如涅槃云：非想等天若無色者，云何得有去來進止？阿含云：舍利弗滅，無色界天，淚下如雨，是皆顯其無麤色，有細色也。故中陰經云：無色界天，禮拜世尊，則今之稽首，即禮拜也。我亦保護，是修行人，得成無上菩提，中間永無魔事。初外衆護持竟。

癸二　內聖護持 分二　**子初　顯本久護　二　正明護持　今初**

爾時。八萬四千那由他。恆河沙俱胝、金剛藏王菩薩。在大會中，即從座起，頂禮佛足，而白佛言：

此明內聖，金剛藏王菩薩，發願護咒。正脈云：證究竟堅固之理，故稱金剛；秘跡護持，故稱藏；慈威特勝，折攝並行，故稱王。菩薩是其常儀，降魔則現持杵忿怒金剛之相。　寶鏡疏云：金剛藏王者，依究竟堅固，如來藏心，全體大用，以立名也。蓋首楞嚴定，亦名金剛三昧，所以地上菩薩，破除無明，皆用金剛正智，以其根本無明，最細最堅，若非金剛正智，則不能破故。此咒心亦稱金剛者，以從如來金剛心內，所流出也。故能除宿障，破無明，翻塵勞，而成護法，即有八萬四千，金剛正智，常隨守護也。

世尊！如我等輩，所修功業，久成菩提，不取涅槃，常隨此咒，救護末世，修三摩地，正修行者。

世尊！如我等輩，指同行菩薩，所修功業，歷位斷證久矣！當成菩提，現在不取菩提，而證涅槃，而實圓住三祕密藏，常隨此咒，救護末世，修三摩提，指修習圓通之人。正修行者：謂持戒誦咒，方得遠魔離障，爲正修行。此表其不捨衆生，帶果行因，以酬護生之本願也。

子二　正明護持

世尊！如是修心，求正定人，若在道場，及餘經行，乃至散心，遊戲聚落，我等徒衆，常當隨從，侍衛此人。

世尊！如是修心，修三摩提，求得楞嚴正定之人，若使在道場靜坐，專修反聞工夫。及於餘處經行，持誦祕密咒心，此是正定聚者；乃至散心，遊戲聚落，謂欲求正定，不能攝心，乃至散心，雖然散心，不忘誦咒，此是不定聚者；閒遊嬉戲，於人煙集聚，村落之中，此是邪定聚者；我等徒衆，指所統領眷屬。如前云：一一菩薩，皆有諸金剛衆，而爲眷屬是也。又前云：設有衆生，於散亂心，此不定聚也；非三摩地，此邪定聚也。心憶口持，是金剛王，常隨於彼，何況決定菩提心者，此正定聚也。此則直言俱護耳，故曰常當隨從侍衞此人，亦顯爲法爲人之深心也。

縱令魔王、大自在天，求其方便，終不可得。諸小鬼神，去此善人，十由旬外；除彼發心，樂修禪者。

縱令魔王：欲界頂天；大自在天：即色界頂天。摩醯首羅天王，三目八臂、騎白牛，執白拂。此二魔王天，貪戀塵勞，惱亂正修。求其方便，終不可得者：無隙可乘也，有菩薩救護故。諸小鬼神者：指魔民魔女等，去者離也，離此善人，十由旬外；前云，有此咒地，十二由旬，成結界地。除彼發心，樂修禪者：諸魔鬼神，亦有發菩提心，好樂修禪之者，願隨行人，親近修習，故不祛除，准許隨從也。

世尊！如是惡魔，若魔眷屬，欲來侵擾，是善人者，我以寶杵，殞碎其首，猶如微塵；恆令此人，所作如願。

世尊！如是惡魔：指上二魔王天，常欲惱害正修，故以惡魔稱之。若魔眷屬：指上諸小鬼神，是其伴侶，故以眷屬稱之。欲來侵惱擾害，修三摩提之善人者：我以寶杵，殞碎其首，猶如微塵：殞滅也，寶杵擬之，其首即碎，不待觸擊也。恆令此人，所作如願者：恆者常也，常時救護此人，凡所修爲，悉皆如意，離諸障難，故云如願也。指掌疏云：問：菩薩以慈悲爲本，十重以殺戒爲先，況復四種明誨，言猶在耳，遽發是願，應爲佛呵，若果杵碎其首，犯殺違慈，其如菩薩行何？答：如父母之於兒女，笑罵皆爲教道，菩薩之於衆生，折攝俱屬拔濟。故孤山云：若涅槃殺闡提，仙預誅淨行，皆住無緣慈，得一子地，乃能如是。是知此之杵碎其首，本無瞋怒，而其恆令如願，亦非喜愛；必以如是之人，乃可發如是願，如來不呵，非爲無故，幸勿以大鵬比鳩鷃也。

正脈云：自初華屋請修，以至此文，當爲巧修正助周。夫二修雖皆最初方便，而耳門深入、是爲正修，而道場持咒，皆爲助行。是知方便修人，自分利鈍二根。根稍利者，固不必道場等助，而自脫纏以入圓通，如阿難是也。根稍鈍，而不能促入者，方用後門助之。問：「此既一周，何無證悟之人？」答：「證悟在正行之末，此但助行，故無證悟。其於經題，四實法中，正屬修證了義耳」。辛二重請神咒竟。倂上大科冥授以選本根竟。再倂前正宗大科，已三說三摩修法，令從耳根一門深入竟。巧修正助周

楞嚴經講義第十八卷終

大佛頂如來密因修證了義諸菩薩萬行首楞嚴經講義

福州鼓山湧泉禪寺圓瑛弘悟述　受法弟子明暘日新敬校

己四　說禪那證位，令住圓定，直趣菩提。

此文乃答阿難妙禪那之請。佛爲說禪那證位，令住圓定，直趣菩提，即題中諸菩薩萬行。因前阿難妙奢摩他之請，佛爲說奢摩他路，令悟密因，大開圓解，即題中如來密因。次因阿難妙三摩之請，佛爲說三摩修法，令依耳根，一門深入，即題中修證了義；佛勅文殊選擇。偈云：此方眞教體，清淨在音聞，欲取三摩提，實以聞中入。又云：旋汝倒聞機，反聞聞自性，性成無上道，圓通實如是。而阿難心迹圓明，悲欣交集，是中修行，得無疑惑，復愍末世，請示道場加行。佛復爲說四重律儀，道場定慧，併親聞神咒，則巧修正助已周。

此下阿難請問位次，佛爲說妙禪那，梵語禪那，此云靜慮，靜即是定，慮即是慧。雙躡前奢摩他，即定之慧，三摩中即慧之定，成一圓定；是已登圓教初住，令住在圓定之中，定慧均等，不偏空有二邊，中中流入，薩婆若海，帶果行因，經歷五十五位，眞菩提路，任運修證，直趣無上菩提，方爲一期修證事畢。此亦無修之修，無證之證。前修證了義，乃自利行，此爲兩利行也。圓滿菩提，歸無所得。本科復分爲二：

庚初　阿難謝教請位　二　如來對示緣起　今初

阿難即從座起，頂禮佛足，而白佛言：我輩愚鈍，好爲多聞，於諸漏心未求出離，蒙佛慈誨，得正熏修，身心快然，獲大饒益。

旣悟圓通本根，又聞道場修法，欲謝佛恩，故即從座起，頂禮仰白。智不勝曰愚，根不利曰鈍，由智劣故，但好多聞，未能思修正定，得證圓通；由根鈍故，於諸漏心，未能進斷細惑，以求出離。現前蒙佛慈誨者：即選根加行，兩重深誨，得正助熏修，楞嚴大定，故身心快然安樂，今日獲大豐饒利益也。

世尊！如是修證，佛三摩提，未到涅槃，云何名爲乾慧之

地？四十四心，至何漸次，得修行目？詣何方所，名入地中？云何名為等覺菩薩？

此明當機已悟正助熏修之法，復請位次也。如是指法之詞，發心修證，十方諸佛，最初所修三摩提，從始至終，但未到極證涅槃之前，云何名為乾慧之地？四十四心，即十信、十住、十行、十回向、四加行也。楞嚴十信，與他經不同，因開初住為十信也。況後初住，明言發此十心，又云十用涉入，圓成一心也。　至何漸次，得修行目：此二句應在三摩提下，後再接未到涅槃，云何名為乾慧，與下正文，次序方合。漸次即三漸次：一者修習，除其助因；二者眞修，刳其正性；三者增進，違其現業。得修行目者：即辦道之眼目也。詣何方所者：以十地地地斷障，地地證眞，各有方所分劑，不相踰越，名為深入十地之中；云何修習，進斷生相無明，名為等覺菩薩？

作是語已，五體投地，大衆一心，佇佛慈音，瞪瞢瞻仰。

作是語已，五體投地者：請法之誠，五體並投於地。大衆一心，佇佛慈音者：大衆多人一心，佇待如來慈悲法音。瞪瞢瞻仰者：兩目直視於佛，瞻仰待教也。初阿難謝教請位竟。

庚二　如來對示緣起　染淨二緣，皆由心起。心迷，則依本覺，而起不覺，即染緣起，徧成十二類生，輪迴諸趣。心悟，則依不覺，而起始覺，即淨緣起，上歷五十五位，究竟涅槃。**此科即分爲四：辛初　如來許說大衆承聽　二　所依眞如爲諸法源　三　示染緣起徧成輪迴　四　示淨緣起歷成諸位**　今初

爾時世尊，讚阿難言：善哉善哉！汝等乃能普爲大衆，及諸末世，一切衆生，修三摩地，求大乘者，從於凡夫，終大涅槃，懸示無上正修行路。汝今諦聽，當爲汝說。阿難大衆，合掌刳心，默然受教。

重讚阿難言，善哉，善哉者：一讚其自己，得正熏修；二復爲大衆，及末世衆生，發利他心。凡修楞嚴正定，求大乘者，如前云，汝等若欲捐捨聲聞，

修菩薩乘，入佛知見，始從凡夫，由三漸次，終至妙覺，大涅槃果海，其間經歷，所有五十五位，眞菩提路。願其預先，懸爲指示，無上菩提，正修行路；三漸是凡，涅槃果海是聖，而非是路，正令現未，修正定者，中中流入。從始洎終，中間永無諸委曲相，汝今諦實而聽，當爲汝說。阿難與諸大衆，合掌刳心：刳剔去也，如刳木爲舟，剔去其實，而虛其中也。即刳剔緣慮分別之心，一念不生，默然領受教法矣！初如來許說大衆承聽竟。

辛二　所依眞如爲諸法源

佛言：阿難當知，妙性圓明，離諸名相，本來無有世界、衆生。

此學所依之眞，要阿難起智觀察。眞如爲染淨諸法所依之源，而不爲諸法所變，以眞如具有不變、隨緣二義故。當知眞如界內，絕生佛之假名，離染淨之諸相。妙性圓明：即妙眞如性，圓滿十虛，明照無二，彌滿淸淨，中不容他。其體本來離諸名相，名言未立，相狀未彰，豈有世界衆生，種種名相之可得？如四科總文云：性眞常中，求於去來迷悟生死，了無所得。亦如六祖所云

：本來無一物，何處惹塵埃。此說眞如門，下說生滅門。

因妄有生，因生有滅，生滅名妄。

上約其體，淸淨不變，下約其用，隨緣自在。隨迷悟緣，循染淨業，故有生佛之名相。此三句，略示染緣起。因妄，即因最初一念無明妄動，此生相無明，而爲諸妄之根源。有生者，即三細俄興，六麤競作，遂有無情之世界發生，有情之衆生受生。因有妄生，必有妄滅，生非眞生，滅非眞滅。故曰生滅皆名爲妄。故有二種顚倒，乃至十二類生。此依染緣起，而立衆生世界之名相也。

滅妄名眞，是稱如來，無上菩提，及大涅槃，二轉依號。

此略示淨緣起。由知生滅名妄，乃欲滅妄，方名爲眞，遂乃發心修行，故有三漸次，五十五位，正修行路，直趣妙覺果海，是稱如來；此依淨緣起，而立菩提涅槃之名相也。無上菩提：佛之智果，乃轉煩惱而成；大涅槃：佛之斷果，乃轉生死而得。是知煩惱生死，菩提涅槃，乃生佛迷悟，輾轉相依，二種名號而已。故曰二轉依號，亦非實有體性，即所謂涅槃生死等空華是也。二所依眞如爲諸法源竟。

辛三　示染緣起徧成輪迴　分二　壬初　勸識二倒　二　別明二倒　今初

阿難！汝今欲修眞三摩地，直詣如來大涅槃者，先當識此衆生、世界，二顛倒因。顛倒不生，斯則如來眞三摩地。

此明須識二倒之因。故呼阿難而告之曰：汝今欲修眞三摩地者，但向耳門，反聞照性，即是首楞嚴王，如幻三摩提，全性起修，全修在性，故名爲眞。由耳門下手，可以直詣（往也到也）如來大涅槃。從因至果，中間經歷，五十五位，眞菩提路，不落支歧。故此耳門，即十方婆伽梵，一路涅槃門也。欲修此門，先當識此衆生、世界，二種顛倒，生起之因。此世界，是有情世界（即十二類生），非器世界也。二顛倒因：即有情世界，有情衆生，分之爲二，皆由最初一念顛倒，以爲生起之因；倘若一念不生，即顛倒不生，斯則如來眞三摩地。即所謂狂心若歇，歇即菩提，勝淨明心，本周法界，不從人得。初勸識二倒竟。

壬二　別明二倒　分二　癸初　明衆生顛倒　二　明世界顛倒　癸初分三　子初　從眞起妄　二　迷本難復　三　成業感果　今初

阿難！云何名爲衆生顚倒？阿難！由性明心，性明圓故，因明發性，性妄見生，從畢竟無，成究竟有。

此明眞如隨染緣，從眞起妄。初句徵問，下釋顚倒之因。由性覺妙明之眞心，性本自明，圓照法界，此依性明體中，圓具十法界之故。下起隨緣妄用。因明發性者：因妄加明於覺體之上，遂發生業識之性，此句即性覺必明，因明立所。明即能明之無明，性即所生之業相；亦即論云：依不覺故心動（即業相）。性妄見生者：業識之性，由無明力，轉本有之智光，爲能見之妄見生焉；即所既妄立，生汝妄能，亦即論云：依動故能見（即轉相）。從畢竟無，成究竟有者：從畢竟無名無相之中，由妄見故，遂成究竟有相之境界，即無同異中，熾然成異；亦即論云：依能見故，境界妄現（即現相）。此妄相，惟以一念無明，虛妄而有也。

此有所有，非因所因，住所住相，了無根本，本此無住，建立世界，及諸衆生。

首句，此有：即能有之無明；所有：即三細之諸相。二句，因者依也，無明爲能有，似是所依，以能爲三細諸相所依故；三細諸相爲所有，似是能依，以依無明有故。其實無明，非眞所依，諸相，非眞能依，故曰：非因所因；以無明無自體故。住所住相者：以衆生爲能住，無明爲所住，既所住之無明本空，而能住之衆生，豈得實有哉？故曰：了無根本；以二皆虛妄故也。

本此無住，建立世界，及諸衆生者：承上衆生世界，既同一虛妄，則惟有性覺妙明之眞心耳。此心爲無住本，不但爲衆生之本，而山河大地之世界，及與一切之衆生，皆依之而得建立也。若是，生先界後，方是說有情世間，今界先生後，方是說器界世間。本科唯明衆生顚倒，世界二字，但順便帶言而已。初從眞起妄竟。

子二　迷本難復

迷本圓明，是生虛妄。妄性無體，非有所依。

正脈云：妄業不能虧曰本圓，妄惑不能蔽曰本明，此本圓明，即不變之性體。衆生特爲迷此不變之性體，是生虛妄之惑業。而追窮妄性無體，亦無依據，總言眞不變，而妄本空也。然妄既本空，則妄無可離；眞既不變，則眞無可復矣！圓頓行人，但要知眞不變，達妄本空足矣！眞不變則不須復，妄本空則不須離。如圓覺云：知幻即離，離幻即覺。一念囘光，便同本得。

將欲復眞，欲眞已非眞眞，如性非眞，求復宛成非相。

首句，若久處輪迴，心生疲厭，將欲離妄復眞，有欲復眞，已非眞眞如性矣！前云：菩提心生，生滅心滅，此亦生滅。以一眞之性，不容起見，舉心即錯，動念即乖。如張拙悟道偈云：斷除妄想重增病，趣向眞如亦是邪。非眞求復，宛成非相者：非眞，即生滅妄心也，以生滅之心，求復眞常之性，則眞常亦成生滅矣。即前頌云：言妄顯諸眞，妄眞同二妄，故曰：宛成非相；非相即妄也。以妄心起妄見，如圓覺云：未出輪迴，而辨圓覺，彼圓覺性，即同流轉。如雲駛月運，舟行岸移矣。二迷本難復竟。

子三　成業感果

非生、非住、非心、非法，展轉發生，生力發明。熏以成業，同

業相感，因有感業相滅相生，由是故有衆生顚倒。

此明無明屬生相，業識屬住相，見分屬心相，相分屬法相，一一非眞，故曰非生非住，非心非法，皆是虛妄。然妄上加妄，故曰展轉發生。此句雙貫上下，上則無明生三細，下則境界長六麤，由法相引起智相、相續相、執取相、計名字相。生力發明者：發明即顯著義，以展轉發生之力，漸漸顯著，生起七轉識之麤相，則諸惑備矣！熏以成業者：諸惑熏習，能成諸業，即起業相。同業相感，即業繫苦相。因彼業同，乃得相感潤生之惑；於父母有緣處，正當交遘之時，見有明相發現，此即見明色發，明見想成，異見成憎，同想成愛。父母感子女，以受生應之；子女感父母，以生身應之。因有相感之業、會合則中陰之相滅，胎中後陰之相生，由是在胎十月，出胎成人，故有衆生顚倒之相。初明衆生顚倒竟。

癸二　明世界顚倒　分三　**子初　釋世界之名　二　示熏變之相**

三　辨輪迴之狀　今初

阿難！云何名爲世界顚倒？是有所有，分段妄生，因此界立，非因所因，無住所住，遷流不住，因此世成。三世四方，和合相涉，變化衆生，成十二類。

此別明世界顚倒，屬有情之世界，亦從眞起妄。初句徵問，下釋顚倒之因。應同上科，由性明心，性明圓故，因明發性，性妄見生，從畢竟無，成究竟有，下接是有所有。此略而不敍者，因此世界，即衆生身中之世界，故以前妄因，雙貫此文，可不重敍，以是有所有，接成究竟下自明。　是有：指能有之無明；所有：指衆生之根身，由無明妄力，攬塵結根，所以分段之妄身生焉。因此虛妄，前後左右之界相成立，究其所以，積妄相成故也。

非因所因，無住所住者：無明本空，非是眞因，而爲世界所因；世界亦空，本來無住，而有所住之相；皆由衆生，妄執四大爲身，從始洎終，念念生滅，所以過、現、未來，遷流不住，因此虛妄，而三世成矣。　三世四方，和合相涉者：以三世涉入四方，四方各有三世，則四三成十二；以四方涉入三世，三世各有四方，則三四亦成十二；方世和合，即前云：身中貿遷，世界相涉。不思議熏，不思議變，故變化衆生，亦應其數，成十二類。是知十二類生，皆由一念無明，妄心之所熏變也。初釋世界之名竟。

子二　示熏變之相

是故世界因動有聲，因聲有色，因色有香，因香有觸，因觸有味，因味知法。六亂妄想，成業性故，十二區分，由此輪轉。

此正示熏變之相，是由無明妄力之故，則有世界妄生。推原其故，因無明風動，動則有聲，故曰因動有聲。因此動念習氣熏變，故有狂華，於湛精明，無因亂起，無而忽有，故曰因聲有色。因此色境，返熏妄心，故曰因色有香。以香有能熏之義。因此返熏氣分，令心觸境，故曰因香有觸；觸即對也。因此心境相觸，而生愛著，故曰因觸有味；以味即愛著之義。因此緜愛味著，攬爲法塵，故曰因味知法。觀知字屬意根，以後例前，必有聞聲見色等義。此總顯一念妄想，由習氣內熏，發爲六塵，塵必對根，根塵相對，識生其中。六亂妄想，熏成業性：業性，即十二顚倒，以爲十二類生，受生之因。業因旣成，業果必隨，故感十二區分，受生之果。所謂熏以成業，業必感果。由此輪轉諸趣，生死不休，豈不可畏哉！

是故世間聲、香、味、觸，窮十二變，爲一旋復。

此明循塵旋復，是依因感果之故。世間聲、香、味、觸，略舉四塵，仍具六塵。窮十二變，爲一旋復，當作二釋：一如一聲塵，類之不同，對類變化，卵生聲，胎生聲，乃至非無想聲，色等諸塵，亦復如是，窮十二變爲一週，旋復即輪迴義，亦十二類生，類類具十二顚倒，依最重者先感報，如想重，先感卵生果報。如是一一顚倒，依業種，先後成熟，先後感報，窮十二變，爲一次旋復，再起第二旋復。然必約六塵變化者，以六塵爲造業之緣，業性爲輪迴之因。因緣和合，虛妄有生，輪迴不息，故類生所以常有也。二示熏變之相竟。

子三　辨輪迴之狀　分二　**丑初　列類生之名　二　示類生之果**　今初

乘此輪轉顚倒相故，是有世界卵生、胎生、濕生、化生、有

色、無色、有想、無想、若非有色、若非無色、若非有想、若非無想。

此顯染緣起，而徧成輪迴。如能返迷歸悟，則可成淨緣起，而上歷聖位。茲約迷位。乘此輪轉：乃有世界顛倒亦成十二類之故，此不獨惑現併由業招。若無十二顚倒，則惑不起業不作，十二輪轉，何自而來？是有世界：即十二類有情世界。下列其名，每以四生爲一聚、三四十二，不出情想合離，更相變易。卵因想生，想性輕擧，故多能飛。胎因情有，情性沉重，故不離地。濕以合感，乃以業力，合濕成形。化以離應，但以業力，離異脫蛻。此四生以具緣多少，而爲次第。卵生具四緣，父緣、母緣、自己業緣、與父母合，再加煖緣，而得受生。胎生具三緣與上同，不必煖緣。濕生二緣，但以業緣合濕，而得陽光暖相之緣，即便得生。化生只要業緣，厭故喜新，便得脫蛻。

下八生，有色、無色、有想、無想、爲一聚；非有色、非無色、非有想、非無想、爲一聚。灌頂云：有色情而合，是休咎精明；無色情而離，是空散銷沉；有想想而合，是鬼神精靈；無想想而離，是土木金石；非有色情離而合，是水母等；非無色情合而離，是咒詛厭生；非有想想離而合，是蒲盧等；非無想想合而離，是土梟破鏡等。此且總標，下詳其相。初列類生之名竟。

丑二　示類生之果 分二　**寅初　別列類生**　**二　勒成名數**

此十二類中，一一皆云，因世界者，以前文，世界顛倒文中云：三世四方，和合相涉，變化衆生，成十二類。正明皆由世界顛倒，虛妄有生也。共有十二顛倒、十二亂想。下文云：一一類中，各各具足，十二顛倒。又云：具足虛妄亂想，今每一類中，乃從重者，感報受生，非只此一種顛倒亂想也。此科即分十二。

卯初　卵生

阿難！由因世界虛妄輪迴，動顛倒故，和合氣成，八萬四千飛沉亂想。如是故有卵羯邏藍，流轉國土，魚、鳥、龜、蛇，其類充塞。

此卵生一類，由因世界顛倒，虛妄有生。卵惟想生，虛妄即是想，由虛妄想，展轉不息，故成輪迴性。動顛倒屬惑，以想性輕擧爲動，與不動眞心相背，是名顛倒之惑，有惑必定起業。

和合氣成，八萬四千，飛沉亂想：此依惑起業。卵以氣交，如雄鳴上風，雌鳴下風，故名和合，氣即業也。八萬四千：按塵勞之數。氣有剛柔，剛者成飛揚之亂想，柔者成沉滯之亂想。

如是故有，卵羯邏藍，流轉國土：此依業受報之相。如是，指上惑業爲因；故有，即有因有果。卵羯邏藍：此云凝滑，在胎初位，胎卵未分之相，即所感之果，傳流展轉，徧諸國土。魚、鳥、龜、蛇：此出本類之名；氣剛飛揚者爲鳥，氣柔沉滯者爲魚等；其類充塞，極言其多也。

卯二 胎生

由因世界雜染輪迴欲顛倒故，和合滋成，八萬四千，橫豎亂想。如是故有，胎遏蒲曇，流轉國土，人、畜、龍、仙，其類充塞。

此胎生一類，亦因世界顚倒，虛妄有生。胎因情有，雜染即是情，由是雜染愛情，展轉不息，故成輪迴性。欲顚倒屬惑，以色貪戀愛爲欲，與淸淨眞心相背，是名顚倒之惑，有惑必定起業。　和合滋成，八萬四千，橫竪亂想：此依惑起業；胎以精交，故名和合滋成。滋即精交滋潤，即業也。八萬四千，亦按塵勞之數。情有偏正，竪者爲正，成人仙之亂想；橫者爲偏，成龍畜之亂想。　如是故有，胎遏蒲曇，流轉國土：此依業受報之相。如是，指上惑業爲因；故有，即有因有果。胎遏蒲曇，此云皰，在胎二七，胎卵漸分之相。即所感之果，傳流展轉，徧諸國土。人畜龍仙：此出本類之名。情正而竪立者，爲人仙；情偏而橫行者，爲龍畜，其類充塞。

卯三　濕生

由因世界，執著輪迴，趣顚倒故，和合煖成，八萬四千，翻覆亂想。如是故有，濕相蔽尸，流轉國土，含蠢蠕動，其類充塞。

此濕生一類，由因世界顛倒，虛妄有生。濕以合感，執著即合也。由是執情貪著，展轉不息，故成輪迴性。趣顛倒屬惑，以趨勢附利爲趣，與湛寂眞心相背，是名顛倒之惑，有惑必定起業。和合煖成，八萬四千，翻覆亂想：此依惑起業，濕以聞香趨附，藉陽氣而生，故名和合煖成，即業也。趨勢之輩，惟利是圖，翻覆無定，故曰翻覆亂想。如是故有，濕相蔽尸，流轉國土：此依業受報之相。如是：指上惑業爲因；故有：即有因有果。濕相蔽尸：此云軟肉，即濕生初相。既不入胎，故無前二位。即所感之果，傳流展轉，徧諸國土。含蠢蝡動，此出本類之名，覆爲含蠢，翻爲蝡動，其類充塞。

卯四 化生

由因世界變易輪迴，假顛倒故，和合觸成，八萬四千，新故亂想。如是故有，化相羯南，流轉國土，轉蛻飛行，其類充塞。

此化生一類，由因世界顛倒，虛妄有生。化以離應，變易、即離也。由是變故易新，展轉不息，故成輪迴性。假顛倒屬惑，以假托因依爲假，與不變眞如相背，是名顚倒之惑，有惑必定起業。　和合觸成，八萬四千，新故亂想：此依惑起業，觸以觸類而變，朝秦暮楚。愛此忘彼，故名和合觸成，即業也。隨情任意，厭故喜新，是爲新故亂想。　如是故有，化相羯南，流轉國土：此依業受報之相。如是：指上惑業爲因；故有：即有因有果。化相羯南：此云硬肉，以蛻即成質，故無蝡相。自此以下，皆曰羯南，以是諸類通稱也。此即所感之果。傳流展轉，徧諸國土。　轉蛻飛行：即脫故成新，此出本類之名，如蠶化爲蛾，脫行爲飛；雀化爲蛤，脫飛爲潛等，皆屬轉變，其類充塞。天、獄鬼等，亦皆化生，中陰趣果，速疾無難。

卯五　有色

由因世界，留礙輪迴，障顚倒故，和合著成，八萬四千，精耀亂想。如是故有，色相羯南，流轉國土，休咎精明，其類充塞。

此有色一類，由因世界顚倒，虛妄有生。色乃色質，性非通明，是爲留礙，遂事日月水火，爲求光明色相，展轉不息，故成輪迴性。障顛倒屬惑，以其障礙難通，堅執求明，與妙明眞性相背，是名顛倒之惑。和合著成，八萬四千，精耀亂想：此依惑起業。著即顯著，或服日月之精華，或事星辰爲父母，以求感格，而獲光明，故名和合著成，即業也。想托彼之光華，成己之精耀，是爲精耀亂想。如是故有，色相羯南，流轉國土：此依業受報之相。如是：指上惑業爲因；故有：即有因有果。色相羯南，流轉國土。休咎精明：此出本類之名，或爲日月之精華，或作星辰之明耀。吉者曰休徵，凶者曰咎徵。在物而爲螢火蚌珠，其類充塞。

卯六　無色

由因世界，銷散輪迴，惑顛倒故，和合暗成，八萬四千，陰隱亂想。如是故有，無色羯南，流轉國土，空散銷沉，其類充塞。

此無色一類，由因世界顛倒，虛妄有生。無色，乃滅色歸空，是爲銷散。

展轉不息，故成輪迴性。惑顛倒屬惑，以色身障礙爲患。有欲銷礙入空，與性色眞空相背，是名顛倒之惑。　和合暗成，八萬四千，陰隱亂想：此依惑起業。暗即晦昧心靈，幽潛神識，故名和合暗成，即業也。思欲滅色，暗昧陰隱，是爲陰隱亂想。　如是故有，無色羯南，流轉國土：此依業感報之相。如是：指上惑業爲因；故有：即有因有果。無色羯南，流轉國土：此類既是無色，何謂羯南？以雖無業果色，不妨依定果色立名也。空散銷沉：對四空天說，空指空處，滅色歸空故；散指識處，偏緣散亂故；銷指無所有處，銷除七轉識故；沉指非非想處，沉淪空海故。以至舜若多神，旋風魃鬼等，皆無色攝，其類充塞。

卯七　有想

由因世界，罔象輪迴，影顛倒故，和合憶成，八萬四千，潛結亂想。如是故有，想相羯南，流轉國土，神鬼精靈，其類充塞。

此名有想一類，謂但有想心，而無實色。罔象者：若有若無，彷彿不實。緣想不息，故成輪迴性。影顛倒屬惑，謬執影像，邪妄失眞，與法身實相相背，是名顛倒之惑。　和合憶成，八萬四千，潛結亂想：此依惑起業。憶即愛念憶想，然後托陰，故名和合憶成，即業也。如此世間，志慕靈通，潛神聖蹟，結想狀貌，是爲潛結亂想。　如是故有，想相羯南，流轉國土：此依業感報之相。神鬼精靈者：神鬼，如嶽瀆城隍，魑、魅、魍、魎；精靈，如山、海、風精，祠廟土地等，其類充塞。

卯八　無想

由因世界愚鈍輪迴，癡顛倒故，和合頑成，八萬四千，枯槁亂想。如是故有無想羯南，流轉國土，精神化爲土、木、金、石，其類充塞。

此無想一類，謂但有色，而無思想。愚昧暗鈍，毀棄聰明，屏除知識，展轉不息，故成輪迴性。癡顛倒屬惑，癡迷無智，謬計無情有命，金石堅牢，與妙明眞心相背，是顚倒之惑。和合頑成，八萬四千，枯槁亂想：此依惑起業。冥頑無知，以無想爲眞修，將愚頑爲至道，於無知覺處，妄生和合，故名頑成，即業也。念若死灰，心同槁木，是爲枯槁亂想。如是故有，無想羯南，流轉國土：此依業感報之相。但有頑礙之色，而無思想之念，故有精化土木，神爲金石，華表生精，望夫成石之類，充塞世界。當知此等，癡心凝結，但以頑念，化作頑物，如木枯槁，根性尙在。頑念力銷，依然流轉，如枯木逢春，依舊發芽，無想報盡入輪，亦此類攝。

卯九　非有色

由因世界，相待輪迴，僞顚倒故，和合染成，八萬四千，因依亂想。如是故有，非有色相，成色羯南，流轉國土。諸水母等，以蝦爲目，其類充塞。

此非有色一類，謂本非有色，藉物以成色。互相假待，展轉不休，故有輪迴。僞顚倒屬惑，以虛僞爲心，假托形勢，與眞如實際相背，是顚倒之惑。

和合染成，八萬四千，因依亂想：此依惑起業，迷昧天眞，假藉浮僞，任運耽染，依附成形，故名和合染成，即業也。此如世間倚權藉勢，屈己從他，是爲因依亂想。如是故有，非有色相，成色羯南，流轉國土：此依業感報之相。本來非色相，假借外物，成己之色，不能自用，待物有用。諸水母等，以水沫成身，體如莄粉，狀類衵褥，則非無色，以蝦爲目，待他有用，不能自全，故非有色。又水母因蝦而得行，蝦因水母而有托，遞互因依；蟯蛔依人，亦此類攝。

卯十　非無色

由因世界相引輪迴，性顚倒故，和合咒成，八萬四千，呼召亂想，由是故有，非無色相，無色羯南，流轉國土，咒咀厭生，其類充塞。

此非無色一類。謂本非有色，因聲呼召，引發神識，則非無色相，引之不已，故有輪迴。性顚倒屬惑，以迷惑自性，因隨符咒調遣，與不動眞如相背，是顚倒之惑。　和合咒成，八萬四千，呼召亂想：此依惑起業。多由邪咒呼召，而顯靈異，故名和合咒成，即業也。此如人間，不明正理，互相誘引，乃隨呼召，聽令從命，是爲呼召亂想。　由是故有，非無色相，無色羯南，流轉國土：此依業感報之相。故有隨咒咀而靈異者，稱仙稱道；隨厭禱而作祟者，爲妖爲怪，斯皆邪物，聽人驅役，報吉談凶；如乩壇樟柳鬼等，其類充塞。

卯十一　非有想

由因世界合妄輪迴，罔顚倒故，和合異成，八萬四千，迴互亂想。如是故有非有想相，成想羯南，流轉國土。彼蒲盧等，異質相成，其類充塞。

此非有想一類。謂非同卵生，想中傳命者，乃二妄相合，展轉互取，故有輪迴。罔顚倒屬惑，以性情罔昧，與圓明妙性相背，是爲顚倒之惑。　和合異成，八萬四千，迴互亂想：此依惑起業。異者，將他作自，取異爲同，故名和合異成，即業也。此如世間，背親向義，謬襲他宗，納彼從我，相承繼嗣，本無有子，乃稱有子，本非是父，竟認爲父，同異難分。彼此迴互，是爲迴互亂想。如是故有，非有想相，成想羯南，流轉國土：此依業感果之相。非有想相，成想羯南者：謂彼此異質，本非有想，欲成其相，但以二妄相合，竟成其想，流轉國土。彼蒲盧等，異質相成者：蒲盧，亦名蜾蠃，細腰蜂也。詩經云：螟蛉有子，蜾蠃負之。螟蛉青桑蟲，蜾蠃運泥作房，負桑蟲納其中，咒祝曰：類我類我，七日化爲其子。桑蟲本非有想，欲成蜾蠃之相，因其咒故，遂成其想，是爲異質相成。此皆好爲誣罔誘取他人財物，納爲己有之報，其類充塞。

卯十二　非無想

由因世界怨(平聲)害輪迴，殺顚倒故，和合怪成，八萬四千，食父母想。如是故有非無想相，無想羯南，流轉國土。如土梟等，附塊爲兒，及破鏡鳥，以毒樹果，抱爲其子，子成，父母皆遭其食，其類充塞。

此非無想一類。原爲懷怨抱恨，圖害而來，怨結莫釋，故有輪廻。殺顚倒屬惑，殺心不止，殺業俱生，反托至親之父子，而行至怨之殺害，與慈悲忍辱之理相背，是顚倒之惑。　和合怪成，八萬四千，食父母想：此依惑起業。怪者，怪誕，出人意外，罕見罕聞之事。父母至親，竟敢呑食，逆天背理，滅倫亂常，故名和合怪成，食父母想，即業也。　如是故有，非無想相，無想羯南，流轉國土：此依因感果之相，必由前世受人至恩至愛，反而負恩讎害，怨對相値，報此仇恨，故有此生，非無想相，無想羯南者：初抱爲其子，非無恩愛之想，後父母竟遭其食，恩愛斷絕，是爲無想。出乎意外，流轉國土，如土梟等，附土塊以爲兒，及破鏡鳥，以毒樹果，抱爲其子，子成父母皆遭其食，此雖報怨，實屬逆罪。　按史記孝武本紀云：祠黃帝用一梟，一破鏡。孟康註曰：梟鳥名食母，破鏡獸名食父。黃帝欲絕其類，使百祠皆用之。今云破鏡鳥，恐譯人之誤。述異記云：破鏡狀如虎豹而小，始生還食其母，此與孟康註，食父食母，又一不同也，錄以待考。初別列類生竟。

寅二　勒成名數

是名衆生，十二種類。

辛初　示染緣起徧成輪迴竟

大佛頂首楞嚴經正文卷第七終

辛二　示淨緣起歷成諸位 分四

壬初　正答因果諸位　二　結顯清淨脩法　三　推重初心勸進　四　判決邪正令解 壬初分十

癸初　漸次三位　二　乾慧一位　三　十信十位　四　十住十位　五　十行十位　六　十向十位　七　四加四位　八　十地十位　九　等覺一位　十　妙覺一位 癸初分三

子初　結前開後　二　立位翻染　三　示所立位　今初

阿難！如是衆生，一一類中，亦各各具十二顛倒，猶如揑目，亂華發生。

此明眞如不變之體，能隨緣成染成淨。前約無明熏眞如，而成染用，爲顚倒十二類生；此約眞如熏無明，而成淨用，爲單複六十聖位。故呼阿難，而告之曰：如是十二類衆生，一一類中，亦各各具十二顚倒，此即互具也。以類生之衆生，心中妄種皆具；一則現起，名事造，餘則冥伏，名理具。總括種現互具，應有一百四十四顛倒。猶如揑目，亂華發生者：此舉喻顯妄，以眞心喻目；一念妄動喻揑目；亂華發生，喻十二類生，各互具顚倒。然淸淨目觀晴明空，本無空華，因揑成有，放手元眞。

顚倒妙圓眞淨明心，具足如斯虛妄亂想。

顚倒二字，指喻中虛妄種現，一百四十四顚倒，但由一心本眞，故即具足衆妄。妙，指不變之體；圓，指隨緣之用。雖隨緣而不變，曰眞淨，雖不變而隨緣曰眞明，此全體大用。本來妙圓眞心，合喻中目字，顚倒，即是一念妄動，合喻中揑字。具足如斯，虛妄亂想者：由一念妄動，本無實體，雖無體本空，而迷位現有，故曰具足如斯，虛妄亂想；合喻中亂華發生。是則無邊生死，畢竟妄想元空，而淨明眞心，體本自若；則返妄歸眞，轉凡成聖，復何難哉？初結前開後竟。

子二　立位翻染

汝今修證佛三摩地，於是本因，元所亂想，立三漸次，方

得除滅。

此法說。云：汝今要得眞修實證，五十五位，直至妙覺，究竟成佛。所得之妙三摩地者，亦是不難之事。三摩地：指耳根三昧，圓教初住，分修分證。位位有果有因，有因有果；前位修因，此位證果；此位復修因，後位復證果。至此無功用道，中中流入，妙覺果海，爲滿修滿證。正脈科爲正答因果諸位。此云因果，有縱有奪，若縱之，則前前皆爲後後之因，後後俱爲前前之果；若奪之，則惟佛爲果，而等覺以前皆因也。故知舊註於此判證，而不言修，非爲確論矣！　於是本因者：指最初一念妄動，爲本來諸妄之因，如前文喩揑。元所亂想者：於本來所起之顚倒亂想，種現互具，如前亂華發生，空元無華，因揑妄現，所現非實。而顚倒妄想所起之處，究竟不離眞常之心，故於此建立三種漸次，方得妄想銷除，顚倒殞滅，翻染成淨，則諸聖位，亦從此成立。不是說三漸次位，盡能除滅，必三漸次後，歷位修斷，方得種習俱盡耳。

如淨器中，除去毒蜜，以諸湯水，並雜灰香，洗滌其器，後

貯甘露。

淨器者：本元淨之器，喻根中所具，不生不滅，如來藏性，清淨本然，全體大用也。除去毒蜜者：喻除助因、刳正性、違現業也。湯水，喻圓通中定。灰香，喻圓通中慧。洗滌其器者：喻毒蜜雖除，氣息尙在，必以定慧洗滌，種習俱盡，然後方可貯甘露也。淨器雖盛毒蜜，其體本來不變，故除毒洗滌，堪貯甘露；喻佛果清淨心中，堪承最上法味也。二立位翻染竟。

子三　示所立位　分二　丑初　徵起列名　二　別釋其相　今初

云何名爲三種漸次：一者修習，除其助因；二者眞修，刳其正性；三者增進，違其現業。

前二句徵起，後乃列名。此總標三種漸次者，正明修三摩地，入道之先鋒也。列名中六句，皆上修下斷意。謂第一欲修習耳根圓通，必要先除助因。助因者：五辛乃助惡之因。第二欲決定眞修者：必要先刳正性。正性者：淫、殺盜、妄，正是性業之罪，當要刳而空之。第三欲增進聖位者：必要先違現業，現業者，以根奔塵，爲現在惑業，又感將來生死苦報，當要違而離之。然此三者，前二惟戒，均屬助行，後一定慧，乃爲正修。所以從凡至聖，從因至果，莫不皆依正助熏修。則知三漸次，爲能增進，五十五位，爲所增進。故後結云：如是則以三增進故，善能成就五十五位眞菩提路者是也。初徵起列名竟。

丑二　別釋其相　分三　卯初　徵名依食斷辛　二　深明食辛過患　三　結名第一增進　今初

云何助因？阿難！如是世界，十二類生，不能自全，依四食住。所謂：段食、觸食、思食、識食。是故佛說：一切衆生，皆依食住。

初句徵起，下明類生，依食而住。求三摩提者，當斷五辛，此別詳助因，爲助成惡業之因，下敎依食而住。阿難如是世界，十二類衆生，不能自全形命，要依四食，方得住持，非同法性身人，則不須食也。是食爲界內衆生，身命與慧命，安危所係，而修習者，應知檢擇也。　四食者：欲界人天、修羅及畜生段食，所餐飲食，必有形段故。鬼神觸食，凡遇飲食，但觸其氣也。色界禪天思食，禪天無飲食，但以禪思爲食，非思飲食。無色界，以識爲食，既無形色，惟以識定續命，義言以識爲食也。此約勝者言。劣如地獄餓鬼，歷劫但以業識，不能斷命，是亦識食類。他如望梅止渴，懸沙止飢，亦是思食類。是故佛說，一切衆生，皆依食住。灌頂云：佛成道後，爲除外道自餓苦行，說諸衆生，皆依食住，此爲正覺正說，餘不能知。外道嗤曰：愚者亦知，何言正覺正說。佛返問曰：食有幾種？外道不能對，因說此四食住。

阿難！一切衆生，食甘故生，食毒故死，是諸衆生，求三摩地，當斷世間，五種辛菜。

世間食物，凡有益於身心者，皆名爲甘，非局於甜味也；凡有害於身心者，總名爲毒。食甘故生，食毒故死：正明飲食，不可不愼也。是諸衆生，求三摩地：指修習耳根圓通者。當斷世間，五種辛菜：辛菜雖非有毒，實有於毒也。以其正危害慧命之大毒，故應斷絕。

五辛，楞伽經云：葱、蒜、韮、薤、興渠，應云興宜，出烏荼婆他那國。慈愍三藏法師云：根如蘿蔔，出土辛臭。

冬到彼國，不見其苗，此方所無，故不翻也。初徵名依食斷辛竟。

卯二　深明食辛過患

是五種辛，熟食發淫，生噉增恚。

五辛過患不一，若熟食，則壯相火，發淫念；若生噉，則動肝氣，增瞋恚。佛智所鑑，不爽毫釐，物性必然，宜敬信而戒之。

如是世界食辛之人，縱能宣說十二部經，十方天仙，嫌其臭穢，咸皆遠離；諸餓鬼等，因彼食次，舐其脣吻，常與鬼住，福德日消，長無利益。

此天遠鬼近過。如是世界，食辛之人，縱然善能宣說十二部經，十方天仙，雖樂聞法，因嫌其臭穢，不肯親近，咸皆遠離；諸餓鬼等，因彼食辛之次，冥中舐其脣吻，常與鬼同住。因天仙遠故，福德日見消除，餓鬼近故，長無利益之事。

是食辛人，修三摩地，菩薩、天仙，十方善神，不來守護。大力魔王，得其方便，現作佛身，來爲說法，非毀禁戒，讚淫、怒、癡。

此無護遭魔過。是食五辛之人，發心修三摩地，指耳根圓通。既要習定，不能斷辛，菩薩、天仙、十方善神，不來守護。上招餓鬼，此引魔王，其過轉深。大力魔王：指第六天魔王。得其方便：知修三摩，有志求佛故；現作佛身，來爲說法：乃謗持戒，爲小乘道，非謗也毀犯也禁戒。讚歎三毒無礙爲大道，大雅不拘於小節，大象不行於兔徑，說淫、怒、癡，即戒、定、慧。信是魔說，無惡不作。

命終自爲魔王眷屬，受魔福盡，墮無間獄。

此成魔墮獄過。上皆現在惡因，依因定必感果，命終之後，自爲魔眷。中品魔民，下品魔女。所修三摩，咸資有漏，享受魔福，福盡禍生，直墮無間地獄。二深明食辛過患竟。

卯三　結名第一增進

阿難！修菩提者，永斷五辛，是則名為第一增進，修行漸次。

修習圓通，而求菩提道者，永斷五辛；果能永遠斷除，是則名為從凡夫地，第一增進，初學修行漸次。問：五辛何以名為，第一增進，修行漸次？答：五辛為助惡之因，助淫、殺、盜、妄，四重律儀之因：熟食發淫，為淫欲助因；生啖增恚，為殺生助因；縱能宣說十二部經，無非貪求，名聞利養，妄談般若，又為盜妄助因。是雖辛菜，能斷不食，即除助惡之因宜矣！初除其助因竟。

寅二　剋其正性分三　卯初　徵名先斷淫殺　二　示以進修餘戒　三　詳明利益結名　今初

云何正性？阿難！如是衆生，入三摩地，要先嚴持清淨戒律。

初句徵正性。謂淫、殺、盜、妄等，上之五辛，但爲助發之因，今此正是彼惡之業性；乃生死相續，正業之性也。阿難！如是衆生，欲入三摩地，眞修之位，須要將此正性，刳而空之。刳空之法，先要精嚴受持淸淨戒律，而後工夫，方能入手，得三摩地，所謂因戒生定也。

永斷淫心，不餐酒肉，以火淨食，無噉生氣。阿難！是修行人若不斷淫，及與殺生，出三界者，無有是處。

然戒法雖多，淫殺爲最，必須永斷。不惟執身不行，要且執心不起，方爲眞斷。此中特指淫心者，以一切衆生，皆以淫欲，爲正性命，又爲修三摩地之大障礙故。永斷者：種現俱盡，如枯木不萌，寒灰不燄也。不餐酒肉者：以酒能亂性，恐成助淫之階，而肉必傷生，實爲殺害之本。即雖素食，但遇生氣之物，火淨方食。不經火觸，則爲不淨，不得便食。無噉生氣，何況殺生？阿難下，顯示應斷。是修行人，原爲超出三界，不斷淫欲，及與殺生，而能超出三界者。斷無是理也。初徵名先斷淫殺竟。

卯二　示以進修餘戒

當觀淫欲，猶如毒蛇，如見怨賊，先持聲聞，四棄八棄，執身不動，後行菩薩清淨律儀，執心不起。

如來常以淫欲過患示喻者，以淫欲之害大矣！故又囑當觀淫欲，猶如毒蛇，如見怨賊。毒蛇踐之，則必遭其毒，乃至喪身失命；賊而曰怨，遇之則必報其仇，甚至劫財奪命；然其爲害雖酷，但一身一死而已，而淫欲之害，則法身慧命，永劫沈淪無間。一日之中，而受萬生萬死之報，而修行之人，豈可忽哉！

先持聲聞四棄，殺、盜、淫、妄，四波羅夷罪。此云棄，犯之永不共住，永棄佛法海外。比丘尼四棄之外，再加四棄，觸、八、覆、隨，謂之八棄，以妨淫習也。執身不動者：身口七支，皆不許犯，非不執心，因力未充耳。譬如行遠自邇，登高自卑。小既能持，更進於大。故云：後行菩薩，清淨律儀。菩薩大乘人，力量大，清淨律儀，乃大乘戒。從心止絕，一念不生，故曰執心不起。

卯三　詳明利益結名

禁戒成就，則於世間，永無相生相殺之業；偷劫不行，無相負累，亦於世間，不還宿債。

禁戒成就，則於世間，永遠無有相生相殺之業。淫心斷則不相生，殺心斷則不相殺。偷謂竊取，劫謂强取，偷劫既已不行，而於世間，無有負債之業累。偷劫亦兼妄語，如矯現威儀，希求利養，妄言證聖，求彼禮懺，貪其供養，同於偷劫。還債因負累，既無負累，故不還債矣！

是清淨人，修三摩地，父母肉身，不須天眼，自然觀見十方世界，覩佛聞法，親奉聖旨，得大神通，遊十方界，宿命清淨，得無艱險。

首句躡前持戒，是清淨人。次句表彰大定，修三摩地。定是正行，戒爲助行，以顯因戒生定意耳。此科，文是圓教相似，又因定發通，是人修定，便能發相似五通。父母所生之身，即以肉眼，相似天眼通。不須天眼，不假作意，自然觀見十方，周徧無遺，親覲於佛。即以肉耳，相似天耳通，聞佛說法，而親奉聖旨者：親奉如來旨意也，相似他心通；得大神通，遊十方界；相似神足；宿命清淨，相似宿命通。却能三世無礙，故曰清淨，因得宿命，永不墮三途，艱難險阻之處。正脈云：肉眼觀見十方，即色陰盡相；後文云：十方洞開，無復幽暗是也。按位當在初信。齊小初果，舊判觀行，於後違經，至陰魔中詳辨。今並別判，勿泥舊聞。次四句受陰盡相。後文云：去住自由，無復留礙。又云：得意生身，隨往勿礙。今言覲佛聞法，又言親奉，則須親到，非遙見聞，而下得通遊界，則愈與後文合也。按位，當在二三兩信，齊小二果。末二句，想陰盡相。後文云：於覺明心，如去塵垢，一倫生死，首尾圓照。今言宿命清淨，則明是去塵垢，而照生死也。又言：得無艱險者：既以徹通宿命，除已願力，永不誤入惡趣，所謂離諸生死，險難惡道也。按位，當在四五二信，對小三果，此之業報，略假戒爲助行，全本耳聞，妙定修發，通該十信前五，備顯六根清淨。觀見十方，則眼根清淨；聞法親奉，則耳根清淨；得通遊界，則鼻、舌、身根清淨，以三皆合知，相依遠到也；宿命無難，則意根清淨。

是則名爲第二增進修行漸次。

正脈云：此中前半，以諸戒助成正定，即觀行位。後半即齊五信，並小三果。在圓通中，方至動靜不生。是則第二增進，乃對上第一，故名第二。又對上初修不定，故以決定修行，漸次增進釋之。二刳其正性竟。

寅三　違其現業　分三　卯初　徵名承戒修定　二　結解即獲法忍　三　由漸入頓結名　今初

云何現業？阿難！如是清淨，持禁戒人，心無貪淫，於外六塵，不多流逸。

此釋違其現業。現前六根，所緣六塵境界，起惑造業也，故曰現業。而違者，即旋根脫塵之義也。然此三漸次中，前二皆躡持戒，以爲助行，是因戒生定。此躡圓通本根，以成正修，是因定發慧。由是正助兼具，故能安立下之諸位也。此中違其現業者，即前第二決定義中，逆彼無始，織妄業流者，是也。即就耳根，不許出流聞塵，而使入流照性。如是清淨，持禁戒人：即前科上半，所持諸戒。而特中心無貪淫者，以其為四重之首，壞定之魁，警人必除之意，因前持戒，故得離塵。於外六塵，不多流逸：即於外六塵境界，亦不隨流放逸。然言不多，弗許絕無者，以根中虛習未盡除，而塵影猶存，但以無漏，而熏有漏，非全無漏也。

因不流逸，旋元自歸，塵既不緣，根無所偶，反流全一，六用不行。

此正明塵亡根盡。首句承上云，不多流逸，足見亡塵之功未純，此因不流逸，因之加功進步，反聞照性，而得不流逸，旋復本根，自歸元明。塵既不緣：按耳根圓通，此當入流亡所，動靜不生，根無所偶，偶即對也，既無對則根亦不立。按耳根圓通，此當聞所聞盡。至此六根反流，全歸一聞性，無復見、聞、齅、嘗、覺、知，結根之用，故曰六用不行。此正入一亡六。所謂但得六銷猶未亡一，小乘涅槃，正當此際。按位，當在七信，齊小乘四果。指掌疏違其現業即在此。現業有二：一流逸是現業，不多則小違。二六用是現業，不行則全違也。初徵名承戒修定竟。

卯二　結解即獲法忍

十方國土，皎然清淨，譬如瑠璃，內懸明月。

正脈云：此即盡聞不住，所證境界。首二句，即山河大地，應念化為無上知覺，正由不住內自覺境，法執蕩然，故融及世界，無有情器之分。皎然：洞開之貌。下喻但表明徹，蓋明月在有礙物中，不能透徹，便如二乘明內境，不能與外法融通也。今菩薩覺所覺空，表裏洞徹。故如月在瑠璃，豈有不透徹者乎？此當八信，相似色自在也。

身心快然，妙圓平等，獲大安隱。

正脈云：此即空覺極圓，所證境界。前方空智，此復空空，既不為智所勞，亦不為空所縛。故身心快然，極為灑脫，蓋法身蕩然，眞心廓爾之意。妙圓者：無縛故妙，無礙故圓。平等有三：一身量、心量，俱周法界。二有情、無情，同體不分。三自心、生、佛，階無高下。獲大安隱：此當九信，心自在也。以身心一如，身亦心也。

一切如來，密圓淨妙，皆現其中。

正脈云：此則顯然全同寂滅現前，但彼約自心，此約佛理，二義平等也。密謂祕密，深固幽遠，無人能到之境也；圓謂圓融，交徹互攝，重重無盡之境也；淨謂清淨，明相精純，纖塵不立之境也；妙謂神妙，一切變現，皆不爲礙之境。此四佛境，現菩薩依正之中，此當十信，相似慈雲，覆涅槃海也。蓋圓頓理融，故令似位，全似分證耳。

是人即獲，無生法忍。從是漸修，隨所發行，安立聖位。

正脈云：此之結尾，是預許後之諸位，故言從是漸修。即者速也。即獲者，猶言不久當證也。無生法忍：即初住所證聖位，通指徹於等覺也。溫陵曰：華嚴十忍，第三曰無生法忍，謂不見有少法生，不見有少法滅，離此情垢，無作無願，安住是道，名之曰忍。吳興曰：此中別指初住以上，名爲聖位。若下文云：以三增進故，能成五十五位，眞菩提路。二結解即獲法忍竟。

卯三　由漸入頓結名

是則名爲第三增進，修行漸次。

此結名第三增進，實由前第二增進而來。前但得五信三果，未至無漏；今則由漸入頓，解除根覺空滅諸結。如前文云：此根初解，先得人空，空性圓明，成法解脫。解脫法已，俱空不生，而至得無生忍也。初漸次三位竟。

癸二　乾慧一位

阿難！是善男子，欲愛乾枯，根境不偶，現前殘質，不復續生。

此位分明，束前漸次中，所含十信，總成一位。而孤山說，合十信爲乾慧，理在不疑。但亦圓滿成就之意，有人非之者，以見通教，乾慧名同故也。不知此乃借通名圓，自應依之。阿難！如是，依三漸次，精勤修習之善男子，由二漸中，正性刳空，淫心永斷。至此，則斷性亦無，故曰欲愛乾枯。由三漸中，現業違背，六用不行。至此，則根境不偶，心境絕待，種現俱銷，三界生緣，迥然不及也，故曰現前殘質，不復續生。殘質：謂最後之身。不續：謂後有永斷。續生以欲愛爲因，根境爲緣，今既乾枯不偶，因緣雙絕，果報無託，故不續生。此束前七信，三漸前半止，但明乾義。

執心虛明，純是智慧，慧性明圓，瑩十方界，乾有其慧，名乾慧地。

此束後三信，而顯其圓滿成就也。執心虛明：即人、法二執之心，虛而無障，明而無礙，所以外無塵障，內無根礙。三漸後半，十方國土，皎然清淨，即山河大地，應念化成無上知覺，此即虛明無障礙也。至此，則純是人空智，與法空智。慧性明圓，瑩十方界者：人法雙空之智，增明圓滿，俱空之智，即三空之智現，而照用徧界，故曰瑩十方界，瑩猶飾也，以智慧莊嚴十方報土。如三漸中云：妙圓平等，獲大安隱者。二句明慧義，因此乾有其慧，故名乾慧；依之住持，故名曰地。

欲習初乾，未與如來法流水接。

此出其得名所以。現行、種子、習氣三者，而習氣最細。今言欲習初乾者：指欲愛最細習氣（即斷性亦無），亦得乾枯也。未與如來，眞如法性，流水相接者：謂未破無明，未曾親見法身眞理，是名未與如來法流水接。若至隨分覺，破一分無明，證一分法身，則與法流水接，定慧均等，則中中流入薩婆若海矣！

二乾慧一位竟。

癸三　十信十位（分十）　子初　信心住　二　念心住　三　進心住　四　慧心住　五　定心住　六　不退心住　七　護法心住　八　迴向心住　九　戒心住　十　願心住　今初

卽以此心，中中流入，圓妙開敷，從眞妙圓，重發眞妙，妙信常住，一切妄想，滅盡無餘，中道純眞，名信心住。

此十信位，名與常途全同，論義則與常途迥別。今科名從十信，而義唯遵經，銷歸初住耳。後初住明言，發此十心，又云：十用涉入，圓成一心。故孤山說：爲初住開出，理無可疑。

即以此心，中中流入者：此心指十信滿心，因含十信於三漸，合三漸爲乾慧。此心，亦即乾慧後心。中中流入有二釋：一、於聞性之中，用中道觀智，無功用道，逆法流水而深入，以後位位，皆不離中道故。二、即以此修證圓通之心，用中心如如妙智，觀中道如如妙理，中中流入妙覺果海。　圓妙開敷者：中中流入時，仍是圓通妙性，重重開發敷放，如蓮華之層層漸開也。　從眞妙圓，重發眞妙者：此兩句明乘此心開意解，益加增進，且此圓通妙性，既到乾慧後心，已發眞妙圓，一登此位，是眞妙者，益進於妙，眞圓者益進於圓。第二妙字下，應有圓字略也。　妙信常住，一切妄想，滅盡無餘者：此位，破一分無明，證一分三德，已經親證實到。信知心、佛、衆生三無差別，故曰妙信常住：決定不退。一切我執、法執、空執，妄想蕩滌，滅盡無餘矣！　中道純眞，名信心住：妄盡眞純，中道理彰，親信此理，信心堅固，常住不退，故名信心住。

子二　念心住

眞信明了，一切圓通。陰、處、界三，不能爲礙。如是乃至，過去、未來，無數刼中，捨身受身，一切習氣，皆現在前。是善男

子，皆能憶念得無遺忘，名念心住。

首二句全躡前位。眞信，即中道純眞之信，表非相似位之信。可證此信位，是初住開出。因妄想滅盡，智慧明了，故得一切圓通。　下文方是本位念心，由前一切圓通故，五陰不能覆，十二處不能局，十八界不能礙。一切諸法，悉皆圓融通達，融會貫攝。如是乃至過去六句，明念心功用。念者憶念，不惟現在生中，應斷之習氣，憶念無忘，乃至過去未來，無數劫中，捨身受身，應斷之習氣，皆現在前；是善男子，皆能憶念，得無遺忘。

正脈問：入住菩薩，何有捨受之事？答：圓頓人，不取變易，常於分段，得大自在故也。此屬宿命、漏盡二通。五根中念根故，結名念心住。

子三　進心住

妙圓純眞，眞精發化，無始習氣，通一精明，惟以精明，進趣眞淨，名精進心。

初二句攝信心住。從眞妙圓，中道純眞，然未得眞精發化。次二句以成就精字，合成精進二義。蓋精明，即如如之智體，眞淨，即如如之理體。今言以精明，進趣眞淨，即純以如如智，契如如理矣！正脈問：理智一如，何言進趣？答：體雖無二，而方便隨順，不無趣相，所謂不趣之趣，性不礙修之旨也，故名精進心。

子四 慧心住

心精現前，純以智慧，名慧心住。

以前位以如智契如理，是雙兼理智而成，此位別約智成。承上進趣眞淨，故得心精，時時現前，純以智慧用事；以即用也。蓋前乾慧地有云：純是智慧，正明初得相似，惑智尙未融化。至此則曰：純以智慧者：乃精眞發化，一切惑習，無非智慧。此隨分覺所得之眞智眞慧也，故名慧心住。

子五 定心住

執持智明，周徧寂湛，寂妙常凝，名定心住。

此位別約理成，首句躡慧心住也。意謂雖執持智慧精明，若無定力以執持之，則妄念起，而寂湛不能周徧，正念失，而寂妙不能常凝。蓋無寂之照，如風裏之燈，無照之寂，如暗中之目；今以定力執持智明，故寂湛者得以周徧，寂妙者得以常凝。如清涼云：智周鑒而常靜，用繁興以恆如，此之謂也。然既曰常凝，無有不定時也，故名定心住。　正脈云：以上五位，屬五根，如果木之種植，根於地也。下五位屬五力，如果木結根既久，自有不拔之力用也。

子六　不退心住

定光發明，明性深入，惟進無退，名不退心。

此進力也。首二句雙蹶定慧，則定慧相資。定光發明者：定功極而慧光發明，乃以定發慧也。明性深入者：慧性明而定力愈深，而以慧入定也。定慧等持，惟進無退，故名不退心。

子七　護法心住

心進安然，保持不失，十方如來，氣分交接，名護法心。

此定力也。首句蹶前進力。心進安然者：顯非事行，爲有功用之進修也。乃是自心寂照雙流，任運前進，故曰安然；不假用力之意。而能保護任持，不失定心。然保護任持何法，即如來藏，清淨本然之法。　十方如來，氣分交接者：即十方法身如來，氣分交相接續，正由定力冥周，故能與諸佛如來心精通脗，乃能內護心法，外護佛法，故名護法心。

子八　迴向心住

覺明保持，能以妙力，回佛慈光，向佛安住，猶如雙鏡，光明相對，其中妙影，重重相入，名迴向心。

此慧力也。首句即覺慧增明，而得保持不失。妙力，即妙慧之力用，能迴他佛慈光，向自己心佛光中安住。他佛心佛，心光佛光，互相迴向，究竟心佛不二，不妨自他歷然。猶如兩鏡，光明相對。彼此光明，互相對照，光內現光，影中含影，故曰其中妙影，重重相入。佛光心光，自影他影，相攝相入，重重無盡。迴向有二義：迴向他佛，是向佛道；迴向自佛，是向眞如。證極眞如，即成佛道，二而不二，故名迴向心。

子九　戒心住

心光密迴，獲佛常凝，無上妙淨，安住無爲，得無遺失，名

戒心住。

此信力也。首句躡上位，明心光佛光，潛通冥應，故曰密迴。他人看不見，乃屬自己智境。到此位，即獲心光佛光，常凝不動，而與無上妙淨戒體，一同安住。無作無爲，得無一念遺失，而漏落於有爲。若一念漏落有爲，即名破戒，所謂心地大戒，故名戒心住。

子十　願心住

住戒自在，能遊十方，所去隨願，名願心住。

此念力也，願即心念故。住戒，指上位安住無住戒體；自在，屬本位。能從體起用，發大自在之用。所謂攝律儀戒，攝善法戒，饒益有情戒，自在成就，而能遊化十方。所云隨願者，願去何國，一念即能便至。所謂嚴淨毘尼，弘範三界，應身無量，度脫衆生。以戒根清淨，所去之處，無不隨心滿願也。故名願心住。又通論十心，前六修自心，後四合佛德矣。三、十信十位竟。

癸四　十住十位　分十　子初　發心住　二　治地住　三　修行住

四 生貴住 五 具足住 六 正心住 七 不退住 八 童眞住

九 王子住 十 灌頂住 今初

阿難！是善男子，以眞方便，發此十心，心精發輝，十用涉入，圓成一心，名發心住。

此十住位，生佛家而爲佛子，經中全顯，生法王家，亦是安住華屋，依祕密藏，無住爲住，乃名十住。阿難！是善男子：指前十信位已滿之男子故稱善。以眞方便：即耳根圓通，文殊選根偈云：圓通超餘者，眞實心如是。眞心中本具十心妙用，若不修耳根方便，則終不能發；因修證耳根圓通，方能發此十心妙用，此皆指前十信位也。十用涉入，圓成一心者：即前十用涉入本位，圓成一心，則十心一心，本無二體。前云十信位，是初住開出，此知初住位，是十信合成。名發心住者：元因發此十心，圓成一心故也。又此菩薩，三心圓發，萬行繁興，定慧均等，中中流入，如中陰攬先業，而初成陰體也。

子二 治地住

心中發明，如淨瑠璃，內現精金。以前妙心，履以成地，名治地住。

首句心中，即十用涉入，圓成一心之中，謂依此妙心，發明妙智。以妙心，喻如瑠璃，淸淨皎潔；以妙智，喻如精金，具足精華；智不離心，心不礙智、內外明徹。　以前妙心，履以成地者：以者用也。妙心，即十用涉入之一心，此心即係眞如之理，既發明妙智，以眞智契眞理，依眞理起眞修，履踐眞如，以成進趣，後位之地。一切諸行，由斯履踐；如建樓者，先平地基，治即平也，故名治地住。如中陰，乘彼業力，結爲境界，於中妄成，依止之處。

子三　修行住

心地涉知，俱得明了，遊履十方，得無留礙，名修行住。

心地涉知者：即前履以成地之心，以心即智，亦即始覺；以地即理，亦即本覺。同一覺體，智照於理，理契於智；若智若理，互相鑒照，故曰涉知。俱得明了者：即理智俱得明了也；故能得遊履十方，上求佛道，下度衆生，自利利他，一切皆無留礙；廣修妙行，大作佛事，故名修行住。如中陰見遠如在目前，所去速疾，山壁不礙。

子四 生貴住

行與佛同，受佛氣分，如中陰身，自求父母，陰信冥通，入如來種，名生貴住。

行與佛同者：指上位所修妙行，與佛行相同，故得領受佛之眞如氣分，將生佛家，而爲佛子。此如中陰身，自求父母之義；必要自己業，與父母業同。則中陰心相體信，冥然相通，故曰陰信冥通。若以法說，以己智求佛智，佛之權智如父，實智如母，任運相合，名自求父母。密齊果德，謂陰信冥通。斯則秉佛遺體，初託聖胎，故曰：入如來種，名生貴住。

子五 具足住

既遊道胎，親奉覺胤，如胎已成，人相不缺，名方便具足住。

上位入如來種，即是遊諸佛正道之胎。永嘉云：潛幽靈於法界，即此義也。親奉覺胤者：謂親攬諸佛權實二智，則爲得大覺法王之眞胤矣！方便智慧，漸漸具足，喻如胎中，五位已成，人相完全不缺，名方便具足住。

子六 正心住

容貌如佛，心相亦同，名正心住。

首句躡上句，權智外現曰容貌；教化衆生方便具足曰如佛。心相亦同者：以權資實，內照眞如，爲心相圓滿，亦皆如佛，故曰亦同。成正知見，故名正心住。

子七 不退住

身心合成，日益增長，名不退住。

首句躡前外貌內心，皆已肖像。合成者，表裏如一，同佛身心也。日益增長者：即道胎日益月增，漸漸長成，時刻無間，故名不退住。與前十信位之不退心住名同實異，彼但信心不退，此則住道不退也。

子八 童眞住

十身靈相，一時具足，名童眞住。

前位身心，合成增長，十身靈相，自應具足，蓋十身者，盧舍那也。謂：聲聞身、緣覺身、菩薩身、如來身、法身、智身、虛空身、業報身、衆生身、國土身。又如來身，自具十種身。溫陵曰：菩提身、願身、化身、力身、莊嚴身、威勢身、意生身、福身、法身、智身。十身中：菩提、法、智屬於內身，餘皆屬於外身，此乃如來身中之所開出者。按華嚴八地方具十身。今經八住即具，二經皆屬圓教，固應前後互融也。童眞者：菩薩雖得是身，具體而微，未大顯著，猶如胎滿，初生六根，四體雖具，而純璞未散，故名童眞住。

子九　王子住

形成出胎，親爲佛子，名法王子住。

首句躡前：形已成，胎已出，親得爲佛之嫡子。從佛口出，從法化生，故名法王子住。

子十　灌頂住

表以成人，如國大王，以諸國事，分委太子。彼刹利王，世子長成，陳列灌頂，名灌頂住。

首句躡前位。雖親爲佛子，年齡幼小；今漸長成，故曰表以成人，可當大任。如國大王，以諸國事，分委太子，恐其力不勝任，且先分少分，試其能力如何耳。此喻佛欲與菩薩授記，恐其智力不堪，且先令代佛宣揚，攝行佛事，若見智力增長，度生不怖，即與授記。　蓋大王者，即是金輪王，爲四大部洲之主；刹利者，即粟散王，乃一國之君；故金輪王之子，稱太子。刹利王之子，曰世子。若據金輪王灌頂者，華嚴經云：轉輪聖王，所生太子，母是正后，身相具足，坐白象寶，妙金之座，張大羅縵，奏諸音樂，取大海水，置金瓶內，王執此瓶，灌太子頂。是時即名受王職位。菩薩受職，亦復如是。諸佛智水，灌其頂故，名爲受大智職菩薩。　彼第十法雲地，方受是職，今十住位，亦名灌頂者，此約刹利王，世子長成，陳列灌頂，表以成人之道，亦分得此名耳。非同彼經十地之灌頂也。　溫陵曰：自發心至生貴，名入聖胎；自方便具足，至童眞，名長養聖胎；至法王子住，名出胎；至此乃名灌頂王子。四十住十位竟。

癸五　十行十位分十　子初　歡喜行　二　饒益行　三　無瞋行　四　無盡行　五　離亂行　六　善現行　七　無著行　八　尊重行　九　善法行　十　眞實行　今初

阿難！是善男子，成佛子已，具足無量，如來妙德，十方隨順，名歡喜行。

此十行位。前十住，生佛家，而爲佛子；今十行，廣六度，而行佛事，攝物利生，所謂念念具足諸波羅密也。然行門雖多，約之不出十度；後五度，慧度開出。　阿難！如是修習十住之善男子，既已灌頂受職，成爲諸佛眞子，且而具足無量無邊如來藏中稱性功德，而行施度。如華嚴經云：隨諸方土，有貧之處，以願力故，往生於彼，豪貴大富，財寶無盡，行財施，乃至身肉不恪；行法施，則與說三世平等，乃至菩提涅槃；是爲十方隨順也。　結名歡喜行有二：一者、見有求乞者，作福田想，作善友想，倍生歡喜；二者、隨乞施與，令諸衆生，悉皆滿足，生歡喜心。所謂自他俱利，機應皆喜，名歡喜行。

子二　饒益行

善能利益一切衆生，名饒益行。

此戒度。乃以戒德感化，而善能利益者：戒德備於己，感化成於外，即所謂不言自信，不化自行，不勞費力，而利無不周矣！華嚴云：令一切衆生，住無上戒，乃至菩提涅槃。又自得度，令他得度，乃至自快樂，令他快樂。凡有十句，皆雙標二利，故名饒益行。以戒德而饒益也。

子三　無瞋行

自覺覺他得無違拒，名無瞋恨行。

此忍度。正脈云：華嚴首標，此菩薩常修法忍，彼名無違逆行，即無違拒也。凡有辱來，違拒不受，即是不忍，今無違拒，即是忍。華嚴謂：無量罵辱、打辱，皆能歡喜忍辱是。今言自覺覺他，得無違拒者，亦華嚴云：菩薩思惟，自身苦樂，皆無所有，即自覺也。又云：我當了解，廣為人說，即覺他也。自覺覺他，他無違拒，瞋恨無從而生。自無違拒，甘受外辱，我、人、衆生、壽者四相全空，亦不生瞋恨；是知無瞋恨，方爲眞忍辱也。

子四　無盡行

種類出生，窮未來際，三世平等，十方通達，名無盡行。

此進度。種類出生，謂十二種類，隨類化身，處處出生，廣行敎化，菩薩行願，精進無盡，故窮未來際。既能窮未來際，則三世平等普入；既能種類出生，則十方悉皆通達，是則竪窮橫徧。夫種類出生，即第一心；盡未來際，即常心；三世平等，即不顚倒心；十方通達，即廣大心。四皆無盡，故結名無盡行也。

子五　離癡亂行

一切合同，種種法門，得無差誤，名離癡亂行。

此禪度。一切合同，種種法門者：以此菩薩心無散亂，堅固不動，即以一念定心，持種種法門。能知種種法門，悉皆會合，同爲一體。得無差誤者：故能隨類說法，對機受益，千難交攻，其智不昏；萬機並赴，其心不擾；故得無差錯誤謬。不能持諸法門，是爲癡定，未免差誤，是爲亂心。今一念定心，寂而常照，故名離癡亂行也。

子六　善現行

則於同中，顯現羣異，一一異相，各各見同，名善現行。

此慧度。下四度從此開出，合成十度。此一多無礙，同異俱成。一即是理，多即是事。同即是理，異即是事，以理能顯事，則以一理之中，顯現一切事相，即一能現多，理不礙於事也；以事能顯理，則於一切事相，各見全理，即多能現一，事不礙於理也。名善現行者：明此菩薩，於一一行，皆能眞俗互融，事理無礙矣！

子七　無著行

如是乃至十方虛空，滿足微塵，一一塵中，現十方界，現塵現界，不相留礙，名無著行。

此方度。即大方便力之所運用。如是指善現，理事無礙，固如是矣！此明事事無礙，即十玄門中，廣狹無礙自在門也。十方虛空，滿足微塵，大中現小；一一微塵，現十方界，小中現大。現塵現界，能現所現，二俱不壞其相；謂塵中現界，而界不小；界中現塵，而塵不大；同時俱現，不壞自相，互不留礙。正脈云：界入塵，而界不小，是小不留礙於大也；塵含界，而塵不大，是大不留礙於小也。結名無著行，一有執著，安能小大並融如此。三祖云：「極大同小。永無邊表；極小同大，亡絕境界。」永無與亡絕，即無著也。

子八 尊重行

種種現前，咸是第一波羅密多，名尊重行。

此願度。華嚴云：此菩薩於大乘願，不退轉故。種種現前：躡上不惟理事，與事事無礙，而菩薩妙行，無不具足，悉得現前。咸是第一波羅密多者：隨舉一行，咸皆到於最上究竟之處。言第一者，即最上義；波羅密者，即究竟義。又波羅密多，此云到彼岸，謂離生死此岸，度煩惱中流，到涅槃彼岸也。如華嚴經云：菩薩住此行時，不捨菩薩大願，不住生死此岸，不住涅槃彼岸，不住煩惱中流，而能運此岸衆生，至彼岸無憂惱處；而菩薩往返，無有休息。今經稱第一者，即此義也。結名尊重行者：以行至於此，誠爲可尊可重也。華嚴云：難得行，如世間尊重之物，甚爲難得也。

子九　善法行

如是圓融，能成十方諸佛軌則，名善法行。

此力度。謂此菩薩善能身體力行。如是，指前種種法門，咸是第一波羅密多。於一行中，具足無邊妙行，圓融無礙。能成十方諸佛軌則者：此明其建立利他之教法也；徧歷十方，助佛轉輪，教化衆生，而一言一行，可爲軌轍，可爲法則，故名善法行也。

子十　眞實行

一一皆是清淨無漏，一眞無爲，性本然故，名眞實行。

此智度，亦名不違實相智。一一皆是者：躡前九行，一一自利利他，諸行究竟，皆是一眞實相也。清淨無漏者：謂非貪染於凡外，欲有無明，諸有漏法。一眞無爲者：謂非劬勞於權小，肯綮修證，有爲功用。性本然故：作二句之由，意謂從性起修，不妨全修即性，其性由來清淨，不待浣之而始淨，元本一眞，非待修後而始眞；所以性本然故，名眞實行。五十行十位竟。

癸六　回向十位分十

子初　離相回向　二　不壞回向　三　等佛

回向　四　至處回向　五　無盡回向　六　平等回向　七　等觀回向
八　眞如回向　九　解脫回向　十　無量回向　今初

阿難！是善男子，滿足神通，成佛事已，純潔精眞，遠諸留患。當度衆生，滅除度相，回無爲心，向涅槃路，名救一切衆生，離衆生相回向。

此回向十位，回佛事而向佛心，心、佛、衆生，三無差別。佛心即眞如，具足佛道衆生，準華嚴回向，即是發願。今經文簡略。圭峯大師云：回向不出三處：一回向眞如，二回向佛道，三回向衆生。今經文簡略，各有隱顯。如衆生顯，餘二則隱，佛道眞如，隱顯亦然。顯者，正當發揮；隱者，亦以意含，非全無也。故此經與華嚴文雖不類，而旨無不合也。　此位菩薩，以前十行，涉俗心多，今以願濟行；若有行無願，行不究竟。阿難！是已修十行之善男子，自初行至八行，顯同顯異，現界現塵，則其神通，已滿足矣！　八行種種究竟，九行成佛軌則，已成佛事矣！十行清淨無漏，則藏性之體，已純潔矣！一眞無爲，則藏性之用，已精眞矣！遠諸留患：是總攝十行。以十行既備，圓成雙超空有之行，界內不爲著有留患，界外不爲滯空留患，亦即雙超世出世間也。以上皆屬前文，此下方成本位。

當度衆生，滅除度相者：以其正當度生時，即滅除度生之相，此即雙超空有之中道。正當度生時，此不落於空；滅除度相，此不著於有；正同金剛經，「應無所住，而生其心」之義。應無所住，即不住一切相，此滅除度相也；而生修行度生之心，此當度衆生也。夫既度盡衆生，不取度生之相，如正脈所云：回有爲行，入無爲心，是回入眞因也；背生死途，向涅槃路，是趨向眞果也。二句各說，同成趣眞之意。寶鏡疏云：度生之法，須識即相離相，中道妙義。不落二邊，方爲可耳。由其即相故，當度衆生；以其離相故，須除度相；以其回無爲心，則不著離相而落空，故能救護衆生；以其向涅槃路，則不著即相而滯有，故能離衆生相。此則第一、即相離相，以明中道，回向之義。

子二　不壞回向

壞其可壞，遠離諸離，名不壞回向。

次明有爲無爲，中道妙義。壞，即上滅除，可壞，即上度相；即壞其可壞，故能不著於生死有爲法也。遠離，即能離，諸離，即不見我爲能離，亦不見他爲所離，亦不見中間度生之法，是謂諸離。併此諸離，亦復遠離，既遠離諸離，故不滯守於涅槃無爲法也。所謂涅槃不安，生死不立，善獲中道；雖知一切法空寂，而不欲於空起心念。結名不壞者，不壞度生事業，依舊廣行布施。此則第二，即有爲無爲，以明中道，回向之義。

子三　等佛回向

本覺湛然，覺齊佛覺，名等一切佛回向。

次明本覺妙覺，中道妙義。本覺湛然者：本覺心佛，顯現湛然，覺海澄停；如華嚴謂：廣大清淨也。覺齊佛覺者：覺指自己本覺，齊佛覺，謂與諸佛所證妙覺齊等，無有二相。結名等一切佛者：指自身本覺法身，與十方諸佛法身，無有高下。如前文所云：我與如來，寶覺眞心，無二圓滿也。此則第三，即本覺妙覺，以明中道，回向之義。

子四　至處回向

精眞發明，地如佛地，名至一切處回向。

次明因地果地，中道妙義。精眞者：因地心也；佛地者：果地覺也。發明：即開發了明。自己因地心中，所含無邊境界，正如諸佛，果地理上，所現無量剎土也。結名至一切處者：即盡佛境界之意；華嚴此位菩薩，廣修供養，徧至佛處，而後言三業普入一切世界，以作佛事。此則第四，即因地果地，以明中道，回向之義。

子五　無盡回向

世界如來，互相涉入，得無罣礙，名無盡功德藏回向。

次明依報正報，中道妙義。世界即所至之處，依報也；如來即所等之佛，正報也。前二位，雖覺齊佛覺，地如佛地，猶有自他之分；今稱世界如來者，即自他融一不分也。　互相涉入、得無罣礙者：如以依報，涉入正報，則一一毛孔中，有無量寶剎，莊嚴微妙；以正報涉入依報，則一一微塵內，有無量如來轉大法輪。如帝網千珠，交光相映，一珠趣多珠，多珠含一珠，一多相攝，主伴交參，故得無罣礙也。

名無盡功德藏者：華嚴經云：住此回向時，得十無盡藏：一見佛、二聞法、三憶持、四決定慧、五解義趣、六無邊悟、七福德、八勇猛智覺、九辯才、十力無所畏；以如是等，皆無盡故。此則第五、即依報正報，以明中道，回向之義也。

子六　平等回向

於同佛地，地中各各生清淨因，依因發輝，取涅槃道，名隨順平等善根回向。

次明理事一多，中道妙義。蓋同佛地者：明理一也；各生淨因者：明事多也。意謂於始覺本覺，同佛之理地，其理則一也；因而曰清淨者，皆成眞因也。依此眞因，展轉擴充，名曰發輝，從因剋果，直取究竟涅槃之道。結名隨順平等善根回向者：隨順一理，而成多事，事理雖有異名，其體本來無二，故曰平等；能生無上道果（取涅槃道）故名善根。此則第六，即理事一多，以明中道，回向之義。

子七　等觀回向

眞根既成，十方衆生，皆我本性。性圓成就，不失衆生。名隨順等觀一切衆生回向。

次明自身生身，中道妙義。眞根既成：指前位，隨順平等善根；由此重起大悲心，等觀衆生，故云：十方衆生，皆我本性。本性，即本覺之佛性。衆生所具之佛性，與我本來同體，此即起同體大悲心，回他向自也。性圓成就，不失衆生者：我性既已圓滿成就，亦當成就衆生，豈可遺失衆生，而不度哉？此即回自向他也。是名隨順平等大悲心，觀察衆生回向。此則第七，即自身生身以明中道，回向之義也。

子八　眞如回向

即一切法，離一切相。惟即與離，二無所着，名眞如相回向。

次明眞如變不變，中道妙義。上位不失衆生，即一切法也；約眞如隨緣義；皆我本性，離一切相也，約眞如不變義。下入本位。惟即與離，二無所著者：不著，即超有也；不離，即超空也，若言即一切法時，而復離一切相；若言離一切相時；而復即一切法；若言隨緣時，而復不變；若言不變時。而復隨緣；離即離非，是即非即，言語道斷，心行處滅。此則第八，約眞如變不變，以明中道，回向之義。

子九　解脫回向

眞得所如，十方無礙，名無縛解脫回向。

次明無縛無脫，中道妙義。首句即上位，惟即與離，二無所著，已得與眞如一相。一眞一切眞，無法不眞；一如一切如，無法不如。下入本文，然眞如體徧十方，而其行既爲眞如所如，自應同彼，於十方界，得無障礙，成就普賢身、語、意業，精進自在力，乃至成就普賢行願，彌滿法界；前位住理無礙，此位理事與事事二無礙矣！結名無縛解脫，即入法界，不可思議解脫。此則第九、即無縛無脫，以明中道，回向之義。

子十　無量回向

性德圓成，法界量滅，名法界無量回向。

次明法界，有量無量，中道妙義。性德圓成者：承前二位而來，八無著，得性德之全體，九無礙，得性德之大用，體用備具，故曰性德圓成。孤山所謂：三德妙性圓成。無著，即般若德；無礙，即解脫德；無量，即法身德。法界量滅者：良由體無不徧，用無不周，隨舉一色一香，一塵一毛，皆等法界，一一無有限量；是則量滅者，即無量也，故結名法界無量回向。此則第十，即法界有量無量，以明中道，回向之義。

通結前十回向，以三處區分，顯有差別；而實位位圓滿中道：一悲不礙智，二智不壞悲，此二回向衆生；三本妙合覺，四因果同地，五依正互融，六性脩雙即，七自他同根，此五回向佛道；八即離雙超：九眞俗自在，十體用圓極。此三回向眞如。六回向十位竟。

癸七　加行四位 分二　子初　結前起後　二　別明四位　今初

阿難！是善男子，盡是清淨，四十一心。次成四種，妙圓加

行。

阿難！是善男子，修習正定，始從乾慧，終於十向，不住妙悟，有向上之心，幷丈夫之氣，雖熾然修行，不住於相，能起無修證之修證，位位備歷，故曰：盡是淸淨，四十一心；此結前也。　次成四種，妙圓加行：以餘乘教中，皆有四加，而非妙非圓，故此佛以妙圓以簡之。前於乾慧，即以此心，中中流入，圓妙開敷，從眞妙圓，重發眞妙眞圓。經歷信、住、行、向，次成四種加行。妙者，愈增於妙，圓者益極於圓，自不可以尋常加行目之。　蓋此四種，名爲加功用行，乃入道要門，始終地位，皆以增進，漸次深入；如下文所云：如是皆以三增進故，善能成就五十五位眞菩提路。如漸次中，非加行莫入乾慧，乃至等覺，非加行莫入妙覺。今獨於十向之後，列四加者，以顯十地之法尊勝，非此莫能進入，此開後也。

子二　別明四位分四　丑初　煖地一位　二　頂地一位　三　忍地一位　四　世第一位　今初

即以佛覺，用爲己心，若出未出，猶如鑽火，欲然其木，名爲煖地。

此別名四加，泯心、佛而滅數量，揀異唯識，位位各有能發定，所發觀，及所觀法。今經但以心佛對辨，而成四位。煖地猶云：佛即心；頂地：心即佛；忍地：即心即佛；世第一地：非心非佛。以心攝衆生，佛攝眞如，是總攝十回向三處也。　即以佛覺，用爲己心者：佛覺，指初地所具之佛覺，用爲自己加行之因心，欲證佛即是心之境，而因心欲亡未亡，果用將發未發，故曰若出未出。喻如鑽火然木，火譬初地，本覺智火，本來在木中；木譬無明，今本覺智火，欲出未出，無明之木，將然未然。加功至此，喻如鑽火，欲然其木，先得煖相現前，名爲煖地。龍牙禪師云：「學道如鑽火，逢煙且莫休，直待金星現，歸家始到頭。」

丑二　頂地一位

又以己心，成佛所履，若依非依，如登高山，身入虛空，下有微礙，名爲頂地。

又以此自己加行之因心，成其初地，佛覺之所履，心為佛依，如足履地，體觀自心，即佛境界。而心相未能全忘，為若依；心相垂盡，為非依，喻如登高山，其身已入虛空，不過脚跟未離山頂，下有微礙。今下有微礙，故曰若依，身入虛空，故曰非依。礙而至於微，而心相亦復無多也。故結名頂地。

丑三　忍地一位

心佛二同，善得中道，如忍事人，非懷非出，名為忍地。

煖地，即以佛覺，用為己心；頂地，又以己心，成佛所履。是心、佛猶存二相。加功至此，則心佛二同，所謂即心即佛也。佛覺泯為因心，因心泯同佛覺，雖心佛歷然，而因果融即，常於加行心中，見佛業用，亦於諸佛行處，洞徹自心，故曰：善得中道。但將證未證，心中明了，吐露不出，喻如忍事之人，若欲懷之於心，便欲訴向於人，有欲出之於口，又非可以話會。故曰：非懷非出，名為忍地。

丑四　世第一位

數量銷滅，迷、覺中道，二無所目，名世第一地。

數量銷滅者：煖地中，即以佛覺，用為己心，尚存己心數量；頂地中，雖以己心，成佛所履，尚存佛履數量，此二皆迷中道之數量也。忍地中，心佛二同，尚存二同數量；此乃是覺中道之數量也。迷覺二字，雙貫中道之上，迷中道者：非謂迷了中道，乃因心中，所修之中道也。覺中道者：亦非覺了中道，乃果位中，所證之中道也。今則不但無迷，亦且無覺，下無己心，上無佛覺，若心若佛，二無所目，則數量俱銷，心佛雙泯，猶云非心非佛也。南泉云：莫認心認佛，認得亦是境，古人喚作所知愚。馬大師云：不是心，不是佛，不是物。結名世第一位，此於世間法中，最為第一也。而於一念中，法爾亦具，此四加行。然此四加行，說雖次第，行在一時，所以名為妙圓也。七加行四位竟。

癸八　地上十位　分十

子初　歡喜地　二　離垢地　三　發光地　四　燄慧地　五　難勝地　六　現前地　七　遠行地　八　不動地　九　善慧地　十　法雲地　今初

阿難！是善男子，於大菩提，善得通達，覺通如來，盡佛境界，名歡喜地。

地有多義，略約二種解釋：一、成實義：謂地地皆以眞如實相爲體，堅固不壞。二、發生義：謂地地皆發生佛地功德，大用重重無盡。溫陵曰：蘊積前法，至於成實，一切佛法，依此發生，故謂之地。問：四加行亦皆稱地，與此同耶異耶？答：非同非異。何以謂之非同？功德超勝故；何以謂之非異？同爲趣進妙覺之因地故。據前四卷末，如來但立因果二地，文云：得元明覺，無生滅性，爲因地心，然後圓成果地修證。是則，但以修習圓通本根爲因地，而以佛究竟妙覺爲果地，中間皆圓成果地之位也。

阿難！是善男子，於世第一地，善能成就，則障初地，一分無明，豁然頓破，而如來三德祕藏，全然圓證。於大菩提：即無上菩提，不出三藏全體，十玄妙用。此菩薩位居分證，不云成就，但是通達。而善得者，即現量親證，不離自心，通達佛覺故。　覺通如來，盡佛境界二句，即釋上二句，以自心本覺，與諸佛妙覺，融通無二，能盡諸佛，微妙境界。即前文所云：惟妙覺明，圓照法界也。此不但通達，而且盡佛境界，如三世諸佛，所應得者，我已得之，如一切衆生，所本具者，我已證之；是故極生慶快，名爲歡喜也。

子二　離垢地

異性入同，同性亦滅，名離垢地。

異性，指九界之性；前位覺通如來，即九界之異性，入於如來，平等之同性。雖同一佛境，而此境未亡，猶是清淨心中之微垢。因對異說同，異固是垢，同亦是垢。所以於無間道中，無修而修，定慧雙流；解脫道中，無證而證，並將此同性亦滅，是謂離垢清淨，故名離垢地。

子三　發光地

淨極明生，名發光地。

淨極者：前位同性亦滅，細垢已離，但未至離離；今將離垢之離復離，是爲淨極。明生者：譬如古鏡重磨，垢盡之後，更加拂拭，則淨極明生，真覺顯露，靈鑑無礙，即所謂淨極光通達也，是名發光地。

子四　燄慧地

明極覺滿，名燄慧地。

明極者：躡前位。光明始生，未至明極，此位妙明極盛，覺智增長，如大火聚，能燒煩惱之薪。而言覺滿者：明其稱性故，所謂覺照，彌滿淸淨，中不容他，即前云：寂照含虛空也。名燄慧者：表如燄之慧，有爍絕之勝用而已。

子五　難勝地

一切同異，所不能至，名難勝地。

地前智名異，地上智名同。初地覺通如來，異性滅，惟一佛境，即同也。二地復經同性亦滅，由淨而明，由明而滿，再經兩地之修證，則前之異同，至此則杳不相及。及尙不能及，況超勝乎？故名難勝地。唯識謂此地，眞俗兩智，行相違合，今令相應，極難勝故。

子六　現前地

無爲眞如，性淨明露，名現前地。

從初地至此，銷異滅同，明生覺滿，復超同異，凡情聖解，悉已剷除。有爲功用至極，即契無爲眞如也。性淨明露者：眞如妙性，本來淸淨，分明顯露，初得親證。然而眞如，全體大用，當在八九兩地；而八地，眞無功用，此地方到無爲，始顯眞如，但約性顯，而名現前也。

子七　遠行地

盡眞如際，名遠行地。

眞如本來無際，望之不見其影，窮之無有分量；今言盡際者：即所謂盡其實際，於無際之際，迥超極造，故名遠行地。

子八　不動地

一眞如心，名不動地。

承前既已盡際，乃得全體。一眞凝然，湛寂不動。動即變動，而如理精眞，無有變動，菩薩當住此地，徧觀諸法，諸法皆眞，法法皆如，一塵一毛，一一無非眞如自心。即所謂徹法底源，無動無壞，故名不動地。

子九　善慧地

發眞如用，名善慧地。

正脈云：前位，是得眞如全體，此位，是發眞如大用，稱體起用，自然之理。華嚴、金光明，多指功行，而本經惟說本眞，自體自用。前位，一塵一毛，皆淸淨本然，周徧法界。此位，則一一互攝互入，即徧即包，十玄業用，皆眞如用也。結名善慧，即法界無障礙智也。問：「七行之塵界互現，五向之依正互涉，與斯何異？」答：「七行方有是願，未說親證本眞，自體自用，法爾本具，顯現發揮也。」華嚴、唯識、金光明、皆言此地，具四無礙辯，爲大法師，最善說法。華嚴名此菩薩，具四無礙智，作大法師，演說無量，阿僧祇句義，無有窮盡，故名發眞如用。余謂說法，固可以說爲發用，然方是大用中一用耳，故明用，不遺說法，而說法，豈盡大用耶？餘地既皆不盡同，此何必同乎？故須具十玄，方爲稱眞之用，然亦豈遺說法哉！

阿難！是諸菩薩，從此已往，修習畢功，功德圓滿，亦目此地，名修習位。

阿難！是諸菩薩：諸者衆也近指，四加以至於此；遠指，該前之四十一心。從此已往：往者去也，即自九地以去，後三位也。不可指前，若指前，應言已還，且下文意，亦復指後。修習畢功，功德圓滿者：謂言修習之功行，於茲已畢，出世之功德，亦稱圓滿，此去祇論證，不論修。亦目此地，為修習位：顯修習之功，終極於此，故另結之，以清眉目焉。（名也）

子十　法雲地

慈陰妙雲，覆涅槃海，名法雲地。

慈妙是法，陰雲是喻。謂眞慈普被，彌滿成陰，妙智大雲，靉靆密布，理智齊彰，地上清涼。良以慈陰妙雲，是十地圓滿之因德，涅槃性海，是十地將證之果德。涅槃梵語，此翻多義，今略取圓寂之義，謂眞無不圓，妄無不寂。即菩薩從最初發心脩行，依不生滅之根性，定慧均等，中中流入，趣涅槃果海，到此將證未證故，但曰覆也。結名法雲地，以慈智是法，雲字該攝陰字，仍是雙舉法喻以結之。八地上十位竟。

癸九　等覺一位　分二　子初　正明本位　二　出所得慧　今初

如來逆流，如是菩薩，順行而至，覺際入交，名為等覺。

此正明本位，起信等諸經論，十地後不開此位；在法雲地，即謂方便滿足，始覺還源，本始合一，得智淨相，乃合入十地耳。此位，將明菩薩始覺，等於如來妙覺，齊佛際而破生相。如來逆流者：謂如來因圓果滿，得證涅槃果海，因不捨衆生，倒駕慈航，逆涅槃流而出，入生死海，脩因尅果，此就斷果言之。若就智果言之，則如來出菩提覺際，而菩薩入菩提覺際，彼此正當相交，故云覺際入交。正脈云：覺際入交者，菩薩始覺，與佛妙覺，分劑正齊，但有順逆之不同耳。譬如入海採寶，前商已得諸寶，逆流而出，到於海門；後商方以進取，順流而入，亦到海門；是二船恰齊，但前商船頭向外；後商船頭向內，爲不同耳。溫陵曰：如來逆流，出同萬物，菩薩順流，入趨妙覺。已至覺際，故名入交，與佛相齊，故名等覺也。

子二 出所得慧

阿難！從乾慧心，至等覺已，是覺始獲，金剛心中，初乾慧地。

阿難！從乾慧初心，中間所歷，信、住、行、向、四加、十地，而至等覺後心已。是覺，即指等覺；金剛心者，解脫道前，無間道一分，至堅利之慧，能破最初生相無明之惑體；是等覺位中，方始獲得金剛心中，初乾慧地。寶鏡疏云：此經始終，有二乾慧名，古來諸疏，議論紛紜，全無定準，致令後學，亦無可據；良由未悉本經之的旨耳！蓋九界衆生，咸因三種業流，致有五住煩惱，以感二種生死。五住者：所謂欲愛住、色愛住、無色愛住、見一切住、無明住也。三種流者：即欲流、有流、無明流也。以前四住爲欲流，有流，感分段生死，此在初信已斷；後一無明住地，即無明流，感變易生死，至佛果乃斷。

以此論之，則前乾慧，乃是金剛初心，先斷欲有二流，出分段生死者也。以故經云：欲愛乾枯，根境不偶，現前殘質，不復續生。如澄濁水，沙土自沉，清水現前，名爲初伏客塵煩惱。自初信之後，即志斷無明，但其積習深厚，故歷五十四位，至等覺，金剛後心，生相無明纔乾，以此定慧堅强，方始永斷，故云是覺始獲金剛心中，初乾慧也。溫陵曰：前名乾慧，以未與如來法流水接；此名乾慧，以未與如來妙莊嚴海水接。吳興曰：以障妙覺，無明初乾，未與究竟如來法流水接故也。

癸十　妙覺一位

如是重重單複十二，方盡妙覺，成無上道。

如是，指始從乾慧，終至妙覺，重重單複十二，方能窮盡，妙覺果位。單七者謂：一名一位爲單。如乾、煖、頂、忍、世、等、妙之七者是也。複五者，謂一名十位爲複，如信、住、行、向、地之五者是也。以其單有七重，複有五重，故言重重單複十二也。方盡妙覺，成無上道：盡者，窮極之義；衆生迷眞起妄，從此法界流，菩薩返妄歸眞，還歸此法界，窮源極證，始本合一，能所雙亡，方爲盡妙，名究竟果覺，得成無上正眞菩提涅槃之道。等覺，只但稱齊，始本尚未合一，今於最後一刹那間，證入斯位；但惟本覺，無別始覺，寂照一如，理事相即，三如來藏性之體全彰，四無礙法界之用顯現，窮玄極妙，不可思議。成無上道：成就三菩提，三涅槃，至極無上之道也。初正答因果諸位竟。

壬二　結顯清淨脩法

是種種地，皆以金剛觀察，如幻十種深喩，奢摩他中，用

諸如來毗婆舍那，清淨修證，漸次深入。

是上來，耳根圓通，稱性起脩，所經之種種諸地，皆以金剛藏心，觀察妙慧所建立也。蓋金剛觀察者，體用雙舉也。金剛，即藏性之體；觀察，即藏性之用；此正藏性全體大用也，亦即首楞嚴定之體用也。如前所謂，金剛王寶覺自分證位中，破一品無明，證一分三德，由是位位，轉入轉深，而至等覺，金剛後心，完全皆是用此，金剛觀察之力，內照之功所成也。如幻十種深喻：如觀音自陳云：如幻聞熏聞修，金剛三昧，亦即文殊所謂：宣說金剛王，如幻不思議，佛母眞三昧。故如來結云：是種種地，皆用金剛觀察，如幻三昧也。

十喻者：如大品云：觀一切業如幻，一切法如燄，一切身如水月，妙色如空華，妙音如谷響。諸佛國土如乾闥婆城，佛事如夢，佛身如影，報身如像，法身如化，不可取，不可捨，一切空故。此中喻雖有十，所喻之法，不出度生、說法、嚴土、供佛而已。然既曰不可取，則無生可度，無法可說，無土可嚴，無佛可供。既曰不可捨，則任運度生，任運說法，任運嚴土，任運供佛。既曰一切空故，則取捨雙忘，忘心亦寂，故云深也。古德有云：修習空華萬行，宴坐水月道場，降伏鏡裏魔軍，大作夢中佛事者此也。奢摩他中，用諸如來，毘婆舍那：奢摩他，是自性本具圓定，即根中不生滅，不動搖之性，是天然本具之定體，而能照見於此，是爲微密觀照，圓解大開，於是稱性起修，於中用諸如來，毘婆舍那。前文問答，皆無是名。

如莊嚴論云：安心於正定，即名爲止，所謂奢摩他。正住法分別，是名爲觀，所謂毘婆舍那。起信論云：所言止者，謂止一切境界相，隨順奢摩他義故；所言觀者，謂分別因緣生滅相，隨順毘婆舍那義故。今詳此經語氣，似不全同彼意，毘婆舍那，全歸修意，蓋是不離自性本定之中，雙用即定之慧，與即慧之定，亡塵照性，定慧雙流。無修而修，揀彼凡外事相之染修；無證而證，揀彼權小新成之實證。故曰：「清淨修證。」從三漸次中，悟圓理，而起圓修，漸次深入，究竟寶所矣！二結顯清淨修法竟。

壬三 推重初心勸進

阿難！如是皆以三增進故，善能成就五十五位眞菩提路。

此通結一經，大定之始終。自阿難啓請十方如來得成菩提之定，妙奢摩他、三摩、禪那，最初方便，而如來首告之曰：有三摩提，名大佛頂首楞嚴王，具足萬行，十方如來，一門超出妙莊嚴路。此初示佛定總名，令知諸佛，修因尅果，然後逐答阿難所問三名。二說奢摩他路，令悟密因，大開圓解。三說三摩修法，令從耳根，一門深入，四說禪那證位，令住圓定，直趣菩提。文至此處，是禪那證位，故云如是種種位次，皆以三增進故。正助熏修，從始逮終善能成就，五十五位，眞菩提路；是三增進，乃爲證楞嚴之最初方便矣！

善能成就者：先從大開圓解，悟明根中不生不滅之性，即是首楞嚴天然本具之定體。然後躡解起行，依此不生滅性，爲本修因。從耳根下手，一門深入，中間經歷，信、住、行、向、地，四加等覺，五十五位；無修而修，不妨幻修，無證而證，不妨幻證，於本無漸次，深入之中，不妨幻立漸次，而深入之。

眞菩提路者：即上諸位，眞實歸菩提家之道路也。乾慧非眞，妙覺非路，以乾慧相似覺，未發眞信，猶未起程，故非是路，是以除之；以妙覺、究竟覺已經到家，亦非是路，故亦除之；則知五十五位，眞菩提路者，即十方如來，一門超出，妙莊嚴路也。三推重初心勸進竟。

壬四　判決邪正令辨

作是觀者，名爲正觀；若他觀者，名爲邪觀。

上云，是種種地，皆以金剛觀察，如幻十種深喻；是知楞嚴正定，全體大用，不出金剛觀察。始從因地，終於果地，先頓悟根性爲因心，然後依悟修證。作是觀者，名爲正觀：欲人捨邪，而歸正也。此邪、不定指邪外，凡執六識爲眞因，以事行爲眞修者，皆名爲他觀。非自性之正定，即名爲邪觀也。如第一卷、二種根本云：「諸修行人，不能得成無上菩提，乃至別成聲聞緣覺，及成外道，諸天魔王、及魔眷屬，皆由二種根本，錯亂修習。」亦此意也。四判決邪正令辨竟。併上二詳示淨緣起歷成諸位竟。再併上三大科初正說妙定始終竟。

戊二　通示全經名目 分二　己初　文殊請問經名　二　如來備說五名

今初

爾時，文殊師利法王子，在大衆中，即從座起，頂禮佛足，

而白佛言：當何名是經？我及衆生，云何奉持？

此文殊請問經名。夫名者實之賓也，義者，名之實也。斯經自正宗以來，所詮經義略備，而能詮之名未彰；故以文殊，請問經名。此菩薩是根本大智，有欲如來，依義立名，即得總持之要。溫陵曰：正宗未終，而遽結經名，由初示密因，次開修證，而卒乎極果，則經之正範畢矣！結經後文，尚屬正宗，舊名助道者，特助道而已。爾時者：當總示逐答諸文，已竟之時。文殊師利法王子解見在前。在大衆中，即從座起，頂禮佛足，而白佛言：當何名是經？正求佛因義立名，使現未衆生，因名思義耳。云何奉持者：奉以自修，持以化世也。

己二　如來備說五名　分六　庚初　境智　二　機益　三　性修　四　要妙　五　因果　六　總答　今初

佛告文殊師利：是經名大佛頂，悉怛多，般怛囉。無上寶印，十方如來，清淨海眼。

文殊請名，如來具答，告文殊師利曰：是經二字，總貫下五名。此第一題，境智爲名。上十三字爲境，屬密題；下八字爲智，屬顯題。詳玩五名，皆顯密雙彰。此密題境字，乃是理境，爲顯題智之所照也。　大佛頂：大者，即衆生之心，當體得名，橫無邊涯，豎無底蘊；佛頂，即佛之肉髻頂相，以表無上最尊，無見最妙，正以表一眞法界也。

悉等六字，此云白傘蓋，七卷中。元有摩訶二字，翻爲大，此不列者，因上大佛頂，連用之意，即體大也。悉怛多，般怛囉：此云白傘蓋，白爲衆色之本，純淨絕染，即相大也。傘蓋爲展覆之具，普被一切，即用大也。正表一心三大之義也。　無上寶印者：總攝上一眞法界，一心三大，圓融絕待，更無何法，能超過其上，故云無上寶印，即海印心印。華嚴經云：海印三昧威神力。法句經云：森羅及萬象，一法之所印。一法，即一心之法；所印，則法法皆心，諸佛諸祖，遞代相傳之心印也。此上是密題，爲理境。　末八字是顯題，爲智照。十方如來：指過去諸如來，斯門已成就。清淨者：離分別、絕能所；海眼者，海即心海，眼即智也，謂照心海之智眼也。如珠有光、還照珠體，故以境智爲名。

庚二　機益

亦名救護親因，度脫阿難，及此會中性比丘尼，得菩提心，入偏知海。

此第二題，機益爲名。上十六字屬機，下八字屬益。前云五題，皆顯密雙彰，獨此題惟顯無密。細察其意，救護親因，亦仗楞嚴祕密神咒之力。阿難性尼皆此經當機，凡務多聞，而未全定力者，皆準阿難；凡欲惑熾然，不思出要者，皆準性尼。救度阿難，脫離淫難，及護持會中性比丘尼，欲愛乾枯，頓證三果。此二人皆大權示現，亦可謂之密，以上屬機。下屬益。得菩提心者：頓悟因心；根性，即是因心，依此而修，疾趣無上菩提之果覺。入偏知海：即得入正偏知海。正知，心生萬法；偏知，萬法唯心。得此圓智，是之謂益。

庚三　性修

亦名如來密因，修證了義。

此第三題，性修爲名。十方如來，必須先悟自己根性，本不生滅，是菩提因；然後依之起修，方能得菩提果。而謂密因者，乃祕密之因地心也。而凡、外、權、小，皆所不知。此四字屬性具，爲密題；下四字屬修成，爲顯題。言性雖本有，修即不無，所謂無修而修，非同事相之染修，無證而證，非同新成之實證，故曰：「了義修證」。

庚四 要妙

亦名大方廣，妙蓮華王十方佛母，陀羅尼咒。

此第四題，要妙爲名。上七字爲最妙，屬顯題。大方廣，以次爲體、相、用三大之義。大者、直目性體，橫竪無際故；方者，具足德相，恒沙稱性故；廣者，稱體妙用，出生無盡故。華嚴具此三大，斯經亦具，益見與華嚴同旨矣！妙，名不可思議，蓮華，喻如來藏心，因果交徹，染淨一如，略取方華即果，處常、淨二義。王者，自在之意，亦見斯經與法華同條共貫矣！下八字爲最要，屬密題。佛母，表其出生義；陀羅尼，此云總持，明其含攝義，十方一切諸佛，皆從此經之所出生故。前云：是佛頂光聚，悉怛多、般怛囉，祕密伽陀，微妙章句。出生十方，一切諸佛，故稱佛母。陀羅尼：此云，總一切法，持無量義，即指佛頂神咒，能總持一切諸法，十方如來，因此咒心，得成無上正徧知覺，故冠以十方佛母，陀羅尼咒。

庚五　因果

亦名灌頂章句，諸菩薩萬行，首楞嚴。

此第五題，因果爲名。上四字，及首楞嚴爲果，屬密題，諸菩薩萬行爲因，屬顯題。按此經原係中印度，那爛陀寺大道場，經於灌頂部，錄出別行，故名灌頂章句。此依總彰別，意顯此經，所有章句，皆屬灌頂部出故。灌頂疏云：印度密部有五：東方阿閦佛，名金剛部；南方寶生佛，名灌頂部；西方彌陀佛，名蓮華部；北方成就佛，名羯磨部；中央毘盧佛，名如來部。此經是灌頂部，誦此章句，仗其祕密之功能，而悟理起修，亡塵照性，遂得疾趣，五十五位，眞菩提路。無修而修，無證而證，則爲諸菩薩萬行，是無作妙行，蒙如來智水灌頂，亦猶刹利之受職也，證入楞嚴究竟堅固之果。

庚六　總答

汝當奉持。

以上五名，汝當因名思義，敬奉受持。正脈云：蓋必以智照境，隨機受益，從性起修，盡其要妙，滿其因果，方爲能奉持也。夫既說全經，而又備陳經目，則如來所以應求而說者。可謂委悉盡矣！二如來備說五名竟。併上大科，二如來答定竟。

丁三　當機獲益　分三　戊初　敍述所聞　二　頓悟禪那　三　漸證二果　今初

說是語已，卽時阿難，及諸大衆，得蒙如來，開示密印，般怛囉義，兼聞此經，了義名目。

此出名總答。說是語已竟之時，阿難及諸有學大衆，得蒙如來，開示密印，卽指祕密心印，圓通妙體，得此爲因地心，可以成佛曰印，衆生不知曰密。又卽摩訶悉怛多，般怛囉之義，此云大白傘蓋，雖無前五字，文之略也。前文重宣神咒，述功勸持，併懇示進修，五十五位，眞菩提路。及聞此經，文殊問名，如來備說，五種了義名目，此五名，皆詮盡理，直指之了義。正脈云：名標總相，義演別相，得其別相，可以開悟，得其總相，可以奉持。蓋開悟宜詳，而奉持宜簡，然總別互收，利益齊等，故雙述顯益也。

戊二　頓悟禪那

頓悟禪那，修進聖位，增上妙理，心慮虛凝。

前敘聞併及大衆。此悟，乃大衆同悟也。頓悟禪那者：自如來逐答，三定別名，並未言禪那，獨至此處，始一稱之，下連修進聖位，足顯談聖位處，即是說禪那耳。文從信、住、行、向、四加、地等，頓悟漸修，經歷五十五位，全性起修，全修在性。增上妙理：增上，殊勝也；妙理，即玄妙理體，迥超權漸，乃圓頓之極則焉。心慮虛凝者：正脈云：全經朗徹，萬象一心，海印森羅，言思不及之境也。

戊三　漸證二果

斷除三界，修心六品，微細煩惱。

前雖悟同大衆，而證有分別，此阿難進位於二果，非大衆同證也。斷除三界修心：此斷思惑，於修道位中斷之，故曰修心。然全分八十一品。通三界九地，每地各九品，斷欲界前六品，而證二果，斷後三品，而證三果，斷上二界八地七十二品，而證無學。今云六品，即欲界前六品也。阿難原是初果之人，自聞經至三卷終，大開圓解，頓獲法身，然理雖頓悟，乘悟併消，事非頓除，因次第盡，故至此方證二果。微細煩惱者：即思惑，揀非見惑之麤耳。足見阿難煩惱障重，所知障輕故，雖證二果，決定自知，成佛不謬也。請位至此，名圓位因果周。三當機獲益竟。正宗大科，丙初正脩具示成佛妙定竟。楞嚴經講義第十九卷終。

大佛頂首楞嚴經講義第四册終

大佛頂如來密因修證了義諸菩薩萬行首楞嚴經講義

福州鼓山湧泉禪寺　圓瑛弘悟　述　受法弟子明暘日新　敬校

丙二　助道別詳護定要法　分二　丁初　談七趣勸離以警淹留　二　辨五魔令識以護墮落

丁初分二　戊初　阿難請問　二　如來詳答

戊初分三　己初　謝前述益　二　總問諸趣　三　別舉地獄　今初

即從座起，頂禮佛足。合掌恭敬，而白佛言：大威德世尊，慈音無遮，善開衆生微細沉惑，令我今日，身心快然，得大饒益！

此處仍屬正宗分。然正宗未竟，遽結經名者，以前爲正修，阿難問定，如來答定。總示別答，從因至果，言義俱周，理應結名。以後爲助道，資助楞嚴大定之成功，故別詳護定要法。初談七趣勸離者，此以戒助定。二辨五魔令識者，此以慧助定而已。正脈云：自經初，每日輪轉，曰諸趣，曰輪迴，曰淪溺，乃至十二類生，皆以謂此，而不及詳言，故此委談勸離，所以警淹留也。

此謝前述益，即從本座而起，頂禮佛之雙足，合掌恭敬，而白佛言：大威德世尊；十二類生，顛倒妄想，一時頓銷，故具折伏之大威。五十五位，增上妙理盡情吐露，故具攝受之大德。慈音無遮（遮者限也平等也）：教不簡乎親疎，機不分乎勝劣。善開衆生，微細沉惑者：善巧方便，開示衆生，微細煩惱，以思惑修道位中所斷，行相難了，故曰微細。無始俱生無明，故曰沉惑。此皆破妄也。妄既破，而眞自顯，喜菩提之有分，知涅槃之可修，從此生死無干，故得身心快然，得大饒益也。初謝前述益竟。

己二　總問諸趣

世尊！若此妙明，眞淨妙心，本來徧圓，如是乃至大地草木，蠕動含靈，本元眞如，即是如來，成佛眞體。

此總問諸趣。先據唯心眞實。世尊，若此衆生，所具如來藏性：其體不變曰妙；其用隨緣曰明；從來無妄曰眞；究竟不染曰淨；具此四種德相，曰妙心；本來周徧圓滿。妙心既已如是，乃至超略之詞，超四大、五陰、根、塵、識法，以及虛空，乃至大地草木器世間，蠉動含靈有情世間，本來原具，眞如自性，即是十方如來，成佛眞體，無二無別。

佛體眞實！云何復有地獄、餓鬼、畜生、脩羅、人、天等道？世尊！此道爲復本來自有？爲是衆生妄習生起？

既是佛體，自應眞實，云何復有七趣之虛妄耶？等道，即仙道。世尊此等諸道，因何而有？爲復眞如體中本來自有耶？爲是衆生心中妄習生起耶？若是眞如體中，從本以來自有，則七趣不應虛妄；若是衆生心中，妄想習氣生起，則心外有法，與今現悟徧圓之義不符，所以未敢深領，而致問也。　又前滿慈所問：清淨本然，云何忽生三種生續？此阿難所問，佛體眞實，云何復有七趣虛妄？同耶異耶？答：前問三種生續，起於性覺必明，妄爲明覺；今問七趣虛妄？由於情想差別，故見輪迴。若悟後文，精研七趣，皆是昏沉，諸有爲相，妄想受生，妄想隨業，於妙圓明，無作本心，皆如空華，元無所着；但一虛妄，更無根緒，則二疑俱釋矣！二總問諸趣竟。

己三　別擧地獄

世尊！如寶蓮香比丘尼，持菩薩戒，私行淫欲，妄言行淫，非殺非偷，無有業報。發是語已，先於女根，生大猛火，後於節節，猛火燒然，墮無間獄。

此淫報。擧現事以問地獄之報也。稱呼曰世尊！如寶蓮香比丘尼，持菩薩大戒，而又私行淫欲，既已破戒，且以妄言謗戒。謂行淫，非同殺生害命，非比偷劫財物，但是彼此交歡，現前無業，將來亦無果報。蓋私淫是破戒，妄言無報是破見；毀律誤人，罪惡彌甚；故感華報、果報，一時俱受。發是語已，先於女根，生大猛火者：淫欲屬火，故感女根生大猛火，業力增上，報不容緩也。後於節節，猛火燒然者：烏芻章云：說多淫人，成猛火聚，信不誣矣！此華報不足以償，故命終神識，徑墮地獄，而受果報矣！指掌疏云：下云九情一想，下洞火輪，身入風火，二交過地，輕生有間，重生無間。今寶蓮香，雖說淫欲無報，猶信殺偷有報，似是九情一想，受報應在風火二交過地。但以毀戒誤人，罪惡極重，故云墮無間地獄。

瑠璃大王，善星比丘；瑠璃爲誅瞿曇族姓，善星妄說一切法空；生身陷入阿鼻地獄。

瑠璃報復屬怒，善星邪見屬癡，亦舉現事，以問地獄之報。合上寶蓮香私行淫欲，總之淫、怒、癡三，爲墮獄之因。爲人在世，不可不愼；若復修行，更宜痛戒。瑠璃王，是匿王太子，誅瞿曇族姓，以報一言之辱。惟以瞋怒增勝，殺戮太過，故致墮獄耳。瑠璃王少時，定省外氏，適釋種爲佛新造講堂，莊嚴燦爛，中設法座，佛尚未坐，而瑠璃王竟坐其上。釋氏罵曰：此婢生物，汝有何福，敢於中坐？催逐令出。太子出已，語侍臣好苦言：釋種辱我至此，我紹位後，汝當告我，我起兵伐之。婢生物：因匿王求婚於釋氏，若不許，恐挾嫌伐我；若許，又非所願；後乃以婢女，充爲釋種女嫁之。太子是其所生，此次來外婆家。及至長成，廢父自立；好苦來告大王，曾記釋種一言之辱乎？遂起兵伐釋種。目連請佛救度，佛乃默然。於是目連以鉢盛諸釋種，至於天上。大兵既至，恣行殺戮。瑠璃王有欲害佛，入見佛已，毛骨悚然。佛記七日之後，當入地獄。王懼，率領軍隊，乘船入海；時至，水中自然出火燒滅。大兵既退，目連見佛曰：當時請佛救度，因佛默默無語，我乃以鉢盛救，送到天上，今則持歸。佛語之曰：定業不可轉，非汝神力，所能奈何！啓鉢視之，皆化爲血水矣！

遠因者：佛言往昔羅閱城中，有池多魚，天旱水乾，人向池中捕魚。內有魚王，一名麨，二名多舌，藏在泥中，池水既乾，泥覺有動，遂爲人捕。時有小兒，手持竹竿，戲敲其頭三下。爾時捕魚人，今釋種是，麨魚瑠璃王是，多舌好苦是，小兒即我身是。詳出涅槃，及瑠璃王經。善星，亦云善宿。阿含經云：是佛堂弟之子，或曰即調達之子。涅槃云：善星比丘，親近惡友，退失四禪，生惡邪見，作是說言：無佛無有涅槃，如來雖復爲我說法，而我眞實，謂無因果。即妄說一切法空。

指掌疏云：瑠璃瞋怒殺人，已屬重罪，且所殺又非常人，乃瞿曇族姓。善星妄說法空，即是邪癡，若更爲竊取利養，仍兼偷盜。二人之罪，俱爲極重，故皆以生身陷獄。下云：純情即沉，入阿鼻地獄，若沉心中，有謗大乘，毀佛禁戒，誑妄說法，虛貪信施，濫膺恭敬，更生十方阿鼻地獄。今瑠璃恣殺，善星逞妄，似是純情，固應沉於阿鼻地獄。且瑠璃恣意殺戮，甚欲害佛，善星誑妄說法，虛貪信施，或亦更生十方阿鼻地獄。但生身陷入地獄，人所共見。陷後備受五無間報：一、趣果無間，不經中陰。二、形無間，一人亦滿獄城，多人亦滿。三、苦具無間，此種苦具用畢，再換他種。四、命無間，一日之中，萬生萬死，受罪死矣，巧風一吹，依舊復活。五、經劫無間，獄中具足一大劫，劫滿寄生他方地獄，再一劫，其罪未畢，轉寄他方。

此諸地獄，爲有定處？爲復自然，彼彼發業，各各私受？惟垂大慈，開發童蒙，令諸一切持戒衆生，聞決定義，歡喜頂戴，謹潔無犯。

敢問世尊，以上三人觀之，此諸地獄，爲有一定處所，雖造業不同，皆歸此處，同受報耶？爲復各自其然，而彼彼發業有異，各各私受其報耶？此問有二意：上問別業同受，後問別業別受，所以不明而疑也。惟願垂大慈悲，開發我等，幼童蒙昧；此乃當機，愧無大智，有類童蒙，懇求開發，正知正見，令諸一切持戒衆生，聞示決定義門，不致猶預，自然心生歡喜，身則頂戴，益加謹潔奉持，而無犯戒之事矣！初阿難請問竟。

戊二　如來詳答　分四　己初　讚歎許說　二　備明諸趣　三　結妄勸離　四　判決邪正　今初

佛告阿難：快哉此問！令諸衆生，不入邪見。汝今諦聽，當爲汝說。

佛告阿難快哉者：合意之問，如上私行淫欲，恚怒恣殺，愚癡妄語，淫、怒、癡三，皆屬邪見；今以此問，而得發明。普令衆生，不入邪見，咸歸正道，豈不慶快於心哉！汝今諦實而聽，吾當爲汝，分別解說，地獄同別之義也。初讚歎許說竟。

己二　備明諸趣　分二　庚初　略示情想爲升墜根由　二　詳示墜升

有因果差別　庚初分三　辛初　約積習分判情想　二　約臨終別示升墜
三　結有處以顯別同　辛初分二　壬初　依眞起妄分內外　二　釋成墜
升由情想　今初

阿難！一切衆生，實本眞淨，因彼妄見，有妄習生，因此分開，內分外分。

此明眞如，隨緣起妄，妄有七趣。阿難！如彼七趣，一切衆生，所具藏體，實是本來元具眞如佛性，淸淨妙心，無諸雜染；因彼一念妄動，遂成妄見，即無明現行，故有妄習生焉；即雜染種子，由無明種習爲因，致有七趣虛妄。汝疑佛體眞實，何因有妄者，此也。下歎廣釋虛妄，發明情想。因此分開，內分外分：內分，即衆生身分之內，深生躭著。外分，即衆生身分之外，懸求勝應。此雖情想升墜，勝劣不同，總不出虛妄習氣而已。初依眞起妄分內外竟。

壬二　釋成墜升由情想　分二　癸初　內分屬情故墜　二　外分屬想故升　今初

阿難！內分即是衆生分內，因諸愛染，發起妄情，情積不休，能生愛水。

初標內分境，即是衆生，身分之內。因諸愛染下，顯內分心，因於內分境上，生諸愛染；愛染即情也。如世間所說，喜怒哀樂愛惡欲，是謂七情，愛居其一，總之七種皆愛也。喜則投合所愛，怒則侵犯所愛，哀則亡失所愛，愛則順從所愛，惡則妨礙所愛，欲則縱恣所愛，皆愛情爲本，故總屬愛也。最初對境起爲愛染，貪戀不捨爲妄情，以妄情積久不休，則能發生貪愛之水。

是故衆生，心憶珍羞，口中水出；心憶前人，或憐或恨，目中淚盈；貪求財寶，心發愛涎，舉體光潤；心著行淫，男女二根，自然流液。

此舉事驗證，情愛化水而已。是故者：是能生愛水之故。衆生六根對境，生諸愛染，如鼻、舌二根，遇着珍羞美味，心憶香味，口中水出。如眼、耳二根，對著前人，即已故之人，或憐其色聲可愛，或恨其世壽早亡，不見其形，不聞其聲，心中回憶，目中淚盈。如意根貪求財寶，即是法塵，心中發生愛涎，財寶欲至，而愛涎資身，故舉體光潤。如身根貪著行淫，即是觸塵，男女二根，未經交遘，自然流液，則愛能生水之義，顯然可證。

阿難！諸愛雖別，流結是同，潤濕不升，自然從墜，此名內分。

阿難！諸愛雖然六根各別，流結是同者：流是流通，口中水出，目中淚盈，男女二根，自然流液，此皆水之流通於外也。結是蘊結，舉體光潤，此則水之蘊結於內也。若流若結，總是潤濕爲性，故曰是同。因潤濕，則不能上升；不升，勢必從墜，此乃自然之理，故名內分。初內分屬情故墜竟。

癸二　外分屬想故升

阿難！外分即是衆生分外，因諸渴仰，發明虛想，想積不

休，能生勝氣。

初標分外境，即是衆生身分之外，勝妙境界。因諸渴仰，顯外分心，不安本類，志求出離；以乍聞勝境，心生渴想仰慕。渴仰即想也，渴仰之極，發明種種清虛想念。想念積習而不休止，想極神飛，能生殊勝之氣，脫離形累，必成超舉之因。

是故衆生，心持禁戒，舉身輕清；心持咒印，顧盼雄毅；心欲生天，夢想飛舉；心存佛國，聖境冥現；事善知識，自輕身命。

此舉事驗證，想必成飛而已。是故者：是能生勝氣之故。下六念法門，依指掌疏釋，心持禁戒，義該念戒、念施。以心持即念：念律儀戒，能淨三業；念善法戒，能成勝因；念饒益戒，能利有情。律儀唯戒，餘二皆兼於施故。舉身輕清者：念前二戒，不以自修爲累；念饒益戒，不以度生爲擾故。心持咒印，即是念法；以咒爲諸佛祕印，心持乎此，如佩諸佛祕印，縱遇魔外，無所畏懼，故曰：顧盼雄毅。心欲生天，即是念天；謂厭下苦麤障，欣上淨妙離也。夢想飛擧者：超勝之氣，形於夢寐故。心存佛國，即是念佛；如十六觀經，觀想念佛之類。聖境冥現者：或於禪觀之中，或於夢寐之際，得見阿彌陀佛，金色之身，得歷阿彌陀佛，寶嚴之土；但以人所不見，而己獨見，故云冥現。事善知識，即是念僧。自輕身命者：如百城煙水，不辭疲勞，皆超勝之氣耳。

阿難！諸想雖別，輕擧是同，飛動不沉，自然超越，此名外分。

阿難！諸想雖然有六念各別，輕擧是同；如夢飛爲擧，餘四皆輕。若輕若擧，咸以飛動爲性，故曰是同。飛動則不至下沉，不沉勢必超越，此乃自然之理，故名外分。初約積習分判情想竟。

辛二　約臨終別示升墜　分二

壬初　臨終相現　二　升墜分量

今初

阿難！一切世間，生死相續，生從順習，死從變流，臨命終時，未捨煖觸，一生善惡，俱時頓現，死逆生順，二習相交。

此示所感之果。意謂諸趣不同，不出情想二因，由內外情想輕重，故有升沉差別也。阿難！一切有情，正報世間，生來死去，相續不斷，如旋火輪，未有休息。生從順習，死從變流者：一切衆生，莫不貪生惡死。生則從其隨順習氣，而造善惡等業；死則從其遷變流轉，而受異類等身。故臨命將終之時，六識皆已不行，而八識尚未離體，故未捨煖觸。若八識離體，煖相自盡，壽命已終。今則將死未死，現陰欲謝，中陰未生；當此之時，正在畏死求生之際，謂以死爲逆，而欲避之；以生爲順，而欲求之；則順逆二習，交相並發。則一生所作，一切善惡之業，隨其情想輕重，俱時感變而頓現焉。末二句，交光法師云：當在煖觸之下爲順，恐是謄譯之訛耳。

華嚴經云：譬如有人，將欲命終，見隨其業，所受報相。行惡業者，即現地獄、餓鬼、畜生，所有一切衆苦境界。作善業者，即現諸天宮殿，天衆綵女，種種衣服，具足莊嚴，悉皆妙好。身雖未死，而由業力，見如是事。故知地獄天堂，本無定處；身雖未死，唯心妄見。初臨終相現竟。

壬二　升墜分量　分三　癸初　升而不墜　二　不升不墜　三　墜而不升　今初

純想即飛，必生天上；若飛心中，兼福兼慧，及與淨願，自然心開，見十方佛，一切淨土，隨願往生。

想，是澄心觀想，非亂想也。此與卵生之想有異，彼約受生之時，妄染之想；此約在世之時，慣習勝妙之想。純想勝妙境界，神遊分外，故即便能飛，不致墜落，必生天上，卜居於天也。下純情，惟局極重阿鼻；此純想，乃統三界諸天；可見三界諸天，皆想心善業之所感也。設若純想飛心中，平日或有兼修福慧者，如供佛爲福業，聞法爲慧業。及與淨願者：仍願常隨佛學，蒙佛授記，及與欲求往生，願見於佛。凡壽命將終，神識昏暗，觀見十方，猶如聚墨，杳杳冥冥，不知何往。今以純想，及福慧力，與淨願力，自然心地開通，見十方佛，一切淨土，如西方之彌陀樂邦，東方之藥師琉璃等；十方俱現，勝劣攸分，故得隨願往生。可見此等，亦屬純想，但兼福慧，以及願力，所以超勝諸天耳。

情少想多，輕舉非遠，即爲飛仙，大力鬼王，飛行夜叉，地行羅刹，遊於四天，所去無礙。

次正論雜想。情少想多者：謂勝想不純，少雜微情，雖能輕擧，而非遠到，以其豎不越於四天，橫不出乎輪圍故耳。即爲飛仙下，應分四類，此應是九想一情，如後文飛行仙類。大力鬼王：此應是八想二情，如嶽神之類。飛行夜叉：此應是七想三情，如鬼帥之類。地行羅刹：此應是六想四情，如山野鬼神之類。然鬼神一道，有善有惡。惡者，專於爲禍，正屬鬼類；善者，兼能爲福，旁通仙趣，大力鬼神等，約兼能爲福者言之；皆能飛騰，遊於四天，其所去來，俱無阻礙也。

其中若有善願善心，護持我法，或護禁戒，隨持戒人，或

護神咒，隨持咒者，或護禪定，保綏法忍。是等親住，如來座下。

其中者：即上四類之中，若能發善願，及存善心，願護持我佛法。或護禁戒，隨持戒人：如戒壇中，護戒善神之類；或護神咒，隨持咒者：如本經中，百靈護咒之類；或護禪定，及修禪之者，保綏安也法忍，如禪堂中，護靜善神之類；參禪遇魔，則所得法，不能忍可，今則保而安之。是等則親住如來法座之下。此明帶邪情，而有善願者。故八部之衆，皆以鬼神身，而得親近於佛，蒙佛授記者也。初升而不墜竟。

癸二　不升不墜

情想均等，不飛不墜，生於人間，想明斯聰，情幽斯鈍。

此五情五想正相平等。不飛不墜者：由有五情，不能飛升，故上不及天仙鬼神；由有五想，不至沉墜，故下不在地獄三途。參合兩楹，故得生人世之間。想明斯聰，情幽斯鈍者：謂於總報，由具五想，想體明達，所以有聰利；

如覺觀知識，推度事理，勝彼下趣也。由具五情，情體幽閉，所以有此暗鈍；如不有神通，不能飛擧，劣彼上趣也。二不升不墜竟。

癸三　墜而不升

情多想少，流入橫生，重爲毛羣，輕爲羽族。

此墜畜生。情愛多，而勝想少者，是不均等。情多一分爲六情，想少一分爲四想，流入橫生。然橫生復有二類：若身之重者，則爲毛群走獸，地行之類；若身之輕者，則爲羽族，飛禽空行之類。

七情三想，沉下水輪，生於火際，受氣猛火，身爲餓鬼，常被焚燒。水能害己，無食無飮，經百千劫。

此爲餓鬼。七情三想，則沉於水輪之下，生於火輪之際，受猛火之氣分，結氣成形。身爲餓鬼常被焚燒者：因受氣猛火之故。水能害己者：因見水變火之故，水反能加害於己也。此乃業力使然，隨識遷變，如天人見水是玻璃；魚龍見水是窟宅；人見水是水；餓鬼見水是火。由是無飲無食，經百千劫，常受飢虛之苦。

九情一想，下洞火輪，身入風火二交過地，輕生有間，重生無間，二種地獄。

此爲地獄。九情一想者：略輕取重，因重知輕故，文中少八情二想。想少於前，益不能飛，情多於前，愈沉於下。前在火際，今又透過火際，下洞火輪，以洞即透過義。身入風火，二交過地者：身即墜獄之身，入此風輪、火輪，二交過之地。此地有間無間，俱在其中，如八情二想，罪之輕者，生於有間；九情一想，罪之重者，生於無間；此二種地獄。然斯無間，但對在獄受苦言之，非對下之阿鼻地獄也。以既惟九情，罪惡未至極重；猶有一想，善根未至盡斷故。

純情即沉，入阿鼻地獄。若沉心中，有謗大乘，毀佛禁戒，

誑妄說法，虛貪信施，濫膺恭敬，五逆十重，更生十方，阿鼻地獄。

純情無想，唯墜不升，故臨命終時，即沉入阿鼻地獄。梵語阿鼻，此云無間，與前有異，乃罪惡極重者，所墜之處也。依成論略明，五種無間：一、趣果無間，捨身即生彼故。二、受苦無間，中無樂故。三、經時無間，定一劫故。四、命無間，中無絕故。五、形無間，身形縱廣八萬由旬，一人多人，皆徧滿故。　若沉心中者：即純情心中，以及兼罪。或有毀謗大乘，如大慢婆羅門等；毀犯禁戒，如寶蓮香等；誑妄說法，如善星比丘等。以至無實行，而虛貪信施之資財。無實德，而濫膺四衆之恭敬，甚而五逆十重，無業不造，本獄不足以償，故云更生十方阿鼻地獄。　法華經云：其人命終，入阿鼻地獄，具足一劫；劫盡更生十方世界阿鼻地獄；如是輾轉，至無數劫。地藏經云：墮無間獄，求出無期，此界壞時，寄生他界，皆此義也。二約臨終別示升墜竟。

辛三　結有處以顯別同

循造惡業，雖則自招，衆同分中，兼有元地。

此結答前問。謂此諸地獄，爲有定處，爲復自然，彼彼發業，各各私受？今答云：一切衆生，循其自己所造惡業，雖則自業所感，還自來受；猶儒書所云：天作業猶可違，自作業不可活也。而衆所感，同分獄中，兼有本元，一定處所，此結答別業同報，不可謂於我無分。如地獄既爾，諸趣皆然。初略示情想爲升墜根由竟。

庚二　詳示墜升有因果差別　分七　辛初　地獄趣至　七修羅趣

辛初分四

壬初　躡前標後　二　徵釋十因　三　徵釋六報　四　總示虛妄

今初

阿難！此等皆是彼諸衆生，自業所感，造十習因，受六交報。

上科略示情想，爲升墜根由，此科詳示升墜，有因果差別。故呼阿難，而告之曰：此等因情想所感升墜之報，皆是彼諸衆生，自業之所感招，設無自業，雖本有地獄，誰能驅之入哉？此屬躡前，下乃標後，造十習之業因，受六交之果報。此雖因果各言，義實互具，以有因必有果，而果不離因也。初躡前標後竟。

壬二　徵釋十因　分十　癸初　婬習　二　貪習　三　慢習　四　瞋習　五　詐習　六　誑習　七　怨習　八　見習　九　枉習　十　訟習　今初

云何十因？阿難！一者婬習交接，發於相磨，研磨不休，如是故有大猛火光，於中發動。如人以手，自相摩觸，煖相現前。

首句總徵，寄居於此。阿難！一者婬習下，則別釋十因，以明感招十習；謂婬、貪、慢、瞋、詐、誑、怨、見、枉、訟。既云爲習，即是業因。下之六報，即屬苦果。而貪慢等，仍帶惑名，應是兼惑業，故云習也。習有種習、現習，種習爲種子屬惑，現習爲現行屬業，由種子發生現行，故作諸業。　阿難！一者，淫習交接者：淫爲萬惡之首，生死之根；一切衆生，皆以淫欲，而正性命，故首列焉。宿世淫欲熾盛，猶有餘習，發爲現行，必須內根外境，男女交接，方得成業。發於相磨者：謂染心會合，彼此互相研磨，深求欲樂；研磨不休，則精血由是耗散。積淫成火，故有大猛火光，於自心中發動，預現地獄相也。則死後，招引業火，自可想而知矣。如人以手，自相摩觸，煖相現前者：此以例驗知，如有人以兩手掌，無故自相摩觸，由是故有煖相現前者，是也。

二習相然，故有鐵床，銅柱諸事。

二習，謂種習現習之二，猶乾柴遇火，種習猶存，現習重增，互相熾然。由此命終，故感鐵床銅柱諸事。蓋前之大猛火光發動，心中之獄相初萌，此之鐵床銅柱，心中之業果成就矣。據觀佛三昧經云：銅柱地獄者，有一銅柱，狀如火山，高六百由旬，下有猛火，火上鐵床，上有刀輪，間有鐵嘴蟲鳥。有滅倫傷化，非時非處，犯不淨行者，命終則生銅柱之頂，猛火燄熾，焚燒其身，驚怖下視，見鐵床上，有端正女，若是女人，見端正男；心生愛着，從銅柱下，至鐵床上，男女二根，俱時火起，有鐵嘴蟲，從男女根入，自男女根出，一日一夜，九百億生，九百億死者是也。觀此則知，淫報之苦，悉由心現也。

是故十方，一切如來，色目行淫，同名欲火。菩薩見欲，如避火坑。

是淫習爲害之故，十方一切如來：向人形容謂之色，自己觀察謂之目，異口同音，同名欲火。淫欲火害，甚於猛火，遭之者必至喪身失命。菩薩見此淫欲之境，遠離迴避，猶如火坑相似。寶鏡疏云：以故，諸佛同訶，審宜刻骨；菩薩共避，寧不驚心！嗚乎！欲之爲火，其毒若此，惟願有智士女，幸勿自效撲燈蛾也。初淫習竟。

癸二　貪習

二者，貪習交計，發於相吸，吸攬不止，如是故有，積寒堅冰，於中凍冽。如人以口，吸縮風氣，有冷觸生。

貪，乃六種根本煩惱之一，本屬於惑，今云習者，以前生多貪，猶有種習，發爲現行，重加現習，互相交計，彼此籌算方得成業。發於相吸者：謂互相吸取，以濟己私。吸攬不止者：由於貪得無厭，追求不息，如是故有積寒堅冰，於中凍冽。貪心屬水，吸取屬風，水若遇風，必至積寒，結爲堅冰，於自心中，預現凍冽之相矣。如人以口，吸縮風氣，有冷觸生者：此以例驗知，如人以口空張，吸縮風氣，尚有冷觸發生者是也。

二習相陵，故有吒吒、波波、羅羅、青、赤、白蓮、寒冰等事。

二習，謂種習猶存，現習重增，貪吸更甚，故曰相陵。由此命終，神識故感吒吒、波波、羅羅、青、赤、白蓮、寒冰等事。此吒吒、波波、羅羅、皆獄中寒逼罪人之苦聲；青、赤、白蓮，皆獄中凍冽罪人之形色；此乃八寒地獄之前六。準餘經，更有阿浮他，謂凍冽成瘡；泥羅浮他，謂肢節脫落，是八寒後二；以寒冰等事該之。前積堅冰，於中凍冽，心中之獄相初萌；此則寒逼之聲色現前，是業果成就矣。

是故十方，一切如來，色目多求，同名貪水。菩薩見貪，如

避瘴海。

是貪習爲害之故，十方一切如來，向人形容謂之色，自己觀察謂之目，異口同音，此貪吸多求，同名貪水。謂貪之爲害，勝於毒水，飲之者，必至腐腸爛胃。菩薩見此貪愛之境，莫不遠離，如避瘴海。瘴者癘氣也，凡山海熱處即有之，人若不知，誤吸其氣，便成瘧疾，遂至殞命也。二貪習竟。

癸三 慢習

三者慢習交陵，發於相恃，馳流不息。如是故有，騰逸奔波，積波爲水，如人口舌，自相綿味，因而水發。

慢，亦六種根本煩惱之一，本屬於惑，今云習者，以前世多慢，猶有種習，發爲現行，重加現習，互相交陵；彼此交相陵越，方得成業。發於相恃者：謂自恃豪姓大貴，有勢多財等，尊己卑他，其性高舉，馳心上流，不知止息。然我慢屬山，馳流屬水。山峙水馳，必致奔騰。如是故有，騰躍縱逸，奔馳之波，於自心中，預現積波爲水之相矣！如人口舌，自相綿味，因而水發者：此以例驗知，如人以口中之舌，舐於上齶，綿絞其舌上之味，因而遂有口水發生是也。

二習相鼓，故有血河、灰河、熱砂、毒海、融銅、灌吞諸事。

二習，謂種習猶存，現習重增，慢流益甚，故曰相鼓，謂鼓盪陵越也；由此命終，故感血河等報。灌頂疏云：獄有兩山，罪人走入，兩山忽合，如磨蓋壓，血肉偏流，如大河海，血水涌沸，男女萬數，出沒其中。灰河者：經律異相云：灰河地獄，縱廣深淺，五百由旬，灰湯涌沸，罪人入河，鐵刺刺身，膿血流出，痛苦萬狀。熱砂者：灌頂云：即黑砂地獄，熱風暴起，吹熱黑砂，來着罪人，燒皮徹骨。愚謂但言熱砂，不合水義，或熱砂連毒海爲句；蓋以海沸熱砂，沒溺罪人，苦毒無量故也。融銅灌吞者：地藏經云：烊銅灌口，熱鐵澆身，萬死萬生，動經億劫；此皆以類相感，更有多事，故以諸字該之。前騰逸奔波，積波爲水，心中之獄相初萌；此則血河灰河，融銅灌吞諸事，是業果成就矣。

是故十方，一切如來，色目我慢，名飲癡水。菩薩見慢，如避巨溺。

是慢習爲害之故，十方一切如來，色目我慢一事，名飲癡水。西域有水，飲之則癡迷顚倒，猶嶺海之貪泉，滇黔之啞泉相類。而菩薩見此自心之慢，非見他慢也，後皆倣此。如避巨溺：巨海洪濤，沉溺難出，有智之者，莫不嚴避也。三慢習竟。

癸四　瞋習

四者，瞋習交衝，發於相忤。忤結不息，心熱發火，鑄氣爲金。如是故有：刀山、鐵橛、劍樹、劍輪、斧、鉞、鎗、鋸。如人銜寃，殺氣飛動。

瞋，亦六種根本煩惱之一，本屬於惑，今云習者，以宿生多瞋，猶餘種習，發爲現行，重加現習，互相交衝，彼此衝突，方得成業。發於相忤者：謂忤逆侵犯。忤犯結恨，而不休息，不得報復，遂起瞋心；瞋是心中火，故曰心熱發火。鑄肺氣以爲金，如是故有，刀山鐵橛等事。刀山者：聚刀爲山；鐵橛者：正脈云：橛即棍也；劍樹者：豎劍爲樹；劍輪者：團劍爲輪；斧，劈屬，黃金飾斧爲鉞；鎗，刺屬；鋸，解屬。於自心中，預現殺氣之相矣。如人銜寃，殺氣飛動者：此以例驗知，如世人銜寃，有欲報復，觀其形色，便有殺氣飛動者，是也。

二習相擊，故有宮割、斬斫、剉刺、槌擊諸事。

二習，謂種習猶存，現習重增，瞋忤愈盛，益相攻擊，念念在殺。由是命終，神識故感宮割、斬斫、剉、刺、槌、擊諸事。指掌疏云：宮謂割其勢，名爲宮割；斬謂斫其首，名爲斬斫；剉謂折其體；刺謂穿其身；槌謂笞其背；擊謂杖其臂；此皆世刑引用耳。前之心熱發火，鑄氣爲金，故有刀山鐵橛等，心中之獄相初萌；此則種種諸刑現前，是業果成就矣。

是故十方，一切如來，色目瞋恚，名利刀劍。菩薩見瞋，如

避誅戮。

是瞋習爲害之故，十方一切如來，色目此瞋恚一事，名利刀劍，觸之即死。菩薩見此自心瞋恚之境，速宜遠之，如逃避天誅大戮，不敢有犯也。四瞋習竟。

癸五 詐習

五者，詐習交誘，發於相調，引起不住，如是故有，繩木絞校。如水浸田，草木生長。

詐，乃小隨煩惱之諂。今云習者，宿世慣行諂詐，猶有種習，發爲現行，重加現習，交相哄誘，以成其業。發於相調者：謂諂詐不實，彼此欺瞞，發於相調，互爲愚弄；由是引心令起，不肯止住，造業無休，則諂詐之術，愈出愈奇，能令人不覺不知，入其圈套。如是故有，繩木絞校：絞以繩引，謂絞而結之，令不得解；校以木局，謂校而匣之，令不得脫。此亦於自心，預現地獄之相矣。如水浸田，草木生長者：此以例驗知，如世間以水浸田中，能令草木，不覺不知，而自生長是也。

二習相延，故有杻、械、枷、鎖、鞭、杖、檛、棒，諸事。

二習，謂種習猶存，現習重增，諂詐愈甚，更相延引，由此命終，神識故感在手之杻，在足之械，在項曰枷，在頸曰鎖，械枷即校。易曰：屨校滅趾，荷校滅耳，即此物也。在身則受鞭杖檛棒諸事。鞭策屬，杖條屬，檛箠屬，棒棍屬。前繩木絞校，心中之獄相初萌；此則杻械枷鎖等，是業果成就矣。

是故十方，一切如來，色目奸僞，同名讒賊。菩薩見詐，如畏豺狼。

是詐習爲害之故，十方一切如來，色目此奸詐虛僞，名爲讒賊，以讒言哄誘，猶勝於賊，遇之者，莫不傾家蕩產。菩薩見自心之詐，迴避不及，如畏豺狼。豺狼惡獸，故當避之。且能卜事，出必有獲。此如諂詐之徒，以術誘人，百發百中，亦猶是也。五詐習竟。

癸六　誑習

六者，誑習交欺，發於相罔，誣罔不止，飛心造奸。如是故有塵土、屎尿、穢汚不淨。如塵隨風，各無所見。

誑，乃小隨煩惱之一，亦屬於惑。今云習者：以宿世多誑，尚有種習，發爲現行，重加現習，交相欺瞞，方得成業。發於相罔者：謂矯誑虛僞，發於誣罔。所以無者誣罔以爲有，虛者誣罔以爲實；誣罔不止，以爲得計，遂飛動其心，造設奸謀，神出鬼沒，令人不覺，墮其計中。由其用心如是，故有塵土屎尿，穢汚不淨，心中預現地獄之相矣。如塵隨風，各無所見者：此以例驗知，誣罔之計，令人迷惑；不知者，正如風捲塵沙，塵隨風勢，攪亂虛空，昏天黑地，令人對面各無所見是也。

二習相加，故有沒溺騰擲，飛墮漂淪諸事。

二習，謂種習猶存，現習重增，誣罔愈甚，故曰相加。謂誑業倍造，如是故有，命終神識，見有沒溺騰擲，飛墮飄淪諸事。前塵土屎尿，穢汚不淨，心中之獄相初萌；今見有沒溺等，業果成就矣。指掌疏云：沒溺者：似是沸屎地獄，謂屎尿沸溢，罪人沒溺於其中也。騰擲者：似是黑砂地獄，謂風吹黑砂，罪人騰擲於其中也。飛墜者：隨風上下之相；漂淪者：隨沸浮沉之相。正脈云：誑能陷害於人，故受沒溺；誑須飛心鼓揚，故受騰擲。前塵土屎尿，穢汚不淨，心中之獄相初萌；今則沒溺騰擲等，是業果成就矣。

是故十方，一切如來色目欺誑，同名劫殺。菩薩見誑，如踐蛇虺。

是誑習爲害之故，十方一切如來，色目此欺誑，害人自害，同於劫殺；謂劫財殺命，極言可畏也。菩薩見自心之誑，如踐踏蛇虺，蛇虺時常含毒螫人，踐之必受其害。問：誑之與詐，有何差別？答：詐謂誘他，期墮我術，明取其利；誑謂欺他，恐洩我機，暗取其利；皆屬妄語，而舉心不同也。六誑習竟。

癸七　怨習

七者，怨（音冤）習交嫌，發於銜恨，如是故有，飛石投礫，匣貯

車檻甕盛囊撲。如陰毒人，懷抱畜惡。

怨即怨恨，以宿世有怨，種習仍存，發爲現行，重加現習，交相憎嫌，彼此懷怨，以成其業。發於銜恨者：謂銜怨不捨，懷恨在心，誓其報復。如是故有，飛石投礫，匣貯車檻，甕盛囊撲，於自心預形地獄之相矣。指掌疏云：飛石者：飛以石塊；投礫者：投以碎石；匣貯者：匣床盛貯；車檻者：車內檻禁；甕盛者：盛人於甕，而外以火炙，如昔人有請公入甕者是也。囊撲者：收入於囊，而舉以撲之，如秦始皇囊撲二弟之類是也。皆由銜怨害人，而害具即從自心中生也。如陰毒人，懷抱畜惡者：此以例驗知，正如陰毒之人，懷抱奸謀，心畜惡念，暗算害人者是也。

二習相吞，故有投擲、擒捉、擊射抛撮諸事。

二習，謂種習猶存，現習更增，怨恨愈深，故曰相吞，即所謂恨不生啖也。如是故有，命終神識，見有投擲擒捉，擊射抛撮諸事。投擲者：礫投石擲；擒捉者：擒拏捉取；入匣車入甕囊也。擊射者：礫則擊其頭；石則射其身；抛撮者：拋撲令死，所謂囊撲者是也。撮折其身，所謂匣貯、車檻、甕盛者是也。始而心欲害人，究竟反爲自害；懷怨者，宜知警矣。前飛石投礫等，心中之獄相初萌；今則投擲擒捉等，業果成就矣。

是故十方，一切如來，色目怨家，名違害鬼。菩薩見怨，如飲鴆酒。

是怨習爲害之故，十方一切如來，色目怨恨之家，名違害鬼；違背正理，暗中害人，極惡之鬼。而菩薩見此怨恨之心，不敢有犯。如飲鴆酒：鴆鳥最毒，羽毛瀝酒，飲之則腸寸寸斷矣！七怨習竟。

癸八　見習

八者，見習交明，如薩迦耶，見戒禁取，邪悟諸業，發於違拒，出生相反。如是故有，王使主吏，證執文籍。如行路人，來往相見，

見：即惡見，於諸諦理，顚倒推求。見習者：以宿生諸見熾盛，猶有種習，發爲現行，重加現習，彼此交相立破，欲明己見，故曰交明。此見行相差別有五：一、薩迦耶：此云有身，即是身見，執我我所。二、邊見：執斷執常。三、邪見：撥無因果。四、見取：非果計果，如以無想爲涅槃之類。五、戒禁取：非因計因，如持牛戒狗戒，爲生天因之類。然此五種，通稱惡見。文中見戒禁取句，應是見取與戒禁取，取字雙用。邊見背中，邪見背正，皆爲邪悟。如上五見，各有所作，故云諸業；由此異執，故云發於違拒；互相是非，故云出生相反；不唯與正違拒，即其自類，亦自違拒；不唯他出之見相反，即與自生之見，亦多相反；如自語相違，自教相違之類。且而不肯從人就正，如是故有，王使主吏等。王使者：琰魔羅王之使者；主吏者：主掌簿書之官吏，證其所執之文籍，於自心中，預現其相矣。如行路人，往來相見者：此以喻驗知，如行路之人，彼此來往，互相看見，不可得避者是也。

二習相交，故有勘問，權詐考訊，推鞫察訪，披究照明，善惡童子，手執文簿，辭辯諸事。

二習：謂種習猶存，現習重增，互相交對，辨別是非。由此命終，神識，見有勘問權詐等，謂始而勘校審問，權稱詐僞，此似王使事也。如不得其情，轉啓有司、逼考訊問、嚴推重鞠，從旁體察訪問，此似主吏事也。仍復不得其情，再披究生前見業，照明神識習氣，於時則有善惡童子，手執文簿，言辭辯別，載之甚詳，證之甚確，如此諸事，直得無理可申，地獄重罪，乃甘心領受矣。前王使主吏，證執文籍，心中之獄相初萌；今勘問權詐等，是業果成就矣。

是故十方，一切如來，色目惡見，同名見坑。菩薩見諸虛妄偏執，如臨毒壑。

是見習爲害之故，十方一切如來，形容觀察，同名見坑。謂此五種惡見，甚於深坑，一經悞入，即不能出。菩薩見諸虛妄偏執者：見理不眞曰虛妄，自是他非曰偏執。如臨毒壑者：以邱壑中，有毒蛇等物，入之則必喪法身，傷慧命，急宜避之。八見習竟。

癸九　枉習

九者、枉習交加、發於誣謗。如是故有、合山合石、碾磑耕磨。如讒賊人、逼枉良善。

枉者：枉屈，謂駕禍逼人。今云習者，以宿世好枉，猶有種習，發爲現行，再加現習，交相加逼，以成其業。發於誣謗者：所謂本無其事，誣之爲有，謗以爲實；如是故有，合山等物，已具自心。準經律異相云：合山：謂大石山，兩山相對，罪人入中，山自然合，骨肉糜碎，山還故處；合石者：臥罪人大石之上，以石合之，如笮蒲萄相似。碾：即大熱鐵輪，轢諸罪人，令身破碎；磑：小磨也；耕：謂犂耕，破其舌也；磨：即石磨地獄，謂捉罪人撲熱石，舒布手足，以大熱石，壓其身上，迴旋而磨也；是有欲逼人，而逼己之具，先現自心，吁可畏也。如讒賊人，逼枉良善者：此以例驗知，如讒賊人。讒：譖也；賊：害也。讒譖爲害，名讒賊人；逼壓無辜，枉害良善者是也。

二習相排、故有押捺、槌按、蹙漉、衡度諸事。

二習：謂種習猶存，現習重增，互相排擠，枉害不止；由此命終，神識故感押抑揉捺，令其服罪也。設不服罪，蹙其身於囊袋，壓之而漉其血，名曰蹙漉；掛其身於權衡，秤稱輕重，尺量短長，名曰衡度。諸事者：以總其餘。前合山合石等，心中之獄相初萌；今押捺搥按等，是業果成就，自作自受矣。

是故十方，一切如來，色目怨謗，同名讒虎。菩薩見枉，如遭霹靂。

是枉習爲害之故，十方一切如來，色目怨害誣謗，同名讒虎；讒言傷害，惡過於虎。菩薩見枉屈之事，如遭霹靂。霹靂是迅雷擊物之聲，遭之者，莫不魂飛魄散矣！九枉習竟。

癸十　訟習

十者，訟習交諠，發於藏覆，如是故有，鑑見照燭。如於日中，不能藏影。

訟，乃諍訟；諠，即諠訴。今云習者：以宿生好訟，猶有種習，發爲現行，重加現習，交相諠訴，以成其業。發於藏覆者：藏者，隱藏；覆者，蓋覆。隱藏己罪，蓋覆陰私。如是故有，鑑見照燭：謂鏡鑑，以見其宿業；珠照，以燭其心曲，使其不得隱藏；於自心中，預現其相矣。此以例驗知，如於日中，不能藏曲直之影者是也。

二習相陳，故有惡友業鏡火珠，披露宿業，對驗諸事。

二習：謂種習猶存，現習重增，訟覆交陳，如是故於命終，神識見有惡友，宿世同造之惡友，現前作證。業鏡者：能鑑宿業之鏡；火珠者：能照心曲之珠。使其披露宿業，對驗諸事，必顯然發明，分毫不能隱藏者。前鑑見照燭，心中之獄相初萌；今則惡友業鏡火珠等，是業果成就矣。

是故十方，一切如來色目覆藏，同名陰賊。菩薩觀覆，如戴高山，履於巨海。

是訟習爲害之故，十方一切如來，色目覆藏一事，同名陰賊。謂家有陰賊，久必遭劫；喻覆藏己過，終必爲害。此如來警惕於人者如此。菩薩觀此覆過之境，如頭戴高山，身履巨海，終不能出，故戴愈重，而溺愈深，以喻過愈覆，而罪愈重也。墜落極苦，無由得脫，此菩薩自相警惕者，又如此。蓋諍訟一事，聖賢共惕，急宜避之。文中二習相然，相陵等，以顯由因緣具足，而後事辦耳。正脈云：下品往生者，雖具苦因，而火車相現，急急念佛，不成獄果；此所謂有因無緣，即不生也。但彼仗憑佛力，非己智分。則夫悟心之人，不但地獄，一切繫縛事業，平日固當努力，突絕其因，更記臨終，勿領其緣，有轉身處，則陰境現前，不隨他去，方於生死，少分得其自在，切須自忖！若也道力未充，未能作主，則念佛往生，更仗他力，萬無一失矣！生死關頭，故此詳敍，智者宜究心焉。二徵釋十因竟。

壬三　徵釋六報　分二　癸初　總徵略釋　二　躡徵詳釋　今初

云何六報？阿難！一切衆生，六識造業，所招惡報，從六根出。

首句總徵。阿難下略釋。阿難！一切衆生：此指極惡衆生，須受地獄之報。六識造業，所招惡報，從六根出者：造業招報，根識不離；無根則識無所依，無識則根無所別。今分言之：六識造業者：以識有了別，故能造業；是則六識爲能招，而惡報爲所招矣。然業報從根出者：以此六根，元爲賊媒，乃賊出入之所；既造業時從此入，受報時仍從此出也。初總徵略釋竟。

癸二　躡徵詳釋　分六　子初　見報　二　聞報　三　齅報　四　味報　五　觸報　六　思報　子初分三　丑初　臨終見墜　二　本根發相　三　正詳交報　今初

云何惡報從六根出？一者見報，招引惡果：此見業交，則臨終時，先見猛火滿十方界，亡者神識，飛墜乘煙，入無間獄。

首二句躡徵。所招惡報，當分兩種：一自業報，二交業報。自業報者：如見業所招，臨終先見鐵床銅柱等；交業報者：如見火燒聽，能爲鑊湯洋銅等。見火既爾，聽水亦然，故云從六根出。如一根之識造業，連帶諸根之識，例如眼見嬌嬈之色，必令耳聞柔軟之聲，鼻齅脂粉之香，舌談情愛之語，身圖細滑之觸，意戀愛欲之樂。故受報時從一根重者爲正，諸根隨者爲從，交相受報；如法律家，判罪而分首從，同時各有處分也。

一者見報，招引惡果者：此詳釋見報等。謂眼識造業，所招引之惡果，從眼根而出。然以果驗因，是因中眼識，及眼家俱意識，造業偏多，故招引惡果，偏以眼根爲正，餘根爲從。此見業交者：即見業與餘業交作，故云此見業交，則地獄之因成矣。見覺屬火，故當臨終之時，先見猛火，偏滿十方世界；亡者神識，飛墜乘煙，入無間獄。火性上騰，故或飛；諸情所墜，故或墜。落於煙中，乘此煙氣，直入無間地獄。須知極善極惡，皆無中陰，故云直入也。初臨終見墜竟。

丑二　本根發相

發明二相：一者明見，則能偏見種種惡物，生無量畏；二

者暗見，寂然不見，生無量恐。

發明二相者：既入獄中，仍依見業，發明二相：一者明見：由在世於明塵上，明目張膽造惡，了無忌憚；今則偏見惡物，火蛇火狗，牛頭獄卒之類，生無量畏懼之心。二者暗見：由在世於暗塵中，瞞心昧己造惡，全不知羞；今則寂然不見，昏天黑地，寂無所見之境，生無量恐怖之心。二本根發相竟。

丑三　正詳交報

如是見火，燒聽能爲鑊湯、洋銅；燒息能爲黑煙、紫燄；燒味能爲焦丸、鐵糜；燒觸能爲熱灰、爐炭；燒心能生星火、迸灑，煽鼓空界。

如是上來所說，見報之火。按下諸科，當先有本根受報之文，今補之：燒見能爲鐵床銅柱。因中所見花容玉貌，今爲見火所燒，眼中但見鐵床銅柱之色。因中所聞嬌聲愛語，今爲見火所燒，耳中但聞鑊湯洋銅之聲。因中所齅龍涎麝香，今爲見火所燒，鼻中但齅黑煙紫燄之氣。因中所嘗資身𥝠劑，今爲見火所燒，舌中但嘗焦丸鐵糜之味。因中所觸冰肌玉體，今爲見火所燒，身中但受熱灰爐炭之觸。因中所思吳姬越豔，今爲見火所燒，心中能生星火、迸灑，煽鼓空界。此皆流逸奔色之報，有如是等苦，可不戒哉！初見報竟。

子二　聞報　分三　丑初　臨終見墜　二　本根發相　三　正詳交報　今初

二者聞報，招引惡果：此聞業交，則臨終時，先見波濤，沒溺天地，亡者神識，降注乘流，入無間獄。

二者聞報，招引惡果者：此聞報，謂耳識造業，所招引之惡果，從耳根而出。然以果驗因，是因中耳識，及耳家之俱意識，造業偏多；故招引惡果，偏以耳根爲正，餘根爲從。此聞業交者：即聞業與餘業交作，故云此聞業交；則地獄之因成矣。聞聽屬水，故當臨終之時，先見波濤，沒溺天地。亡者神識，降注乘流，入無間獄：聞業殊勝，故感波濤沒溺天地，心欲上升，奈爲諸情所墜，故降注乘流，愈沉愈下，入無間獄。初臨終見墜竟。

丑二　本根發相

發明二相：一者開聽，聽種種鬧，精神愁亂；二者閉聽，寂無所聞，幽魄沉沒。

發明二相者：既入獄中，仍依聞業，發明二相：一者開聽：即動塵，由在世於動塵上，聞一言相犯，即百般施設，欲害其身；今者聽種種鬧，精神愁昏亂也。二者閉聽：即靜塵，由在世於靜塵中，不聞相犯之言，但心生疑慮，陷害於他；今則寂無所聞，幽魄沉沒。二本根發相竟。

丑三　正詳交報

如是聞波注聞，則能為責、為詰；注見，則能為雷、為吼、為惡毒氣；注息，則能為雨、為霧，灑諸毒蟲，周滿身體；注味，則能為膿、為血、種種雜穢；注觸，則能為畜、為鬼、為糞、為尿；注

意：則能爲電、爲雹、摧碎心魄。

如是聞波，因中聞一言侮辱，即種種詰責，逾於常情。今則注聞，則能爲責罪詰情之事。因中聞一言譏毀，即怒目裂眥，震聲吐氣；今則注見，則能爲雷爲吼，爲惡毒氣。因中聞說，花香酒氣，鼻識妄生貪著；今則注息，水隨氣變，爲雨爲霧，灑諸毒蟲，周滿身體。因中聞說，山珍海錯，舌識貪嘗其味，百計網羅，以供口腹；今則聽水注味，則能爲膿爲血，雜穢之物。因中聞說，嬌娥美女，身識貪戀其觸；今爲聽水所注，則能爲畜爲鬼，可畏之狀，爲糞爲尿，不淨之相。因中由聞聲作惡，設計圖謀，出其不意，而害人者；今爲聽水所注，化爲電雹摧碎心魄。此皆流逸奔聲之報，有如是等苦，可不戒哉！二聞報竟。

子三　觸報　分三　丑初　臨終見墜　二　本根發相　三　正詳交報　今初

三者觸報，招引惡果：此觸業交，則臨終時，先見毒氣，充

塞遠近亡者神識，從地涌出，入無間獄。

三者齅報，招引惡果者：此齅報，謂鼻識造業，所招引之惡果，從鼻根而出。然以果驗因，是因中鼻識，及鼻家之俱意識，造業偏多；故招引惡果，偏以鼻根爲正，餘根爲從。此齅業交者：即齅業與餘業交作，故云此齅業交，則地獄之因成矣。齅息屬氣，具出入息，吸則從外而入，呼則從內而出，故臨終業感，先見毒氣，充塞遠近。以齅業偏造，故亡者神識，從地涌出。謂初見毒氣，入地避之；奈毒氣充塞於地，故復從地涌出。九情所墜，不覺又沉，直入無間地獄。初臨終見墜竟。

丑二　本根發相

發明二相，一者通聞，被諸惡氣，熏極心擾；二者塞聞，氣掩不通，悶絕於地，

發明二相者：既入獄中，仍依齅業，發明二相：一者通聞：由在世於通塵上，齅龍麝珍饈之香而造業；今則齅氣所銜，變諸惡氣，熏極難忍，心神擾亂

。二者，於塞塵中，不欲齅臭穢之物，依之造業；今則齅氣所衝，氣塞不通，悶極氣絕，昏臥於地。二本根發相竟。

丑三　正詳交報

如是齅氣，衝息則能為質、為履；衝見則能為火、為炬；衝聽則能為沒、為溺、為洋、為沸；衝味則能為餒、為爽；衝觸則能為綻、為爛、為大肉山，有百千眼，無量咂食；衝思則能為灰、為瘴、為飛沙礰，擊碎身體。

如是齅報之氣，因中貪齅色塵之香而造罪；今則衝息，則能為質為履，以鼻根屬息，氣見息而益惡，故為質證其罪，履踐其形。因中貪視美女之色而造罪；今則衝見，以見覺屬火，氣見火而成燒，故為火為炬。因中貪聞嬌嬈之聲而造罪；今則衝聽，以聽聞屬水，氣見水而成溺，故為沒溺於洋湯沸屎之中。因中貪求厭飫之味而造罪；今則衝味，以氣見味而成臭，故為魚敗之餒，羹敗之爽。因中貪求情愛之觸而造罪；今則銜觸，以身根屬觸，氣見觸而成殺，故爲綻裂爛壞，爲大肉山，有百千眼，無量蛆蟲咂食。因中貪求欲樂之思而造罪；今則銜思，以思動屬風，氣遇風而成揚，故爲揚灰潑瘴，飛沙擲礰，擊碎身體，皆帶揚氣；此皆流逸奔香之報，有如是等苦，可不戒哉！三齅報竟。

子四　味報　分三　**丑初　臨終見墜　二　本根發相　三　正詳交報　今初**

四者味報，招引惡果：此味業交，則臨終時，先見鐵網，猛餤熾烈，周覆世界，亡者神識，下透掛網，倒懸其頭，入無間獄。

四者味報，招引惡果者：準前眼、耳、鼻三根，既云見聞齅報，此應云嘗報；今云味報者，從所嘗以爲名也。此味報，謂舌識造業，所招引之惡果，從舌根而出。以根爲賊媒，引識奔走，故招引惡果，唯舌根而出。此味業交者：即味業與餘業交作，故云此味業交，則地獄之因成矣。蓋舌屬金，以在生時，爲此舌根，貪嘗滋味，網捕禽獸，魚鱉之屬，故當臨終之時，先見鐵網，猛燄熾烈，周覆世界，因味造殺，無處不到，故亡者神識，下透掛網。因見鐵網，又見猛燄，欲身透過；不意下透掛網，倒懸其頭，入無間獄。初臨終見墜竟。

丑二　本根發相

發明二相：一者吸氣，結成寒冰，凍冽肉身；二者吐氣，飛爲猛火，焦爛骨髓。

發明二相者：既入獄中，仍依味業，發明二相：一者吸氣，從外而入，其氣必寒，故結寒冰，而凍冽身肉。二者吐氣，從內而出，其氣必熱，故飛猛火，而焦爛骨髓。此由因中，貪食衆生身肉所感。二本根發相竟。

丑三　正詳交報

如是嘗味，歷嘗則能爲承、爲忍；歷見則能爲然金石；歷聽則能爲利兵刃；歷息則能爲大鐵籠，彌覆國土；歷觸則

能爲弓、爲箭、爲弩、爲射；歷思：則能爲飛熱鐵，從空雨下。

如是嘗味，所感之報。因中貪食衆生身肉，令彼承當忍受，含寃莫訴；今則歷於舌根之嘗，亦令爲承當，爲忍受，伏罪無辭。因中見彼衆生之被殺；今則歷於眼根之見，爲見火所燒，眼中但見然金爍石之色。因中聽彼衆生之受烹；今則歷於耳根之聽，爲聽水所盪，耳中但聞爲利兵刃之聲。因中齅彼衆生之香氣；今則歷於鼻根之息，爲息氣所蒸，鼻中但聞爲大鐵籠，彌覆國土之氣。因中貪食衆生之血肉；今則歷於身根之觸，爲身根所對，能爲弓箭弩射之觸。因中貪食衆生之脂膏；今則歷於意根之思，意思屬風，則能爲飛熱鐵，從空雨下。此皆流逸奔味之報，有如是等苦，可不戒哉！四味報竟。

子五　觸報　分三　丑初　臨終見墜　二　本根發相　三　正詳交報　今初

五者觸報，招引惡果：此觸業交，則臨終時，先見大山，四面來合，無復出路。亡者神識，見大鐵城，火蛇、火狗、虎、狼、獅

子牛頭獄卒，馬頭羅剎，手執鎗矟，驅入城門，向無間獄。

五者觸報，招引惡果者：此觸報，謂身識造業，所招引之惡果，從身根而出；以根爲賊媒，引識奔走，故招引惡果，從身根而出。此觸業交者：即觸業與餘業交作，故云此觸業交，則地獄之因成矣。然觸業最重者，莫如貪淫强逼令其喪志失節，無所逃避。故當臨終之時，先見大山，四面來合，無復出路；蓋自身地、水、火、風，即是四山。因中以此逼人，今則轉爲逼己也。亡者神識，見大鐵城，方喜躲避有處，又見有火蛇火狗，虎狼獅子等，則不敢入；奈有牛頭獄卒，馬頭羅剎，手執鎗矟，驅逼使入，不得不入。既入城中，即無間地獄也。初臨終見墜竟。

丑二　本根發相

發明二相：一者合觸，合山逼體，骨肉血潰；二者離觸，刀劍觸身，心肝屠裂。

發明二相者：既入獄中，仍依觸業，發明二相：一者合觸，謂貪於合觸造業，因中見他美貌如玉，强合成事；故感合山逼體，碎骨和肉，與血而俱潰也。二者離觸，謂貪於離觸造業，因中見他色衰愛弛，棄離不顧；故感刀劍觸壞其身，令其心之與肝，俱受屠裂，而分碎也。二本根發相竟。

丑三　正詳交報

如是合觸，歷觸則能爲道、爲觀、爲廳、爲案（疑是錯簡，應是爲撞、爲擊、爲剸、爲射；）**歷見則能爲燒、爲爇；歷聽則能爲撞、爲擊、爲剸、爲射**（疑是與上互錯，應換爲道、爲觀、爲聽、爲案。）**歷息則能爲括、爲袋、爲考、爲縛；歷嘗則能爲耕、爲鉗、爲斬、爲截；歷思則能爲墜、爲飛、爲煎、爲炙。**

如是觸業，所感之報。强合之觸，歷於身根，則能爲撞爲擊，爲剸爲射。蓋撞以杵觸，擊以杖觸，剸以刃觸（剸揷刃於肉也），射以箭觸，皆身觸遇逼事也。指掌疏以此八字，與歷聽之文對換。甚屬有理，故今依之。强合之觸，歷於眼根，眼見屬火，火逼迫，則爲爇爲燒；逼住，則爲爇；逼不住，則爲燒。此皆眼見遇逼迫事也。强合之觸，歷於耳根，耳根聽聞，則爲道爲觀，爲聽爲案。蓋道爲地獄之路，多叫苦聲。觀爲獄主之宮（宮門兩觀），多傳呼聲；聽爲理獄之所，多審罰聲；案爲判罪之據，多判結聲：皆耳聞遇逼迫事也。强合之觸，歷於鼻根，以鼻息而遇逼迫，則能爲括爲袋，爲考爲縛。蓋括以布纏，袋以囊閉，考謂括而復考，縛謂袋而復縛，務令氣不得伸，皆鼻息遇逼迫事也。强合之觸，歷於舌根，以舌嘗而遇逼迫，則能爲耕爲鉗，爲斬爲截。耕謂犁其舌，鉗謂拔其舌，斬謂斫其根，截謂斷其半：此皆舌嘗遇逼迫事也。强合之觸，歷於意根，以意思而遇逼迫，則能爲墜爲飛，忽上忽下之狀，爲煎爲炙，時熱時燥之苦，此皆意思遇逼迫事也。此皆流逸奔觸之報，有如是等苦，可不戒哉！五觸報竟。

子六　思報　分三　**丑初　臨終見墜　丑二　本根發相　三　正詳交報**　今初

六者思報，招引惡果：此思業交，則臨終時，先見惡風，吹壞國土，亡者神識，被吹上空，旋落乘風，墜無間獄。

六者思報，招引惡果者：此思報，謂意識造業，所招引之惡果，從意根而出；以根爲賊媒，引識奔走，故招引惡果，唯意根而出。此思業交者：即思業，與餘業交作，故云此思業交，則地獄之因成矣。蓋思屬風，有善有惡，善思則能成，惡思則能壞；今約惡業，故臨終時，先見惡風，吹壞國土。亡者神識，無所依止，被吹上空，旋復爲九情所墜，故從空落，乘於風力，不覺轉入無間地獄。初臨終見墜竟。

丑二 本根發相

發明二相：一者不覺，迷極則荒，奔赴不息；二者不迷，覺知則苦，無量煎燒，痛深難忍。

發明二相者：既入獄中，仍依思業，發明二相；以思業有覺不覺，故感報亦然。一者不覺，即滅法塵，以其不覺故，迷悶之極，心神荒亂，奔走不息。二者不迷即覺，即生法塵，覺知則是苦境，無量煎燒，痛深難可忍受。二本根發相竟。

丑三　正詳交報

如是邪思，結思：則能爲方、爲所；結見：則能爲鑑、爲證；結聽：則能爲大合石、爲冰、爲霜、爲土、爲霧；結息：則能爲大火車、火船、火檻；結嘗：則能爲大叫喚、爲悔、爲泣；結觸：則能爲大、爲小、爲一日中萬生萬死、爲偃、爲仰。

如是邪思，所感報風，結於現前意根。以意思而遇報風，則能爲方隅，爲處所，即是受罪處也。結見者：以思業報風，結於現前眼根。以眼見而遇報風，則能爲業鏡之鑑，爲惡友之證，令其分明也。結聽者：思業報風，結於現前耳根。以耳聞屬水，若遇報風，二力俱勝，鼓激過分，則能爲大合石，若風寒水冷，則能爲冰、爲霜，若水勢劣風，風勢劣水，則能爲土爲霧，如微旱起塵，帶濕見霧等。結息者：思業報風，結於現前鼻根。鼻息屬風，風遇風而磨盪，則能爲大火車、火船、火檻，皆獄中苦具也。結嘗者：思業報風，結於現前舌根。舌嘗貪味，味遇風而便失，則能爲大叫喚，爲悔爲泣，皆饑渴逼惱聲也。結觸者：思業報風，結於現前身根。身觸從緣，風性無定，觸遇風而展舒，則爲大身；觸遇風而局促，則爲小身。觸遇風而忽活，則能爲生；觸遇風而忽斃，則能爲死。一日之中，巧風所吹，萬生萬死，或被風吹，而面俯於地，則能爲偃，或被風吹，而面向於天，故能爲仰。此皆流逸奔法之報，有如是等苦，可不戒哉！三徵釋六報竟。

壬四　總示虛妄　分三　癸初　總結妄造　二　分別輕重　三　重明妄發　今初

阿難！是名地獄，十因六果，皆是衆生，迷妄所造。

此結前地獄十種之習因，六交之果報，若因若果，一一皆是，不了自心，迷於妄見，不達衆生相空；由此於諸衆生，起於妄情，十因六果，靡不資始乎此，故云所造。若能了知，循業妄發，所有因果，皆如夢中境界，夢時非無，及至於醒，了無所得也。

癸二　分別輕重

若諸衆生，惡業同造，入阿鼻獄，受無量苦，經無量劫。

上來所說地獄，因以習成，果以交報，大分因果，俱是如此。然地獄數有多少，苦有重輕，今略分析之。意謂若諸衆生，六根對十因，如是惡業，無不同造。前之所謂純情者，以此純情即沉，入阿鼻獄，此極重無間，分明獨爲一獄，與下八無間有別，故留阿鼻不翻。入此獄中，諸苦備歷，故云受無量苦。若沉心中，有謗大乘等，劫盡更生十方阿鼻，故云經無量劫。

六根各造，及彼所作，兼境兼根，是人則入八無間獄。

此六根具造十因，但不同時，故云各造。及彼所作，兼境兼根者：謂除當根各造外，復兼餘境即十因也餘根故。是人則入八無間獄：即前九情一想，下洞火輪，身入風火，二交過地，輕生有間，重生無間，此即重生無間者也。

身、口、意三，作殺、盜、淫，是人則入十八地獄。

此唯言身、口、意三，六根不交作故；唯言作殺、盜、淫，十因不圓造故。不交作、不圓造，各未盡其極，反顯上之墮阿鼻獄者，必是十因圓造，六根交作耳。入無間獄者，必是六根各造，十因互犯；是知此科之罪，較上輕微，對下則重；故曰是人則入十八地獄。準泥犁經，火獄有八，寒獄有十者是也。

三業不兼，中間或爲一殺一盜，是人則入三十六地獄。

三業不兼者：謂身、口、意三，不全具也。中間或爲：或者不定之辭，若錯落具陳，應有九句：一身口犯殺盜，二身口犯殺淫，三身口犯盜淫，四身意犯殺盜，五身意犯殺淫，六身意犯盜淫，七口意犯殺盜，八口意犯殺淫，九口意犯盜淫；方盡根境，各皆具二缺一之數也。是人則入三十六地獄：而受苦稍輕，劫數稍短矣。

見見一根，單犯一業，是人則入一百八地獄。

見見一根者：於六根現見，止見一根。單犯一業者：於殺、盜、淫等，唯犯一業。是人則入一百八地獄：而受苦益輕，劫數益短矣。以上所論，因以圓兼者爲重，單獨者爲輕；果以因重者獄少，因輕者獄多也。二分別輕重竟。

癸三　重明妄發

由是衆生，別作別造，於世界中，入同分地，妄想發生，非本來有。

由是衆生，造業不同，受報亦別。如上五段，惡業不同，即別作別造也。於世界中，入差別同分地獄，以受其報也。此因前問，所感果報，各從其類。於世界中，此諸地獄，爲有定處，爲復自然，彼彼發業，各各私受耶？故今答云：於世界中，入同分地，則非私受也明矣。　前又疑問：此道爲復本來自有，爲是衆生妄習生起耶？今答云：妄想發生，非本來有，則是妄生也明矣。　正脈云：夫生之由己，應悟滅亦由己。滅之何如？絕其惡業而已！學人愼勿聞其虛幻，遂忽略而不絕其業。當知虛幻，不但地獄，即今目前苦事，亦是虛幻，由前業力，宛然堅實，卒難得脫，卒得堪忍，豈可不自忖乎？是知佛慧，不可不領；而佛戒，亦不可不遵矣！初地獄趣竟。

辛二　諸鬼趣　分三　壬初　躡前起後　二　詳列十類　三　推本顯妄　今初

復次，阿難！是諸衆生，非破律儀，犯菩薩戒，毀佛涅槃，諸餘雜業，歷劫燒然，後還罪畢，受諸鬼形。

鬼者畏也，謂虛怯多畏，名之爲鬼；此總標。地獄罪畢，入諸鬼趣，人皆錯認，合中陰與地獄，悉謂之鬼。今與辨明：一者、與中陰不同。蓋人之初死，極善極惡，皆不受中陰；若罪福皆劣，未即受生，倏然有身，名中陰身，此屬無而忽有之化生也。類多裸形三尺，自覺六根皆利，去來迅疾，無所隔礙，他觀如影而已。七日死而復生，長壽者不過七七，短者於二三七，即受生矣；此非鬼也。二者與地獄不同。地獄純是化生，而鬼趣則具胎、卵、濕、化四生，間有父母兄弟眷屬。但其勝者稱神，劣者爲鬼；如下所列，十類是也。率皆不免饑虛，均屬餓鬼趣攝，此非地獄也。但與前之七情三想，沉下水輪，生於火際者不同；彼則由惡業直墮，此則由地獄餘報耳。　復次，阿難！是諸地獄，受罪衆生；非即謗也，破即犯也。不惟犯一切戒，而且謗一切戒爲妄立，或言無罪無福，自陷陷人。律儀，通大小乘也。犯菩薩戒者：即大乘戒也，十重、四十八輕等；上二約毀戒言之。毀佛涅槃者：涅槃至理，大乘深教，今言毀者，或訶爲虛妄，或斥爲斷滅，此約毀乘言之。夫乘、戒二法，乃出苦之津梁，實成佛之樞要，互爲緩急，尙且不可，何況俱毀？眞爲斷滅佛種矣！前云：若沉心中，有謗大乘，毀佛禁戒，即指此也。諸餘雜業者：此總指十習因，六交報等；諸餘雜業，墮在地獄，備嬰衆苦，如處猛火，故曰歷劫燒然。燒盡宿業之後，則前之純情無想，及九情一想等業，名爲酬還罪畢。今重報雖畢，輕報當受，故受諸鬼形。初躡前起後竟。

壬二　詳列十類　分十　癸初　貪習物怪之鬼　二　淫習風魃之鬼　三　誑習畜魅之鬼　四　瞋習蠱毒之鬼　五　怨習疫癘之鬼　六　慢習氣餓之鬼　七　枉習幽魘之鬼　八　見習魍魎之鬼　九　詐習役使之鬼　十　訟習傳送之鬼　今初

若於本因，貪物爲罪，是人罪畢，遇物成形，名爲怪鬼。

此詳列諸鬼之趣。由前來造十習因，墮獄受報不同，上出爲鬼，亦分十類：若於本因句，總貫十科，寄居於此：謂若於根本原因，以何種習造罪，今依餘習，成爲何鬼。若於往昔，以貪求財物爲罪者，是人受罪既畢，而出地獄，仍依貪習，遇物生貪，附之成形。故有依草附木，成精作怪之類，名爲怪鬼。

癸二　淫習風魃之鬼

貪色爲罪，是人罪畢，遇風成形，名爲魃鬼。

不言本因者，例上可知故。仍以貪名，貪爲煩惱之首，冠一切業故，下皆准此。若於往昔，以貪求美色爲罪者，是人受罪既畢，而出地獄，仍依淫習，心愛遊蕩，遇風成形，名爲魃鬼。魃爲女鬼，亦曰女妖，故呼女子之多淫者，爲魃婦也。神異經云：魃鬼長二三尺，其行如風，所現之處必大旱。蓋以酷淫，則致陰陽不合，妖風能令雲雨不成也。

癸三　誑習畜魅之鬼

貪惑爲罪，是人罪畢，遇畜成形，名爲魅鬼。

若於往昔，以貪求誑惑爲罪者，是人受罪既畢，而出地獄，仍依誑習，遇畜成形。故有狐狸野干，雞鼠成精之類，名爲魅鬼。

癸四　瞋習蠱毒之鬼

貪恨爲罪，是人罪畢，遇蟲成形，名蠱毒鬼。

若於往昔，貪求瞋恨爲罪者，是人受罪既畢，而出地獄，仍依瞋習，懷恨在心，遇蟲成形。蟲謂毒蟲，如蟒蛇蜈蚣之類；附之蠱害於人，名蠱毒鬼。灌頂云：兩廣習妖術，令人成蠱脹者，即此鬼也。

癸五　怨習疫癘之鬼

貪憶爲罪，是人罪畢，遇衰成形，名爲癘鬼。

若於往昔，以貪憶宿怨爲罪者，是人受罪既畢，而出地獄，仍依怨習，蓄惡欲雪，樂爲衰敗，即遇衰成形。衰謂四時不正，陰陽衰敗之氣，散瘟行疫，名爲癘鬼。

癸六　慢習氣餓之鬼

貪傲爲罪，是人罪畢，遇氣成形，名爲餓鬼。

若於往昔，貪求傲慢爲罪者，是人受罪既畢，而出地獄，仍依慢習，常懷高擧，故遇氣成形。氣謂地上之氣，下有水火二輪，蒸熱發氣，升於虛空，希望高擧；故附之成形，無所主宰，不得祭祀，名爲餓鬼。 問：餓鬼，乃一趣總名，經云：腹大咽小，歷劫不聞漿水之名，常被焚燒，水能害己，何於慢者，獨受其苦耶？ 答：地獄十因，各隨業習，今受報既畢，仍依慢習，感報受生，遇氣成形，名爲餓鬼。此乃總中之別，非獨苦耶？

癸七 枉習幽魘之鬼

貪罔爲罪，是人罪畢，遇幽爲形，名爲魘鬼。

若於往昔，以求貪誣枉爲罪者，是人受罪既畢，而出地獄，仍依枉習，趣逐暗昧，故即遇幽成形。幽謂幽隱暗昧，陰陽不分之氣，附此成形，乘睡魘人，令其氣不得伸，名爲魘鬼。

癸八 見習魍魎之鬼

貪明爲罪，是人罪畢，遇精爲形，名魍魎鬼。

若於往昔，以貪求邪見，妄作聰明爲罪者，是人受罪既畢，而出地獄，仍依見習，而無正慧，故即遇精爲形。精，謂日月精華之氣，附以成形，顯靈異於川澤，爲魍魎鬼。魍，謂其形暗昧；魎，謂其形不定也。抱朴子曰：魍魎山精，形如小兒，獨足善犯人，又好學人聲，迷惑於人也。

癸九　詐習役使之鬼

貪成爲罪，是人罪畢，遇明爲形，名役使鬼。

若於往昔，以諂詐誘人，貪成己私爲罪者，是人受罪既畢，而出地獄，仍依詐習，遇明爲形。明：謂咒術也，附以成形，聽役使，以作禍福；不知因中，以詐成己，今爲咒術之所役使也，名爲役使鬼。

癸十　訟習傳送之鬼

貪黨爲罪，是人罪畢，遇人爲形，名傳送鬼。

若於往昔，以貪求朋黨，助惡興訟，而爲罪者，是人受罪既畢，而出地獄，仍依訟習，遇人爲形。即環師所云，附巫祝而傳吉凶者，是也。良以因中結黨，傳遞隱暗之事，而訐露於人，今爲鬼亦附人，發洩傳說，吉凶等事，即名傳送鬼。二詳列十類竟。

壬三　推本顯妄

阿難！是人皆以純情墜落，業火燒乾，上出爲鬼。此等皆是自妄想業之所招引，若悟菩提，則妙圓明，本無所有。

此推究鬼趣之因果。阿難！是鬼趣十種人，皆以純情無想，墜落阿鼻地獄；及以九情一想，墜落無間；八情二想，墜落有間；以業報苦火，燒得妄情之水，至此始乾，由是上出爲鬼。三途以地獄得出，則爲上升，此推本也。此等下顯妄：此諸鬼等，皆是自心妄想顚倒，循業發現之所招引耳。若悟得眞性菩提，如從夢覺，無法可得。妙圓明者：苦不能羈曰妙；業不能礙曰圓；惑不能蔽曰明。則諸鬼之趣，本來無所有矣！二諸鬼趣竟。

辛三　畜生趣　分四　壬初　躡前起後　二　詳列十類　三　推本顯妄　四　重答前問　今初

復次，阿難！鬼業既盡，則情與想，二俱成空，方於世間，與

元負人，冤對相値，身爲畜生，酬其宿債。

此總標畜生趣。以其秉性愚蠢，不能自立，多賴於人，畜養而生，故名畜生。又名旁生，此道多屬覆身旁行，故曰旁生。復次，阿難！鬼業既盡者：諸鬼之業報，苦火之焚燒，燒得既盡，則情與想，二俱成空，即超出鬼趣情想，故曰二俱成空；此躡前也。方於下，此起後：方於世間，與彼元有負欠財物，或形命之人，冤家對頭，互相値遇，業債難逃，身爲畜生，或被宰殺，或受驅使，償命償財，故曰酬其宿債。初躡前起後竟。

壬二　詳列十類　分十

癸初　梟類　二　咎類　三　狐類　四　毒類　五　蛔類　六　食類　七　服類　八　應類　九　休類　十　循類　今初

物怪之鬼，物銷報盡，生於世間，多爲梟類。

物怪之鬼者：昔因貪習，遇物成形，名爲怪鬼。今則所附之物已銷，所受之報亦盡，形謝苦終，生於世間。因有貪物爲怪餘習，多爲梟類。梟則附塊成形，即貪物餘習；以子食母，即慳鬼餘習；大率如是，故云多爲。以一例餘，下則準此。

癸二 咎類

風魃之鬼，風銷報盡，生於世間，多爲咎徵，一切異類。

風魃之鬼者：昔因淫習，遇風成形，名爲魃鬼。今則所附之風已銷，所受之報亦盡，形謝苦終，生於世間。因有貪色，爲魃餘習，多爲咎徵，一切異類。咎徵者：乃凶事之前兆，如商羊舞水，石燕飛風等，即爲魃鬼兆災餘習。異類者：或爲色禽，或爲淫獸，即貪色餘習；一切異類句，當屬此科。下第九科，多爲休徵，與此同。十科均以類字，結尾也。

癸三 狐類

畜魅之鬼，畜死報盡，生於世間，多爲狐類。

畜魅之鬼者：昔因誑習，遇畜成形，名爲魅鬼。今則所附之畜已死，所受之報亦盡，形謝苦終，生於世間。因有貪誑爲魅餘習，多爲狐類。狐狸爲妖獸，改形變幻，迷惑於人，即貪誑餘習。千歲狐爲淫婦，百歲狐爲美女，即魅鬼餘習。

癸四　毒類

蟲蠱之鬼，蠱滅報盡，生於世間，多爲毒類。

蟲蠱之鬼者：昔因瞋習，遇蟲成形，名蠱毒鬼。今則所附之蟲已滅，所受之報亦盡。蠱滅，按諸科當是蟲字。形謝苦終，生於世間。因有貪瞋，爲蠱餘習，多爲毒類，如蚖蛇蝮蠍，蜈蚣蚰蜒等，時時蓄毒，即貪瞋餘習；或無故便螫，或觸之乃傷，皆蠱鬼餘習。

癸五　蛔類

衰癘之鬼，衰窮報盡，生於世間，多爲蛔類。

衰癘之鬼者：昔因寃習，遇衰成形，名爲癘鬼。今則所附之衰已窮，所受之報亦盡，形謝苦終，生於世間。因有貪憶，爲癘餘習，多爲蛔類。蛔，謂腸胃中蟲，囚閉身中，即貪憶餘習；乘癲而生，致結蛔症，即爲癘鬼餘習。

癸六　食類

受氣之鬼，氣銷報盡，生於世間，多爲食類。

受氣之鬼者：昔因慢習，遇氣成形，名爲餓鬼。今則所附之氣已銷，所受之報亦盡，形謝苦終，生於世間。因有貪慢，爲餓餘習，多爲食類。食類者：世人不知，凡屬有命，盡是貪生，以猪、羊、雞、鴨、魚、鼈之類，視爲可食。由是傲慢，尊己陵他，恣意食噉，今亦以身肉，供人之食。斯則以報酬報，無怪其然也。

癸七　服類

綿幽之鬼，幽銷報盡，生於世間，多爲服類。

綿幽之鬼者：纏綿幽暗，昔因枉習，遇幽爲形，名爲魘鬼。今則所附之幽已銷，所受之報亦盡，形謝苦終，生於世間。因有貪枉，爲魘餘習，多爲服類。指掌疏引異物誌云：山鴞體有文色，土俗因形名之曰服，亦名隻狐，晝伏夜出，亦名禍鳥，鳴則有禍。蓋晝伏夜出，即貪枉餘習；鳴則有禍，即魘鬼餘習。又服類其義有二：一、爲蠶蟲貂鼠等類，供人衣服。二、爲驢馬駱駝等類，供人乘服。由其貪枉爲罪，遇幽爲魘之餘習；今爲服類，酬償先債也。

癸八　應類

和精之鬼，和銷報盡，生於世間，多爲應類。

和精之鬼者：昔因見習，遇精爲形，名魍魎鬼。今者，所和之精既銷，所受之報亦盡。和銷准前後，應是精銷。形謝苦終，生於世間。因有貪明魍魎餘習，多爲應類，如春燕秋鴻等，知時知節，即貪明餘習，忽南忽北，即魍魎餘習。

癸九　休類

明靈之鬼，明滅報盡，生於世間，多爲休徵，一切諸類。

明靈之鬼者：藉明顯靈之鬼，明即神咒，昔因詐習，遇明爲形，名役使鬼。今則所附之明力已滅，所受之果報亦盡，形謝苦終，生於世間，多爲休徵，一切諸類。休徵者：吉兆之前驗也。因有詐習，貪成役使餘習，如嘉鳳祥麟等。兆休明，徵聖治，即貪成餘習。諸類者：如靈禽文獸等，識語言，隨呼喚，即役使餘習。

癸十　循類

依人之鬼，人亡報盡，生於世間，多爲循類。

依人之鬼者：昔因詃習，貪黨爲罪，遇人爲形，名傳送鬼。環師謂：附巫祝而傳吉凶是也。今則所依之人既亡，所受之報亦盡，形謝苦終，生於世間。因有貪黨傳送餘習，多爲循類。循者順也，爲人畜養，循順於人，如犬鴿之類。良以因中結黨，洩露人之隱惡，次則爲鬼，附巫傳送，是其餘習。今則爲犬爲鴿，黨惡受教，傳遞消息，亦餘習之使然也。問：如來總標，畜生原爲酬債，竊觀此中，多有蕭散之物，如麟鳳鴻燕等類，畢竟酬何債耶？答：或被網羅售賣，或被籠繫玩好，或因捕而致命，或因閉而喪生，則何往而非酬債耶？二詳列十類竟。

壬三　推本顯妄

阿難！是等皆以業火乾枯，酬其宿債，旁爲畜生。此等亦

皆自虛妄業之所招引，若悟菩提，則此妄緣，本無所有。

阿難！是等：是十類畜生等，皆以地獄、鬼趣，業報苦火燒盡，二趣妄情，今得乾枯，生於世間，償其宿債，披毛戴角，旁爲畜生，亦爲旁生，然旁生類寬，畜生類狹；以畜者養也，明其無力自活，待人畜養，不該有力自養者，故狹也。此等十類畜生，亦皆是虛妄惑業之所招引，自作自受也。若悟得菩提眞心，本來無一物，而此業報，猶如空華，故謂妄緣，本無所有。淸淨心中，無能無所，譬若晴明空，如果眼中有翳，自覺空裏華紅，空本無華，病眼妄見，則見空華時，華本不曾生，翳病若除，則見華滅，生旣無生，滅何所滅，即此不生不滅，是自性菩提。菩提人人本有，祇因妄緣障之也。菩提如何悟得，只要能緣之心不起，所緣之境自無，所謂狂心若歇，歇即菩提，勝淨明心，本周法界。三推本顯妄竟。

壬四　重答前問

如汝所言：寶蓮香等，及瑠璃王，善星比丘，如是惡業，本

自發明，非從天降，亦非地出，亦非人與。自妄所招，還自來受。菩提心中，皆為浮虛妄想凝結。

此牒前問，如汝阿難所言，即問寶蓮香等三人墮獄。如是惡業者：前阿難偏問地獄，今如來總答三途，明其同一罪罰之苦趣故也。正脈疏云：本自發明者：良以衆生自心，如來藏中，無所不具，倘自循何等之業，即自發明何者之報。譬如米中，諸味皆具，成糖、成醋、成酒，隨其造時，即自發明，不從外得。非從下乃至還自來受，正明不從外得也。此意，學人還須着眼，不同世間所說，自惹官刑之意。蓋世間雖知禍是自招，而猶執官刑乃是外境。今表三途，皆是自心，變化妄境，全如夢中，并無外物；故云菩提心中，虛妄凝結。

指掌疏云：自妄所招，還自來受，顯是我自致。菩提心中，浮想凝結，顯本無實體。據前阿難有總別二問：初總問七趣云：此道為復本來自有，為是衆生妄習生起？此云自妄所招，還自來受，是答以妄習生起。菩提心中，浮想凝結，是答以非本來有。次別問地獄云：此諸地獄，為有定處？為復自然？彼彼發業，各各私受？此云：自妄所招，還自來受，是答以自然，彼彼發業，各各私受。皆爲浮虛，妄想凝結，是答以縱有定處，亦屬浮想凝結。良以前云：衆同分中，兼有元地，似有一定之處。故今幷遣言，衆生初以一念妄動，業識潛興，名爲浮想。次以見分俄興，結爲現境，是曰凝結。爲七趣所共依，呼爲同分，若衆生之自招，乃稱別業。一人發眞歸元，十方虛空，悉皆銷殞；況諸地獄鬼畜等，又在虛空中耶？是菩提心中，都無所有，果其徹證，無勞更疑。若乃未悟先空，只恐誤人自誤。古德云：了即業障本來空，未了仍須還宿債，可弗愼歟！三畜生趣竟。

楞嚴經講義第二十卷終

大佛頂如來密因修證了義諸菩薩萬行首楞嚴經講義

福州鼓山湧泉禪寺圓瑛弘悟述　受法弟子明暘日新敬校

辛四　諸人趣　分三　壬初　躡前警起　二　詳列十類　三　結嘆可憐

壬初分二　癸初　負債反復徵償　二　負命殺食不已　今初

復次，阿難！從是畜生，酬償先債，若彼酬者，分越所酬，此等衆生，還復爲人，反徵其剩。

寶鏡疏云：人者忍也，謂於世間，違順情境，能安忍故。若論人趣，亦有多種，約而言之，有三差別：一是五戒，及中品爲因，直尅其果。二是從勝類中來，如聖賢示現，天仙謫降之類。三是惡道中來，如地獄、鬼畜及阿修羅類中來，如聖賢示現，天仙謫降之類。三是惡道中來，如地獄、鬼畜及阿修羅。今且單約從畜復形者，以詳明之。正脈云：以人趣爲修進通途，諸趣皆願爲之，求轉身之速也。故諸佛但於人中成佛，裴公序圓覺云：整心慮，趣菩提，唯人道爲能耳！且勝劣無量差別，富貴慈善者似天，聰明者似仙，剛暴者似修羅，愚癡者似畜，貧賤者似鬼，囚繫者似獄。夫相似既多，則知來處必多。

今亦順序而談，故偏取從畜來者。　夫此文頗似畜生趣餘文，再四研求，前趣之文已結，當是躡前警起之文，故以復次阿難起之。觀文中徵剩索命二意，乃諸畜所以潤生爲人也。言警起者，是我佛欲人警悟，於諸畜生，不可鞭策，過用其力，瞋怒枉殺其身也。負債應分兩種：一負物債，反復徵償。二負命債，殺食不已。從是畜生，酬償先債者：此負物債也；酬償先世物債，債畢即停，兩不相干矣。　若彼酬者，分越所酬：越超過也，超過所應償之分。此等衆生，還復爲人，反徵其剩者：即乘此因緣，反復爲人，索還其前生餘剩之債矣。正脈問：酬滿壽終，或轉別生，則無可越。若酬滿，而彼不死不轉，則凡心何以知其當止乎？答：餵養不到，非禮苦役，鞭策過度，則必越分，於此切宜存心，至於死轉，必有冥冥主宰，不足慮也。

如彼有力，兼有福德，則於人中，不捨人身，酬還彼力，若無福者，還爲畜生，償彼餘直。

此償物債，而分勝劣。勝者：人中償還；劣者：爲畜償還。如彼有力，兼有福德者：彼指被徵之人；有力指有善業之力，兼有福而仁，有德而賢，不必捨命，則於人趣之中，不捨人身，酬還彼索債者，前世過用之力也。如被盜賊刦奪，親友負欠等皆是。此約勝者說。若無福者下：此約劣者說。若無善業之力，及無福德者，則難保人身，還爲畜生，或被驅役，或被售賣，償彼前世餘剩之債，故曰餘値。指掌疏云：則現前過用得意，即當來反償之不得意，普願舉世仁人君子，當其得意時，須防有不得意時耳。初負債反復徵償竟。

癸二　貿命殺食不已

阿難當知，若用錢物，或役其力，償足自停。

此重明剩債易償，言反徵可停。阿難當知者：借阿難以警世人也。若用錢物者：言被徵之人，若有善業之力，不捨人身，而反徵者，不過用其錢物而已。若無福者，則爲畜生，而反徵之人，或應役其身力，故曰或役其力。是皆可以償足，自然停止，但不至分越所酬而已。

如其中間，殺彼身命，或食其肉，如是乃至，經微塵劫，相

食相誅，猶如轉輪，互爲高下，無有休息。

此正明負命難解。設或爲其中間，殺彼身命，食其血肉，如是生生世世，經微塵劫數，怨習難忘。以肉還肉，故互來相食；以命還命，故互來相誅。遞相報復，無有已時；猶旋轉車輪一般，互爲人畜，循環高下，無有休息。

除奢摩他，及佛出世，不可停寢。

此唯許佛法能止。奢摩他，爲自性本定，法也；佛出世，爲照世明燈，佛也；除此佛法之外，不可停寢。奢摩他開解照了，此自性天然本定，返妄契眞，能止生死業苦，明自力得解也。遇佛出世，爲衆生說法，能解歷劫寃愆，明他力得解也。佛意警誡，不宜恣意殺生食肉也。初蹑前警起竟。

壬二　詳列十類　分十　癸初　頑類　二　異類　三　庸類　四　狠類　五　微類　六　柔類　七　勞類　八　文類　九　明類　十　達類　今初

汝今應知：彼梟倫者，酬足復形，生人道中，參合頑類。

汝今應知者：此警告阿難，以及世人，應當以智而知，今畜報旣盡，幸得爲人，須及早省悟，不可仍依餘習，旋得旋失；直貫諸科，寄居於此。彼梟倫者：昔因惑習，爲怪爲梟者，今雖酬債已足，恢復本形；可見原從人道，墮落三途，現三途罪畢，生於人道之中；猶帶餘習，參雜混合於頑類。頑謂惡而且愚，不可化爲一毫之善者也。參合頑類者：非彼一類，皆梟所化也。餘準此可知。

癸二　異類

彼咎徵者，酬足復形，生人道中，參合異類。

汝今應知，彼咎徵者：昔因淫習，爲風魃爲咎徵者。今雖酬債已足，恢復本形；可見原從人道，墮落三途，現三途罪畢，生於人道之中；猶帶餘習，參雜混合於異類。異類者，謂妖異之類，如身具二形，六根反常者是也。

癸三　庸類

彼狐倫者，酬足復形，生人道中，參於庸類。

汝今應知，彼狐倫者：昔因誑習，爲魅爲狐者。今雖酬債已足，恢復本形；可見原從人道，墮落三途，現三途罪畢，生於人道之中；猶帶餘習，參雜混合於庸類。庸類者：無超拔之氣，媚世求榮，甘爲庸鄙之類。

癸四　狠類

彼毒倫者，酬足復形，生人道中，參合狠類。

汝今應知，彼毒倫者：昔因瞋習，爲蠱鬼爲毒物者，今雖酬債已足，復形人道；猶帶餘習，參雜混合於狠類。狠類者，剛暴自用，毫無仁慈之行也。

癸五　微類

彼蛔倫者，酬足復形，生人道中，參合微類。

汝今應知，彼蛔倫者：昔因寃習，爲癘爲蛔者。今雖酬債已足，復形人道；猶帶餘習，參合微類。微類者：卑微下賤，倡優婢僕，雖親附人，人不介意是也。

癸六　柔類

彼食倫者，酬足復形，生人道中，參合柔類。

汝今應知，彼食倫者：昔因慢習，爲餓鬼爲食類者。今雖酬債已足，復形人道；猶帶餘習，參合柔類。柔類者：柔弱懦性，被世欺凌，不能卓立之類也。

癸七 勞類

彼服倫者，酬足復形，生人道中，參合勞類。

汝今應知，彼服倫者：昔因枉習，爲魘爲服者。今雖酬債已足，復形人道，猶帶餘習，參合勞類。勞類者：勞苦不息，碌碌營生者是也。

癸八 文類

彼應倫者，酬足復形，生人道中，參於文類。

汝今應知，彼應倫者：昔因見習，爲魍魎爲應類者。今雖酬債已足，復形人道；猶帶餘習，參於文類。文類者：合轍云：小有才能，通文合禮，與人應接，不失其序，非經天緯地之大文也。

癸九　明類

彼休徵者，酬足復形生人道中，參合明類。

汝今應知，彼休徵者：昔因詐習，爲役使鬼，爲休徵者。今雖酬債已足，復形人道；猶帶餘習，參合明類。明類者：乃世智辯聰，堪爲世用，非仰觀俯察之大明也。

癸十　達類

彼諸循倫，酬足復形，生人道中，參於達類。

汝今應知，彼諸循倫者：昔因訟習，爲傳送鬼，爲循類者。今雖酬債已足，復形人道，猶帶餘習，參於達類。達類者：灌頂云：諳練世故，了達人情，非博古窮今之大達也。二詳列十類竟。

壬三　結嘆可憐

阿難！是等皆以宿債酬畢，復形人道，皆無始來，業計顛倒，相生相殺，不遇如來，不聞正法，於塵勞中，法爾輪轉，此

輩名爲可憐愍者。

此警示，既得爲人，當念人身，難得而易失，切宜珍重愛惜！是等皆以宿債酬畢，復形人道者：是等，指上十類人倫，皆以宿生之債，酬償已畢，恢復人道本形。皆無始來，業計顚倒，相生相殺者：此指多生，皆從無始以來，惡業妄計，種種顚倒，不忘債與命也。爲徵債而相生，如人死爲羊，羊死爲人也。爲索命而相殺，如汝負我命，我還汝債也。

不遇如來出世，不聞諸佛正法，悔過自新，無緣解脫。於塵勞之中，法爾輪轉者：然塵屬惑，有惑必有業，有業必有苦，如惡叉聚，自然不離，故云法爾輪轉。此輩名爲可憐憫者：此輩幸得爲人，凶多吉少，苦多樂少，若乃一念不愼，轉眼便成墮落；仙天無路可升，佛道從茲永隔，故名爲可憐憫者。四諸人趣竟。

辛五 諸仙趣 分三 壬初 結前標後 二 正列諸仙 三 判同輪迴 今初

阿難！復有從人，不依正覺，修三摩地，別修妄念，存想固

形，遊於山林，人不及處，有十種仙。

梵語茂泥，此翻為仙，仙者遷也。故佛告阿難：復有從於人趣，非上之十類人倫，初得人身，猶帶十習餘習。正脈云：惟此仙趣以上，方與十習無干矣！欲求仙道，厭懼無常，想身常住，遷入山林。不依正覺，修三摩地者：不依本覺眞心，發起始覺正智，而修楞嚴大定，以證究竟堅固之理；而反別修，虛妄之念，撥弄精魂，存想固形，以求長生不死。殊不知欲求長生則可，欲求不死，實是空言，縱使壽千萬歲，亦不過後死而已。

寶鏡疏云：但凡存想，便是妄認緣影；但曰固形，便是妄認色身；即佛所謂，錯亂修習者此也。不依正覺，修三摩地者：此不依眞本也。別修妄念，存想固形者：此別修妄本也。正脈云：山林人不及處者，即名山洞府，神仙隱跡之處。經中謂：七金山中有一山，乃神仙所居。道家所謂：崑崙倒景，以此山非須彌山也。夫人既不及，彼獨能遊，則神仙具五通矣。有十種仙者：但以其所修別之。初結前標後竟。

壬二　正列諸仙　分十

癸初　地行仙　二　飛行仙　三　遊行仙

仙　九　精行仙　十　絕行仙　今初

四　空行仙　五　天行仙　六　通行仙　七　道行仙　八　照行

阿難！彼諸衆生，堅固服餌，而不休息，食道圓成，名地行仙。

彼諸衆生者：指別修妄本也。總冠十科，步居於此。前五科行字，作平聲讀之，約步履行走而言。後五科行字，作去聲讀之，約功行淺深而論。堅固服餌者：謂存想堅固形骸，由於服食藥餌，以諸藥物，炮煉修治，爲丸作餅；服食不休，而得功效，謂食道圓成。不惟百體康壯，壽年延永，必至身輕行疾，名地行仙，不能升空。故此與下四科，爲以步履輕重，遠近高下，而分勝劣耳。

癸二　飛行仙

堅固草木，而不休息，藥道圓成，名飛行仙。

堅固草木者：謂存想堅固形骸，由於服食草木。此與上科藥餌，不過生熟之分，惟不餐煙火食，但服紫芝黃精、松枝柏葉；服食不休，而得功效，謂藥道圓成。行步如飛，升高越壑，身輕勝前，故名飛行仙。

癸三　遊行仙

堅固金石而不休息，化道圓成，名遊行仙。

堅固金石者：謂存想堅固形骸，由於烹煎鉛汞，煉養丹沙，而不休息。故能化形易骨，點石成金，各獲其效，謂化道圓成。爲超脫而遊世外，因利濟而遊寰中，故名遊行仙。

癸四　空行仙

堅固動止而不休息，氣精圓成，名空行仙。

堅固動止者：謂存想堅固形骸，由於動止；動以運氣調身，止以養精安神；動止以時，起居必愼。由是運養不息，初則練精還氣，繼則練氣還神，終則練神還虛，故得氣精兩化，形神俱妙，謂氣精圓成。乘雲御龍，遊於虛空，故名空行仙。

癸五　天行仙

堅固津液，而不休息，潤德圓成，名天行仙。

堅固津液者：謂存想堅固形骸，由於津液；上出為津，下嚥為液；即所謂鼓天池，嚥玉液，能令水升火降，久而不息，水火既濟，而結內丹；內外融通，與物無累，謂潤德圓成。乘正御氣，遊乎天上，故名天行仙。指掌云：此上五仙，前二似屬彼之小乘，以只知存想圓形，全無利濟之心，但以有煙火無煙火，分之為二。後三似屬彼之大乘，以兼有利濟之心，但遊行未能忘身，不能遠達高舉。而空行，則形神俱妙，雖能高舉遠達，而猶有分齊。至於天行，則與天地合其德，與六氣合其用，利萬物而不宰，處寰中而無跡矣。

癸六 通行仙

堅固精色，而不休息，吸粹圓成，名通行仙。

堅固精色者：謂堅固其心，以求精色。採日月之精華，飡雲霞之彩色，久行不息，粹氣潛通，粹即日月雲霞之精粹，謂吸粹圓成。形與氣化，神與物通，穿金石，蹈水火，任運無礙，而與造化交通，故名通行仙。漢武內傳，東方朔遇黃眉翁曰：吾卻食服精氣，三千年一轉，反骨洗髓，三千年一轉，剝皮伐毛；吾生已三洗髓，三伐毛矣！所以視天地若蜉蝣，等古今猶旦暮也。

癸七　道行仙

堅固咒禁而不休息，術法圓成，名道行仙。

堅固咒禁者：謂堅固其心，以持咒禁。持咒，則延年益壽，護國佑民；禁戒，則止嗜戒欲，降妖祛魔；久行不息，而得功效，謂術法圓成。咒是咒術，法是禁法，咒棗書符，以愈疾病，禁毒驅魔，以利群生。將此道以養身，推此道以濟世，故名道行仙。

癸八　照行仙

堅固思念而不休息，思憶圓成，名照行仙。

堅固思念者：謂堅固其心，沉思靜念，存想頂門而出神，繫心臍輪而練氣；即繫心臍輪下，透尾閭關，上昇夾脊雙關，以至直透泥洹宮，衝頂出神；久行不息，而得功效，謂思憶圓成。神出入而自在，氣上下以交通，形神照應，故名照行仙。

癸九　精行仙

堅固交遘而不休息，感應圓成，名精行仙。

堅固交遘者：謂堅固其心，以成交遘。易云：乾道成男，坤道成女，男女遘精，萬物化生。灌頂云：此以腎水爲坎男，心火爲離女，取坎塡離，降火提水，令其交遘，以成仙胎；久行不息，而得功效，謂感應圓成。感應者，即交遘義，此以坎離，遘精成行，故名精行仙。正脈云：至於用女子爲鼎器，而採助淫穢；內敎固闢爲魔論，而仙道亦鄙爲下品。此爲投人之欲，狂迷者多惑之，正人君子，絕口遠之可也。

癸十　絕行仙

堅固變化而不休息，覺悟圓成，名絕行仙。

堅固變化者：謂堅固其心，以窮變化，推求其術，深研化理，久行不息，而得功效。心存化理，久則覺悟，而與造化相通，謂覺悟圓成。移山倒海，翻易四時，故名絕行仙。二正列諸仙竟。

壬三　判同輪迴

阿難！是等皆於人中練心，不修正覺，別得生理，壽千萬歲，休止深山，或大海島，絕於人境，斯亦輪迴，妄想流轉。不修三昧，報盡還來，散入諸趣。

此結示妄想，極勸眞修。是等，指上十類仙人，皆於人中，怖懼生死無常，以求長生不死。正脈云：豈覺言長僅以勝短，說生終以待滅，詎識無生之至理，本常之妙體哉！練心者：即別修妄念，不修正覺眞心也。別得生理者：即存想固形，別得延生，妄理相應，故能壽千萬歲；但是後死，非眞不死，如松柏後凋，非眞不凋耳。休心依止，深山海島，絕於人煙之境：即所謂蓬萊弱水，惟飛仙可度。七金山之外，其水甚弱，舟楫不能至，而羽毛皆沉，爲神仙所居之處；並非不死之國，斯亦是輪迴。以所依既未超乎三界，而能依豈能脫於生死？夫法身眞常，形骸虛幻，怖速死而求長生，即屬妄想，依妄想而墮生滅，正是流轉。

不修三昧者：乃極勸眞修；言欲免輪迴，須斷妄想，欲斷妄想，須憑三昧。三昧者：即首楞嚴大定也。因中，依不生不滅，爲本修因，然後圓成，果地修證；若因中，依生滅爲因，欲求不生不滅，無有是處。設若不亟早修習楞嚴三昧，仙報一盡，依舊還要改頭換面，而來散入於諸趣之中，可不痛哉！

正脈問：修仙者，妄謂釋教修性不修命，萬劫陰靈難入聖，惑此言者甚多，請此附辯，以覺深迷。答：彼所說性命，二俱非眞，蓋指身中，神魂爲性，身中氣結，命根爲命。故說單修性者，但得陰魂鬼仙，無長生身形；兼修命者，方得輕妙長生之身，而誇形神俱妙。安知佛所說性，是人人本有，眞如性海，乃無量天地，無量萬物之本體。證此性者，豈但能現無量妙身，兼能現無量天地萬物。其所現者，豈惟但能令住百千萬歲，雖塵沙浩劫，亦可令住。且欲收即收，一塵不立，欲現即現，萬法全彰，得大自在，得大受用，方謂眞如佛性。斯言信不及者，請細閱前文顯性處，自然悟彼無知而妄謗矣。

昔呂巖，三次晉京，求名不遂，乃鬱鬱而返。韓鍾離欲度呂洞賓（即呂巖），在於中途，旅館候之。時呂巖至，長吁短嘆！韓曰：相公何爲如是，莫非功名不遂乎？夫功名猶如夢境，得之不喜，失之不憂，何爲怏怏於懷？呂巖聞之不語。韓又出枕子一個，語曰：子今路上辛苦，少憩一臥可也。呂巖受之即睡，夢至一家投胎，既生，聰明俊秀，母愛如掌上之珠，少讀書，有過人之才，年既長成，所試皆捷，出仕爲官，運途順利，連陞吏部尚書，爲人忠直，竟遭奸臣奏害，令殺其身。一生所處皆順境，忽罹殺身之禍，綁至刑場，利刀一砍，頭落驚醒，出一身大汗。韓語之曰：功名富貴事如何？莫若及早從吾脩道。呂巖一想，人世總是無常，遂從之，別修異道，易名洞賓。煉一雙雌雄劍，斬妖祛魔，志在利生。一日路經黃龍山下，見有紫雲蓋頂，知有高人，於是入山參訪。適黃龍禪師，上堂說法，洞賓旁聽。說畢，黃龍禪師云：今日有人盜法。洞賓即出衆云：囊有長生不死藥，何用盜法？黃龍禪師斥云：汝這個守屍鬼。洞賓即飛出寶劍，要斬黃龍禪師之首。劍至項，嗚一聲即墜地，插在地中，並不飛囘。洞賓用盡心力，亦不飛囘，黃首如故。於是相信道高，方向懺悔，請求開示，禮拜爲師，有偈爲證：蹙碎浮囊棄却琴，從今不弄汞中金，自從一見黃龍後，方悔從前錯用心。是可見仙道不如佛道也。五諸仙趣竟。

辛六　諸天趣　分二

壬初　正列諸天　二　通前總結　壬初分三

癸初　六欲　二　四禪　三　四空　癸初分三

子初　標示生因　二　欲分輕重　三　判屬欲界　今初

阿難！諸世間人，不求常住，未能捨諸妻妾恩愛。

此標示生天之因。諸世間人，有欲離苦得樂，不求常住，不生不滅，圓湛之心，但依有爲事相，而求有漏果報。是依妄本，而不依眞本而修，爲三界總因也。　未能捨諸妻妾恩愛者：別爲六欲天之因，以欲界未離三欲，皆有淫欲，飮食睡眠，今稱欲界。以淫爲諸貪之首，故未能捨諸妻妾，深恩重愛，以修出世，戒定之業，而證無漏之果也。　梵語提婆，此翻爲天。灌頂引論云：天者，清淨光潔，最勝最尊；或謂天者，天然自在，首出庶物。以上品十善，及世間禪定爲因。　正脈云：天趣與仙趣不同，世人仙天不分，而學仙者，濫附於天，且謂諸天，皆彼祖仙。今略辯之：仙以人身，而戀長生，最怕捨身受身；諸天皆捨前身，而受天身，豈其類哉？又仙處海山，如蓬萊崐崙，皆非天上。四王忉利，曾無卜居，況上界乎？是知天趣，最爲界內尊勝之流，迥非仙與鬼神之類也。

子二　欲分輕重　分六

丑初　四王天　二　忉利天　三　夜摩天　四　兜率天　五　化樂天　六　他化天　今初

於邪淫中，心不流逸，澄瑩生明，命終之後，鄰於日月。如是一類，名四王天。

已色為正淫，他色為邪淫。此人遵守五戒，於邪淫中，不唯身無有犯，即心中亦無一念思想；是正淫雖有，邪淫已無，故不奔流縱逸，而得愛水，澄淨瑩潔，心地光明也。今獨約淫欲一事，以是生死根本，故約之而分勝劣耳。此人命終之後，捨人身而受天身，生須彌山腰，鄰於日月宮。如是一類，名四天王天，為帝釋外臣：東持國天王，居黃金埵；南增長天王，居瑠璃埵；西廣目天王，居白銀埵；北多聞天王，居水晶埵。此四天離人間地，四萬二千由旬，身長拘盧舍四分之一，當此間周尺，七十五丈，壽五百歲。以人間五十年，為一晝夜，合計九百萬年也。

丑二　忉利天

於已妻房，淫愛微薄，於淨居時，不得全味，命終之後，超日月明，居人間頂，如是一類，名忉利天。

此比前更進一步，不但無有邪淫，即於自己正妻，房幃之間，淫欲愛念，尚且微少淡薄，所謂有時有節也。然於清淨獨居之時，間有淫念生起，不得全其淨味。命終之後，超日月之光明，生須彌之極頂即人間頂。再上，即空居天，與人間不接矣。如是一類，名忉利天。梵語利忉，此云三十三，在須彌山頂，四方各八天，中有一天，爲善見城，乃帝釋所居。此天離地，八萬四千由旬。身長半盧舍，當周尺，一百五十丈；帝釋身長，一拘盧舍；由其過去，徧修敬恭業故。以人間百年爲一晝夜，壽命一千歲，合人間數，乃三十六萬年也。以上二天，名地居天，以未離地故也。然此二天，形交成淫，與人間同；但風氣一洩，欲漏便除，非有不淨流溢也。智論云：昔有婆羅門，姓憍尸迦，與知友三十二人，發心修塔，以此功德，命終皆生須彌山頂。憍尸迦爲天主，三十二人爲輔臣。淨明疏云：昔迦葉佛滅後，有一女人，發心起塔，報爲天主；三十二人助修，報爲輔臣。二緣不同者，以既在輪迴，前後更易，各引一緣耳。

丑三　夜摩天

逢欲暫交，去無思憶，於人間世，動少靜多，命終之後，於

虛空中，朗然安住，日月光明，上照不及，是諸人等，自有光明，如是一類，名須燄摩天。

逢欲境現前，暫時相交，過去之後，竟無追思迴憶；於人間世，非有深染，故曰動少靜多。此於淨居，而得全味，漸近淸虛；故命終之後，於虛空中，朗然安住。正脈問：空居諸天，宮殿池樹，皆何所踞？答：七寶瑠璃，與大地無異，但欲下之時，即虛豁無礙，例如人間大地，賢聖天仙鬼神，皆能出入自在。當知萬法本空，由業力轉，虛實並現，而昧者未達也。

日月光明，上照不及者：前天雖超日月，光猶可及；此天復高，故云光明不及。是諸人等，自有光明者：依正二報，身殿光明互照，故不須日月。如是一類，名須燄摩天：此云善時分，以日月光明不及，無分晝夜。而此天，以蓮華開合，善知時分，隨時受樂，各得相應。諸經多稱夜摩，故科名依之。惟執手成淫，無交遘事矣。此天離地，十六萬由旬，有地如雲，朗然安住。身長，周尺二百二十五丈。以人間二百年爲一晝夜，壽二千歲也。

丑四　兜率天

一切時靜，有應觸來，未能違戾，命終之後，上升精微，不接下界諸人天境，乃至劫壞，三災不及，如是一類，名兜率天。

此人於一切時，皆能靜而不動，設有應行之觸，來相逼迫，未能違拒，猶順從之，此較勝於前也。命終之後，上升精細微妙，不接下界諸人天境。然此天，有內院外院。外院，屬凡夫天，有小摩尼殿。內院，是菩薩所居，彌勒菩薩爲天主，有大摩尼殿，常在其中，說法教化。菩薩有時至外院小摩尼殿，說法教化凡夫，倘若機熟領悟，則接引而入內院。且內院，尚非外院所能知處，故不接下界，諸人天境，故精；乃至劫壞三禪，而菩薩住處，水、火、風，三災之所不及，故微。即法華所謂：我此土不毀，衆見劫燒盡之意。細察文義，初四句，外院之因，而缺其果；上升精微下，內院之果，而缺其因；當時譯者，過於省文也。如是一類，名兜率天，此云知足天，能於欲境，生知足故，但以一笑爲淫，更不必執手矣。此天離地，三十二萬由旬，有地如雲，於上安住，身長周尺三百丈，以人間四百年，爲一晝夜，壽四千歲。

丑五　化樂天

我無欲心，應汝行事，於橫陳時，味如嚼蠟，命終之後，生越化地，如是一類，名樂變化天。

我本無欲心，應汝而行房事，蓋深拒之也。拒之不已，迫以大事，謂繼承家業，故於是勉從其意。但遇欲境，橫陳之時，味如嚼蠟相似，淡然無味。橫陳者，司馬相如賦云：花容自獻，玉體橫陳，謂橫放其身，陳獻於前也。命終之後，生越化地者：越，是超越下天；化，謂變化五欲樂具，自所受用。如是一類，名樂變化天。餘經但稱化樂，謂自化五塵，還自受樂也。今科名依之。但以熟視爲淫，不必笑矣。此天離地，六十四萬由旬，有地如雲，於上安住。身長周尺三百七十五丈。以人間八百年，爲一晝夜，壽八千歲。

丑六　他化天

無世間心，同世行事，於行事交，了然超越，命終之後，徧能出超化無化境，如是一類，名他化自在天。

無世間心，同世行事者：厭離世間，淫欲不淨，全無樂着，心希上界，權同世間。行夫婦事，於行事相交之際，不但無味，而且了然超越，神遊境外，毫無欲想。命終之後，超出化無化境：化，即第五；無化，即下四天。如是一類，名他化自在天：凡五塵欲境，不勞自化，皆他天之所變化，自己得自在受用也。但此天，以眼暫視，便爲淫事。正脈引偈云：「四王忉利欲交抱，夜摩執手兜率笑，化樂熟視他暫視，此是六天眞快樂」。離地一百二十八由旬，有地如雲，安住其上。身長周尺四百五十丈。以人間一千六百年爲一晝夜，壽一萬六千歲。

問：欲界頂天，爲魔王天是否？答：瑜伽論云：第六天上，別有魔羅，所居天宮，即他化自在攝。是知魔天，別是一類，說攝或可；說即，則不可也。二欲分輕重竟。

子三　判屬欲界

阿難！如是六天，形雖出動，心迹尚交，自此已還，名爲欲界。

此結成欲界之名。欲性躁動，世人無有節制；其動也，若瀑流，若野火，莫能鎭壓。如是六天，漸能節制，而向於靜，因中欲心漸漸輕，生天層層高。形雖出動，心迹尚交者：如初天，且止外動；二天，內動亦微；三天，遇境方動；四天，境迫不違；五天，交中無味；六天，形合心超。然此等形雖合，而心超出，似離於動，但其心迹，尚然猶交。如前四天，不唯迹交，尚兼心交，以有味故。後二天，雖無心交，猶有迹交，以應事故。此雖欲有重輕，總未離於男女愛情。自此已還，直至阿鼻地獄，皆欲界攝。以諸趣雖異，而欲是同，故名五趣雜居地也。

問：天台云：六天果報，十善爲本。兼護法生四王；兼慈化生忉利；兼不惱衆生，善巧純熟，生夜摩；兼修禪定麤細，生兜率；兼欲界定，生化樂；兼未到地定，生他化。是知六天，通以十善爲因。前三天，各兼功行；後三天，各兼禪定。今何惟約欲事輕重，分六天耶？答：功行禪定爲緣，通修十善爲因，但十善之中，斷欲爲要，設不斷欲，十善何成？如來爲人從要故，惟約欲輕欲重，而分勝劣。 本經修楞嚴大定，以淫欲爲生死寃家，故此中惟約欲。六天以寡欲而上升，四禪以絕欲而高蹈。故知，不斷淫欲，上界猶不可望，況欲證無上菩提耶？所以欲修三摩地，而出生死海者，必須先斬此一關也。初六欲天竟。

大佛頂首楞嚴經正文卷第八終

癸二 四禪天 分二
子初 正分四禪 二 結屬色界
子初分四
丑初 初禪天 二 二禪天 三 三禪天 四 四禪天
丑初分三
寅初 示三天別相 二 結離漏伏
寅初分三
卯初 梵衆天 二 梵輔天 三 大梵天 今初

阿難！世間一切，所修心人，不假禪那，無有智慧。但能執

身，不行淫欲，若行若坐，想念俱無，愛染不生，無留欲界；是人應念，身爲梵侶。如是一類，名梵衆天。

前明六天，雖求離欲，未能絕無，以形雖出動，心迹尚交，故名欲界。而此上十八天，雖離欲染，尚有色質，貌如童子，身白銀色，衣黃金衣，惟男無女，純是化生，色身勝故，故名色界。又名梵世，梵者淨也，已離欲染，而得清淨，通號四禪，已離欲界散動也。非但離欲，併離食睡，三欲俱亡，稍涉飢倦，即入禪定，而出定時，則精神飽滿，但以禪悅爲食、爲息，稍離麤重身心矣。略分四重，詳分十八重，但疑有同處，而區分勝劣爲類者，未必十八，皆上下爲次也。此明色界，初禪三天；首言世間者，顯非出世；而言一切，所修心人者：謂不知本有寂常心性，而錯亂修習也。禪那，此云靜慮；不假禪那，無有智慧者：謂不修首楞嚴大定，無漏之靜慮，即無有出世間，眞正之智慧。顯彼惟有漏靜慮，六事行耳！六行者：厭欲界是苦、是麤、是障；欣色界是淨、是妙、是離。此則凡夫伏惑，超欲界道也；非無漏眞三摩地，妙圓通矣！此是總論，應通下文。但能執身，不行淫欲，方入本天；此天獨顯戒德，未彰定慧。先言執身者：表異六欲，不免身犯。而此天非但執身不犯；若行若坐，想念之心，亦復俱無。由是身心，俱得清淨，愛染不生，故欲界無可卜居，臨終之時，應念化生上之色界，身爲梵世伴侶。如是一類，乃是梵天之民，故名梵衆天。壽二十小劫，身長半由旬。

卯二　梵輔天

欲習既除，離欲心現，於諸律儀，愛樂隨順，是人應時，能行梵德。如是一類，名梵輔天。

欲界淫習，既已伏除，離欲淨心，已得顯現。初二句，指前天，但顯戒德；下謂本天，戒與定俱。於諸律儀，愛樂隨順者：於諸梵行戒品，愛樂則悅豫，隨順則輕安，即與定共之相；無有强行之苦，乃有安行之樂，自有不期然而然者矣。是人應時，能行梵德者：顯是本天轉升，故云應時，非同前天，離下生上，猶待異時，此不但清淨身心，而且弘揚德化，已超梵衆。如是一類，名梵輔天。正脈云：既輔化，即天臣矣，壽四十小劫，身長一由旬。

卯三　大梵天

身心妙圓，威儀不缺，清淨禁戒，加以明悟，是人應時，能統梵衆，爲大梵王。如是一類，名大梵天。

此天乃顯戒與慧俱。初天，由執身而攝心；次天，由心現而行德；此天，身心得一如無二之妙，滿足分量之圓。行、住、坐、臥，四威儀之中，悉皆不缺，有威可畏，有儀可仰，禁戒自然清淨；不唯清淨，加以明悟，此即戒與慧俱也。是人應時，能統梵衆，猶體仁足以長人，君之道也。如是一類，名大梵天；位超梵輔，故稱爲大。壽六十小劫，身長一由旬半。初示三天別相竟。

寅二　結苦離漏伏

阿難！此三勝流，一切苦惱所不能逼，雖非正修，眞三摩地。清淨心中，諸漏不動，名爲初禪。

此上三天，稱爲勝流者：以身勝樂勝，能勝下界諸趣之流。一切苦惱，所不能逼者：指欲界八苦，所不能逼，雖非依眞本，而起正修，得證眞三摩地者，然於持戒淸淨心中，而欲界諸漏，所不能動，名爲初禪；於九地中，第二名離生喜樂地，離欲界諸惡趣生，而得淸淨喜樂也。劫盡火災得至，由其內有覺觀火故。初初禪天竟。

丑二　二禪天　分二　寅初　示三天別相　二　結憂離漏伏　寅初分三

卯初　少光天　二　無量光天　三　光音天　今初

阿難！其次梵天，統攝梵人，圓滿梵行，澄心不動，寂湛生光。如是一類，名少光天。

此明色界，二禪三天也。前天定力，尙假戒扶，此則不假戒扶，而自不動；定深發光，以光之勝劣爲次。阿難！其次梵天，統攝梵人：似是大梵所爲；梵衆天：戒德顯著；梵輔天：戒與定俱；大梵天：戒與慧俱；具足戒、定、慧，故曰圓滿梵行，而升此天。環師亦謂，躡大梵之行，升進者是也。統攝既久，則化他功深，自行益純。澄心下，方入此天；澄心不動，寂湛生光者：謂心水澄凝不動，寂然發用，湛然生光，但心光尙劣，未極其量，如是一類，名少光天。壽二大劫，身長二由旬。

卯二　無量光天

光光相然，照耀無盡，映十方界，徧成瑠璃，如是一類，名無量光天。

溫陵曰：定力轉明，妙光迭發，境隨光發，徧成瑠璃。　由定力轉更增明，身光心光，展轉相然，如以火傳火，光光迭發，照耀於無盡也。所有依報外境，隨光而發，亦同正報身心，內外明徹，徧成瑠璃。映十方界者：約其定光，隨所受用十方言之，非徧一切十方也。按二禪覆以小千世界，徧小千之十方也。如是一類，名無量光天。壽四大劫，身長四由旬。

卯三　光音天

吸持圓光，成就教體，發化淸淨，應用無盡，如是一類，名光音天。

吸，即取也；持，即執持；圓光，謂前天依正，光明交映，至此定深，而至圓滿，故曰圓光成就。教體者：正脈云：以此光明，代其言音，以宣彼梵行教化，如世間以文字，代其言音，而亦以宣諸教化，與用光明作佛事者，同也。有謂二禪以上，無有語言，恐未必然。法華云：光音及徧淨，乃至有頂天，言語之音聲，悉皆得聞之；此可爲證。發化清淨，應用無盡者：發宣梵行教化，清淨無著，應用無有窮盡。如是一類，名光音天。壽八大劫，身長八由旬。初示三天別相竟。

寅二　結憂離漏伏

阿難！此三勝流，一切憂懸所不能逼，雖非正修眞三摩地，清淨心中，麤漏已伏，名爲二禪。

此三勝流，非但勝於欲界，猶復勝於初禪，以後後勝於前前也。一切憂懸，所不能逼者：以初禪，乍離欲苦，恐其復墜，故一切憂愁懸掛，竟有不安之貌，時時以覺觀拒之。今至二禪，離欲漸遠，恐墜心息，故憂懸所不能逼，而入無覺無觀矣。然雖無覺觀，仍屬有漏，而非依寂常之眞心，而修實證眞三摩地也。初禪方得漏心不動，而未能伏；此天於淸淨梵行心中，麤漏已伏。麤漏，指初禪愛，無所由起，故曰已伏。能以定力，伏前五識，不起現行，故名爲二禪。於九地中第三，名定生喜樂地，以定力功德，發生喜樂也。火災不到，而有水災，由其內心有喜水故。二二禪天竟。

丑三　三禪天　分二　寅初　示三天別相　二　結安隱喜俱　寅初分三

卯初　少淨天　二　無量淨天　三　徧淨天　今初

阿難！如是天人，圓光成音，披音露妙，發成精行，通寂滅樂，如是一類，名少淨天。

此明色界，三禪三天也。持地論目第三禪爲樂俱禪，此定功德，與徧身樂俱發故。前二禪雖有樂支，爲喜支所障，今滅喜純樂，故得其名。阿難！如是天人：躡前光音天，圓滿光明，成就音聲，而爲教體；披發音聲，顯露妙理。此天，即依妙理，發成精行，離前喜動，而生淨樂，恬然安靜，而通寂滅之樂。寂滅樂，亦定淸心安所發，不可濫於本性寂體，以名同體異也。以初入此境，故言通，而未能成，名少淨天。初伏第六意識，非眞寂滅也。壽十六大劫，身長十六由旬。

卯二　無量淨天

淨空現前，引發無際，身心輕安，成寂滅樂。如是一類，名無量淨天。

淨空現前者：前天通寂滅樂，以其淨境未亡，至此定力轉深，并淨亦空，故曰淨空現前。引發無際者：以空引淨，淨與空發，虛空無有邊際，淨境亦無邊際。自覺正報之身心，猶若太虛，無累無礙，故曰輕安，成寂滅樂。如是一類，名無量淨天，淨空無際，故無有量也。壽三十二大劫，身長三十二由旬。

卯三　徧淨天

世界身心，一切圓淨，淨德成就，勝託現前，歸寂滅樂。如是一類，名徧淨天。

前天淨境，只徧身心，至此定力轉深，并依報之世界，正報之身心，泯同一體，皆得虛寂，故曰一切圓淨。正脈云：此但定力所使，所謂境隨定變而已，非唯心觀力所使也。

淨德成就：接上句，既一切圓淨，則純淨之德成就，妙樂無窮；有漏之樂，至此已極。自覺殊勝歸託之處現前，將謂眞實安身立命處所，淸淨極樂家鄉矣。不知尙屬有漏，即便歸託於此，故云歸寂滅樂。如是一類，名徧淨天，以其觸處，皆成淨樂，故名徧淨天。壽六十四大劫，身長六十四由旬。初示三天別相竟。

寅二　結安隱喜俱

阿難！此三勝流，具大隨順，身心安隱，得無量樂，雖非正得，眞三摩地，安隱心中，歡喜畢具，名爲三禪。

阿難！此三天，又勝二禪之流。初禪，苦惱不逼，未得隨順；二禪，憂懸不逼，五識已伏，但得隨順；至此三禪，已得寂滅，六識已伏，名具大隨順。身心安隱，得無量樂者：前二禪，有喜心動念，故身心不得安隱，今喜心既離，身心安隱，自在受樂。樂稱無量者，以所具妙樂，周徧無量故。界內，以三禪爲極樂處也。雖非正得眞修實證之三摩地，然安隱心中，歡喜畢具。安隱心，即三禪心。初、二禪離障增勝，故曰淸淨心。三禪得樂增勝，故曰安隱心。

正脈云：仍言歡喜畢具者，以有安隱心中，四字揀之，良以喜是動心所發，樂是靜心所融，若在飛動心，縱說樂，而仍是喜支；若在安隱心，縱說喜，而仍是樂支，故通名爲三禪。於九地中第四，名爲離喜妙樂地。以離前初、二禪之喜，得三禪之妙樂也。水火二災不到，風災得至，由其未離出入息故。三三禪天竟。

丑四 四禪天 分二

寅初 四勝流天 二 五不還天

寅初分二

卯初 示四天別相 二 結不動純熟

卯初分四

辰初 福生天 二 福愛天 三 廣果天 四 無想天 今初

阿難！復次天人，不逼身心，苦因已盡，樂非常住，久必壞生。苦樂二心，俱時頓捨，麤重相滅，淨福性生。如是一類，名

福生天。

此四禪九天。溫陵曰四禪報境，但有三天，第四無想，乃第三廣果別開，此外復有五不還天，乃聖賢別修靜慮，與凡夫不同。但以同入捨禪，故於捨心同分中，安立居處。阿難！復次天人：是指三禪中來者，謂初禪離苦惱，二禪盡憂懸，故云不逼身心。苦惱憂懸是苦因，既皆不逼，是已苦盡則樂生。三禪身心安隱，得無量樂；此天則明樂亦不當受，何以故？樂非常住之法，福業盡時，久必壞生，由是起雙捨苦樂之行，苦樂二心，并已捨除，故曰俱時頓捨。正以二心俱捨，名麤重相滅，以壞則苦生，今苦壞雙超，捨心不動，即淨福性。此定既發，即名爲生；故曰如是一類，名福生天。壽一百二十五大劫，身長一百二十五由旬。

辰二　福愛天

捨心圓融，勝解清淨，福無遮中，得妙隨順，窮未來際。如是一類，名福愛天。

前天苦樂二心，俱時頓捨，尚未圓融；至此捨定益深，功行純熟，故曰捨心圓融。勝解清淨者：即決定勝解，任持捨定，能所雙亡，不爲異緣所轉，是爲清淨。然既捨心圓融，無有遮限，而所感淨福，亦應無遮，於此無遮福中，得妙隨順，窮未來際。妙隨順者，大自在也；所有願求，亦無遮限，得大自在，窮未來際，愛樂隨順也。如是一類，名福愛天，此天之福，於有爲界中，最爲可愛。壽二百五十大劫，身長二百五十由旬。

辰三　廣果天

阿難！從是天中，有二歧路，若於先心，無量淨光，福德圓明，修證而住，如是一類，名廣果天。

阿難！從是天中，是福愛天中，有二種歧路：一直往道，趣廣果天；一迂僻道，趣無想天；心念行業各別也。若於先心：即福愛天，妙隨順心，能令所求如意，今無量淨光，即捨俱禪，定深而發光也。於此光中，以四無量心，熏禪福德，增盛圓明，離下地染，修證而住。如是一類，名廣果天，謂廣大福德，所感之果也。壽五百大劫，身長五百由旬，水火風三災，皆不能到。於九地中，名捨念清淨地，謂雙捨苦樂二念，而得清淨也。

辰四　無想天

若於先心，雙厭苦樂，精研捨心，相續不斷，圓窮捨道，身心俱滅，心慮灰凝，經五百劫。是人既以生滅爲因，不能發明，不生滅性，初半劫滅，後半劫生。如是一類，名無想天。

先心是福愛天中，雙厭苦樂之心，至廣果天，增修福德，令得圓明；至無想天，增修捨定，令期究竟；此二天之分歧也。精研捨心三句，即指增修捨定，深搜細索，相續無有間斷。圓窮者：圓滿窮究，必求其究竟；捨道者：即以捨定，爲涅槃道也。身心俱滅，心慮灰凝者：謂以捨定，滅除捨心，定中渾成一空，故心身俱成泯滅，令其心思緣慮，有若寒灰，凝然不動，但如夾冰之魚。魚譬六識，心心所法；冰譬捨定，冬天水結成冰，而魚夾在冰中，而不能動。此定亦復如是，祇伏六識現行，經五百大劫，定力攝持，報形不壞也。五百劫後，依舊散入輪迴。然無想報盡，多皆墮獄，因其在定，未證謂證，以爲證阿羅漢，已出生死。後出定毀謗三寶，以佛狂妄說法，說阿羅漢，所作已辦，不受後有，以故墮入地獄。

是人既以生滅為因，不能發明，不生滅性者：正脈云：出其無常之故，正由向二種根本，錯亂修習耳。前二句明其錯依六識，生死根本，爲本修因，强令灰凝。後二句明其反迷識精元明，圓湛不生滅性，而全不知用故也。初半劫滅者：初生此天，習定半劫，始得想滅，無想定成。後半劫生者：於四百九十九劫半，而想心復生，此定仍壞。有成有壞，終非究竟。如是一類，名無想天。此天依於捨禪，滅除六識，心心所法，令不起現行，故名無想天。但與廣果，同修捨禪，故同一處，以是外道故，分二種名耳。初四天別相竟。

卯二 結不動純熟

阿難！此四勝流，一切世間，諸苦樂境，所不能動，雖非無爲，眞不動地，有所得心，功用純熟，名爲四禪。

阿難！此四勝流者：並超下地故。一切世間：通指欲界至三禪也，欲界爲苦樂所動；初禪苦惱不逼，二禪憂懸不逼，均不爲苦動；三禪得無量樂，雖不為苦動，尚為樂動；至此四禪，苦樂雙亡，而住捨定，故曰諸苦樂境，所不能動。溫陵曰：四禪不為三災所動，名不動地。然彼器非真常，情俱生滅，雖非無為真境，而有為功用，至此已純熟矣。

問：不為三災所動，何言器非真常，情俱生滅？答：他經明此天，天人生時，宮殿園林，隨之而生；死時，隨之而滅。器即器世間，宮殿園林，而非真常之境；情即有情世間，與之俱生俱滅。雖非無為真常之境：如十地之第八不動地。有所得心者：即修習捨定，認為涅槃，期其必得，名有所得心。正顯有為功用純熟，不加勉強，任運不動也。名為四禪。　正脈云：初禪共戒，戒德增上；二禪喜俱，光明增上；三禪樂俱，淨樂增上；四禪捨俱，於前三天，福德增上，後一天，捨定增上，此其別也。初四勝流天竟。

寅二　五不還天　分三　卯初　標聖果寄居　二　示五天別相　三　結四天不見　今初

阿難！此中復有五不還天，於下界中九品習氣俱時滅盡，苦樂雙亡，下無卜居，故於捨心，衆同分中，安立居處。

此中，即四禪天中，復有五種不還天。梵語阿那含，此云不還，三果聖人，寄居之處。以其於下界中，即欲界中，九品思惑習氣，已經斷盡，證三果聖位，再不還來欲界受生也。習氣者，思惑種子也。乃貪、瞋、癡、慢，任運而起，微細之惑，與生俱生，非同分別中麤惑也。由彼惑難除，故分八十一品，於三界九地，地地各分九品。今斷欲界，五趣雜居地中九品，於上、中、下，復各分三品，天上人間，七次往返受生斷之，乃習氣與現行皆滅，故云俱時滅盡，證三果也。此乃明聖人斷惑之事，有異四禪伏惑不斷也。

苦樂雙亡，下無卜居者：斷欲界地九品之惑盡，故苦亡，欲界無卜居；於初、二、三禪之樂，亦復不受，故樂亡，於色界三禪，亦無卜居；以非其同分也。而所入之定，乃苦樂雙亡，捨俱禪故，於四禪捨心，衆同分中，安立居處，住此以斷七十二品思惑，求證阿羅漢果也。然安立居處，確在同分，而雜修靜慮，另有別業。俱舍云：雜修靜慮，有五品不同，故生五淨居天。雜修者，初起無漏觀，次起有漏觀，後復起無漏觀，以有漏無漏，間雜而修故。靜慮者，定慧均等之謂；五品者，下、中、上、上勝、上極也。問：何故名爲淨居？答：三果聖人，於下界中，九品思惑，俱時滅盡，故名爲淨。淨者，所居之處，故名淨居也。

卯二　五天別相　分五　辰初　無煩天　二　無熱天　三　善見天　四　善現天　五　色究竟天　今初

阿難！苦樂兩滅，鬬心不交，如是一類，名無煩天。

按五品，此應屬下品。苦樂兩滅，即雙亡義。鬬心即欣厭二心，當苦樂未滅時，則厭苦欣樂二心，交戰胸中，互為勝負，故曰鬬心。今既兩滅，是以不交。如是一類，名無煩天。正脈云：盛熱曰煩，亦狀其內心，鬱陶熱中之象，有鬥心者，所不能免，此方不交，初得清涼，故名無煩。壽一千大劫，身長一千由旬。

辰二　無熱天

機括獨行，研交無地，如是一類，名無熱天。

此屬中品。機，即發動之機，狀念之放也。括，即收括之括，狀念之收也。獨行，言其唯一捨念，或放或收，更無餘念間雜。研交無地者：若有一念，不可言無，今更以雜修靜慮，研究此一念，了不可得，則不唯不交，即欲交亦無地矣。如是一類，名無熱天。微煩曰熱，幷熱亦無，故曰無熱天。壽二千大劫，身長二千由旬。

辰三　善見天

十方世界，妙見圓澄，更無塵象，一切沉垢。如是一類，名善見天。

此屬上品。由修靜慮，發天眼通，既與四禪同分，亦應同見大千。十方世界：即大千之十方；妙見：即天眼通，此是修得，而非報得，更勝四禪；圓，即圓滿大千；澄，即澄清朗徹；更無塵象，外境之障隔，故圓；亦無一切沉垢，內念之留滯，故澄。內外虛融，妙見無礙。如是一類，名善見天。體淨用周，所見皆善也。壽四千大劫，身長四千由旬。

辰四　善現天

精見現前，陶鑄無礙。如是一類，名善現天。

此屬上勝品。精妙之見，既已現前，此句指前天，見體清淨，見用周徧，此天增修靜慮，體用兼勝。陶鑄無礙者：如陶師之範土爲瓦，鑄匠之鎔金造像，能以定慧力，任運成就，隨心自在，變現無礙。如是一類，名善現天。壽八千大劫，身長八千由旬。

辰五　色究竟天

究竟羣幾，窮色性性，入無邊際。如是一類，名色究竟天。

此屬上極品。究竟，即研窮之義；群幾，即群動之微也。正脈謂：研窮多念，至於一念，故曰究竟群幾。以雜修五品，初用多念無漏，熏多念有漏，乃至最後，用一念無漏，熏一念有漏，名上極品。　窮色性性者：性是體性，上性字指色體，下性字指空體；謂窮諸色之性，而至於空性也。又色依空現，空性即色性之性故；即所謂心既熏多至少，色亦窮麤至微是也。至此身雖尚在，而境界全空，故云入無邊際，無邊即虛空，際即界畔，入空無邊處之界畔。如是一類，名色究竟天；色界至此，是爲極頂，故稱色究竟天。壽一萬六千大劫，身長一萬六千由旬。二示五天別相竟。

卯三　結四天不見

阿難！此不還天，彼諸四禪，四位天王，獨有欽聞，不能知見。如今世間，曠野深山，聖道場地，皆阿羅漢，所住持故，世間麤人，所不能見。

此結示四天不見。阿難！此五不還天，彼諸第四禪天中，四位天王：指正天三，外道一，故成爲四，不可指初、二、三、四禪也，因上中隔絕故。唯識謂：二禪以上，不稱王臣，此言四王，或推尊上首，略似如王也。獨有欽聞，不能知見者：以第四禪天，係有漏凡夫，但能伏惑；而五不還天，是無漏聖人，而能斷惑，聖凡有異，伏斷懸殊，故但仰嘉名，不知其受用，不見其依正也。問：彼之天王，是菩薩遊三摩地，爲何不能知見？答：惟其菩薩，示迹凡夫，當與凡夫，同其知見也。如今世間下：取例發明。曠野深山，皆絕無人煙之地，皆是羅漢別境，稱爲聖道場地。而世間麤人，所不能見，以不修無漏業故。二五不還天竟。

子二　結屬色界

阿難！是十八天，獨行無交，未盡形累，自此已還，名爲色界。

孤山曰：獨行無交，俱無情欲故。未盡形累，尚有色質故。以上是十八梵天，清淨無侶，故曰獨行無交。雖然離欲，依舊有化生身，未盡身形之累。自此色究竟天以還，至梵衆天，同一色界。二四禪竟。

癸三　四空　分五　子初　標歧除聖　二　正列四天　三　聖凡出墜　四　通分凡聖　五　結屬無色　今初

復次阿難！從是有頂色邊際中，其間復有二種歧路，若於捨心，發明智慧，慧光圓通，便出塵界，成阿羅漢，入菩薩乘。如是一類，名爲迴心大阿羅漢。

溫陵曰：自此而上，明無色界四天，無業果色，有定果色，依正皆然。四天皆依偏空修進：初、厭色依空；二、厭空依識；三、色空識三都滅，而依識性；四、依識性，以滅窮研，而不得眞滅；是皆有爲增上善果，未出輪迴，不成聖道者也。　此將明無色界四天，先簡迴心超出也。阿難！從是色究竟天，居色界之頂，是爲有頂；與無色爲隣，故云色邊際中。其間上進，復有二種歧路。因三果人，根有利鈍，其利根者，即於色究竟，捨定心中，發無漏人空智慧，慧光圓通（即圓滿也），斷盡思惑，即便超出塵界，離分段生，證偏空理，成阿羅漢；不以小果爲足，進修大因，故云入菩薩乘。其鈍根者，在色究竟天中，復由定心，欣上厭下，滅色歸空，生無色界，此其差別也。如是一類，即利根一類。迴心，即迴其欣上厭下之心，頓出三界。大阿羅漢，即迴其捨大取小心，速入大乘；但據迹猶在聲聞，故仍稱羅漢，而以大字揀之。初標歧除聖竟。

子二　正列四天（分四）　丑初　空無邊處天　二　識無邊處天　三　無所有處天　四　非非想處天　今初

若在捨心，捨厭成就，覺身爲礙，銷礙入空。如是一類，名爲空處。

此正示無色界，四空天也。若在捨心：長水曰：捨心有二：一者、若於有頂，用無漏道，斷惑入空，即樂定那含也。二者、若於廣果，用有漏道，伏惑入定，即凡夫外道也。捨厭成就者：即厭有趣空也。覺得有身，尚是有礙，於是銷除形礙，以入於空也。溫陵曰：厭己形礙，堅修空觀。滅身歸無，即厭色依空者也。名空處定，故報生空處也。如是一類，名爲空處，壽二萬大劫。四空天無業果色，故不言身形之長短也。

丑二　識無邊處天

諸礙既銷，無礙無滅，其中惟留阿賴耶識，全於末那，半分微細。如是一類，名爲識處。

溫陵曰：諸礙既銷而無，則不依於色；無礙之喜亦滅，則不依於空。不依於色，躡前天果相；不依於空，明本天功行與果相，即是雙厭色空，惟依於識也。其中惟留阿賴耶識，全於末那，半分微細者：其中於所存識中，惟留第八阿賴耶識，於全分末那，第七識中，半分微細猶存，即是厭空依識也。阿賴耶，此云藏識，但是常言而已，意顯末那識，言末那以阿賴耶爲體故；末那，即第七識，此云染汚依，爲第六意識所依之根。末那託六識，緣六塵，行相麤顯，托塵似有，離塵實無；今既色空俱滅，識已無托。外緣麤顯者，半分已滅唯留內緣八識。微細者，半分獨存，如是一類，名爲識處定，故報生識處也。以末那爲能緣心，賴耶爲所緣境耳。壽四萬大劫。

丑三　無所有處天

空色既亡，識心都滅，十方寂然，迥無攸往。如是一類，名無所有處。

初天滅色歸空，次天滅空歸識，故曰空色既亡。識心，即指末那半分微細猶存。此天以緣識心散，反能破定故。憑深定力，將幽微精細之半分，亦伏不行，故謂都滅。是知此滅，非如羅漢，種現俱斷也。下即定中所證境界，半分微細既盡，唯有賴耶獨存；賴耶是無分別，惟覺十方，寂然冥然，迥無攸往，攸即所也，不復前進矣。此爲外道，昧爲冥諦之處也。如是一類，名無所有處，色、空、識三者，皆無所有也。壽六萬大劫。

丑四　非非想處天

識性不動，以滅窮研，於無盡中，發宣盡性，如存不存，若盡非盡。如是一類，名爲非想非非想處。

賴耶獨存，稱爲識性。識性即是藏性，藏性由來不動，如本經云：常住妙明，不動周圓是也。惜彼凡天，不達斯理，但見賴耶堅固，不可動搖，以滅定之力，深窮研習，於無盡中，强以發宣，欲盡其性，然識性不盡有二義：一者、識性即是藏性，凡聖皆無可盡之理。二者、若約種子，則凡外未秉如來，斷種法門，終不可盡。那含，復是鈍根，亦非盡時。

此天既欲盡其性，由定力所逼，識性雖存，而不起現行。故曰如存不存，似殘燈之半明也。雖見識性盡，其實未盡，故曰若盡非盡，似殘燈之半滅也。如是一類，名爲非想，非非想處天。正脈云：末後環師，承如存不存，以結非想；承若盡非盡，以結非非想；得其語脈矣！蓋非想，即非有想，非非想，即非無想耳。壽八萬大劫。二正列四天竟。

子三　聖凡出墜

此等窮空，不盡空理，從不還天，聖道窮者。如是一類，名不迴心，鈍阿羅漢。若從無想，諸外道天，窮空不歸，迷漏無聞，便入輪轉。

此辨聖凡，出墬各異。此等，指四空處；窮空者：正脈云：初天，窮色令銷；二天，窮空令無；三天，窮識令滅；四天，窮性令盡。蓋前二窮境，後二窮心；欲令心境俱空，故總謂窮空。不盡空理者：凡外未了人空之理，小聖不達法空之理，何況圓頓之旨，心境本空，豈待銷滅哉？故總斷其不了耳。此下方明聖凡出墬，今先明聖人超出三界，言彼住非想天中，若從五不還天，修習聖道，窮空而來者，以窮空力，經歷四天，斷四地惑，三十六品盡，證我空理，成阿羅漢，即出三界；如是一類，名不迴心，鈍阿羅漢。言不迴心有二義：一者、於色界頂，不早迴厭有趣空之心，速成羅漢。二者，沉空滯寂，不早迴捨小取大之心，向菩薩乘。名爲鈍阿羅漢，乃對前利根而說。利根者，乃不經四天，少修二十萬大劫也。

次明凡夫墜入輪迴，言彼住非想天中。若從無想，諸外道天，窮空不歸者：若從無想，廣果諸天中，但惟修習有漏禪定。窮空來者，則迷有漏天，作無爲想；無多聞性，不知三界之內，無有安身立命處。所以八萬劫滿，無所歸託，即當下墜，而入輪迴；隨其宿業，依然流轉諸趣；即所謂：饒經八萬劫，終是落空亡。　問：後經謂無想，妄執涅槃，而臨終興謗墮獄，何得而入四天耶？答：但興謗墮獄，間或有之，無想同分，根性萬殊，未必各各皆然，無想天中，壽五百大劫，初半劫滅，後半劫生，滅時似無，生時還有，以還有故，厭有趣空，所以修四空定，何足疑也。

子四　通分凡聖

阿難！是諸天上，各各天人，則是凡夫，業果酬答，答盡入輪。彼之天王，即是菩薩，遊三摩地，漸次增進，回向聖倫，所修行路。

此明諸天，王民不同也。是諸天上者：通指六欲，四禪、四空，惟除五不還天，是聖人故。不還以外，各各天人，皆是凡夫，業果酬答。答盡入輪者：業果，對業因言，此等天人，因中唯修有漏善業，十善八定等，爲實功業；而六欲、四禪、四空業果，以酬答之；縱獲勝福，不過酬答前因而已。天福既盡，散入諸趣，如鬱頭藍弗天人，因中在山中習定，衆鳥爭喧，嫌其鬧鬧，曾動一念瞋心，最好有一飛狸，將其食盡。因中起此一念，後修定生天，生到非想非非想天；天報既畢，墮落飛狸之身。問：上界無惡，何以墮落三途？答：藏識種子，歷劫不亡，隨彼熟種，任運而墮，豈揀三途，寧不可惜！所以如來苦勸：老實念佛，帶業往生，橫超三界，疾出生死也。彼之天王，即是菩薩，遊三摩地者：彼等之天王，非是凡夫，即是大乘菩薩，住於三摩地，遊戲神通，寄位天王之位，濟物利生，成就已德。漸次增進，回向聖倫，所修行路者：行漸次而增，位漸次而進，無非借此天位，回向無上菩提之果，以是悟後之修，一一修行，悉皆回事向理，以入聖人之倫類。所修者，乃楞嚴大定，即所謂妙修行路者是也。所以不落輪迴。

子五　結屬無色

阿難！是四空天，身心滅盡，定性現前，無業果色，從此逮終，名無色界。

此結四空之名也。阿難！是四空天，前二天，身境全空，是身滅盡；後二天，識亦不起，是心滅盡；身心既已俱滅，定性現前，則在定時，所有定果色，定中隨化依正身境，自在受用，顯揚論說，爲定自在所生色者，是也。無業果色者：約出定時，無欲色二界所感依正之業果色。正脈云：身心俱寂，依正皆空，聖眼觀之，三尺識神，似中有也。　從此逮終者：逮，到也，從初空處，而到非想處，是謂三界終極於此，名無色界。但憑定力，暫無依正，非真蘊空，永絕業果也。初正列諸天竟。

壬二　通前總結

此皆不了，妙覺明心，積妄發生，妄有三界，中間妄隨，七趣沉溺，補特伽羅，各從其類。

此總結三界，皆是虛妄。自四王以至非想，皆由不了自己本妙覺性，本明眞心，此性本來自妙，寸絲不掛，此心本來自明，靈光獨耀，圓陀陀，光灼灼，清淨本然，而覓三界依正，本不可得。由不了故，所以從迷積迷，以妄起妄，遂有業轉現，三種細相發生；由三細，即有六麤；惑、業、苦三，悉皆俱備，故妄有三界。中間妄隨七趣沉溺者：中間，即三界之中間，復隨妄業，沉溺七趣，以受其報。八識田中，無量劫業種俱有，隨何種業成熟，即趣何趣受報。補特伽羅：此翻有情，又云數取趣；謂諸有情，起惑造業，於三界中，數數取著，諸趣受生。各從其類者：謂各從自己之業因，而受同類之業果；故文中每言，如是一類也。六諸天趣竟。

辛七　脩羅趣　分二　壬初　總標名數　二　別釋趣攝　今初

復次，阿難！是三界中，復有四種，阿修羅類。

梵語阿修羅，又云阿素洛，乃梵音楚夏耳。瑜伽論，譯爲非天，古德釋云：有天福無天德故。舊譯無端正，長阿含云，脩羅生女端正，生男多醜，從男彰名也。按佛序談七趣，皆從劣向勝，今修羅列入於此，因具有四趣故也。

復次，阿難！是三界中，按諸經論，修羅所居，似惟局於欲界，今言三界中者，跟據上科，妄有三界，中間妄隨七趣沉溺，故云三界中。復有四種者：種族而分有四，曰卵、胎、溼、化、受生，而分天人鬼畜者也。種族雖然有四，以性多瞋，行多妬，以性行多相類也。

壬二　別釋趣攝 分四　**癸初　卵生鬼攝　二　胎生人攝　三　化生天攝　四　溼生畜攝**　今初

若於鬼道，以護法力，乘通入空，此阿修羅，從卵而生，鬼趣所攝。

若於鬼道，是此類前因；言彼元從鬼趣，以善願善心，護持佛法，或護經護咒，護戒護禪，及依法修行之人，皆得以護法稱之。由此善業力故，捨彼鬼趣，來入其中，以護法爲因，果中更勝，故能乘通入空界居之。此阿修羅，從卵而生；卵生飛空，因果類鬼，故鬼趣所攝。

癸二　胎生人攝

若於天中，降德貶墜，其所卜居，鄰於日月，此阿修羅，從胎而出，人趣所攝。

若於天中，降德貶墜，是此類前因；言彼在天中，降德貶墜者：指掌疏云：色天以梵行持身，欲天以少欲爲德，若梵行稍虧，情欲稍重者，皆爲降德。貶謫天位，墜落修羅，福報似天，住處亦等。其所卜居，鄰於日月宮，下接人間。正法念云：有阿修羅住須彌山側，於欲界中化身大小，隨意能作，即此類也。此阿修羅，從胎而出，人趣所攝，情重被貶，故感從胎而出，胎因情有故也。以情欲同人，故爲人趣所攝。

癸三　化生天攝

有修羅王，執持世界，力洞無畏，能與梵王及天帝釋，四天爭權。此阿修羅，因變化有，天趣所攝。

有修羅王者：揀異修羅之衆，此類未說前因，以果詳推，當從人趣而來。

以人中有立業建功之績，有爭王圖霸之謀，事不從心，瞋妬以起，故感為修羅王，福報一同天人。執持世界者：正脈云：亦能驅役鬼神，禍福人間，如孔雀經，有修羅所罰之語，其意可見。　力洞無畏者：力即神通之力，洞者徹也，能洞徹諸天，而無所怖畏也。故能與梵王、及天帝釋、四天爭權。灌頂云：梵王小千之主，帝釋三十三天中尊，四王四洲都統，各有專司；修羅不攝，妬心起諍，欲竊其權，時來與戰。本與帝釋爭權，而四王為先鋒，四王戰之不勝，方報帝釋，帝釋又復不勝，於是展轉乞力諸天，乃至梵王，出力助戰；此阿修羅，因變化而有。天趣所攝者：此阿修羅，福德力大，不受胞胎，乃因變化而有，能化身大小，大則化身，十六萬八千由旬，手撼須彌，而竟搖動，帝釋宮殿，在須彌頂，搖動不安，心生恐怖。後帝釋兵出戰，令各念摩訶般若波羅密多，而得大勝。而阿修羅，乃化小身，入於藕絲孔中；此乃明變化之事，係天趣所攝。

癸四　溼生畜攝

阿難！別有一分下劣修羅，生大海心，沉水穴口，旦遊虛

空，暮歸水宿，此阿修羅，因溼氣有，畜生趣攝。

阿難！別有一分，下劣修羅者：另有一部分，即指福力不勝。屬於下劣者，與上對論。化生者似王，胎生者似臣，卵生者似民，溼生者似奴婢。生在大海中心，沉下水穴之口，水穴或指尾閭，在碧海之東，其處有石，闊四萬里，當百川之下尾，而爲閭族，故曰尾閭；乃海之穴，洩水之口也。旦遊虛空者：白晝遊於虛空，以供驅使。暮歸水宿者：黑夜歸於水宿，以息勞役。此阿修羅，因濕氣有，畜生趣攝者：生在大海之當中心，洩水之穴口，故因濕氣而有，其福報下劣，思食雖然得食，初則味美，末後一口，竟變作青泥之味，此類畜生趣攝。二備明諸趣竟。

己三　結妄勸離分三　庚初　藥病雙舉　二　同別俱妄　三　正勸須除

庚初分三　辛初　總舉妄病　二　指病深根　三　定藥能除

今初

阿難！如是地獄、餓鬼、畜生，人及神仙，天洎修羅，精研七

趣，皆是昏沉，諸有爲相，妄想受生，妄想隨業，於妙圓明。無作本心，皆如空華，元無所著，但一虛妄，更無根緒。

此總明七趣，虛妄因果。如是指前來所說，地獄鬼畜，人及神仙，天洎修羅；精細硏究，升沉往返，若因若果，不出虛妄情想而已。皆是下：即指妄因妄果。昏沉惑也，有爲業也，無非隨妄想以受生，隨妄業以受報苦也；即所謂惑、業、苦三，如惡叉聚也。於妙圓明下：欲明其妄，先擧其眞，以反顯之。空有不羈曰妙，本來周徧曰圓，無所障蔽曰明，無作無爲，本有眞心；此七趣，皆如空華；以虛空喩眞心，以狂華喩七趣；空原無華，病目妄見。原無所著下三句：正當見華時，當處出生，隨處滅盡，豈有着落耶？是知七趣，但一虛妄名相而已，更無根本頭緒，可硏究也。指掌疏云：前阿難問云：此道爲復本來自有，爲是衆生妄習生起？今云妄想受生，妄想隨業，是答以妄習生起也。又云：但一虛妄，更無根緒，是答以非本來有也。

辛二　指病深根

阿難！此等衆生，不識本心，受此輪迴，經無量劫，不得眞淨，皆由隨順，殺、盜、淫故。反此三種，又則出生，無殺、盜、淫，有名鬼倫，無名天趣，有無相傾，起輪迴性。

溫陵曰：前問妙心徧圓，何有獄鬼，人天等道？故此結示，由殺、盜、淫三爲根本也。正脈云：上言更無根緒，而此又指病根者；蓋妄雖無體，起固無因，而妄理相應，續非無故，故復指也。阿難！此等七趣，一切衆生：據前阿難疑云：佛體眞實，云何復有地獄、餓鬼、畜生、脩羅、人、天等道？今如來以不識本心等釋之；本心者，本有妙明眞心，亦即佛體眞實，由不識佛體眞實，故受此七趣輪迴，經無量劫，惡道固爲不淨，而善道淨亦非眞，以思惑種子，眠伏藏識之中，伏而不斷，故非眞淨也。又不識即惑道，受此輪迴，即業苦二道。皆由下：申明隨業，言所以不得眞淨者，皆由隨順殺盜淫故，則成三惡；反此三種者，知其爲惡道之因，而欲違之也。又則出生，無殺、盜、淫，則成四善，三惡固非可隨，四善亦當捨離，以同爲繫縛三界之根本也。有名鬼倫，無名天趣者：有則成三惡，墮落三途，地獄亦餓鬼之倫類也。無則成四善，得生四善道。今名天趣，以天趣，攝仙人阿修羅故。有無相傾，起輪迴性者：傾者奪也，奪有成無，從下升上，則成四善道；奪無成有，從上墜下，則成三惡道。由是互奪不已，顛倒輪迴，譬如井輪之高下，無有休息，故稱輪迴性；是有爲生滅性故。

辛三　定藥能除

若得妙發三摩提者，則妙常寂，有無二無，無二亦滅，尚無不殺、不偷、不淫，云何更隨殺盜淫事？

此勸修大定。以定藥能除病之深根。若得妙發三摩提者：指妙耳門圓通也。從妙理發妙智，依妙智照妙理，即反聞聞自性，背塵合覺也。三摩提，本經佛告阿難，有三摩提，名大佛頂首楞嚴王，具足萬行，十方如來，一門超出，妙莊嚴路，此勸修大定也。妙常寂者：聞性三種德相，無七趣之繫縛曰妙，無七趣之生滅曰常，無七趣之流轉曰寂，但能反聞如是聞性，則有之三惡，無之四善，二俱無有，故云有無二無。此則迴超凡外分段生死，先得人空，證有餘涅槃，而出三界矣。若能將無二之性，亦皆銷滅，正所謂斷性亦無，故云無二亦滅。此則迴超權小變易生死，乃空性圓明，成法解脫，以至俱空不生，證無餘涅槃，安住首楞嚴大定矣！當此之時，尚無權小不殺、不偷、不淫，云何更隨凡外，作殺、盜、淫之事乎？是正道尚不屑爲，況邪道豈肯爲之耶？初藥病雙舉竟。

庚二　同別俱妄

阿難！不斷三業，各各有私，因各各私，衆私同分，非無定處，自妄發生，生妄無因，無可尋究。

此正答前問地獄，爲有定處，爲復自然。彼彼發業，各各私受。前阿難，但問地獄受果時，同受耶？私受耶？此通結七趣也。三業即殺、盜、淫，由不斷此三種惡業，則各各有私造別業，因各各有私造別業，在衆私同分之中，非無定處，即別業同報也。此前二句：佛結答造業各私也。次三句：結答受報，有同分地也。後三句：總結畢究虛妄也。而言七趣果報，但由一念妄動而發生，並非心外。妄之一字，即指最初一念生相無明，無明本空，如前所云，妄性無體，非有所依，故曰生妄無因，無可追尋窮究，如虛空華，本無所有也。

庚三　正勸須除

汝勗修行，欲得菩提，要除三惑。不盡三惑，縱得神通，皆是世間有爲功用，習氣不滅，落於魔道。

此正勸須除三惑。勗是勉也，汝勉力眞實修行。欲得無上菩提者，要漸次伏斷三惑，即殺、盜、淫，因迷惑不了，是輪迴根本，故即名爲惑。不但只除三惡之有，亦復更除四善之無，是謂有無二無也，又不止此，甚至無二亦滅，無二之性，亦復滅除，此即斷性亦無也。　不盡三惑，但除世惡，而不除世善，則對待不盡，至若善惡皆除，而斷性存在，猶未盡三惑種子，縱以禪定之力，得發相似神通，亦不能超出世間，成就無作妙力，究竟皆是世間有爲功用，有漏而已。習氣不滅，對境復發，縱能上升，終必落於天魔外道。

雖欲除妄，倍加虛僞，如來說爲可哀憐者，汝妄自造，非菩提咎。

此承接上文，既落天魔外道，雖欲修習，銷除虛妄，倍加虛僞。寶鏡疏云：以凡夫天人，不達眞修，向外求心，已是虛僞。而況外道天魔全無正念，而欲除妄者，正是以暴易暴，以妄除妄，則虛僞中，更加一倍虛僞者矣。以故如來說此七趣，眞爲可哀而可憐者也。正脈疏云：倍加虛僞者，如各自謂得無上道，實假世智以妄研，乘神通而造業，違遠圓通，背涅槃城，枉費功力，翻成惡因，故如來深憫之也。且汝前問，佛體眞實。云何復有人天等道者，故答之曰：汝妄自造，非菩提咎。故明現前種種諸妄，皆由汝自心所造，實非菩提之過咎；菩提即佛體也。三結妄勸離竟。

己四　判決邪正

作是說者，名爲正說；若他說者，即魔王說。

若使能作是說，勸人欲得菩提，要盡除三惑者，此人即是代佛宣揚，名爲正說。若讚歎殺、盜、淫，不礙眞修，無須斷絕，此人即是魔王之邪說矣！亟宜著眼辨識，勿爲所惑。古德云：修禪不持戒，即是魔羅業，以妄修於妄，眞實可憐憫。是知我正說經畢，重說七趣，不但三惡當斷，縱使四善，亦復要離，是以戒助定而已。大科談七趣勸離，以警淹留竟。

楞嚴經講義第二十一卷終

大佛頂如來密因修證了義諸菩薩萬行首楞嚴經講義

福州鼓山湧泉禪寺圓瑛弘悟述　受法弟子明暘日新敬校

丁二　辨五魔令識以護墮落　分二　戊初　無問自說五陰魔境　二　因請重明五陰生滅　戊初分三　己初　普告魔境當識　二　會衆頂禮欽承　三　正以詳陳魔事　己初分三　庚初　最後眞慈不盡　二　詳標微細魔事　三　勅令諦聽許說　今初

即時如來，將罷法座，於師子牀，攬七寶几，迴紫金山，再來凭倚。普告大衆及阿難言：汝等有學、緣覺、聲聞，今日迴心，趣大菩提，無上妙覺，我今已說眞修行法。

此無問自說之文，以阿難但知請定，而定中所發微細魔事，非己智力，所能發問。佛知欲修楞嚴大定，魔軍必來阻撓，若不辨明，五陰魔境令識，以保護正修，免致墮落。故將罷法座，於師子牀，攬七寶几，牀以師子名者，表其無畏也，几以七寶稱者，視其貴重也。迴紫金山者：如來丈六金軀，圓光徧照，猶如金山。再來凭倚者：即最後眞慈不盡，不待請而自說也。於是普告大衆及阿難言：此乃經家敍述也。　汝等有學，緣覺聲聞者：乃曲爲有學，是以特舉耳。今日迴心，趣大菩提，無上妙覺者：此敍過去，雖發迴小向大之心，捨小乘法，趣大菩提，無上覺道，可謂出於幽谷，遷於喬木者矣。我今已說，眞修行法者：吾現今已爲汝演說，眞實修行之法，即反聞工夫，聞性具足圓、通、常三眞實故。依此而修，決定不謬，但其中未說魔事，不得不詳爲辨明令識也。

庚二　詳標微細魔事

汝猶未識，修奢摩他，毗婆舍那，微細魔事，魔境現前，汝不能識，洗心非正，落於邪見。

問尚不知，何況能識？但恐汝等，猶未能識。修習楞嚴大定，乃雙舉性修二定合稱；奢摩他，即自性本定；毗婆舍那，即微密觀照而修；而此性修定中，有種種微細魔事，若不預知，其何能避？設或魔境，倏爾現前，汝不能識，難免以邪爲正，將妄作眞也。洗心非正，落於邪見者：謂修定原爲以定水，洗除心垢，若魔境不識，縱欲洗心，亦不得其正矣；不得其正，則必落於邪見，如下之五陰魔境，總由認邪爲正，皆邪見也。

或汝陰魔，或復天魔，或著鬼神，或遭魑魅，心中不明，認賊爲子。

前則總標，此則詳標一切魔境。或汝陰魔者：有通有別，通則五十種境界，皆名陰魔，並依五陰起故；別則色陰十種，但是初心自現，當無外魔。故云或汝陰魔也。受陰十種，已召外魔入心，而魔未現身也。想陰十種，方有天魔，及鬼神魑魅。此上二陰，皆由稍失正念，引起外魔；故云或復天魔，或著鬼神，或遭魑魅也。設使諸魔現起時，而心中若不明了辨識，或自認爲聖，未得謂得；或認魔爲聖，身命供養；皆是認賊爲子，則喪法財，傷慧命，可不危哉！

又復於中，得少爲足，如第四禪，無聞比丘，妄言證聖，天報已畢，衰相現前，謗阿羅漢，身遭後有，墮阿鼻獄。

又復明行識二陰。行陰所發，十種心魔；識陰所發，十種見魔；皆無外境，但是於自心中，妄生邪見，得少爲足；且更自言，滿足菩提，不免輪墜。如第四禪，無聞比丘等：舉一爲例，以發明之。如無聞比丘，但修無想，不務多聞；報得四禪，便自妄言，已證小聖，阿羅漢果。天報已畢，想心復起，衰相現前；不知自己本未證果，反起謗辭，言我今已證阿羅漢果，身遭後有，謂佛妄說羅漢不受後有。因此謗佛，墮阿鼻獄。其害若此，可不畏哉！

智度論云：有一比丘，師心自修，無廣聞慧，不識諸禪，三界地位，修得初禪，統謂初果；乃至四禪，便謂四果。命欲盡時，見中陰相，便生邪見，謗無涅槃，羅漢有生。以是因緣，即墮泥犁獄中。蓋經論一事，而詳略異耳。二詳標微細魔事竟。

庚三　勅令諦聽許說

汝應諦聽，吾今爲汝，仔細分別。

正脈云：不但分別，而更許仔細者：一以魔相，幽微難見；一以魔害，酷烈難堪；故勞眞慈如此也。初普告魔境當識竟。

己二　會衆頂禮欽承

阿難起立，幷其會中同有學者，歡喜頂禮，伏聽慈誨。

定中魔事，非如來智力，安能分別？今蒙眞慈，許以仔細分別，故阿難悚然起立，幷其合會同有學者，咸生歡喜之心，至誠頂禮，謝前許說，俯伏諦聽慈誨，亦足見敬佛尊法之至意也。

己三　正以詳陳魔事　分三　庚初　標告動成之由　二　詳分五陰魔相　三　結示超證護持　庚初分二　辛初　驚動諸魔由定　二　成就破亂由迷　辛初分二　壬初　推眞妄生滅相關　二　示大定致魔之相　壬初分四　癸初　先明本覺同佛　二　次示妄生空界　三　比況空界微茫　四　歸元必壞空界　今初

佛告阿難，及諸大衆：汝等當知，有漏世界，十二類生，本覺妙明，覺圓心體，與十方佛，無二無別，

佛見阿難，及諸大衆，敬佛尊法之至意。遂告之曰：汝等當起慧照觀察，了知有漏世界，依報也；十二類生，正報也；遠由惑現，近由業招，故曰有漏，揀非無漏無爲也。蓋吾人自具如來藏性，乃本來自覺，即妙而明，即明而妙，不變隨緣，隨緣不變，覺性圓滿，徧在諸佛心中，爲生佛共依心體；故與十方，一切諸佛，無二無別也。

癸二　次示妄生空界

由汝妄想，迷理爲咎，癡愛發生，生發徧迷，故有空性，化迷不息，有世界生，則此十方微塵國土，非無漏者，皆是迷頑，妄想安立。

由汝無始妄想，迷本有之眞理，以爲過咎，此即無始無明。而無明妄想，各有本末；根本無明之性屬癡，根本妄想之性屬動，二者同時，故同稱無始。下乃詳釋。指掌疏云：癡即無明，以不如實知，眞如法一故，即名爲癡。不覺心起動也，而有其念，即名爲愛；如前性覺必明，妄爲明覺，蓋即指欲明覺體之念，爲愛也。由愛故眞妄和合，變起賴耶本識，名曰發生；所謂以依不覺故心動，說名爲業。如前云：覺非所明，因明立所，是乃以立所爲發生也。生發者：謂依前所生業識，發起能見見分，所謂依動故能見；如前云所既妄立，生汝妄能，是乃以妄能爲生發也。偏迷者：謂由能見，故於前本覺眞心，全成晦昧，不見眞覺，唯見頑虛，是曰故有空性；如前偈云，迷妄有虛空是也。化迷不息者：以見對空，轉覺迷悶，復起化迷之心，遂於空中，見有色相，是曰有世界生；如前云，依空立世界是也。此空此界，且約細相中國土言之；不言衆生，以動魔之由，唯在國土振裂，無關衆生故。亦不言麤相者，以麤相業招，屬別業境，迷事妄想所致。細相惑現，屬同分境，迷理無明所致。則此十方，微塵國土，非無漏者；十方，指同分境；微塵，喩數目之多，揀非無漏，乃明有漏；如前同分妄見文云：娑婆世界，幷及十方，諸有漏國，同是覺明，無漏妙心，虛妄病緣。故云：皆是迷頑，妄想安立。迷是迷眞，頑是起妄，謂由偏迷，遂有頑空；如上云，生發偏迷，故有空性，謂由化迷，遂有世界，如上云：化迷不息，有世界生。則此世界，無非妄想安立也，明矣。

癸三　比況空界微茫

當知虛空生汝心內，猶如片雲點太清裏；況諸世界，在虛空耶？

世間之大，莫大於虛空，然而虛空，猶未足為大，當知無邊不動虛空，生汝本覺真心之內，猶如片雲，點太清裏。太清，即指天際，據儒典以氣之輕清上浮者為天，故以太清稱之。片雲，指一片浮雲，至虛至微，點在太清裏，豈能久存耶？此以太清喻真心，以片雲喻虛空，其渺小易壞；況諸世界，又在虛空之中，其虛幻之義，不益可見乎？

癸四　歸元必壞空界

汝等一人，發眞歸元，此十方空，皆悉銷殞，云何空中，所有國土，而不振裂？

設使汝等，能有一人，心光內照，發明本有真心，返本歸元，歸元則無迷，無迷則此十方晦昧，所成之頑空，皆悉銷滅，而殞亡矣！以虛空原因迷妄而有，如前云生發徧迷，故有空性，無迷故無妄空，此眞顯妄破，應念化成無上知覺也。云何頑空之中，所有結暗爲色之國土，而能保全，不形振裂耶？

問：一人發眞歸元，此十方空，皆悉銷殞，現在十方諸佛，成道已久，何以仍見虛空？答：此虛空，是未歸元之衆生所見，非關諸佛之事。譬如眼中有翳，夜見燈光，別有五色圓影，諸佛翳病已除，全空全眞，唯見一眞法界也。

初推眞妄生滅相關竟。

壬二　示大定致魔之相　分二　癸初　諸聖心精通脗　二　諸魔忿來惱亂　今初

汝輩修禪，飾三摩地，十方菩薩，及諸無漏，大阿羅漢，心精通脗，當處湛然。

汝等修習禪定，要嚴飾三摩地者：即反聞工夫，時時無間，行、住、坐、臥，亡塵照理，住此理中，不昏不散；能與十方菩薩，及諸無漏，大阿羅漢，心精通同脗合。正脈云：聖凡元一法界，特凡迷馳擾，別成邪聚，不隔而隔。今一旦悟後歸元，故不離當處，一念不生，與諸聖心泯同一際，湛然虛明，無別無二。

癸二　諸魔僉來惱亂

一切魔王，及與鬼神，諸凡夫天，見其宮殿，無故崩裂，大地振坼，水陸飛騰，無不驚慴，凡夫昏暗，不覺遷訛。

一切欲界頂天魔王，以及魔民、魔女，及與大力鬼神，亦兼夜叉羅刹。諸凡夫天：即六欲四禪，洎及外道，無想天等，見其宮殿，一旦無故，忽然崩壞破裂，乃並諸大地，亦皆振搖開坼。水陸飛騰：即是三居衆生，見其大地振坼，無不驚怖慴懼不安也。凡夫昏暗者：獨指人道，昏迷暗鈍，謂未具五通。不覺，是行人入定，將證之故，無端被境所遷，甚至訛言，陰陽失度等，故曰不覺遷訛。

彼等咸得，五種神通，惟除漏盡，戀此塵勞，如何令汝，摧裂其處？是故鬼神，及諸天魔，魍魎妖精，於三昧時，僉來惱汝。

此魔等來惱。彼等，即指天魔、鬼神等；咸得五種神通者：此爲報通，非是修通。於六通中，惟除漏盡通，是無漏禪定，斷惑所發。既咸得五通，必知宮殿崩裂，是定力所爲，留戀塵勞，自然不求出世，如何令汝，任運成道，而摧裂其處耶？如釋迦如來，於菩提場，安坐之時，發一咒願，而我不成佛道，不起此座，即時六變震動。爾時魔王，見其宮殿震動，以天眼遙觀，知是悉達太子，於菩提樹下，誓成佛道。即時下令，誰能領旨，破壞禪定？當時三位魔女，領旨前往，此即定能招魔之明證也。幸佛定力既深，願力堅固，不爲所動。後魔王親自率領魔兵魔將，前往破壞，亦復無可如何。是故鬼神，及諸天魔，魍魎妖精，彼等所依，無非愚癡邪暗之境。行人修定，心光一發，與菩薩諸聖，通同脗合，能破愚癡邪暗。由是於汝靜修三昧時，僉來惱亂於汝，僉即皆也。皆欲破壞禪定，彼等始安也。初驚動諸魔由定竟。

辛二 成就破亂由迷 分六 壬初 示喻客不成害 二 正推迷亂由主 三 覺悟必能超勝 四 迷惑必致墮落 五 前墮淫室害淺 六

若墮魔類害深　今初

然彼諸魔，雖有大怒，彼塵勞內，汝妙覺中，如風吹光，如刀斷水，了不相觸。汝如沸湯，彼如堅冰，暖氣漸鄰，不日消殞，徒恃神力，但爲其客。

此示悟迷之得失也。然彼等諸魔，見其宮殿，無故崩裂，雖有大怒，而言雖有者，究竟與我無傷也。彼塵勞內者：謂彼猶在塵勞，生滅法中，所起邪行。汝妙覺中者：謂汝所修，妙覺眞常心中，本具正定，邪不敵正，以生滅而欲壞眞常，以怒氣而欲惱定心，譬如以風吹日月之光，以刀斷長流之水。了不相觸者：日月之光如故，長流之水無痕，了不觸傷也。

又汝修定者，觀智增明，猶如沸湯；彼擾惱者，邪執正固，猶如堅冰；非但無損，且能破魔。沸湯之煖氣，漸漸隣近於堅冰，而堅冰之凍結，不日消亡殞滅矣！彼雖徒恃五通神力，縱有大怒，亦不過但爲其客，終不久住，不能成害矣！

壬二　正推迷亂由主

成就破亂，由汝心中，五陰主人，主人若迷，客得其便。

成就破汝戒律，亂汝定心，其過在誰？實由汝之心中，五陰主人。五陰，即下所說，五重陰境；主人，即下所說，觀照之智。如若陰境現前，觀智得力，無論强軟二魔，不生畏懼，彼之伎倆有盡，我之不睬無窮；若觀智稍虧，迷失正念，則魔王乘間而入；故喻主人若迷，客得其便。正脈云：魔擾行人，如客賊劫主，主若深居不動，賊乃莫測，愈近愈恐。俗云：强賊怕弱主是也。主若自守不定，驚慌出走，爲賊所執，方得其便；以法對喻，足知悉在主也。

壬三　覺悟必能超勝

當處禪那，覺悟無惑，則彼魔事，無奈汝何。陰消入明，則彼群邪，咸受幽氣，明能破暗，近自消殞，如何敢留，擾亂禪定？

行人當此禪那正定之中，慧照觀察，一念不生。覺悟無惑者：覺其是魔，悟非善境，不受其惑，則彼魔力，雖然強橫，亦無所施其伎，故曰無奈汝何。陰消入明下，釋無奈汝何之故，陰境消除，而入大光明藏。如前云：聞熏精明，明偏法界是也。則彼群邪，咸受幽氣者：彼之群魔邪怪，咸稟受幽暗之氣以成形，如羅刹向日不見，可以爲證。以汝之智慧光明，能破彼之愚癡黑暗，故曰明能破暗，近自消殞。如前云：則諸幽暗，性不能全是也。如何敢留，擾亂禪定者：留尚不敢留，何能擾亂汝之禪定耶？

壬四　迷惑必致墮落

若不明悟，被陰所迷，則汝阿難，必爲魔子，成就魔人。

若是五陰主人，不能明其是魔，悟非善境，必至誤爲聖證，被陰所迷矣！則汝阿難，既失正受，必爲魔子，凡所修爲，皆是魔業，而成就魔人之類矣！

壬五　前墮淫室害淺

如摩登伽，殊爲眇劣，彼惟咒汝，破佛律儀，八萬行中，祇毀一戒，心清淨故，尚未淪溺。

且如摩登伽女，殊爲眇小，而復下劣，彼之初心，唯以先梵天咒，咒汝破佛所制律儀，八萬細行之中，祇能毀汝，與女人身相觸，一戒而已。淫躬撫摩，將毀戒體，將毀者，而尚未毀也。此並非汝之故起淫愛，由汝心清淨故，且有初果，道共戒力，自然無毀戒體，尚未至於淪溺也。孤山曰：以淫女比天魔，人眇劣也。以一戒比全身，事眇劣也。

壬六　若墮魔類害深

此乃隳汝寶覺全身，如宰臣家，忽逢籍沒，宛轉零落，無可哀救。

此指陰魔，隳壞也；此陰境現前，乃是要壞汝法身，喪汝慧命，故曰隳汝寶覺全身。法身慧命俱隳，故以全身稱之。如宰臣家下，設喻警覺，宰臣貴鄰天子，一人之下，萬民之上，一旦有事，觸犯天威，忽逢籍沒，削除籍貫，沒收財產，則不但喪盡官位，且難免刑律，是宜警惕，而覺察矣！設汝果隳寶覺全身，豈止道果不成，必致出沒三途，所謂宛轉飄零，墮落惡趣，無可依怙。

當此之際，雖有諸佛，大哀曠濟，怎奈邪見深入，亦難救矣！初標告動成之由竟。

庚二　詳分五陰魔相　分五

辛初　色陰魔相　至五　識陰魔相

辛初分三　壬初　具示始終　二　中間十境　三　結害囑護

壬初分二　癸初　始修未破區宇　二　終破顯露妄源　今初

阿難當知：汝坐道場，銷落諸念，其念若盡，則諸離念，一切精明，動靜不移，憶忘如一。

此通明色陰，始終之境也。上來所明，諸魔來擾，均由於定，而成就破亂，由汝五陰主人，主人若迷，客得其便，故囑阿難，汝當以智知。汝坐道場者：修道之場，有事有理：一、理事雙修之道場。即七卷中，嚴結壇場，三七日後，尅期取證，即於此處，修三摩地，乃至端坐安居，經一百日，不起於坐，名爲坐道場。二、惟理道場。不結壇儀，不拘身坐，但取前詳釋，聞中境界，以一切時中，行、住、坐、臥四威儀之內，專注反聞，爲坐道場。

銷落諸念者：即專注反聞照性，疑情不散，亡其所緣塵象，而諸念自然銷落，不必更用別種工夫，此正耳根圓通云：初於聞中，入流亡所也。其念若盡，則諸離念，一切精明者：若工夫深造，其妄念自然銷盡；即前所入既寂也。其念既盡，則諸離念，本具根性，即時顯現，一切時，一切處，精而不雜，明而不昧。正脈云：正是念頭入手之意，非發光之謂也。又銷念即寂寂，精明即惺惺，注聞本不注境，故境之動靜，安能移之？聞性無干意識，故識之憶忘，安能變之，且識忽起，而爲憶也，如影現鏡中，曾不障於鏡；識忽滅，而爲忘也，如影滅鏡內，而鏡體如故，此正禪家打成一片時節矣！即前動靜二相，了然不生也。指掌疏云：動靜不移，指耳根聞性；憶忘如一，指意根知性。六根舉二，餘可例知也。

當住此處入三摩地，如明目人，處大幽暗，精性妙淨，心未發光，此則名爲色陰區宇。

行人惺寂雙流，當住心於根性之處，由上工夫入手，故此三昧現前，名爲入三摩地，即耳門圓照三昧，是也。如明目人下，狀其在定境界，然則定力未深，理境乍入，猶爲色陰所覆，故如明目人，處大幽暗之室。雖然六精之性，妙淨明心，本來周徧法界；無奈色陰未開，心光未發，故凡見處，惟是無邊幽暗，絕無光明。此則名爲色陰區宇：謂此根性，尙被色陰所拘局曰區，尙被色陰之所蓋覆曰宇，區小屋也，宇屋之四垂也。此乃色陰未破之相。初始修未破區宇竟。

癸二　終破顯露妄源

若目明朗，十方洞開，無復幽黯，名色陰盡，是人則能超越劫濁，觀其所由，堅固妄想，以爲其本。

若使定力功深，發本明耀，前之黑暗，悉化光明，若目之明白朗照，內徹五臟百骸，外徹山河大地，雖未能圓鑑大千，而眼前十方，所有之處，莫不洞達開通，悉皆無礙，無復再有幽隱黑暗，妙淨之相，自此則精性心光徧圓，故名爲色陰盡也。如人身穿五重衣服，今初脫最上一重也。五陰生從識起，滅從色除，如人穿衣一般，先穿裏衣，識陰乃至色陰，從細向麤；今破除則從麤向細，先色陰，乃至識陰，如脫衣相似也。　正脈問：諸色尙見，何以言盡？答：圓融中道，豈盡色成空耶？但盡色陰，不蓋覆而已。良由眞心，元能隨緣現色，而色不異心，本自明徹，如珠有光，還照珠體，但緣無始，迷己爲物，徧成障隔，又認物爲己，而聚見於眼，是以永沉黑暗，盡失其徧界之明，豈惟不知本明，兼亦不覺現暗，今緣奢摩他中，開示四科七大，元一藏心，各各自知，心徧十方，彼時有學，尚屬比量而知，方以覺得現暗，未能現量而見，豈即親證本明，到此躡解成行，入三摩地，於幽暗中，忍住一番，功夫到日，忽爾色陰雲開，親證本明，一切堅頑，暗昧根塵，皆如瑠璃，內外瑩徹，且不聚見於眼，而心體周徧，無復遠近，皆如目前，是謂色陰盡，豈壞色成空，可比其萬一哉！

然色陰既盡，是人即能超越劫濁。指掌疏云：此經劫濁，以空見相織爲體。如前劫濁文云：汝見虛空，空見不分，相織妄成，名爲劫濁。是知上之如明目人，處大幽暗，不知是何境界，正是劫濁之相。今以定力轉深，并空亦亡，見無所織，故能超越。超越之後，回觀色陰之所由生，即是空見不分之際，堅執欲見，遂致結暗，以成色相。故云：堅固妄想，以爲其本。前云：化迷不息，有世界生；化迷不息，正堅固妄想也。初具示始終竟。

壬二　中間十境　分十　癸初　身能出礙　至　十　妄見妄說　今初

阿難！當在此中精研妙明，四大不織，少選之間，身能出

礙，此名精明，流溢前境，斯但功用，暫得如是，非爲聖證，不作聖心，名善境界；若作聖解，即受羣邪。

此下別示，色陰十種魔境，此第一身能出礙。行人修定，當在此色陰未破將破之中，寂照並行時節。亦即前云：如明目人，處大幽暗，如散心時，對目前現境，惟覺一區光明，曾不覺知餘處皆暗。今在定心，譬如黑夜，對一室燈光，而室外無邊昏暗，皆所不知。一旦棄而不顧，目前現境，專注反聞，但覺無邊法界，而現境都失，覺得十方，悉皆黑暗。譬如吹滅室燈，室也沒了，通天徹地，渾成黑暗；如明目人，處大幽暗之中。龍潭吹燈，發明德山，即此境界也。後凡言此中者，皆即此中。　精研妙明者：即精細研究，妙明聞性，寂照並行也。此妙明聞性，本周法界，曾無隔礙。祇因衆生，妄認四大爲身，則內外塵相，交相組織，遂成質礙。今精研定力增勝，內外虛融，所有身境，如雲如影，不復密織堅實也。

少選之間，身能出礙者：少選，即頃刻也，爲時不久，此身如影，外境如雲，豁然無礙；但暫時如是，非常能也。此名下判其名，令詳其義。此名精明，流溢前境者：精明，即心精妙明；流溢，謂此心光，虛融發洩於現前根塵之境，故不相礙。斯但定中，精研妙明聞性，功用所現，暫得如是；功用稍虧，虛融便失。非爲聖證，一證永證也。若行人遇此境界，不起住著，不生羡慕，一味平懷，依然照性，足證心妙非虛，可增信心，亦乃破色陰之先兆，誠是善祥境界，本無過咎也。若作聖解者：設若遇此境，無有聞慧，及缺涵養，輒作已證聖果之解，即落群邪圈繢，而受其惑，漸成大害，至不可救矣！

癸二　內徹拾蟲

阿難！復以此心，精研妙明，其身內徹；是人忽然，於其身內，拾出蟯蛔，身相宛然，亦無傷毀，此名精明，流溢形體。斯但精行，暫得如是，非爲聖證；不作聖心，名善境界；若作聖解，即受羣邪。

此第二身內透徹。行人仍復以此禪定心中，精研妙明。精研，即能觀智慧；妙明，即所觀聞性。觀久功深，不復外溢，自見其身，光明內徹。是人忽然，於其身內，拾出蟯蛔；蟯，即腹中短蟲；蛔，即腹中長蟲。拾出身相宛然，無有損傷毀壞；此名心精妙明，流溢形體，五臟虛融，四肢透徹。斯但定中，精研之行，逼拶之極，暫得如是，內身融徹，拾出蟯蛔，不久便失，非是聖人實證，一證永證也。不作聖證之心，誠是善祥境界，堪爲破陰之前兆。設若稍無知識，若作證聖之解者，即落群邪坑塹，而受其惑亂之害矣！

癸三　精魄離合

又以此心，內外精研，其時魂魄，意志精神，除執受身，餘皆涉入，互爲賓主。忽於空中，聞說法聲，或聞十方，同敷密義，此名精魄，遞相離合，成就善種，暫得如是，非爲聖證。不作聖心，名善境界；若作聖解，即受羣邪。

此第三精魄離合。行人又以此禪定心中，精細研究，內身外境，悉皆虛融，較之第一只能外通，第二但能內徹，此次身境虛融，足見定力增勝耳。其時魂魄意志精神，醫經謂：魂藏於肝，魄藏於肺，意藏於脾，志藏於膽，或曰左腎，再俟考證，精藏於腎，神藏於心，除彼能執受之身根，爲一身之總，安然無改，此之魂魄意志精神，爲所執受，故皆涉入。

指掌疏，以六氣釋之。良以人禀天地之氣，天地之氣有六，所謂陰、陽、晦、明、風、雨，人亦應有，所謂魂、魄、意、志、精、神。言氣之上升者爲魂，下沉者爲魄，宛似陰陽二氣；氣之歛靜者爲志，氣之散動者爲意，宛似天地晦明之氣；氣之充和者爲神，氣之浸潤者爲精，宛似天地風雨二氣。但唯一身言之。

餘皆涉入，互爲賓主者：魂本上升，而竟下沉，則魂爲賓，而魄爲主；魄本下沉，而竟上升，則魄爲賓，而魂爲主；餘四涉入，例此可知。若更約魂涉於五，則五皆爲主，而魂爲賓；魄等涉五亦然；故曰互爲賓主。

忽於空中，聞說法音者：此一處說也。或聞十方，同敷祕密了義者：此各處說也。夫根身內境，魂魄互相涉入，空與十方外境，說法竟能得聞，此正由精研妙明，定力增勝，故得內外虛融也。此名精魄，遞相離合者：或精離本位，而合於魂，或魂離本位，而合於精等；離則出本位，合則入他位；此名精魄等遞互離合之意。成就善種者：所謂夙昔聞熏，善因種習，自能發揮，有所聞也。暫得如是非爲聖人之實證，一證永證也。餘準上可知。

癸四　境變佛現

又以此心，澄露皎徹，內光發明，十方徧作，閻浮檀色，一切種類，化爲如來，於時忽見，毘盧遮那，踞天光臺，千佛圍繞，百億國土，及與蓮華，俱時出現；此名心魂，靈悟所染，心光研明，照諸世界，暫得如是，非爲聖證。不作聖心，名善境界；若作聖解，即受羣邪。

此第四境變佛現。行人又以此禪定心中，精研功勝，妙心益明，澄露皎徹，似始覺之智，定光融透也。內光發明，似本覺之理，心光顯現也。十方無情世界，徧作閻浮檀紫金之色。一切有情種類，盡化諸佛如來，此則山河大地，應念化成無上知覺之先兆也。雖現此境，觀照不息，功用增上，法、報、化三身圓顯耳。於時忽見，毘盧遮那，此云徧一切處，即法身佛也。踞天光臺，梵網經云：爾時蓮華臺藏世界，赫赫天光，師子座上，盧舍那佛。此云光明徧照，即報身佛也。天光即赫赫天光師子座，臺即蓮華臺藏世界，座依於臺，故云天光臺也。千佛圍繞者：偈云：周匝千華上，復現千釋迦，一華百億國，一國一釋迦，即化身佛也。及與蓮華，俱時出現者：蓮華，即佛所坐之蓮華，雖不言釋迦，可以意會釋迦與蓮華，俱時出現，依正莊嚴，莫不具足，此上即圓顯三身之先兆也。此名心魂靈悟所染者：此乃是心魂，夙昔曾聞華嚴、梵網、維摩等經，聞熏靈悟所染，今於反聞妙定之中，心光研究發明，照諸世界，暫得如是，不久便失，非爲聖證，一證永證，亘古常然也。餘準上可知。

癸五　空成寶色

又以此心，精研妙明，觀察不停，抑按降伏，制止超越，於時忽然十方虛空，成七寶色，或百寶色，同時徧滿，不相留礙；靑黃赤白，各各純現，此名抑按功力逾分，暫得如是，非爲聖證。不作聖心，名善境界；若作聖解，卽受羣邪。

此第五空成寶色。行人又以此禪定心中，精細研究，妙明聞性，觀察不停者：反聞照性，緜密無間，皆觀察義，此屬於慧。抑按降伏者：抑止自心，按令不動，即所謂降伏其心，皆抑按義，此屬於定。制止超越者：制止，即爲抑按；超越，恐定力超於慧力，故制止之，使得定慧均等，中中流入。如車之兩輪，務必平均，不致傾覆也。於時忽然之間，十方虛空，成七寶色，或百寶色，雖然同時，各各徧滿，而且諸色，不相留滯隔礙也。或青黃赤白，各各純一而現，曾無混雜也。此名抑按，功力逾分，抑按即制止，功力逾於常分，即是超越，此爲定力勝於慧力，逼拶之極，煥然而現，暫得如是，不久便息，非爲聖證，一現永現也。寶鏡疏云：前見金界，及如來者，乃爲色變；此見空成寶色者，乃爲空變。然此色空，俱屬色法，皆眼對之境，今既云變，則知色陰，逮亦不久，而將破矣。餘準上可知。

癸六　暗中見物

又以此心，研究澄徹，精光不亂，忽於夜半，在暗室內，見種種物，不殊白晝，而暗室物，亦不除滅，此名心細，密澄其

見所視洞幽，暫得如是，非爲聖證。不作聖心，名善境界；若作聖解，即受羣邪。

此第六暗中見物。行人又以此禪定心中，研究妙明，所謂心若沉沒，以觀起之，令定慧均等。澄徹者：澄靜其心，照徹前境，所謂靜極光露也。精光不亂者：心光凝定，不爲明暗之所動亂。忽於夜半，在暗室內，見種種物，非室內之物，乃暗中出現之物，不殊白晝，分明顯現，而暗室物，依然如故，亦不除滅。此名心光密澄其見，幽隱發露之時故得所視，洞徹幽暗，暫得如是，非爲聖證。正脈云：曾聞有人，在靜室中，忽見一人，自地而出，一人從壁中來，對語良久，各沒原處。又有三五躶形人，高二尺許，竊室中米，傍若無人也。餘準上可知。

癸七　身同草木

又以此心，圓入虛融，四肢忽然，同於草木，火燒刀斫，曾無所覺，又則火光，不能燒爇，縱割其肉，猶如削木，此名塵併，排四大性，一向入純，暫得如是，非爲聖證。不作聖心，名善境界；若作聖解，即受羣邪。

此第七身同草木。行人又以此禪定心中，反聞功勝，內身外境，無不虛融，是謂圓入，忘身如遺。四肢有情之體，草木無情之物，以有情者，同於無情故，雖經火之燒，刀之斫，曾無所覺知。又則火光，縱使焚燒，不能令爇，刀割其肉，猶如削木相似，此名諸塵併銷，四大排遣。一向入純者：即一向反聞專切，純覺遺身，故曰入純曾無傷觸也。此不過暫得如是，非爲聖證，一證永證也。餘準上可知。

癸八　徧見無礙

又以此心，成就清淨，淨心功極，忽見大地，十方山河，皆成佛國，具足七寶，光明徧滿；又見恆沙，諸佛如來，徧滿空界，樓殿華麗；下見地獄，上觀天宮，得無障礙。此名欣厭凝想日深，想久化成，非爲聖證。不作聖心，名善境界；若作聖解，即受羣邪。

此第八徧見無礙。行人又以此禪定心中，精研妙明，成就淸淨之心，純一無雜，而淨心觀照功極，則淨極光通，忽見同居淨土也。大地十方山河，皆成佛國，具足七寶，光明徧滿者：七寶交輝，自然朗徹。又見恆沙諸佛如來，徧滿空界，樓殿華麗者：上國土爲總報，既七寶交輝，此樓殿爲別報，自應莊嚴華麗也。

下見地獄，上觀天宮，得無障礙者：此忽見同居穢土，地獄天宮，一一親見，無有障礙也。此名欣厭，凝想日深，非今定中，作是覺觀，蓋是平日，聞諸經教，或說淨土、穢土，隨起欣淨厭穢之心，想久熏習成種。今於定中，反聞逼極，心光所灼，故悉發現。雖說化成，亦非虛境；雖是實境，亦同幻化耳，非爲聖證，一得永得也。餘準上可知。

癸九　遙見遙聞

又以此心，研究深遠，忽於中夜，遙見遠方，市井街巷，親族眷屬；或聞其語。此名迫心，逼極飛出，故多隔見，非爲聖證。不作聖心，名善境界；若作聖解，即受羣邪。

此第九妄見妄聞。行人又以此禪定心中，研究深遠者：指掌疏云：妄究妙明，以求深遠之境也。中夜正暗，不應有見。今云忽於中夜能見者，顯暗不能蔽。且遙見遠方者：顯境不能隔。此正色陰將開，見性將圓之兆。市井街巷者：交易之區曰市，汲水之處曰井，通衢正路曰街，旁通曲街曰巷。親族眷屬者：內外六親，族姓男女等。或聞其語者：見聞雖異，同一精明，今見性將圓，聞性亦爾。

正脈云：言中夜者：偏取心境俱靜時也。但多在此時，未必局定也。此則顯然，是爲實境，余亦親見。河南常僧在潞，偶然靜坐，忽見鄉間市井宛然，見其兄於路，被官責打，此是白晝，計其時日。不久鄉人至潞，問之乃分毫不爽。此必宿世，禪定善根故，偶遇如此，惜其僧不知自重也。此名禪定迫心，迫到極處，遂令心光飛出，故多隔見，於黑暗遙遠之處，皆能見聞。非爲聖證，不過偶爾如是，非同天眼，心聞之可比也。餘準上可知。

癸十　妄見妄說

又以此心，研究精極，見善知識形體變移，少選無端，種種遷改，此名邪心，含受魑魅，或遭天魔，入其心腹，無端說法，通達妙義，非爲聖證。不作聖心，魔事銷歇；若作聖解，即受羣邪。

此第十妄見妄說。以上九科，皆行人反聞照性，於定心中，逼極所發，各種境界，不作聖心，名善境界；若作聖解，即受群邪。今第十科，是行人重重透過前之九科，方能到此。又以此心，研究到至精至極之處，正是與諸聖，心精通脗之時，而色陰將破，魔界振裂，而魔心動怒，故來擾亂耳。由此而始，見善知識者：乃行人靜中，自見其身，作善知識。且自觀形體，遷變改移，或變佛身，或化菩薩，或現天龍鬼神，男女等像。少選無端者：時之最短，不假因由，現神現通，種種遷改。此四句先示其相，後二句乃明其故，此名邪心。含受魑魅者：行人防心不密，領受妄境，或邪種含藏於心，定中發現，究屬虛影非實。　或遭天魔，入其心腹者：此二句先明其故，魔王暗入行人心腹，持其心神。無端說法通達妙義者：此二句乃示其相，魔令行人，無端說法，發其狂慧，通達無邊妙義，即行人自說，而魔力持之使然，非為眞實心開，得其果證。不作證聖之心，魔事自然消散歇滅無有。如前文云：當處禪那，覺悟無惑，則彼魔事，無奈汝何，設或稍作證聖之解，即受群邪惑亂，而無可哀救矣！

寶鏡疏云：然上十種，皆依境起：一、身能出礙者，由觀照力，使心精流溢，故能出礙。二、內徹拾蟲者：由心融內徹，故蟯蛔可拾。三、精魄離合者：承上外溢內徹之力，故神魂互涉，所以有聞。四、境變佛現者：由上精魄，互為賓主，染此靈悟，故見佛現。五、空成寶色者：觀察過越，逼拶至極，是以虛空，忽現諸色。六、暗中見物者：由定心澄徹，精光不亂，故於暗中，能見諸物。七、身同草木者：由定力排併，故四大虛融，燒斫無覺。八、偏見無礙者：由欣厭日深，淨心功極，故十方上下，見無障礙。九、遙見遙聞者：由觀照力，迫心飛出，故多隔見。十、妄見妄說者：由邪心含魅遭魔，故有妄見妄說。則前九皆明定力，而此第十乃言魔事者，以定力欲成，色陰將破，此所以爲動魔之端也。二中間十境竟。

壬三　結害囑護　分三　癸初示因交互　二　迷則成害　三　囑令保護　今初

阿難！如是十種禪那現境，皆是色陰，用心交互，故現斯事。

初出由警惕。謂此禪那，所現十境，皆是行人，於色陰中，見理未徹，正定未純，但以禪觀與妄想，兩相交戰，互爲勝負。若是禪觀暫勝妄想，故得心光洩露，善境發現；若妄想復勝禪觀，須臾即隱，境界如初，故現斯事。後皆倣此。

壬二　迷則成害

衆生頑迷，不自忖量，逢此因緣，迷不自識，謂言登聖，大

妄語成，墮無間獄。

衆生秉性頑鈍，遇事迷暗，不自己惟忖思量，而我博地凡夫，豈能忽獲聖應？逢此十種因緣，暫現即隱，非同聖人實證。迷暗無知，不自覺識；但是禪那現境，謂言登聖，是未得謂得，未證言證，大妄語成，墮無間獄中，經無量劫，受害無已，以示警惕意耳。

壬三　囑令保護

汝等當依，如來滅後，於末法中，宣示斯義，無令天魔，得其方便，保持覆護，成無上道。

汝等當依吾言，如來滅度之後，正像已過，於末法中，魔强法弱，道高一尺，魔高一丈，亟須宣示斯義，或結集流通，或現身說法，令末法修行，咸知預防，無令天魔得便，乘間而入，爲害非細，故以無令囑之。保持者，保持末法；覆護者，覆護正修，而得漸次證入，成無上菩提之道也。透過如上十境，色陰破，而根性顯，進破受、想、行、識四陰。六結解而圓通證矣。

寶鏡疏云：須知以上十境，乃至後文，四十種魔，皆是世尊，拈其大概，以示初心，非五陰定是此類，而不可變易也；亦非決有此定數，而不可增減也；但看行人之用心如何耳。初色陰魔相竟。

辛二　受陰魔相　分三　壬初　具示始終　二　中間十境　三　結害囑護

壬初分二　癸初　始修未破區宇　二　終破顯露妄源

癸初分二　子初　躡前色陰盡相　二　狀示受陰區宇　今初

阿難！彼善男子，修三摩提，奢摩他中，色陰盡者，見諸佛心，如明鏡中，顯現其像。

此通明受陰始終之境。彼善男子，躡前透過色陰十境之人，或備經，或不備經，總以不爲所惑，透過前境，色陰破而根性顯，仍復精研，故曰修三摩提，望色陰爲終修，望受陰爲始修也。奢摩他中者：微密觀照，即動靜二相，了然不生也。前如明目人，處大幽暗，到此徧成光明，名色陰盡，後皆倣此說之。見諸佛心，如明鏡中，顯現其像：環師謂：諸佛心，即我妙覺明心是也。

衆生迷暗，向外馳求，終不能見；今色陰雲開，於自心顯現，豈不親切明白，故喻如鏡中現像；妙覺明心，不從人得也。此判位，當在相似位，前色陰十境，是觀行位，有判名字位者，非也。

子二　狀示受陰區宇

若有所得，而未能用，猶如魘人，手足宛然，見聞不惑，心觸客邪，而不能動，此則名爲受陰區宇。

若有所得者：即相似證也。意謂雖見本有，妙覺明心，若有所得其體，而未能發自在用也。若有所得：合上喻，雖見佛心，如鏡中像。而未能用：合上喻鏡像雖現，而不能動作自由也。恐猶未明，故復以魘人喻之。喻行人爲受陰所覆也。手足宛然，見聞不惑者：合若有所得也，雖爲受陰所覆，而自心本具佛心，所有德相宛然，智慧不惑也。心觸客邪，而不能動者：合未能用也。客邪，指魘魅鬼所著，心雖明了，力不自由。此則名爲，受陰區宇：如纔出一屋，又入一屋，故名受陰區宇也。初始修未破區宇竟。

癸二　終破顯露妄源

若魘咎歇，其心離身，反觀其面，去住自由，無復留礙，名受陰盡；是人則能，超越見濁，觀其所由，虛明妄想，以為其本，

前受陰所覆，如人被魘，今受陰既盡，若魘咎頓歇也。其心離身四句，即能發自在用也。良由眾生，自從無始以來，一迷為心，決定惑為色身之內，心本不局身中，由迷執故，非局而局，生局現陰，死局中陰，無時不局於身，安有離身之自由分哉？今受陰纔盡，其心便得離身，且能反觀其面，而得意生身，去住自由，無復滯留隔礙也。正脈云：當知此不同坐脫，而不能復來者；彼但於前幽暗位中，憑定力以坐脫耳。所以九峯不許泰首座也。

名受陰盡者：此當圓通，聞所聞盡也。問：色陰先盡，云何復有身面？答：所言盡者，但盡其陰，非盡其色，若必令盡色，則色陰盡者，豈全同無色界耶？是人則能，超越見濁者：此經前見濁文云：汝身現摶四大為體，四性壅令留礙，四大旋令覺知，相織妄成，名為見濁；今受陰既盡，性大不織，身見亦亡，故能超越。觀受陰之所由生，領納前境，虛以發明，顛倒妄想，以爲其本；縱具苦樂等名，曾無實體也。初具示始終竟。

壬二　中間十境　分十　癸初　抑己悲生　至十　著有恣淫　癸初分三

子初　發端現相

阿難！彼善男子，當在此中，得大光耀，其心發明，內抑過分，忽於其處，發無窮悲，如是乃至，觀見蚊蝱，猶如赤子，心生憐愍，不覺流淚。

此下別示，受陰十種魔境。此第一抑己悲生，抑責自己，悲愍衆生，行人修定，當在色陰已盡，受陰未破之中。得大光耀者：卽指前十方洞開，無復幽暗，虛明體露，故以大光耀稱之。其心發明者：卽指見諸佛心，如鏡現像，不知尚爲受陰所覆，未能發自在用；謂心既同佛，悟得一切衆生，本具光明妙心，枉受淪溺，却乃自責，不早發度生之心，故曰內抑；若一向如此，是爲過分。忽於其處，發無窮悲者：謂忽於有衆生之處，發同體大悲之心，悲哀不能自已；如是乃至，觀見蚊蝱，皆如赤子，小兒始生，赤色未退，咸生憐愍之心，不覺流淚，即墮愛見矣！如是展轉過甚，未免招致魔附也。

子二　指名教悟

此名功用，抑摧過越，悟則無咎，非爲聖證；覺了不迷，久自消歇。

此名有功用心，抑責摧傷，過於越分，以致成悲。若能速悟，則無過咎，非是聖人，實證同體大悲境界；從此覺了不迷，漸悟漸止，還復正念，久自消歇矣。

子三　示迷必墜

若作聖解，則有悲魔，入其心腑，見人則悲，啼泣無限，失於正受，當從淪墜。

若作聖證之解，自謂同佛大悲，自以爲是，悲愍不止，則有悲魔，入其心腑，見人則悲，啼泣無限，遂失正受，而成邪受，種種顚倒，非惟不能增進，定當從此淪墜矣。初抑己悲生竟。

癸二　揚己齊佛　分三　子初　發端現相

阿難！又彼定中，諸善男子，見色陰消，受陰明白，勝相現前，感激過分，忽於其中，生無限勇，其心猛利，志齊諸佛，謂三僧祇，一念能越。

此第二揚己齊佛。謦揚自己，頓齊諸佛，又彼進修，禪定之中，諸善男子，見色陰已消，如脫去第五重衣服。受陰明白者：露出一種虛明境界，如現出第四重衣服也。勝相現前者：如見佛心，鏡中現像。感激過分者：謂一向雖聞，心即是佛，尚未親見，今色陰既盡，親證實見，故生感激之心，雖屬好念，然而過分，忽於其中，生無限勇氣，其心猛而且利，其志頓齊諸佛，謂諸佛修成佛位，必經三大阿僧祇劫，我今一念，即能超越，一念不生，即如如佛也。

子二　指名教悟

此名功用，陵率過越，悟則無咎，非為聖證，覺了不迷，久

自消歇。

此名功用太銳，志欲陵跨佛乘，輕率自任，未免過分越理。若悟尚爲受陰所覆，依舊逆流照性，則無過咎。非爲聖人，實證境界，覺了不迷，漸悟漸止，還復正念，久自消歇矣。

子三　示迷必墜

若作聖解，則有狂魔入其心腑，見人則誇，我慢無比，其心乃至上不見佛，下不見人，失於正受，當從淪墜。

若使作爲聖證之解，則有狂魔，得其方便，乘間而入其心腑，攝其神識。見人則矜誇己德，我慢無比，因我起慢，無有比倫，其心乃至，超略三乘賢聖。上不見佛者：縱使成佛，尚要經歷三祇，何如我之一念頓超乎？下不見人者：下至一切衆生，不悟本來是佛，豈能知我所證乎？由此失於正受，起諸邪見，當從淪墜矣。二揚己齊佛竟。

癸三　定偏多憶　分三

子初　發端現相

又彼定中，諸善男子，見色陰消，受陰明白，前無新證，歸失故居，智力衰微，入中隳地，迥無所見，心中忽然，生大枯渴，於一切時，沉憶不散，將此以爲勤精進相。

此第三定偏多憶。又彼進修禪定之中，諸善男子，見色陰已消，受陰明白，前無新證，歸失故居者：向前，則受陰未破，無有新證之境；退歸，則色陰已盡，而失故居之所。當此之時，但應定慧等持，方能無失。今則定强慧弱，故曰智力衰微。入中隳地者：在此色受兩楹之中，進退兩難之際，二念俱隳，進既不能，退亦不得，自是迥然一無所見，由此定心之中，無智慧相資也。所以忽然，生大枯渴，如枯待雨，如渴待水，於一切時，沉靜其心，憶念中隳之境，時刻不敢散亂；意謂沉憶之久，必有所得。遂即以此爲勤勇無間，乃是精進之相，可破受陰也。

子二　指名教悟

此名修心，無慧自失，悟則無咎，非爲聖證。

此名修心，偏用定力，無有智慧相資，自失方便，悟知定强慧弱，故改沉憶枯渴，一旦頓捨沉憶，定慧等持，則無過咎。非爲聖人，實證境界，前後坐斷，中亦不立也。文缺覺了不迷，久自消歇兩句，諒抄寫者之漏落也。

子三　示迷必墜

若作聖解，則衆憶魔入其心腑，旦夕撮心，懸在一處，失於正受，當從淪墜。

若以沉憶，作爲證聖之解，則有憶魔，乘間而入心腑，拘其神識；故令旦夕撮心，懸在一處者：謂日夜撮取其心，懸掛在一處，即中隳地，沉憶不散，失於正受，無慧自濟，當從淪墜矣。三定偏多憶竟。

癸四　慧偏多狂　分三　子初　發端現相

又彼定中諸善男子見色陰消受陰明白，慧力過定，失於猛利，以諸勝性，懷於心中，自心已疑，是盧舍那，得少爲足。

此第四慧偏多狂。又彼進修，禪定之中，諸善男子，見色陰消，受陰明白。慧力過定，失於猛利者：謂慧强定弱，失於過猛過利。以諸勝性，懷於心中者：以見心佛一如，自性本來是佛，故曰勝性。恆作是念，懷於心中，此是過於尊重己靈；即古德所謂：太尊貴生也。自心已疑，是盧舍那者：自己心中，恆常懷疑，己身即是盧舍那，不假修成也。得少爲足者：於五陰中，纔透過色陰十境，色消受現，便以佛自任。詎非得少爲足耶？

正脈問：宗門皆言，本來是佛，不待修證，何不爲過？答：祖師爲人，惟執修成，孤負己靈，故抑揚之耳。然亦有時令人，大死一番，竿頭進步，極盡今時，如是一類之語，不可勝紀，何嘗偏重己靈，全撥修證哉。

子二　指名教悟

此名用心，忘失恆審，溺於知見，悟則無咎，非爲聖證。

此名用心偏僻定力微弱，忘失恆常審察，自己分位。溺於知見者：一味過信身中，自有如來知見，執性礙修，故至於此。若能省悟，色陰纔破，受陰方現，如鏡現像，不能得用，依舊進修本定，則無過咎，非爲聖證。

子三　示迷必墜

若作聖解，則有下劣易知足魔，入其心腑，見人自言，我得無上第一義諦，失於正受，當從淪墜。

設若作爲聖證之解，以舍那自任，迷不知返，則有下劣易知足魔，乘間入其心腑，攝其神識。見人則言，我已得無上菩提，第一義諦之理。失於正受，心隨魔變，當從淪墜矣。四慧偏多狂竟。

癸五　歷險生憂　分三　子初　發端現相

又彼定中，諸善男子，見色陰消，受陰明白，所證未獲，故心已亡，歷覽二際，自生艱險，於心忽然，生無盡憂，如坐鐵床，如飲毒藥，心不欲活，常求於人，令害其命，早取解脫。

此第五歷險生憂。又彼進修，禪定之中，諸善男子，見色消受現，新進未獲，故心已亡者：受陰顯現，而未能用，故曰新進未獲。色陰破盡，至此無餘，故曰故心已亡。歷覽二際，自生艱險者：謂經歷徧覽前後二邊際相，無所用心，自生怖畏，進退維艱，如臨危險之處。於心忽然，生無盡憂愁。如坐鐵床，如飲毒藥者：譬如坐臥鐵床，飲食俱各不安。心不欲活，恨不速死，以至求人害命，早取解脫也。

子二　指名教悟

此名修行，失於方便，悟則無咎，非爲聖證。

此名有心修行，恐懼過甚，失於智慧觀照之方便。悟知改過忘憂，則無過咎，自可復歸本修，非爲聖證境界。

子三　示迷必墜

若作聖解，則有一分，常憂愁魔，入其心腑，手執刀劍，自割其肉，欣其捨壽；或常憂愁，走入山林，不耐見人。失於正受，當從淪墜。

設若作聖證之解，以捨命爲解脫，魔得其便，則有一分，常憂愁魔，乘間入其心腑，增其憂愁，手執刀劍，自割其肉，欣其捨壽速死，早取解脫。或有輕微，常懷憂愁，走入山林，深厭世故，不耐見人。失於正受，妄起邪念，當從淪墜。五歷險生憂竟。

癸六　覺安生喜　分三　子初　發端現相

又彼定中，諸善男子，見色陰消，受陰明白，處清淨中，心安隱後，忽然自有，無限喜生，心中歡悅，不能自止。

此第六覺安生喜。又彼進修，禪定之中，諸善男子，見色陰消，無有質礙，十方洞開，得大光耀，受陰已現，心地虛明，覩見佛心，如鏡中像。處清淨中者：一塵不染，恆常清淨，處此境界，心安隱後，忽然自有，無限歡喜之心生。不能自止者：將謂得大自在，心中歡悅，不能自止。此宗門下之大忌也。祖云：設有悟證，快須吐却，即此之謂也。

子二　指名教悟

此名輕安，無慧自禁，悟則無咎，非為聖證。

此名定心成就，暫發輕安，身心快樂，莫可言喻。無有智慧，不能自禁。若能覺悟返悔，則無過咎。非爲聖人，實證境界也。

子三　示迷必墜

若作聖解，則有一分，好喜樂魔，入其心腑，見人則笑，於衢路傍，自歌自舞，自謂已得，無礙解脫，失於正受，當從淪墜。

設若作爲聖證之解，則有一分，好喜樂魔，乘間而入心腑，自謂聖心樂道，應當如是。見人則笑，恣情縱意，於衢路傍，歌舞自娛，將謂已得自在，無礙解脫。失於正受，妄起邪念，當從淪墜矣。六覺安生喜竟。

癸七　見勝成慢　分三　子初　發端現相

又彼定中，諸善男子，見色陰消，受陰明白，自謂已足，忽有無端，大我慢起，如是乃至，慢與過慢，及慢過慢，或增上

慢，或卑劣慢，一時俱發，心中尚輕十方如來，何況下位聲聞緣覺。

此第七見勝成慢。又彼進修，禪定之中，諸善男子，見色消受現，以爲諸妄已盡，一眞已圓，故自謂已足，即自滿自高之意，將必以我爲勝，故致無端，忽有大我慢起。言我慢者，乃因我起慢，如言我即是佛，我得無上涅槃等，故稱爲大。若果有實證，是爲有端，今未證言證，是爲無端。依此我慢，恃己凌他，高舉爲性，以爲七慢之總。

七慢者：開蒙云：單慢、過慢、慢過慢、增、邪、我、卑也。彼釋云：於劣計已勝，於等計已等，爲單慢。於勝計已等，於等計已勝，爲過慢。於勝計已勝，爲慢過慢。未得謂得，計劣已多，爲增上慢。自全無德，謂己有德，爲邪慢。對多勝者，自甘劣少，不敬不求，爲卑劣慢也。　七慢一時俱發，此比前慧偏多狂更甚；彼但謂本來同佛而已，此則更謂超越諸佛。心中尚輕十方一切如來，何況小乘聲聞緣覺，此即邪慢。尚輕如來，不禮佛寺也。

子二　指名教悟

此名見勝無慧自救，悟則無咎，非爲聖證。

此名唯見己靈尊勝，慢氣所使，起諸慢心，且無智慧，自救其病。設若能用慧照觀察，觀諸法性平等，尚不見有衆生可慢，安敢慢諸十方聖賢哉？悟則無咎，非爲聖人，實證境界。

子三　示迷必墜

若作聖解，則有一分大我慢魔入其心腑，不禮塔廟，摧毀經像，謂檀越言：此是金銅，或是土木，經是樹葉，或是氎華，肉身眞常，不自恭敬，卻崇土木，實爲顚倒。其深信者，從其毀碎，埋棄地中，疑誤衆生入無間獄，失於正受，當從淪墜。

若終執迷，作爲聖證之解者，則有一分大我慢魔，乘間而入心腑，攝其神識，恣其所爲，不禮塔廟，摧毀經像。或謂檀越言：佛像是金、銅、土、木，肉身爲活佛眞常，經典是樹葉氎華，自說爲向上眞宗，不自恭敬，卻崇土木，實爲顚倒，大言不慚，疑誤一切。其深信者，從其毀碎埋棄地中，造無量罪，魔教害人，入無間獄。失於正受而起邪受，當從淪墜。正脈問：祖師門下，呵佛罵祖，何以異此？答：祖師極欲人悟一性平等，心外無佛，剿絕佛見而已，豈眞增長高慢，反失平等哉？ 合轍問：臨濟不禮祖塔，丹霞之燒木佛，德山說一大藏教，如拭涕帛。巖頭說祖師言句，是破草鞋，非大我慢乎？答：此爲執外求，而不達自心，執言教而不肯進修者，故作峻厲之語，而激之，實一片眞慈，誰曰慢心？若使祖師，眞有慢心，則亦不免泥犁，況其他乎？七見勝生慢竟。

癸八 慧安自足 分三 子初 發端現相

又彼定中，諸善男子，見色陰消，受陰明白，於精明中，圓悟精理，得大隨順。其心忽生，無量輕安，已言成聖，得大自在。

此第八慧安自足。又彼進修，禪定之中，諸善男子，色消受現，於精明中，圓悟精理者：精明即是自心，識精元明之中，圓悟至精之理，即是佛心；謂於自心中，親見佛心是也。得大隨順者：既見佛心，則得大無礙，莫不隨心順意者矣。其心忽生，無量輕安者：回觀色陰既消，超然無累，離諸麤重染垢故，忽生無量輕安也。已言成聖，得大自在者：因見受陰顯現，如鏡現像，瑩然朗徹，已言自己成聖，自心佛心，無二無別，勿勞再修，得大解脫自在也。

子二　指名教悟

此名因慧，獲諸輕清，悟則無咎，非為聖證。

此名因慧：謂因於精明之中，圓悟精理之慧，獲諸輕安清淨之境，離諸麤重之相。此但一時豁悟，何足自滿？受陰尚未曾破，還依本修，庶無過咎，非爲聖人，實證境界矣。

子三　示迷必墜

若作聖解，則有一分，好輕清魔，入其心腑，自謂滿足，更

不求進，此等多作無聞比丘，疑誤衆生，墮阿鼻獄，失於正受，當從淪墜。

若作聖證之解者，則有一分好輕淸魔，乘間入其心腑。好輕淸魔者：如世有不依正覺，修三摩提，一向攝念靜坐，稍獲輕淸，生自足想，死而不化，年老成魔，入其心腑，持其神識。自謂功行已滿，福慧已足，更不再求增進矣。此等衆生，不肯親近知識，請求開示，多作無想天中，無聞比丘，未證言證，及至命終，受生相現，毀謗佛法嫌人，或令人聞而生疑，從謗生誤，以謗法因，斷菩提種，故曰墮無間獄。失於正受，而起諸邪受，當從淪墜矣。八慧安自足竟。

癸九 著空毀戒 分三 子初 發端現相

又彼定中，諸善男子，見色陰消，受陰明白，於明悟中，得虛明性，其中忽然，歸向永滅，撥無因果，一向入空，空心現前，乃至心生，長斷滅解。

此第九著空毀戒。又彼進修禪定之中，諸善男子，見色消受現，於明悟中，即十方洞開，豁然無礙，觀受陰虛明之性，廓爾顯現，無法可得，於其心中，忽然生起，空淨之念，永沉斷滅，遂致撥無因果，從此不假修爲，上無佛道可成，下無衆生可度，一向入空，斷空之心現前，乃至心生長遠斷滅之解，即歸向永滅也。

子二　指名教悟

悟則無咎，非爲聖證。

指掌疏云：按前後諸科，此處皆有此名等語，惟此科獨缺，或是筆授脫漏，今準前後，撮略本科中意，而補足之，亦不敢自以爲是，俟高明者更辨之。此名定心沉沒，失於照應。此名定心，沉空滯寂，未免過於沉沒，失於慧照觀察。悟此斷空非是，仍依本修，則無過咎。非是聖人實證眞空境界。

子三　示迷必墜

若作聖解，則有空魔入其心腑，乃謗持戒，名為小乘；菩薩悟空，有何持犯？其人常於信心檀越，飲酒噉肉，廣行淫穢，因魔力故，攝其前人，不生疑謗，鬼心久入，或食屎尿，與酒肉等，一種俱空，破佛律儀，誤入人罪，失於正受，當從淪墜。

若以斷滅空，作爲聖證之解，則有空魔，乘間入其心腑，持其神識，乃謗持戒，名爲小乘道。且以大乘菩薩自居，謂大象不行於兎徑，大雅不拘於小節；而菩薩但得悟空，何須持戒？雖飲酒食肉，無非解脫之場，詐僞貪淫，總是菩提之道，更有何持何犯之可得哉？其人常於信心檀越之前，飲酒噉肉，謂酒肉穿腸過，佛在心頭坐；又復廣行淫穢之事，謂淫怒癡，即戒定慧，因其魔附之力，攝其現前之人，謂是逆行，不生疑謗。鬼心久入者：魔鬼之心，入之既久，熏染已深，或食屎尿，與酒肉等，一種淨穢俱空，破佛所制戒律威儀，又以誤言，入人於罪，失於正受，起諸邪受，當從淪墜。九著空毀戒竟。

癸十　著有恣淫　分三　子初　發端現相

又彼定中諸善男子，見色陰消受陰明白，味其虛明，深入心骨，其心忽有無限愛生，愛極發狂，便爲貪欲。

此第十著有恣淫。又彼進修，禪定之中，諸善男子，見色消受現，味其虛明者：由其虛明體性，深生味著，不能放捨，入於心骨，忽有無限愛心發生；以禪定中，自然妙樂，非世可比。愛極生潤，情動發狂，欲境現前，不能自持，便成貪欲，不能自主。

子二　指名教悟

此名定境，安順入心，無慧自持，誤入諸欲，悟則無咎，非爲聖證。

此名定境。安順深入心骨，無有慧力，以自執持，致令愛極發狂，誤入諸欲也。若以慧照觀察，此是妙觸受用，不生耽着，一悟則無過咎，非爲聖人，實證境界。

子三 示迷必墜

若作聖解，則有欲魔入其心腑。一向說欲，爲菩提道；化諸白衣平等行欲，其行淫者，名持法子，鬼神力故，於末世中，攝其凡愚，其數至百，如是乃至一百二百，或五六百多滿千萬，魔心生厭，離其身體，威德既無，陷於王難，疑誤衆生，入無間獄，失於正受，當從淪墜。

此魔附恣淫，文皆易解。今當辨明，上來所現十境，與色陰十境不同。色境從前向後，次第相生，透過一層，又現一層。灌頂云：色陰竪發是也。此之受陰，各別現起，所謂境同見異，隨見起執成魔，灌頂云：受陰橫開是也。以上十科，皆言失於正受，正受屬定，邪受屬魔，既失正受，必起邪受，故屬魔業。一以內抑過分，發無窮悲。二以感激太過，生無限勇。三以智力衰微，而爲沉憶。四以慧强定弱，反成卑劣。五歷覽二際，故生其憂。六覺得輕安，生無限喜。七以見勝，生大我慢。八以輕清，自生滿足。九以著空，因而毁戒。十以著有，由是貪淫，故皆不出受陰之中，苦、樂、憂、喜、捨之五相也。二中間十境竟。

壬三　結害囑護　分三　癸初　示因交互　二　迷則成害　三　囑令保護　今初

阿難！如是十種，禪那現境，皆是受陰，用心交互，故現斯事。

乃呼當機，而告之曰：如是十種，禪那所現之境，皆是受陰未破，用心未善，理欲交戰，互爲勝負。如得大光耀，乃至得虛明性，皆觀力勝妄想也。如發無窮悲，乃至無限愛生，皆妄想勝觀力也。故現斯事。

癸二　迷則成害

衆生頑迷，不自忖量，逢此因緣，迷不自識，謂言登聖，大

妄語成，墮無間獄。

迷不自識者：如得大光耀，得虛明性等，不知何自而致。謂言登聖者：即未證言證，故曰大妄語成，墮無間獄。

癸三 囑令保護

汝等亦當，將如來語，於我滅後，傳示末法，徧令衆生，開悟斯義，無令天魔，得其方便，保持覆護，成無上道。

汝等須將如來之語，傳示末法，徧令修定者，開悟了知斯義，不爲魔惑，得其方便，使得保持末法，覆護正修，以便漸次修證，而成無上之佛道也。二受陰魔相竟。

楞嚴經講義第二十二卷終

大佛頂如來密因修證了義諸菩薩萬行首楞嚴經講義

福州鼓山湧泉禪寺圓瑛弘悟述　受法弟子明暘日新敬校

辛三　想陰魔相　分三　壬初　具示始終　二　中間十境　三　結害囑護　壬初分二　癸初　始修未破區宇　二　修破顯露妄源　癸初分二

子初　躡前受陰盡相　二　狀示想陰區宇　今初

阿難！彼善男子，修三摩地，受陰盡者，雖未漏盡，心離其形，如鳥出籠，已能成就，從是凡身，上歷菩薩，六十聖位，得意生身，隨往無礙。

此通明想陰始終之境。彼善男子：躡前透過受陰十境之人，或備經，或不備經，總以不爲所惑，透過前境，受陰破，仍復精研；故曰修三摩提；望受陰爲終修，望想陰爲始修也。受陰盡者：而於前境，一一透過，然猶爲想陰所覆，故云雖未漏盡；而雖之云者，亦有似盡意耳。心離其形者：以眞心周徧，本來不局於身，由無始迷執，非局而局，縱色陰盡，十方洞開，見聞周徧，亦無離身自在之用，此皆受陰覆之之故。今受陰既盡，方得心離其形，親見離根之體；恐猶未明，故又以如鳥出籠喻之。鳥喻離根之體，籠喻所結之根。離根之體，即是第八本識，既得離根之體，似得漏盡勝用。故云已能成就，從是博地凡夫之身，上歷諸位菩薩，乃至妙覺。六十聖位：此乃指圓頓最利之根，決定能以凡身，上歷聖位也。非同別教，皆實取證故；經生累劫，證得一分，方到一位，豈能以凡身，頓歷諸位哉？　六十聖位者：於五十五位，前加三漸次，及乾慧地，後加妙覺，恰成六十。今通名聖者：以從凡入聖，因果理同，以得圓悟故也。得意生身，隨往無礙者：喻如意去，速疾無礙，而有三種：一、入三昧，樂意生身；謂心寂不動，即相似初信至七信，入空行也。二、覺法自性，性意生身；謂普入佛刹，以法爲自性，即相似八信，出假位也。三、種類俱生，無作意生身；謂了佛所證法，即九信十信，修中位也。此三種意生身中，應是覺法自性，性意生身。以離根之體，即是第八本識，一切諸法，皆依此識變現，既得此識，即能覺了，一切諸法，自性如幻，以唯識變故。得此身已，不惟能現，且能普入諸刹，故云隨往無礙。初躡前受陰盡相。

子二　狀示想陰區宇

譬如有人，熟寐寱言，是人雖則，無別所知，其言已成，音韻倫次，令不寐者，咸悟其語，此則名爲，想陰區宇。

熟寐，深睡也；寱言，是自言自語也；非同醒人之言，以有想陰所覆故。是深睡人，昏昏不覺，而於所說之事，雖則無別所知，但其寱言，已成音韻可聽，倫類次序可別，令不寐之人，咸皆明悟其語。是想陰未破之人，得意生身，上歷六十聖位，隨往無礙，而於上合下同，實未親證故。雖未親證，而所現不誤；諸佛菩薩，悉知此人，所現之身相可見，位次不紊，如二漸中，言其得通遊界，覲佛聞法，親奉聖旨，則諸佛誰不親知而見耶？此則名爲，想陰未破之區宇，初始修未破區宇竟。

癸二　終破顯露妄源

若動念盡，浮想銷除，於覺明心，如去塵垢，一倫生死，首尾圓照，名想陰盡。是人則能，超越煩惱濁，觀其所由，融通

妄想以為其本。

指掌疏云：動念者，即指第八識所含六識種子，以有微細動相，故以動念稱之。動必有想，即是根本想陰，六識浮想，皆依此想起故。此想既盡，六識中枝末浮想，無所從起，故云浮想銷除。覺明心，即第八本識；以帶妄故，不言妙覺明心。動念既盡，浮想不生，故云如去塵垢，蓋以性識覺明如鏡，六識浮想如塵，微細動相如垢。　一倫生死，首尾圓照者：謂三界十二類衆生，一類一類，所有生死，首從卵生，尾至非無想生，皆能圓明照察，生從何來，死向何去，以塵垢既盡，覺心光明既顯，生滅根元，從此披露；如後文所云：見諸十方，十二衆生，畢殫其類是也。然類生，生滅根元，即是行陰；行陰既現，是則超出想陰，故曰名想陰盡。此當圓通，覺所覺空也。指掌疏云：前於聞所聞盡時，覺得有箇聞所聞盡，宛然有箇能覺之心，即是第八識中，六識種子，微細動相。今想既盡，微細動相亦無，故能覺與所覺，而俱空矣！所以不復眞者，以猶爲行陰所覆故。是人則能超煩惱濁者：如前煩惱濁文云，又汝心中，憶識誦習，離塵無相，離覺無性，相織妄成，名煩惱濁。今以動念既盡，浮想銷除，想除識空，故能超越。回觀想陰之所由生，元從融通妄想，交織妄成，以其想陰，能融通質礙，如心想醋梅，口中水出是也。初具示始終竟。

壬二　中間十境　分十　**癸初　貪求善巧**　至十　**貪求永歲**　癸初分七

子初　定發愛求

阿難！彼善男子，受陰虛妙，不遭邪慮，圓定發明，三摩地中，心愛圓明，銳其精思，貪求善巧。

此下別示，想陰十種魔境，此第一貪求善巧。彼指透過受陰之男子，是以稱善。虛謂見聞徧周，妙謂離身作用，如鳥出籠，得意生身，隨往無礙。不遭邪慮者：謂不遭遇，受陰邪慮所惑。圓定發明：即圓通妙定，得以發明。是受陰已盡境界，後皆倣此。三摩地中，心愛圓明者：於此禪定心中，忽起一念，愛著圓明，謂愛著圓滿，發明一切妙用故。勇銳其志，精進思惟，貪求變化，更進善巧，將以悚動人心，以行教化，廣作佛事也。

子二　魔遣邪附

爾時天魔，候得其便，飛精附人，口說經法。

當爾之時，天魔，即六天魔王，候得其便，有隙可乘，即飛遣精魅，以附他人之身，素受邪惑者。飛精，如軍門飛檄，官府之類。口說相似經法，由魔附之力，資其邪慧，以令聽受，非眞能說佛法；若眞能說佛法，即非魔矣。蓋受陰盡者，魔不得入其心腑。故假旁人惑之，轉令自亂耳。

子三　客邪投擾

其人不覺，是其魔著，自言謂得無上涅槃，來彼求巧善男子處，敷座說法，其形斯須，或作比丘，令彼人見，或爲帝釋，或爲婦女，或比丘尼，或寢暗室，身有光明。

其人：即所附之人；不覺者：雖爲魔著，不自覺知。自言謂得，無上涅槃者：以其人一向不能說法，今竟無端能說經法，自己疑成佛道，謂言得無上涅槃，來彼求巧善男子處，敷座說法，蓋欲設計誘惑之耳。說法者：正說善巧方便，示現神通之法。其形斯須者：其形貌於斯須少頃之間，或現作比丘身，以現同類身，投其所好，令彼生信。或現帝釋身，或現婦女身，及比丘尼者：此現異類身也。

起信論云：座中或現，端正男女等相。又云：或現天像、菩薩像，亦作如來像等。但彼乃魔自來現，此乃附人轉現。又則彼但見所現之像，或可有疑，此則親見其人，斯須變化；如此非有深定妙慧，鮮有不被其惑者。或寢暗室之中，身有種種光明，或時說法，或時現形，或時放光，廣作善巧，鼓動其心，令其自亂耳。

子四　主人惑亂

是人愚迷，惑爲菩薩，信其教化，搖蕩其心，破佛律儀，潛行貪欲。

是人愚而無智，迷不自覺，惑爲菩薩，三輪應機，身輪現通，口輪說法，意輪必定鑒機，自是傾心，信其教化，將所習定心，咸被搖蕩，所秉戒律，咸被破壞。潛行貪欲者：是魔惑亂行人，徹底主意，凡行人著魔，欲心便起，以魔多貪欲，潛行毀戒，而不解脫者此也。然淨行深，智慧强者，任其善巧莫測，但察誘淫毀戒，便知是魔，決非佛誨，何至迷惑，此反爲驗魔之一助耳。

子五　按其言狀

口中好言，災祥變異，或言如來，某處出世；或言劫火，或說刀兵，恐怖於人，令其家資，無故耗散。

口中常好說言：災，是咎徵，劫火刀兵等，恐怖於人；祥，是休徵，如來某處出世等；變異，即怪誕反常之言。令其家資，無故耗散者：或說咎徵，劫火大三災起，刀兵小三災至，則整家以求救脫；或說休徵，某處有佛，傾資以求接引；故曰家資無故耗散。及至臨時，了無其事。

子六　出名示害

此名怪鬼，年老成魔，惱亂是人，厭足心生，去彼人體，弟子與師，俱陷王難。

怪鬼：即遇物成形者。年老成魔者：以爲鬼既久，魔王錄爲役使，得成魔王伴侶；前飛精附人，即此鬼也。惱亂是修定之人，定力既破，厭足心生，去彼所附人體。魔既不附，即無威德。弟子，即貪求善巧之人等；師，即魔附惑人者。俱陷王難：官聽坐以妖言惑衆，敗壞風俗之罪，此是華報，果報當在地獄。

子七　教悟戒迷

汝當先覺，不入輪迴；迷惑不知，墮無間獄。

汝當聽言察理，預先覺知是魔，不爲所惑，而超出生死，不入輪迴。倘若迷惑不知，受其惱亂，必墮無間之獄，可不愼哉！初貪求善巧竟。

癸二　貪求經歷　分七　**子初　定發愛求**

阿難！又善男子，受陰虛妙，不遭邪慮，圓定發明，三摩地中，心愛遊蕩，飛其精思，貪求經歷。

此第二，貪求經歷。又善男子，透過受陰十境；虛者，見聞偏周；妙者，離心作用，如鳥出籠，得意生身，隨往無礙。不遭受陰，邪慮所惑，圓通妙定，得以發明，此皆色受已盡境界，不爲形質所拘。於三摩禪定之中，忽起一念愛著。遊蕩者：謂遊戲神通，放蕩自在，如諸聖之遊戲神通，偏周塵刹。飛其心思，貪求經歷者：飛是奮起之意，飛奮其精神思慮，朝夕研究，貪求經歷刹土，大作佛事，即此以爲致魔之端。

子二　魔遣邪附

爾時天魔，候得其便，飛精附人，口說經法。

講解同前

子三　客邪投擾

其人亦不覺知魔著，亦言自得無上涅槃，來彼求遊善男子處，敷座說法，自形無變，其聽法者，忽自見身，坐寶蓮華，全體化成，紫金光聚，一衆聽人，各各如是，得未曾有。

其人至敷座說法同前。自形：指說法者，自己形貌，無有改變。其聽者：忽自見身坐寶蓮華，全體化成紫金光聚，儼成佛道。既能如是，則心愛遊蕩之志，何患不遂？一衆聽法之人，各各如是，得未曾有，正所以投其欲也。

子四　主人惑亂

是人愚迷，惑爲菩薩，淫逸其心，破佛律儀，潛行貪欲。

是貪求經歷之人，愚迷無智，惑爲菩薩，身命皈依，恣淫縱逸其心，遊戲放蕩，無所忌憚，將自修圓定之心，破佛所制律儀，暗中潛行貪欲之事。惜乎昔爲佛子，今爲魔侶矣。

子五　按其言狀

口中好言，諸佛應世，某處某人，當是某佛，化身來此；某人即是，某菩薩等，來化人間，其人見故，心生渴仰，邪見密興，種智消滅。

前明自受其害，此明世受其惑。口中好言，諸佛某處應世，某人當是某佛，化身來此，有佛必有菩薩，某人即是某菩薩等，來敎化人間，魔口所說，皆以眼前爲佛國，因彼行人，意在不離當處，徧遊塵刹，故作是說。其人，即貪求經歷者，見魔附之人，故心生渴仰，日親日近，時熏時染，故致邪見密興，正見日晦，種智銷滅，慧命斷絕矣。

子六 出名示害

此名魃鬼年老成魔，惱亂是人，厭足心生，去彼人體，弟子與師，俱陷王難。

魃鬼，即旱魃之鬼，遇風成形者。

子七 教悟戒迷

汝當先覺，不入輪迴；迷惑不知，墮無間獄。

準上可知，二貪求經歷竟。

癸三 貪求契合 分七

子初 定發愛求

又善男子，受陰虛妙，不遭邪慮，圓定發明，三摩地中，心愛綿㳂，澄其精思，貪求契合。

此第三，貪求契合。首四句同前。心愛綿㴔者：正以不遭受陰邪慮，自覺定心綿密，圓通妙定，得以發明，自覺妙用㴔合，得意生身，上歷菩薩，六十聖位，由是於三摩禪定心中，忽起愛慕，必至澄寂其精神，竭盡其思慮，貪求契合，密契至理，㴔合妙用，豁然開悟也。

子二　魔遣邪附

爾時天魔，候得其便，飛精附人，口說經法。

即此貪求契合一念，便爲致魔之由。

子三　客邪投擾

其人實不覺知魔著，亦言自得無上涅槃，來彼求合善男子處，敷座說法，其形及彼聽法之人，外無遷變，令其聽者，未聞法前，心自開悟，念念移易，或得宿命，或有他心，或見地獄，或知人間，好惡諸事，或口說偈，或自誦經，各各歡

娛，得未曾有。

其人至敷座說法同前。其形，即說法者身形，及彼聽法者身形，外無遷移改變。令其在會聞法之人，未聞法前，心自然開悟，相似得圓通體，念念移易，相似得圓通用，或得宿命通，能知過去之事，或得他心通，能知他人心念，或見地獄，了極苦之狀態，或知人間好惡之諸事，或口宣說偈語，或自背誦經文，以上皆密契之事，各各歡喜娛樂，得未曾有。

子四　主人惑亂

是人愚迷，惑爲菩薩，緜愛其心，破佛律儀，潛行貪欲。

緜愛者：纏緜親愛有欲密結其心，信其敎化，破佛律儀，與其同事，潛行貪欲。

子五　按其言狀

口中好言，佛有大小，某佛先佛，某佛後佛，其中亦有，眞佛假佛，男佛女佛，菩薩亦然，其人見故，洗滌本心，易入邪

悟。

上乃自受其害，下乃世受其惑。口中常好說言，佛有大小，某佛先佛，某佛後佛。三祇煉行，百劫修因，佛佛道同，古今一致，豈有先後之分？其中亦有，眞佛假佛者：妄窮眞極，乃名爲佛，豈有眞假之別？男佛女佛者：自古成佛，皆以男身得道，女人五漏之軀，焉得作佛？菩薩亦然：亦有男菩薩，女菩薩者，其意指魔附之人，盛行貪欲爲男佛，受其欲者，承順魔意爲女佛，又以變化男女，倣行欲事，即是菩薩，故曰菩薩亦然。其人見故者：即指行人，見魔附之人，能令開悟，密契之事，併信其所說，遂認邪爲正，將妄作眞，洗滌本所修心，容易入於邪悟。

子六　出名示害

此名魅鬼，年老成魔，惱亂是人，厭足心生，去彼人體，弟子與師，俱陷王難。

魅鬼，即遇畜成形者，餘準上可知。

子七　教悟戒迷

汝當先覺，不入輪迴；迷惑不知，墮無間獄。

此準上可知，三貪求契合竟。

癸四　貪求辨析　分七　子初　定發愛求

又善男子，受陰虛妙，不遭邪慮，圓定發明，三摩地中，心愛根本，窮覽物化，性之終始，精爽其心，貪求辨析。

此第四，貪求辨析。首四句同前。行人於三摩禪定之中，心愛根本者：正以受陰既盡，露出微細動相，不知其是六識種子，根本想陰，謬謂其因動有生，而爲萬物根本。由是一味窮覽萬物變化，性之終始；一旦豁然貫通焉，則衆物之表裏精粗無不到，而吾心之全體大用無不明矣！如本經佛云：世出世法，知其本因。以故，現前種種，松直棘曲，鵠白烏玄，皆了元由，乃至恆沙界外，一滴之雨，盡知頭數，此佛智邊事；佛轉第八識，成大圓鏡智，故能如是；初心希求，眞妄想也。精爽其心，貪求辨析者：猶言奮其精神，竭其心力，貪求辨別物理，分析化性，有欲現前，一一分明，即此一念，實爲致魔之端。

子二　魔遣邪附

爾時天魔，候得其便，飛精附人，口說經法。

準上可知。

子三　客邪投擾

其人先不覺知魔著，亦言自得無上涅槃，來彼求元善男子處，敷座說法，身有威神，摧伏求者，令其座下，雖未聞法，自然心伏，是諸人等，將佛涅槃菩提法身，即是現前，我肉身上，父父子子，遞代相生，即是法身，常住不絕，都指現在，即爲佛國，無別淨居，及金色相。

其人至敷座說法易知。惟求元，是愛窮萬化之本元。身有威神，摧伏求者：指魔附之身，亦有威嚴可畏之相，神通攝持之力，能摧伏求元之者，令其座下，雖未曾聞法，自然心悅神伏。　是諸人等下：主伴同惑，將佛之三涅槃中，性淨涅槃。三菩提中眞性菩提，三德之中法身德，即是現前，我肉身上，父父子子，遞代相生，以爲根本，即是法身，常住不絕，不生不滅之性，不離生滅之中，都指現在，即爲佛國，即染即淨，無別淨居，及金色相，即凡即聖也。

子四　主人惑亂

其人信受，亡失先心，身命歸依，得未曾有。是等愚迷，惑爲菩薩，推究其心，破佛律儀，潛行貪欲。

其人，即求元之人，信其邪師，受其魔敎，亡失先前，本所修心，舉其身命以歸依。却以肉身相生，鄙賤之事，爲化理元，得未曾有。是等愚迷，惑爲菩薩，推究其心之所好，無不承順，以纏縛爲解脫，破佛律儀，以淫愛爲佛性，潛行貪欲。

子五　按其言狀

口中好言：眼、耳、鼻、舌，皆爲淨土；男女二根，即是菩提涅

槃眞處；彼無知者，信是穢言。

口中好言，眼耳鼻舌，皆爲淨土，若爲對治權宗，薦取根性，於理或可；若一向好言，是則外道邪見，況以男女二根，汚穢不淨之本，以爲萬化根元，菩提涅槃眞處，褻瀆佛法，混亂眞理。正脈云：大意無非誘人恣淫破戒，壞大定耳。彼無有知識之者，多信是穢言，淪入魔隊。

子六　出名示害

此名蠱毒魘勝惡鬼，年老成魔，惱亂是人，厭足心生，去彼人體，弟子與師，俱陷王難。

此名蠱毒鬼，即遇蠱成形者。魘勝，即魘寐鬼，遇幽成形者。世有厭勝之術，取能壓伏故，又名魘勝，餘可知。

子七　教悟戒迷

汝當先覺，不入輪迴；迷惑不知，墮無間獄。

四貪求辨析竟。

癸五　貪求冥感　分七

子初　定發愛求

又善男子，受陰虛妙，不遭邪慮，圓定發明，三摩地中，心愛懸應，周流精研，貪求冥感。

此第五，貪求冥感。首四句同前，彼行人於三摩禪定之中，心愛懸應者：懸者，遠也；即指多生遠劫，有緣諸聖，應其所求也。周流精研，貪求冥感者：謂其一心，周徧流歷，精細研究，貪求冥相契合，以期感格聖應而已。

子二　魔遣邪附

爾時天魔，候得其便，飛精附人，口說經法。

纔起一念貪求，便是定心不密；爾時天魔，候得其便，有隙可乘，有法能陷，故即飛遣精魅附人，口說經法，以應其感也。

子三　客邪投擾

其人原不覺知魔著，亦言自得無上涅槃，來彼求應善

男子處，敷座說法，能令聽衆，暫見其身，如百千歲，心生愛染，不能捨離，身爲奴僕，四事供養，不覺疲勞，各各令其座下人心，知是先師本善知識，別生法愛，粘如膠漆，得未曾有。

其人，魔附之人，原不覺知魔著，亦言自己得證，無上涅槃妙果，來彼求應善男子處，敷座爲說，冥感懸應之法。能令聽衆下：詐現冥感，懸應之事，暫時看見，魔附之人，鶴髮童顏，宛爾深修久證，如百千歲，心生愛染，不能捨離，且以身爲奴僕，四事供養，而不覺疲乏勞累。各各令其，指魔攝之衆；座下人心，指此衆之徒；心知魔附之人，原是先世師承，本身之善知識，別生一種法愛之心，如膠似漆，粘不可解，得未曾有。

子四　主人惑亂

是人愚迷，惑爲菩薩，親近其心，破佛律儀，潛行貪欲。

是人愚迷無智，惑爲菩薩，相親相近其心，日熏日染其教，信其邪說，破佛律儀，學其邪行，潛行貪欲。

子五　按其言狀

口中好言，我於前世，於某生中，先度某人，當時是我妻妾兄弟，今來相度，與汝相隨，歸某世界，供養某佛，或言別有大光明天，佛於中住，一切如來所休居地，彼無知者，信是虛誑，遺失本心。

此詐陳冥感，懸應之言。口中好言，我前世於某生中，先度某人，當時是我妻妾兄弟，此詐述往昔之事，明以欲鈎牽引。今者我與汝，亦是夙生前緣，特來相度，與汝相隨，歸某世界，供養某佛，乃順其懸應之愛。或言別有大光明天者四句：謬指欲界頂天，魔宮爲大光明天，謬稱魔王爲佛，於中止住，一切諸佛如來，所休止居住之處。彼無知之者，信是虛妄欺誑之言，遺失本修之心，順從魔教。

子六　出名示害

此名癘鬼，年老成魔，惱亂是人，厭足心生，去彼人體，弟子與師，俱陷王難。

癘鬼，乃遇衰成形之疫癘鬼也。

子七　教悟戒迷

汝當先覺，不入輪迴；迷惑不知，墮無間獄。

五貪求冥感竟。

癸六　貪求靜謐　分五　子初　定發愛求

又善男子，受陰虛妙，不遭邪慮，圓定發明，三摩地中，心愛深入，尅己辛勤，樂處陰寂，貪求靜謐。

此第六，貪求靜謐。首四句同前。於三摩禪定之中，心愛深入者：謂三摩定境，心愛深窮契入，尅己工夫，不計辛勤，惟望得以深入圓通。樂處陰隱寂寞之處，以求安靜寧謐之修。

子二 魔遣邪附

爾時天魔，候得其便，飛精附人，口說經法。

殊不知三摩地中，不容起心動念，一涉貪求，魔得其便，飛遣精靈，密附他人，口說經法。

子三 邪惑事言

其人本不覺知魔著，亦言自得無上涅槃，來彼求陰善男子處，敷座說法，令其聽人，各知本業，或於其處，語一人言，汝今未死，已作畜生，敕使一人，於後蹋尾，頓令其人起不能得，於是一衆，傾心欽伏，有人起心，已知其肇，佛律儀外，重加精苦，誹謗比丘，罵詈徒衆，訐露人事，不避譏嫌，口中好言，未然禍福，及至其時，毫髮無失。

其人，指魔附之人，本不覺知是魔著，亦言自己證得無上涅槃，來彼求陰善男子處，敷座爲說圓通之法。　令其下：先現邪惑事，令其聽法之人，各知本業，即宿業也；此顯通過去世。或於其處者：即說法處，特語一人言，汝現今未死，已變作畜生，恐其心中不伏，敕使一人，於後躡尾，魔力所持故，頓令其人，起不能得，如是證驗故，一時聽衆，皆傾倒其心，而欽伏之；此顯通未來世。設或有人起心，已知肇於何種因緣，肇即起始也；此顯通現在世。魔意以爲能通三世，即圓通勝用；殊不知，圓通勝用，實不止乎此耳。此中文皆宿命通，恐與下科，抄寫之誤也。於佛所制律儀外，重加精苦者：如斷五味，裸四肢，拔髮熏鼻，投灰臥棘等，乃故爲詭異之行，以竦世也。誹謗比丘者：斥其不能精苦。罵詈徒衆者：顯其無有私心。訐露人事者：攻發人之陰私。不避譏嫌者：顯己直心不諱也。　口中好言未然禍福者：次說邪惑言，其口常好宣說未來禍福之事，及至其時，一一皆應，毫髮無失，又故爲詭異之言，以炫世也。

子四　出名示害

此大力鬼，年老成魔，惱亂是人，厭足心生，去彼人體，弟子與師，俱陷王難。

大力鬼，有大神通力之鬼，善能惑人者。餘可知。

子五　教悟戒迷

汝當先覺，不入輪迴；迷惑不知，墮無間獄。

六貪求靜謐竟。

癸七　貪求宿命　分五　子初　定發愛求

又善男子，受陰虛妙，不遭邪慮，圓定發明，三摩地中，心愛知見，勤苦研尋，貪求宿命。

此第七貪求宿命。首四句同前。於三摩禪定之中，心愛知見者：意謂世人不知者能知，世人不見者能見，所以不辭勤苦，研究尋思，貪求宿命，宿命二字，似與上科，靜謐二字，抄寫之誤也。

子二　魔遣邪附

爾時天魔，候得其便，飛精附人，口說經法，其人殊不覺知魔著，亦言自得無上涅槃，來彼求知善男子處，敷座說法。

文顯易知。

子三　邪惑事言

是人無端，於說法處，得大寶珠。其魔或時，化為畜生，口銜其珠，及雜珍寶，簡冊符牘，諸奇異物，先授彼人，後著其體。或誘聽人，藏於地下，有明月珠，照耀其處，是諸聽者，得未曾有。多食藥草，不餐嘉饌，或時日餐一麻一麥，其形肥充，魔力持故，誹謗比丘，罵詈徒眾，不避譏嫌。

是人即魔附之人，此先現邪惑之事。無端者，無故於說法處，得大寶珠，以爲瑞應；其魔或有時，身化畜生，口啣其珠；及雜色珍寶，如寶印寶瓶之類；及簡册符牘，竹削名簡，韋編名册，竹刻爲符，木片爲牘，符爲符信，漢制以竹爲之，長六寸，刻約信於其中，二人各持其半，扶而合之，相符則可信也。諸奇異物，如龍光寶鏡之類；先授彼人，後著其體者：顯是魔力所爲，或誘聽法之人，藏於地下，有明月珠，照耀其處，是諸聽者，目覩其事，心信其說，得未曾有。多食藥草，不餐嘉饌者：因避煙火食，多食藥草，如黃精菖蒲之類，或有時日餐一麻一麥，其形貌肥壯，血氣充滿，魔力所持之故。誹謗比丘，不修苦行，罵詈徒衆，飽食終日。

口中好言他方寶藏，十方賢聖潛匿之處，隨其後者，往往見有奇異之人。

此復說邪惑之言。口中常好說言，他方寶藏者：此以世間利益惑人。十方賢聖，潛藏隱匿之處者：此以出世利益惑人。隨其後者往往見有奇異之人，此皆陰隱之事，似與靜謐相合。

子四　出名示害

此名山林土地城隍，川嶽鬼神，年老成魔，或有宣淫，破佛戒律，與承事者，潛行五欲，或有精進，純食草木，無定行事，惱亂是人。厭足心生，去彼人體，弟子與師，俱陷王難。

山林等，指掌管者，山神、林神，當方土地，當邑城隍，川即四瀆，嶽即五嶽，各專其權，神爲福德之鬼。年老成魔者：年代既久，魔錄爲使者，故曰成魔。或有宣淫八句：指掌疏云：附精惑人，略以三法：或有宣說淫穢，破佛清淨戒律，與彼承事弟子，潛行世間五欲，此以欲破戒法也。或有無益精進，愚癡盲修。一味食草食木，令人效行，此以愚破慧法也。或有數瞋數喜，數勤數怠，數信數疑，無定行事。一味惱亂是人，令失本修，此以亂破定法也。厭足下準前可知。

子五　教悟戒迷

汝當先覺，不入輪迴；迷惑不知，墮無間獄。

七貪求宿命竟。

癸八 貪求神力 分五

子初 定發愛求

又善男子，受陰虛妙，不遭邪慮，圓定發明，三摩地中，心愛神通，種種變化，研究化元，貪取神力。

此第八貪求神力，首四句同前。三摩禪定之中，心愛菩薩神通，神妙莫測，通達無礙，種種變化；由是研究變化之元，貪求取得，神通之力。溫陵曰：化元萬化之本也。欲乘之以發神變耳。

子二 魔遣邪附

爾時天魔，候得其便，飛精附人，口說經法。

起心研究，即落邪思；著意貪取，便同有作。安得不為天魔，候得其便哉？

子三 邪惑事言

其人誠不覺知魔著，亦言自得無上涅槃，來彼求通善男子處，敷座說法。是人或復手執火光，手撮其光，分於所聽，四衆頭上，是諸聽人，頂上火光，皆長數尺，亦無熱性，曾不焚燒；或水上行，如履平地；或於空中，安坐不動；或入瓶內，或處囊中，越牖透牆，曾無障礙；惟於刀兵，不得自在。自言是佛，身著白衣，受比丘禮，誹謗禪律，罵詈徒衆，訐露人事，不避譏嫌。

其人至敷座說法文易知。其人手執火光下：先現邪惑事，若但說猶不足以取信，今特爲現種種神變。是人或手執火光，以手撮取其光，分於所有聽衆頭上，是諸聽人，頂上火光，皆長數尺，不熱不燒。或水上能行，猶如履踐平地，此則水火二者，而得自在。或於空中，安坐不動，宛似空色一如，或入瓶內，或處囊中，幾等大小相容，或牖閉之而可越，或垣隔之而能透，曾無障礙，此亦神異之事。惟於刀兵，不得自在者：以魔未離欲，身見猶存，故不能使刀兵觸之不傷，如風吹光，如刀斷水一樣。

自言是佛者：佛爲極聖，猶自僭稱。但身著白衣，受比丘禮拜，誹謗禪律者：謗宗門爲靜坐狂參，自命頓超生死。謗律學爲持戒修身，究竟不出小乘。禪、教、律三者，唯不謗說教，以自己敷座說法，謬稱己說即是佛說，各宜信仰。蓋自命爲佛，是壞佛寶；誹謗禪律，是壞法寶；受比丘禮，是壞僧寶。信其邪說，斷三寶種，佈地獄苗矣！罵詈徒衆者：以示無私；訐露人事者：以表正直；不避譏嫌者：發人陰私，譏謗憎嫌，所不避也。

口中常說，神通自在。或復令人，旁見佛土，鬼力惑人，非有眞實。讚歎行淫，不毀麤行，將諸猥媟，以爲傳法。

此復說迷惑之言。口中時常宣說，神通變化，自在無礙，以慰愛求之心故。或復令人，旁見佛土，爲證自己是佛，此皆鬼力要迷惑於人，故意妄現，非有眞實。讚歎行淫者：以男女交遘，即是法身常住不絕。並不毀麤行，將諸鄙穢猥媟之事，以爲傳法，令得佛種不斷故。此將地獄種，以爲佛種，吁可嘆也。

子四　出名示害

此名天地大力，山精、海精、風精、河精、土精、一切草木，積劫精魅，或復龍魅，或壽終仙，再活爲魅，或仙期終，計年應死，其形不化，他怪所附，年老成魔，惱亂是人。厭足心生，去彼人體，弟子與師，多陷王難。

天地大力四字，通指下之五精，以是天地間，大力精故。五精各有統轄，威權自在，有正有邪，正者爲神，邪者爲精，以能與正神分權，其力最大。一切奇草異木，受天地之靈秀，盜日月之精華，積劫既久，成爲精魅。或復龍魅：如守天宮殿之龍，及守護伏藏之龍，竊天之靈，盜物之精，而爲妖魅。或壽終仙，再活爲魅者：存想固形，本望長生不死，豈知仙壽，亦有終盡，再活爲魅。或仙期終，計年應死，其形不化：以修仙者，燒鉛煉汞，烹養丹砂，應享遐齡，仙期告終，計年應死，神識難留，形骸不化，爲他怪所附，可惜已往功行，反資妖孽。不依正覺，修三摩提，而存想固形者，宜知猛省也。年老成魔下，準前可知。

子五　教悟戒迷

汝當先覺，不入輪迴；迷惑不知，墮無間獄。

八貪求神力竟。

癸九　貪求深空　分五　子初　定發愛求

又善男子，受陰虛妙，不遭邪慮，圓定發明，三摩地中，心愛入滅，研究化性，貪求深空。

此第九貪求深空。首四句同前。三摩禪定之中，心愛入滅者：寶鏡疏云：由彼不知一切法相，本自寂滅，不待更滅，無故欲將有相之法，而入無相之空。非同小乘，滅色歸空也。研究化性，貪求深空者：研究萬化之體性，即是根本想陰，微細動相，精研窮究，欲期於盡，蓋為貪求深空。言深空者，不唯身境俱空，並且存沒自在也。

子二　魔遣邪附

爾時天魔，候得其便，飛精附人，口說經法。

即此一念貪求，便是定心不密，天魔有隙可乘，飛精附人惑亂，固其宜矣。

子三　邪惑事言

其人終不覺知魔著，亦言自得無上涅槃，來彼求空善男子處，敷座說法。於大衆內，其形忽空，衆無所見，還從虛空，突然而出，存沒自在，或現其身，洞如瑠璃，或垂手足，作旃檀氣，或大小便，如厚石蜜，誹毁戒律，輕賤出家。

其人至敷座說法，準上可知。於大衆內，其形忽空者：先現邪惑事，雖說空法，恐猶不信，特爲示現，堅固信仰耳。正於大衆內，身形忽空，衆無所見：顯是即有而空；正當形空無見，還從虛空，突然而出，顯是即空而有。如是或存或沒，均得自在，略有似於妙有眞空，眞空妙有也。但魔力詐現，以遂貪求深空者之心也。或現其身，洞如瑠璃者：身爲衆穢所集，能現洞澈，如瑠璃寶，或垂手足，作旃檀氣者：手足垢污不淨，能垂作旃檀香氣。或大小便，如厚石蜜者：大小便臭穢不堪，能現如厚石蜜之甜，石蜜冰糖也，顯是即染而淨。竟於現前身中，炫異惑衆。誹謗戒律者：誹持戒爲小乘，自行束縛。輕賤出家：不得身空，自解求脫。

口中常說，無因無果，一死永滅，無復後身，及諸凡聖。雖得空寂，潛行貪欲，受其欲者，亦得空心，撥無因果。

此復說邪惑之言以炫世。口中常好說言，無因無果，一死永滅：如波斯匿王，見迦旃延，毘羅胝子，咸言此身，死後斷滅，正同此見。無復後身者：即一死永滅，無復捨生趣生，而受身後苦樂等報；及諸六凡四聖，迷悟差別；即使聖人修證，亦屬無有。蓋以斷滅爲得空寂，以行欲爲無礙，故曰雖得空寂，潛行貪欲。受其欲者，名持法子，傳授斷滅之法，亦得心空。撥無因果，生大邪見。永嘉云：豁達空，撥因果，莽莽蕩蕩招殃禍，可不懼哉？

子四　出名示害

此名日月，薄蝕精氣，金玉芝草，麟鳳龜鶴，經千萬年，不死爲靈，出生國土，年老成魔，惱亂是人。厭足心生，去彼人體，弟子與師，多陷王難。

指掌疏云：日月薄蝕者：黑氣相迫曰薄，蔽其精耀曰蝕，即今日月交食是也。然日爲陽精，月爲陰精，各有光華之氣，周徧散注；當其薄蝕之際，不得散注，直貫於地。地上之金玉芝草，麟鳳龜鶴，得之可以久生，可以毓秀，故云經千萬年，不死爲靈。出生國土者，爲物仙，爲禽仙，爲獸仙，與前所稱，積劫精魅者不同也。餘準前可知。

子五　教悟戒迷

汝當先覺，不入輪迴；迷惑不知，墮無間獄。

九貪求深空竟。

癸十　貪求永歲　分五　**子初　定發愛求**

又善男子，受陰虛妙，不遭邪慮，圓定發明，三摩地中，心愛長壽，辛苦研幾，貪求永歲，棄分段生，頓希變易，細相常住。

此第十貪求永歲。首四句同前。於三摩禪定之中，心愛長壽，辛苦研究幾微動相，即想陰根本。指掌疏云：然此微細動相，不可以有心研究，但依本修，定深自滅，如澄濁水，貯於靜器，靜深不動，沙土自沉。今以辛勤勞苦，研究幾微，已爲失計；而又貪求永歲，而棄分段之生，頓希變易，而望細相常住，是爲重增妄想。　分段生死者：三界內有形生死；六道衆生，依此身根，有壽命長短之分劑，有體質大小之段落，故稱分段。變易生死者：三界外無形生死；三乘聖人，斷界內見思惑盡，生法性土，故受變易，但心念遷變移易而已。今棄分段之生死，頓希變易之生死，而得細相常住也。

子二　魔遣邪附

爾時天魔，候得其便，飛精附人，口說經法。

子三　邪惑事言

其人竟不覺知魔著，亦言自得無上涅槃，來彼求生善男子處，敷座說法。好言他方往還無滯，或經萬里，瞬息再來。皆於彼方，取得其物；或於一處，在一宅中，數步之間，令其從東，詣至西壁，是人急行，累年不到。因此心信，疑佛現前。

其人至敷座說法，解見在前。好言他方下：先現邪惑之事。他方萬里之遙，或往或還，去來無滯礙也。瞬息時之短也，可以再來。皆於彼方，取得其物爲證。此五通中神足通，魔力所爲，以至遠而成至近也。昔道教薛道光，修性不修命，但能出陰神，不能遠方取物。張紫陽，性命雙修，能出陽神，兼能遠方取物。由此觀之，縱能遠方取物，仍不出天魔伎倆，又豈能與法華，普現色身三昧，及本經圓通殊勝妙用，論其淺深哉？

或於一處，在一宅中，不過數步之間，其量至近，令其從東，詣至西壁，是人急行，累年不到。然所明在己，則行遠若近；而明在他，則令近如遠，蓋地之可縮可舒，時之或延或促，皆魔詐現，以惑亂人心。因此心信，疑爲是佛現前矣。

口中常說，十方衆生，皆是吾子，我生諸佛，我出世界，我是元佛，出世自然，不因修得。

此復出邪惑之言。口中常說，十方衆生，皆是吾子者：顯未有衆生之前先有也；我生諸佛者：顯未生諸佛之前先生也；我出世界者：顯未出世界之前先出也；是依報正報，諸佛衆生，我是元佛。既是根本元佛，今猶現在，而壽命之長，更無有過者矣；此投其愛求之本念也。出世自然，不因修得者：正顯其徒修無益，撥無修證之事也。

子四　出名示害

此名住世，自在天魔，使其眷屬，如遮文荼，及四天王，毗

舍童子，未發心者，利其虛明，食彼精氣，或不因師，其修行人，親自觀見，稱執金剛，與汝長命。現美女身，盛行貪欲。未逾年歲，肝腦枯竭，口兼獨言，聽若妖魅，前人未詳，多陷王難。未及遇刑，先已乾死，惱亂彼人，以至殂殞。

住世自在天魔者：即欲界第六天上，別有魔王居處，亦他化自在天攝。使其眷屬者：如飛遺精魅之類。遮文茶，云奴神，即役使鬼，亦云嫉妒女。昆舍童子，即昆舍遮鬼，此云噉精氣，皆隸屬四王天管轄。已發心則護人，未發心則害人，以取利彼行人，定心虛明，資發邪慧，食彼精氣，助養魔軀也。或不因師者：不因魔附之師，其修行人，親自觀見，魔王現身，口稱執金剛堅固之術，與汝長命，身等金剛也。然後現美女身，引誘迷惑，自恃身形強壯，與之盛行貪欲；未逾一年半歲，肝血腦膜，自告枯竭，殊不知長命之說，徒託空言，損身之害，成爲實驗。口兼獨言者：乃謂行人，與魔對語，旁人不曉，以爲獨言，所言無定，聽若妖魅。前人未詳下：雙明二俱爲害。言前來因師，受惑之人，未詳是魔精所附，以致弟子與師，多陷王難，若此之不因師，與美女盛行貪欲，未及遇刑，先已乾死，其爲害猶速也。此二者皆足以惱亂行人，以致殂喪殞亡也。

寶鏡疏云：以上十種，皆由圓定心中，妄起貪求之念，以致然耳。若是如法精進，一念不生，如幻修證，則何善巧之不得？何法界之不歷？何機理之不契？何根本之不析？何感應之不成？何靜謐之不入？何宿命之不知？何神通之不具？何深空之不證？何常住之不獲？而乃忽生心愛貪求。譬如鱗角未成，輒思飛躍；羽毛不足，便擬扶搖；所謂學未優而求仕，丹未成而先吞，其可乎哉？故知招魔成墮者，皆自心妄想之過也。

子五　教悟戒迷

汝當先覺，不入輪迴；迷惑不知，墮無間獄。

二中間十境竟。

壬三　示勸末世　分四

癸初　妄稱極果

阿難當知：是十種魔，於末世時，在我法中，出家修道，或附人體，或自現形，皆言已成正徧知覺。

此結十種魔境。勸令當機，傳示將來，令得咸知，勿爲所惑。故呼當機，應當知覺，此十種邪魔，於末世時，在我佛法中，假示出家，名字修道，希圖破壞佛法，現比丘身。昔佛在世，魔王欲壞法佛，佛有神力，故不能壞。佛將涅槃，召魔囑咐，擁護佛法。有一魔作誓云：我待佛滅後，依教出家，著汝袈裟，壞汝佛法，其可能否？佛即墮淚曰：無奈汝何！譬如獅子身中蟲，自食獅子身中肉。或附人體，或自現形，如第十境，親自觀見，稱執金剛，與汝長命，現美女身，盛行貪欲。皆言已成正徧知覺者：此約智果說，已經成就，正徧知覺之佛果；了知心生萬法爲正知，了知法法唯心爲徧知。行人當知，凡現通稱佛，必魔無疑，以聖人應世，必不輕洩也。

癸二　以淫成化

讚歎淫欲，破佛律儀，先惡魔師，與魔弟子，淫淫相傳，如

是邪精，魅其心腑，近則九生，多逾百世，令眞修行，總爲魔眷。

溫陵曰：涅槃經云：末世魔眷屬，現比丘羅漢等像，混壞正法，誹毀戒律，其意同此。　讚歎淫、怒、癡，即是戒、定、慧，破佛所制律儀。先惡魔師者：指前十種，魔附之人，與其座下弟子，以淫傳淫，延害後世。如是邪精，魅其心腑，舉世不覺，陷入魔網；故近則九生，多逾百世也。九生百世，皆約佛滅後言之，以百年爲一生，九生九百年也。以三十年爲一世，百世三千年也。去聖時遙，人根淺薄，本望眞修，反成魔業，故曰令眞修行，總爲魔眷。

癸三　陷魔墮獄

命終之後，必爲魔民，失正偏知，墮無間獄，

既爲魔眷，命終之後，必定以爲魔民。邪見日深，正見日晦，亡失正偏知覺之佛性，墮無間獄。

癸四　悲救報恩

汝今未須，先取寂滅，縱得無學，留願入彼末法之中，起大慈悲，救度正心深信衆生，令不著魔，得正知見，我今度汝，已出生死，汝遵佛語，名報佛恩。

此正勸當機，救度末世。阿難願學菩薩久矣。自未得度，先度人者，菩薩發心，故教以未須先取寂滅，縱得成無學之道，還要留願，入彼末法之中。阿難此時，已斷三界修心，六品煩惱，自知修證，無學道成，故勸以留願度生也。起大慈悲五句：時當末法，魔强法弱，邪說競興，眞僞莫辨，發起大慈心，以與正知正見之樂；發起大悲心，以拔邪知邪見之苦。正心者，發無上菩提之心；深信者，信衆生具有佛性。救度此等衆生，慧眼圓明，修眞三昧。令不著魔，得正知見者：能令不著魔王邪知邪見，而得佛法正知正見也。

我今度汝二句。阿難雖在二果，但爲侍佛，故留殘結，佛知分段不羇，故曰我今度汝，已出生死。既出生死，故囑勿滅，當遵佛語，傳示末法，救度衆生，名報佛恩。假使頂戴恆沙劫，身爲床座徧三千，若不說法度衆生，是則不名報恩者。亦如當機偈云：將此深心奉塵剎，是則名爲報佛恩也。

壬四 結害囑護 分三 癸初 示因交互

阿難！如是十種禪那現境，皆是想陰，用心交互，故現斯事。

如是十種，禪那魔境，皆是想陰所覆。以故觀力與妄想，交戰心中，互爲勝負；若妄想勝時，故現斯事。

癸二 迷則成害

衆生頑迷，不自忖量，逢此因緣，迷不自識，謂言登聖，大妄語成，墮無間獄。

謂言登聖者：不惟惑魔爲聖，兼亦自言登聖。佛爲法王，如何妄竊？大妄語成，決定墮獄無疑也。

癸三 囑令保護

汝等必須將如來語，於我滅後，傳示末法，徧令衆生，開

悟斯義，無令天魔得其方便，保持覆護，成無上道。

汝等，皆叮嚀咐囑之意。必須將如來所說之語，於如來滅後，傳示末法，徧令一切眾生，開悟斯義，勿墮魔網。故當機結集法藏，流通今後，爲作人天眼目，以爲救世慈航，普令行人，依之修習，保持眞心，覆護禪定，成無上正等正覺之道也。三想陰魔相竟。

大佛頂首楞嚴經正文卷第九終

辛四　行陰魔相　分三
壬初　具示始終　二　中間十境　三　結害囑護
壬初分二
癸初　始修未破區宇　二　終破顯露妄源
癸初分二
子初　攝前想陰盡相　二　狀示行陰區宇　今初

阿難！彼善男子，修三摩地，想陰盡者，是人平常，夢想消滅，寤寐恆一，覺明虛靜，猶如晴空，無復麤重前塵影事。觀諸世間，大地山河，如鏡鑑明，來無所粘，過無蹤跡，虛受照

應，了罔陳習，惟一精眞。

此通明行陰始終之境。彼善男子：攝前透過想陰十境之人；或始終不起愛求，常住性定；或魔來便能覺知，不壞本修。如是用心，想陰破，而仍復精研，故曰修三摩提。望想陰爲終修，望行陰爲始修；三摩增進，動念既盡，浮想銷除，名爲想陰盡者。是人平常夢想消滅：如後云，寤即想心，寐爲諸夢。今既無夢無想，則寤時無想，常同寐時之靜；寐時無夢，常同寤時之覺；故曰寤寐恆一。覺明虛靜者：本覺妙明眞心，離諸夢想之擾亂，而得淸虛寂靜矣！猶如晴明之空，迥無所有。無復麤重前塵影事者：以麤重塵影，即是法塵，全依想陰爲體；想盡，塵自無依，故言無復等。此以上，約心之自體妙，獨影先虛也。觀諸下，約心之照境妙，性境亦虛也。世間山河大地是性境，今心照山河等，如鏡之光明洞鑒，應物而現，毫無分析。故物來影現鏡中，而鏡無所粘着；物過影滅鏡中，而鏡亦無蹤跡。據此，則境識中，不過虛受照應而已。境滅，識中了然罔有陳習之可言。陳者舊也，即舊時習氣也。惟一精眞，惟是一個識精眞體，即是第八本識，非究竟也。

子二　狀示行陰區宇

生滅根元，從此披露，見諸十方，十二衆生，畢殫其類，雖未通其各命由緒，見同生基，猶如野馬，熠熠清擾，爲浮根塵，究竟樞穴，此則名爲行陰區宇。

生滅根元者：一切生滅，根本元由，及第八識中，所含七識種子；以有微細生滅，爲行陰根本，所有生滅，皆由此流出。前爲想陰所覆，故不能見，今則想陰動念既盡，行陰生滅根元，從此披敷顯露。故得見諸十方，十二種類，衆生生滅，畢竟克殫其類。殫，猶盡也。各命由緒，爲識陰；同分生基，爲行陰；今爲行陰所覆，故曰，雖未得通達十二類生，各各受命元由頭緒；而見七識種子，同分生基，猶如野馬，熠熠清擾。野馬非塵埃，即田間游氣，春晴伏地可見，其狀如水，其光如燄。莊生呼爲野馬，佛經多稱陽燄，渴鹿逐陽燄，遠望如水，至近則無。此陰前於二卷，五陰科中，彼約迷位，取其麤相，譬如瀑流；此約修位，取其細相，喻同野馬。以喻行陰，幽隱微細動相。熠熠，小明也，以喻行陰動相，忽起忽滅也。

清擾者：揀異前後之辭。清是輕清，非同前陰之重濁；擾是擾動，非同後陰之澄湛。爲浮根塵，究竟樞穴者：浮根四塵，乃衆生根身；十二種類，各各不同；而究竟轉變之機，盡在行陰。樞者，門之軸；穴者，門之臼。由樞穴故，門得開闢；由行陰故，根塵得以生滅。此相不盡，生死難脫，是則名爲行陰區宇。初始修未破區宇竟。

癸二　終破顯露妄源

若此清擾，熠熠元性，性入元澄，一澄元習，如波瀾滅，化爲澄水，名行陰盡。是人則能，超衆生濁，觀其所由，幽隱妄想，以爲其本。

若此輕清擾動，熠熠生滅之根元體性，因定力轉深，此體性一入於元本澄清之際；後文所謂，湛不搖處是也。元性：生滅根元體性，即第七識。元澄：水浪停息曰澄，即第八識。一澄本元習氣，即第七識行陰。種習俱盡，而復還識精元明之體矣。故曰如波瀾滅，化為澄水。以想陰如洪波，行陰如細浪，識陰如無浪流水，眞覺體性如湛然止水；今化為澄水，名行陰盡。指掌疏云：按耳根圓通，此當空所空滅。言前於覺所覺空時，宛爾有個能空心生，所空覺滅，仍屬細流，即是八識中，第七識種子，名為生滅根元。今於行陰盡時，性習都盡，故能空與所空，而俱滅矣。所以不能復眞者，以猶為識陰所覆故。

是人則能超衆生濁者：如前云，知見每欲留於世間，業運每常遷於國土，相織妄成，名衆生濁。以行陰生滅不停，業運常遷，遂成衆生知見，渾濁眞性。今者，行陰既盡，則衆生濁自然超越，超越之後，反觀行陰之所由來，元從幽深隱微妄想，以為其本。初具示始終竟。

壬二　中間十計　分十　癸初　二種無因　至十　五現涅槃　癸初分三

子初　標由示墜　二　詳釋其相　三　結成外論　今初

阿難當知：是得正知，奢摩他中，諸善男子，凝明正心，十類天魔，不得其便，方得精研，窮生類本。於本類中，生元露

者，觀彼幽清圓擾動元，於圓元中，起計度者，是人墜入二無因論。

此下別示，行陰十計，不言十境，而云十計者，但是想破行現，自緣定中所見，而生種種邪計，非有外境魔事之擾也。此第一、二種無因論。呼阿難而告之曰：當知，警令覺知也。是得正知者：即不遭邪慮也。奢摩他中者：即圓定發明也。凡能到此地位，俱有決定善根，故稱善男子。凝明正心者：凝：不動也，於想陰十境，不起愛求。明：不惑也，於飛精附人，便能覺知。正心：雙承不動（定）也不惑（慧）也，定慧均等。十類天魔，不得其便，圓通妙行，乃可增修，方得精心研究，力破想陰。想陰既破，行陰即現，故得窮十二類生，生滅根本。此上歷敘，想破行現。於本類中，生元露者：此下方明，邪解起計，並非外魔，惟是自心作孽，是謂心魔。先窮十二類生，行陰深本，欲於本類中，研求生滅根元顯露者，即行陰顯現也。

觀彼幽清，圓擾動元者：乃正觀行陰；彼即指行陰，幽隱輕清，非同前想陰，顯明重濁也。圓者：徧十二類生，一一皆然；即觀行陰遷流，微細動相，爲圓擾群動之元，觀同分生基之總相，不起妄計，一味精研；自可進破行陰。今於圓元中，起計度者：於圓擾群動之元，爲諸行之本，是生滅之元，如是觀察，執爲勝性，故起計度。並不知有不擾不動之眞如，亡失本修，以是墜入二無因論。正脈疏云：二無因論，乃先世外道，修心邪解，所立違理背正之惡見耳。今行現之解，適與之同，故即墜彼論中，如後車蹈前車之覆轍，故即同墮一坑塹地。後文諸論，皆倣此意。初標由示墜竟。

子二　詳釋其相　分二　丑初　本無因　二　末無因

丑初分三

寅初　據己見量

一者、是人，見本無因。何以故？是人既得生機全破，乘於眼根，八百功德，見八萬劫，所有衆生，業流灣環，死此生彼，祇見衆生，輪廻其處，八萬劫外，冥無所觀。

首二句標定，下徵釋。一者、是人：即於圓元中，起計度之人。計執此圓元爲勝性，並不知此但行現，尙未至於盡；行陰盡後，還有識陰，識陰盡後，方是本覺。便謂此行陰，爲生滅之元，本來無有因起，故曰見本無因。何以故徵，下釋。是人既得生機全破者：生機：即行陰。破：即顯露義。前文所謂生滅根元，從此披露是也。乘於眼根淸淨，獲得八百功德，極盡其見量，能見八萬劫內，所有衆生，業行遷流，灣轉迴環，莫能自止。死此生彼者：即捨生趣生也。亦即前文所謂，業運每常遷於國土是也。祇見衆生，隨業行以遷流，輪迴在八萬劫中之處，八萬劫外，冥然莫辨，毫無所觀也。

寅二　謬成邪計

便作是解，此等世間，十方衆生，八萬劫來，無因自有。

便作如是邪解妄計：此等世間，十方衆生，八萬劫來，無因自有。因八萬劫外，冥然無有所觀，遂計無因。拘舍離等，昧爲冥諦，即同此見。儒宗所謂，鴻濛混沌者，皆此類也。殊不知自己見量有限，未至圓極，若如來見量，豎窮三際，橫徧十方，豈以八萬劫爲限哉？

寅三　失眞墮外

由此計度，亡正徧知，墮落外道，惑菩提性。

由此邪計籌度，亡失正知，執八萬劫，無因自有；亡失徧知，墮落外道邪見，惑亂菩提正覺之性矣。初本無因竟。

丑二　末無因　分三　寅初　據己見量

二者、是人，見末無因。何以故？是人於生，既見其根，知人生人，悟鳥生鳥，烏從來黑，鵠從來白，人天本豎，畜生本橫，白非洗成，黑非染造，從八萬劫，無復改移。

首二句標定，下徵釋。二者、是人：於圓元中，起計度之人。計執此圓元爲勝性，詳推過去，見本無因，例知未來，見末無因也。何以故徵，下釋云：是人於生，既見其根者：謂是人於諸衆生，既見劫前，本無其根，無因而有。蓋即以無因，爲十二類生本元，自然而然，由此轉計，成爲自然外道。知人還自然生人，悟烏還自然生烏，烏從來自然是黑，鵠從來自然是白。白非是洗成而白，黑非是染造而黑。人天二句，當在下，諒抄寫之誤。若是人天，本來是豎形而立，若是畜生，本來是橫行而走，此皆自然而然，本無有因。從八萬劫來，未嘗更改變移。

寅二　謬成邪計

今盡此形，亦復如是，而我本來，不見菩提，云何更有成菩提事？當知今日，一切物象，皆本無因。

此下釋成，上科全推過去，此科列定未來。今盡此形者：盡，即盡未來際，而此形亦復如是，無有改移。而我本來，八萬劫前，不見十二類生，從菩提性起；云何更有，衆生於劫後，成菩提事乎？當知今日，一切物象，既皆劫前，本無有因，以此驗知劫後，末亦無因也。言八萬劫盡，終成斷滅，無有因果而已。蓋以從無因而起者，還復無因，返於冥初之意而已。

寅三　失眞墮外

由此計度，亡正徧知，墮落外道，惑菩提性。

由此邪計籌度，亡失正知，皆謂一切自然，亡失徧知，不達循業發現，以致墮落外道惡見，反惑亂菩提正覺之性矣。二詳釋其相竟。

子三　結成外論

是則名爲，第一外道，立無因論。

初二種無因論竟。

癸二　四種徧常　分三　子初　標由示墮

阿難！是三摩中，諸善男子，凝明正心，魔不得便，窮生類本，觀彼幽淸，常擾動元，於圓常中，起計度者，是人墜入，四徧常論。

此第二，四種徧常論。是三摩中：正修定慧之中。凝明正心者：凝然不動，於想陰十境，始終不起愛求；明照不惑，於飛精附人，魔來便能覺知；正心即不動不惑，定慧均等之心。魔不得便：圓通妙行，自可增修。想陰既破，行陰現前，窮十二類生，生滅根本，即觀察彼行陰幽隱輕淸，常擾動元。於圓常中，起計度者：見周徧處，名之曰圓，見相續處，名之曰常；殊不知此周徧相續，乃行陰遷流，生滅之相。而於是中，妄起計度，圓徧常住者，是人墜入外道，四種徧常論矣。

子二　詳釋其相　分四

丑初　心境計常

一者、是人，窮心境性，二處無因，修習能知，二萬劫中，十方衆生，所有生滅，咸皆循環，不曾散失，計以爲常。

一者、是人欲窮行陰，但約心之與境二性，以求本元，何自而起。然窮之不遠，以見心境二處，於二萬劫前，無因自有。修習者：卽窮心境之修習；能知者：以其見量有限，祇見二萬劫中，十方衆生，所有心境生滅。以心境皆屬行陰，皆有生滅；然生滅正是無常，而彼但見劫內，生滅滅生，咸皆循環，相續不斷，不曾散失。遂計心境二性，以爲徧常，不計劫外無因，以爲斷滅，與上科異也。

丑二　四大計常

二者、是人，窮四大元。四性常住，修習能知，四萬劫中，十方衆生所有生滅，咸皆體恆，不曾散失，計以爲常。

二者、是人欲窮行陰，乘己見解，研窮四大，爲變化之元。見一切萬法，皆從四大和合而成，遂計四大種性，本來常住。殊不知四大，亦屬唯識變現，其體本空，如虛空華。依之修習，能知四萬劫中，四萬劫外，則冥無所觀矣。其見量比前，增加一倍，十方衆生，所有生滅，皆從四大和合而成。而四大種性，既是常住，咸皆體性，周徧恆常，不曾散失。遂計四大之性爲徧常。

丑三　八識計常

三者、是人，窮盡六根，末那執受，心意識中，本元由處，性常恆故。修習能知，八萬劫中，一切衆生，循環不失，本來常住，窮不失性，計以爲常。

三者、是人窮盡六根之中，所具之六識，幷及末那之七識，恆審思量故，執受之八識，執持根身、器界、種子故。此由行人，乘己見解，窮心八識意七識識第六識中，根本元由，生起之處。殊不知是乃行陰，相續之由，而反妄計識性恆常之故。依此修習，能觀八萬劫中，一切衆生，死此生彼，展轉循環，不曾散失。遂謂從本以來，周徧常住；即以窮此循環不失之性，計以爲周徧常住。正脈謂：特以所窮八識，法門深廣詳切，倍前四大故，所知劫數，亦倍前人。

丑四　想盡計常

四者、是人既盡想元，生理更無流止運轉，生滅想心，今已永滅，理中自然，成不生滅，因心所度，計以爲常。

四者、是人計想盡爲常，以其既盡想陰根元，謂根本想陰，即第八識中動相。今想破動相已盡，露出行陰，生滅根元。生理：即生滅根元，猶如野馬，熠熠淸擾，非是無流，彼謬謂更無流止，運轉施爲，意以生滅想心，今已永滅，理中自然，成一種不生滅。殊不知行陰，正是第七種子，微細流注，實非眞不生滅；不過因心路籌度，計爲周徧常住。二詳釋其相竟。

子三　結成外論

由此計常，亡正徧知，墮落外道，惑菩提性。是則名為，第二外道，立圓常論。

由此之故，非是徧常，妄計徧常。亡正徧知者：不達行陰遷流，則亡正知；不悟萬法生滅，則亡徧知。墮落外道，執此為常；不知別有真常，菩提正覺之性。是則名為第二常見外道，立圓常論。二四種徧常竟。

癸三　四種顛倒　分三　子初　標由示墜

又三摩中，諸善男子，堅凝正心，魔不得便，窮生類本，觀彼幽清常擾動元，於自他中，起計度者，是人墜入四顛倒見，一分無常，一分常論。

此雙計常與無常也。又三摩中，諸善男子堅凝正心者：前二科云凝明，足顯定慧相資，此云堅凝，似偏屬於定。然雖似偏屬，乃是即慧之定，定力愈深，而堅固凝然不動。想陰十境，始終不起愛求，故曰正心。魔不得便，故得想破行現。研究衆生，十二種類，生滅深本，深本既現，但依耳根妙修，一味反聞照性，自可進破行陰；而乃觀察行陰，幽隱輕清，常時擾動；生滅之根元，既爲諸動之根元，則自他依正，皆依之建立。由此於自他法中，起諸妄計籌度者，是人墜入，四顚倒見；顚倒見中，一分無常，一分常義。合轍云：平等性中，本無自他，而妄計自他；中道了義，迴絕二邊，而謬執斷常，非倒見而何哉？正脈云：四種顚倒，合前二計觀之，二無因，似觀劫外斷處，而計無常；四徧常，似觀劫內續處，而計是常；各皆單計而已。今此乃是雙計，常與無常也。

子二 詳釋其相 分四 丑初 雙約自他

一者、是人，觀妙明心，徧十方界，湛然以爲，究竟神我。從是則計，我徧十方，凝明不動，一切衆生，於我心中，自生自死。則我心性，名之爲常；彼生滅者，眞無常性。

一者、是人觀彼幽清，常擾動元，此是行陰，生滅根元；而計爲妙明眞心，徧滿十方世界。且以幽清常擾，不覺妄謂湛然，即不動義，自計最勝曰究竟，名爲神我；此即外道二十五諦之最後一諦也。彼有定力，能觀八萬劫；八萬劫外，則冥然莫辨，遂立爲冥諦。從冥諦生覺大，覺大生我心，我心生五微，五微生五大，五大生十一根，最後立一神我。謬計冥諦爲能生，中間二十三法爲所生。神我爲能受用，中間二十三法爲所受用。如彼論云：神我有知，能思慮故，我以思爲性，受用大等二十三法。蓋是以第八識中，所含第七識種子，爲神我也。既立神我，從是則計神我，徧滿十方，凝明不動，無生無滅，以故是常。以一切衆生，於我心中，自生自死，故是無常。此於自他處計常無常也。

丑二　約他國土

二者、是人，不觀其心，徧觀十方，恆沙國土。見劫壞處，名爲究竟，無常種性；劫不壞處，名究竟常。

二者、是人前觀自心，已知是常，故不復觀。又前於衆生，知是無常；而於國土，未知是否常住？故運心徧觀，十方恆沙國土，成壞不一。彼但見劫壞之處，三災起時，壞後見空；不知成住壞空，乃世界之劫運，空後還有成，便名爲究竟無常種性。若見劫不壞處，不知暫時而住，不過二十小劫，便名爲究竟眞常種性。此以國土壞不壞，計爲常無常也。指掌疏云：要知界性無二，成壞隨緣，若因有壞，而執無常，則菩薩灰嚴土之心；若因不壞，而執眞常，則凡夫增戀世之志。邪見誤人，不可不知。

丑三　約自身心

三者、是人，別觀我心，精細微密，猶如微塵，流轉十方，性無移改，能令此身，即生即滅，其不壞性，名我性常。一切死生，從我流出，名無常性。

三者、是人捨他觀自，於自己身心二途，分別而觀。別觀我心等：此觀心也。能令此身等：此觀身也。言精細微密者：此想破行現，指行陰根本也。別觀我心，是七識種子故曰精，流注莫見故曰細，虛受照應故曰微，行相幽隱故曰密，猶如微塵，爲十二類衆生根本。此即外道所計之微細我也。第一科中神我，即廣大我也。依此微細我，起惑造業，隨業受報，流轉十方，而性無移改，此即大小不定我也。所受之報，有大小不定故。以上觀心，次觀身；能令此身，即生即滅者：前云業運每常遷於國土，能令此身，刹那變滅，故云即生即滅，其不壞性，即無移改之心性，名我性常。至於一切生死之身，從我流出，名無常性。此以自己身心計爲常無常也。

丑四　雙非自他

四者、是人，知想陰盡，見行陰流，行陰常流，計爲常性，色受想等，今已滅盡，名無常性。

四者、是人通觀四陰，知色、受、想三陰已盡，見行陰現在遷流，以行陰相續，不斷而常流者，便計以爲常住性。色受想等三陰滅盡，而無有者，故計以爲無常性。此於四陰中，計常無常也。二詳釋其相竟。

子三　結成外論

由此計度，一分無常，一分常故，墮落外道，惑菩提性，是則名為第三外道，一分常論。

由此計度，自他依正，及陰等。各執不同，總不出一分無常，一分常論。以此雙計，故成顛倒。所以墮落外道，如僧佉論師等。智論云：諸法不應執常。常即無罪無福，無所傷殺，亦無施命，無縛無解，則無涅槃；若執無常，即是斷滅，亦無罪福，亦無增損功業，因緣果報亦失；是皆足以惑菩提性，是則名為第三外道一分常論。此偏言一分者，以二分中，以常為勝，顯獨重故。三四種顛倒竟。

癸四　四種有邊　分三

子初　標由示墜

又三摩中，諸善男子，堅凝正心，魔不得便，窮生類本，觀彼幽清，常擾動元，於分位中，生計度者，是人墜入，四有邊論。

又三摩中，文同上可知。於分位中，生計度者：溫陵曰：分位有四，謂三際分位，見聞分位，彼我分位，生滅分位。於四種分位中，生計度者，是人墜入四有邊論。文雖雙計，有邊無邊，理實但是邪計。邊見而已，非眞得無邊理體，故以正教判之，但名有邊。

子二　詳釋其相　分四

丑初　約三際

一者、是人，心計生元，流用不息。計過未者，名爲有邊。計相續心，名爲無邊。

一者、是人約分位計有邊無邊也。心計生元者：謂見行陰爲十二類生，生滅根元，而現在遷流業用，循環不息。計過去已滅，未來未至，名爲有邊；計現在相續，曾無間斷，名爲無邊。既取現心續處，爲無限際者，爲無邊；則必以過未斷處，有限際者，爲有邊。然心無限際者，以當念觀心，浩渺無涯岸之謂也。

丑二　約見聞

二者、是人，觀八萬劫，則見衆生，八萬劫前，寂無聞見，無聞見處，名爲無邊，有衆生處，名爲有邊。

二者、是人約見聞以計有邊無邊也。以定力能觀八萬劫，則見衆生，生滅滅生，輪迴其處，八萬劫前，寂然無有聞見。彼但見無聞見處，冥然莫辨，邈無涯涘；不知惟是自己見聞不及，遂名爲無邊之性。又但見有衆生處，生滅相續；不知惟是業緣，虛妄現起，遂名有邊之性。

丑三　約彼我

三者、是人，計我徧知，得無邊性，彼一切人，現我知中，我曾不知，彼之知性，名彼不得，無邊之心，但有邊性。

三者、是人約彼我以計有邊無邊也。此由行人，觀己行陰，執爲眞我。遂計我能周徧了知，於諸法之中，得無邊之性。而彼一切衆生，皆現我知之中，我曾不知，彼知之性；名彼不得，無邊心性，但名有邊心性耳。

丑四　約生滅

四者、是人，窮行陰空，以其所見，心路籌度，一切衆生，一身之中，計其咸皆半生半滅，明其世界，一切所有，一半有邊，一半無邊。

四者、是人約生滅以計有邊無邊也。窮行陰空者：謂想陰既盡，行陰遷流，今以定力研窮，欲求其空（即滅也）。以在定中，覺得行陰滅，出定之時，覺得行陰生，不知是定功未至，若定功至，則行陰自空。如波瀾滅，化爲澄水。今以其所見，用妄想心路籌度，謬謂一切衆生，一身之中，咸皆半生半滅。以一例諸，明世界所有一切皆是一半有邊，一半無邊，以生時覺得有邊，滅時覺得無邊故。二詳釋其相竟。

子三　結成外論

由此計度，有邊無邊，墮落外道，惑菩提性，是則名爲，第

四外道，立有邊論。

由此妄心計度，有邊無邊，墮落外道，成其伴侶，以其邊則非中，故迷惑中道，菩提正性。是則名爲第四外道，立有邊論。四四種有邊竟。

癸五　四種矯亂　分三　子初　標由示墜

又三摩中，諸善男子，堅凝正心，魔不得便。窮生類本，觀彼幽清，常擾動元，於知見中，生計度者，是人墜入四種顚倒，不死矯亂，徧計虛論。

又三摩中，文同上可知。於知見中，生計度者：謂以彼定中，所知所見，不能決擇明了，而妄生周徧計度也。是人墜入四種顚倒之見。不死者：外道計無想天，爲不死天。一生不亂答人，死後當生彼天。若實不知，而輒答者，恐成矯亂；故有問時，答言秘密言詞，不應皆說，或不定答。佛法訶云：此眞矯亂。灌頂云：邪分別性，故名徧計；都無實義，故云虛論。

子二　詳釋其相　分四　丑初　八亦矯亂

一者、是人，觀變化元，見遷流處，名之爲變。見相續處，名之爲恆。見所見處，名之爲生。不見見處，名之爲滅。相續之因，性不斷處，名之爲增。正相續中，中所離處，名之爲滅。各各生處，名之爲有。互互亡處，名之爲無。以理都觀，用心別見。有求法人，來問其義，答言我今亦生亦滅，亦有亦無，亦增亦減，於一切時，皆亂其語，令彼前人，遺失章句。

一者、是人以生滅行陰分別，而成八種邪見。觀變化元者：以想盡行現，進觀行陰，爲變化之根元，其體即是遷流。既有遷變流轉，故即名爲變。雖有遷變，而卻前後相續，有相續則無斷絕，故即名爲恆（即常也）。此變恆一對也。見所見處，名之爲生者：於八萬劫內，能見所見之處，似爲衆生生，故即名爲生。不見見處，名之爲滅者：於八萬劫外，不能見所見之處，似是衆生滅，故即名爲滅。此生滅一對也。　相續之因，性不斷處者：此又於生滅之中，別起有因之計，如前行陰已滅，後行陰未生，中間必有相續之因，然相續即中有身，其體即是識陰，以彼不知，行陰之外，別有識陰，但見其性不斷處，似多出一法，名之爲增。正相續中，必有缺乏之處，如出入之息，相續而缺中交是也，缺少即名爲滅。此增滅一對也。　又各各生處，名之爲有者：因觀衆生，各各生處，以生爲有，故遂名爲有。見互互無處，以滅爲無，故遂名爲無。此有無一對也。如上八種，雖則以行陰之理，統而觀之，而行人用心，差別而見，前後不一，無有正知正見。有求法人來問修證之義，答言我今亦生亦滅，亦有亦無，亦增亦滅。蓋亦者，兩可之詞，顯其不墮偏執。殊不知，中無主宰，於一切時，皆亂其語。正墮矯亂論議，文少亦變亦恆一對。令彼前人，遺失章句者：指前來問話之人；答者既兩可莫決，而聽者自然遺失章句也。

丑二　惟無矯亂

二者、是人諦觀其心，互互無處，因無得證，有人來問，惟答一字，但言其無，除無之餘，無所言說。

二者、是人諦觀其心者：於生類中，諦觀行陰之心。互互無處，因無得證者：謂悟得一切法皆無也。有人來問，惟答其無，除無之外，無所言說也。

丑三　惟是矯亂

三者、是人，諦觀其心，各各有處，因有得證，有人來問，惟答一字，但言其是，除是之餘，無所言說。

因有得證者：念生後必有滅相，滅後必有生相。從此證得，一切皆有；是即有也。餘可知。

丑四　有無矯亂

四者、是人，有無俱見，其境枝故，其心亦亂，有人來問，答言亦有，即是亦無，亦無之中，不是亦有，一切矯亂，無容窮詰。

四者、是人觀察行陰，有無俱見。既見其念念生處，又見其念念滅處；其境如木分爲兩枝，其心亦復不定也亂。有人來問，即答，見亦有即是亦無者：以生者必歸於滅。亦無之中不是亦有者：以滅者不定更生。一切矯亂，無容窮詰者：矯者：執拗不順於理。亂者：心無主正。寶鏡疏云：此中第一、第四，言皆兩可，亂義爲多，而終非順理，亦兼於矯也。第二、第三，言惟一偏，矯義爲多，而終非主正，同歸於亂也。故總結云：一切矯亂，無容窮究詰問者也。二詳釋其相竟。

子三　結成外論

由此計度，矯亂虛無，墮落外道，惑菩提性，是則名爲，第五外道，四顛倒性，不死矯亂，徧計虛論。

虛無者：虛妄邪計，無有實義。墮落外道，迷惑菩提眞性，是則名爲，第五外道。迷正知見，立邪知見，故曰四顛倒性。結名徧計虛論者：此人周徧計度，如執繩爲蛇，皆至虛至妄之論也。五四種矯亂竟。

癸六　有十六相　分三

子初　標由示墜

又三摩中，諸善男子，堅凝正心，魔不得便，窮生類本，觀彼幽清，常擾動元，於無盡流，生計度者，是人墜入，死後有相，發心顚倒。

又三摩中，文同上可知。於無盡流者：行陰相續無盡，遷流不息。生計度者：即計此行陰，爲諸動之元，將來能生諸動，遂計色、受、想三，即現前已滅，將來必生，故曰是人墜入，死後有相，發心顚倒。正脈云：眞悟無生，了知初生即有滅，是知生尙空洞無相，何說死後，豈可妄計有相耶？

子二　詳釋其相

或自固身，云色是我。或見我圓，含徧國土，云我有色。或彼前緣，隨我廻復，云色屬我。或復我依，行中相續，云我在色。

此即外道，六十二見中四計也。一者：或自堅持，固守此身形，云四大之色，皆是我故，此計即色是我也。二者：或見我性圓融，含徧十方國土，云我有色，此計我大色小，色在我中也。三者：或彼前緣，即謂眼前之色。隨我迴復者：咸皆隨我迴旋往復，即運用也。云色屬我者：色既屬我，顯是我所，非即我矣，此計離色是我也。四者：或復我依行陰之中，遷流相續，云我即在色中；以行陰相續之相，即是色陰，此計色大我小，我在色中也。

皆計度言死後有相，如是循環，有十六相。

謂色身雖死，我猶現在，色陰既爾，餘三亦然。如是循環，四四共有十六相。

從此或計，畢竟煩惱，畢竟菩提，兩性並驅，各不相觸。

上因見行陰無盡，遂計前三陰，亦復無盡，同成有相。此更轉計，一切諸法，無不皆然。煩惱攝盡染法，菩提攝盡淨法，則煩惱菩提，理亦如是。煩惱畢竟是煩惱，菩提畢竟是菩提，決無更改。由是眞妄兩性並驅，即並行不悖，各各不相抵觸也。二詳釋其相竟。

子三　結成外論

由此計度，死後有故，墮落外道，惑菩提性，是則名爲，第六外道，立五陰中，死後有相，心顛倒論。

由此計度，死後有相，所以墮落外道，有十六相，眞到底是眞，妄到底是妄，眞妄各立，無有轉煩惱之妄法，成菩提之眞性，故曰惑菩提性，是則名爲，第六外道。立五陰中，死後有相：通結五陰，惟在前四；雖在前四，義惟行陰耳。依斯立論，從心顛倒，正所謂心魔作祟，其奈之何？六十六有相竟。

癸七　八種無相　分三

子初　標由示墜

又三摩中，諸善男子，堅凝正心，魔不得便，窮生類本，觀彼幽清，常擾動元，於先除滅，色受想中，生計度者，是人墜入，死後無相，發心顛倒。

又三魔中，文同上可知。於先除滅，色受想中者：見前三已滅，生妄計籌度，前三先有今無，例知行陰現有，將來亦應滅無。因計死後，終歸斷滅故，是人墜入，死後無相。正脈云：此與上敵體相翻，故變有成無，蓋上覩未滅之行陰，見其無盡，而因前三，幷萬法，皆當無盡。此覩已滅之前三，見其無相，而因計行陰，幷萬法，皆當無相也。發心顚倒者：違佛教修因證果之誠言，成外道虛無斷滅之妄論，故曰發心顚倒。

子二　詳釋其相

見其色滅，形無所因；觀其想滅，心無所繫；知其受滅，無復連綴，陰性銷散，縱有生理，而無受想，與草木同。

色，四大之色；形，一身之形。形因色有，見其四大之色滅，則形無所因矣。想爲意識之想，心爲意根之心，心因想繫，觀其意識之想滅，則心無所繫矣。色居受陰之前，心居受陰之後。有受居中，則色心可以連綴；知其受陰一滅，則色心無復連綴矣。據此前三陰之性，既已銷亡散滅，縱有行陰，雖是生理，而無受想，則無知覺，與草木同。溫陵曰：陰性銷散，謂色、受、想滅也。生理即行，謂無受、想，則行亦滅也。

此質現前，猶不可得，死後云何，更有諸相？因之勘校，死後相無，如是循環，有八無相。

此質指現陰色心，非獨指色陰也。今在定中，見四陰現在皆無相可得，死後云何更有諸相耶？因之勘驗已滅，而知現在未滅，比校將來，死後陰相，一定是無。如是循環，往復推檢，每一陰生前死後皆無相，而色、受、想、行四陰，共有八無相。

從此或計，涅槃因果，一切皆空，徒有名字，究竟斷滅。

現前質空無修因，死後相空無證果，從此或計涅槃因果，世出世法，一切皆空。徒有名字，終無實體，究竟皆歸於斷滅也。斷滅是大邪見，撥無因果。以一切諸法，皆不離因果。所謂豁達空，撥因果，莽莽蕩蕩招殃禍。二詳釋其相竟。

子三　結成外論

由此計度，死後無故，墮落外道，惑菩提性。是則名爲，第

七外道，立五陰中，死後無相，心顚倒論。

七八種無相竟。

癸八　八種俱非　分三　子初　標由示墜

又三摩中，諸善男子，堅凝正心，魔不得便，窮生類本，觀彼幽淸常擾動元，於行存中，兼受想滅，雙計有無，自體相破，是人墜入死後俱非，起顚倒論。

又三摩中，至常擾動元，同上可知。正脈云：於行存中者：見行陰未滅，區宇宛在也。兼受想滅者：見前三已滅，體相全空也。雙計有無者：於存計有，於滅計無也。自體相破者：以行陰之有，破前三之無，以前三之無，破行陰之有也。末言墜俱非者：以破無則成非無，破有則成非有也。起顚倒之論矣。

子二　詳釋其相

色受想中，見有非有，行遷流內，觀無不無。

此正釋成自體相破之義。謂前三已滅，故色、受、想中，見行陰之有，亦即同滅，而非有矣。後一猶存，故行遷流內，觀三陰之無，亦即同有，而非無矣。

如是循環，窮盡陰界，八俱非相，隨得一緣，皆言死後，有相無相。

如是循環，窮盡陰界者：謂如是循環，由後觀前，由前觀後，窮盡色、受、想、行，四陰界限，有無俱非，成八俱非相：即非有色、受、想、行，非無色、受、想、行也。隨得一緣者：隨舉一陰，爲所緣時，皆言死後非有相非無相也。

又計諸行，性遷訛故，心發通悟，有無俱非，虛實失措。

諸行是指萬法，非獨指行陰，此下例成，萬法之性，悉皆遷變淆訛，有既非有，無亦非無，於此盡知盡見。心發通悟者：非眞通悟，增長邪知見解，有無俱非。設有人問曰：孰虛孰實？亦莫能施對，故曰：虛實失措。二詳釋其相竟。

子三 結成外論

由此計度，死後俱非，後際昏瞢，無可道故，墮落外道，惑菩提性。是則名為第八外道，立五陰中，死後俱非，心顛倒論。

由此計度，以生前例之死後，皆是非有非無。後際昏瞢，即是杳冥，無正理之可說，道有不得，道無不得，此明有無俱非，皆不可道之故，墮落外道，惑菩提之正性，是則名為，第八外道。立五陰中，死後俱非，眞是從心顛倒，而立論矣。八八俱非相竟。

癸九 七際斷滅 分三

子初 標由示墜

又三摩中，諸善男子，堅凝正心，魔不得便。窮生類本，觀彼幽清，常擾動元，於後後無，生計度者，是人墜入，七斷滅論。

又三摩中，至常擾動元，同上可知。於後後無，生計度者：溫陵曰：見行陰念念滅處，名後後無；由是妄計，生人天七處，後皆斷滅。此與第七無相，而起計不同。彼由前三，此由行陰；又彼推過去，以定死後，此觀未來，念念成滅。故計處處，有斷滅處也。

子三　詳釋其相

或計身滅，或欲盡滅，或苦盡滅，或極樂滅，或極捨滅。

七處斷滅：或計身滅，即四洲、六欲二處。或欲盡滅，即初禪，離生喜樂地，已離欲界之生，欲染已盡故。或苦盡滅，即二禪，定生喜樂地，極喜無憂故。或極樂滅，即三禪，離喜妙樂地，樂有終盡故。或極捨滅，即四禪，捨念清淨地，捨覺觀喜樂故。併四空天，捨色質之礙故。

如是循環，窮盡七際，現前消滅，滅已無復。

如是循環，推窮極盡七際，現前悉歸消滅，是七處皆現斷滅，則知死後未來，更無復生之事。二詳釋其相竟。

子三　結成外論

由此計度，死後斷滅，墮落外道，惑菩提性，是則名為，第九外道，立五陰中，死後斷滅，心顛倒論。

九七際斷滅竟。

癸十　五現涅槃　分三　子初　標由示墜

又三摩中，諸善男子，堅凝正心，魔不得便，窮生類本，觀彼幽清，常擾動元，於後後有，生計度者，是人墜入，五涅槃論。

又三摩中，至常擾動元，同上可知。於後後有者：此與上科相翻，前以行陰，念念遷流不住，因不住則後必有滅。此以行陰，念念相續無間，因無間，則後必是有，故曰於後後有。當有實果，必不滅無也。是人墜入，五涅槃論者：不待灰身泯智，而入涅槃，即於現在所計五處，即是涅槃。

子二　詳釋其相

或以欲界爲正轉依，觀見圓明，生愛慕故；或以初禪，性無憂故；或以二禪，心無苦故；或以三禪，極悅隨故；或以四禪，苦樂二亡，不受輪迴，生滅性故。

此計五處，現在生處，即爲涅槃。顯非一人，徧計五處，各隨所見，或計一處而已。欲界指六欲天，非指一天也。爲正轉依者：妄計爲眞涅槃之境，以涅槃乃佛教，轉生死依涅槃之號也。此如仙家，計六欲天上，無生死耳。此句應通後之四處，每處皆當有之。何以欲界，爲正轉依？觀見圓明，生愛慕故。以前想陰既破，圓定發明，以初得天眼，普觀天光，清淨莊嚴，迥超日月之明，且離人間之穢濁，以故心生愛慕，遂計此境，爲現在涅槃也。或以初禪，離生喜樂地，苦惱不逼，計爲現在涅槃也。或以二禪，定生喜樂地，憂愁不逼，計爲現在涅槃也。今謂初禪無憂，二禪無苦者，疑翻譯之誤倒耳。或以三禪，離喜妙樂地，極悅隨者：謂極喜悅，得大隨順，計為現在涅槃也。或以四禪，捨念清淨地，修捨定，雙捨苦樂，二者皆亡。遂謂三災不到，不受輪迴，生滅性故，計為現在涅槃也。

迷有漏天，作無為解，五處安隱，為勝淨依，如是循環，五處究竟。

五處，皆在有漏天中，今迷有漏天，竟作涅槃無為解。五處安隱者：以五處既誤作涅槃無為，遂以為安隱之家鄉矣！為勝淨依者：為最勝清淨者之所依處，最勝清淨，即佛也，佛依涅槃故。如是自下向上，展轉推觀，有循環義。五處究竟者：推觀五處，謬謂皆是無上極果也。正脈云：初於六欲，乍離人間之塵穢，而妄謂眞淨。次於初禪、二禪。乍離下界之憂苦，而妄謂眞樂。次於三禪，乍得隨順自在，而妄謂眞我。次於四禪，暫得三災不壞，而妄謂眞常，不生滅也。此正於無常、苦空、無我、不淨中，而妄計常、樂、我、淨也。二詳釋其相竟。

子三　結成外論

由此計度，五現涅槃，墮落外道，惑菩提性，是則名為，第十外道，立五陰中，五現涅槃，心顛倒論。

五現涅槃者：計此五處，皆現在涅槃，現受寂滅之樂，不待將來者也。墮落外道，惑菩提性者：菩提、涅槃二種，是如來智、斷二果。今既認妄為眞，將必以眞為妄，故曰惑菩提性，是則名為，第十外道。立五陰中，五現涅槃，乃是從心顛倒，妄計而立論耳。二中間十計竟。

壬三　結害囑護　分三

癸初　示因交互

阿難！如是十種，禪那狂解，皆是行陰，用心交互，故現斯悟。

溫陵曰：前云禪那現境，乃天魔候得其便；此云禪那狂解，乃心魔自起深孽；凡見道不眞，多歧妄計，皆即狂解，是謂心魔，最宜深防也。　皆是行陰，用心交互者：皆是想破行現，用定慧力，趣眞斷妄，正當眞妄交攻之時，互爲勝負，故現斯悟。斯悟：即狂解也。

正脈疏云：然通論十種狂解，不出斷、常、空、有，四字而已。且前五屬斷、常，後五屬空、有。第一斷見，第二常見，第三雙亦，第四、第五，皆充廣雙亦也。問：何無雙非？答：斷常皆過，若雙非，則爲離過正見，非外道也。第六執有，第七執空，第八雙非。問：此何不爲離過正見？答：有空不定是過，因偏方始生過，且此雙非，蓋指後陰昏瞢，不定有無，非是雙遮之中道，故非正見。第九推廣畢竟斷空，第十推廣畢竟滯有，若更以空有，攝入斷常，仍惟斷常二見而已。

癸二　迷則成害

衆生頑迷，不自忖量，逢此現前，以迷爲解，自言登聖，大妄語成，墮無間獄。

頑迷者：謂頑癡成性，難入正悟。迷惑覆心，易生狂解，由其不自己思忖量度，我何人斯，逢此現前，以迷惑爲解悟，未證言證，自言登聖，僭稱果位，大妄語之業既成，其必墮無間地獄矣，誠爲可惜！夫修行而至想破行現，外魔無可奈何，不知幾經歲月；如穿衣者，脫却面上三層，只剩一層，功已過半，而乃妄言，登聖致墮，豈不悲哉！

癸三　囑令保護

汝等必須將如來語，於我滅後，傳示末法，徧令衆生，覺了斯義，無令心魔，自起深孽，保持覆護，消息邪見。

此囑作摧邪知識，蓋令未起者勿起，已起者速滅。囑阿難云：汝及在會衆等，必須將如來語，於我滅度之後，傳示末法，以去聖時遙，魔强法弱。徧令衆生，覺了斯義者：謂覺察了然明白斯十種狂解之義，既能覺了，自能辨識，邪正分明；妄念纔萌，即當以正定拒之。無令者：禁止之辭。心魔自起深孽，心魔：即十種狂解，謂外魔雖不能擾，無令自己心魔，自起深孽。孽者：禍之萌也，以能爲地獄因故。書曰：天作孽，猶可違；自作孽，不可活。今云自起者，正是自作孽耳。上是教未起者勿起。保持覆護，消息邪見者：是教已起者速滅也。保持禪定，覆護進修，消息邊邪之見矣。

教其身心，開覺眞義，於無上道，不遭枝岐，勿令心祈，得少爲足，作大覺王，淸淨標指。

此囑作趣眞導師，是教其未生正智令生也。身心體察，眞如實義，迴然不屬於斷常空有；但一念不生，迴光照性，中中流入，於無上佛道，不遭枝歧。蓋遭枝木旁出曰枝，路曲分曰歧，皆非正直之本。勿令心中祈求，得少爲足。蓋遭枝歧，即墮外道；得少爲足，便入小乘。故囑當機，作大覺王，淸淨標指。一念不生曰淸淨，疾趣無上菩提，爲大覺王，標榜人天，示作成佛指南而已。四行陰魔相竟。

楞嚴經講義第二十三卷終

大佛頂如來密因修證了義諸菩薩萬行首楞嚴經講義

福州鼓山湧泉禪寺圓瑛弘悟述　受法弟子明暘日新敬校

辛五　識陰魔相　分三　**壬初　具示始終　二　中間十境　三　結害囑護**　壬初分二　**癸初　始修未破區宇　二　終破顯露妄源**　癸初分二

子初　躡前行陰盡相　二　狀示識陰區宇　今初

阿難！彼善男子，修三摩地，行陰盡者，諸世間性，幽清擾動，同分生機，倏然隳裂，沉細綱紐，補特伽羅，酬業深脈，感應懸絕。

此通明識陰，始終之相。彼善男子：即是行陰已盡之人，或始終不起狂解，或妄念便能覺知，常住圓定，故仍稱修三摩地；此中望行陰爲終修，望識陰爲始修也。行陰盡者，諸世間性，即行陰生滅性也；諸世間一切有爲之法，無非流變生滅故。幽清擾動，同分生機者：觀幽隱輕清，擾動之根元，即十二類生。同分生機，即同生基也。基：表生之處；機：明動之始；其意則一而已。

倏然隳裂，沉細綱紐者：倏然即忽然也。隳壞裂破，沉細綱紐，沉是深沉，細即微細，綱爲網上之大綱，紐爲衣中之紐扣；此狀生機之綱紐，爲網衣之樞要也。功夫至此，忽然隳裂，沉細綱紐，則補特伽羅，此云數取趣，即中有身，衆生由此，能數數取著於諸趣，而受生也。且受生，所以酬答宿業，而酬業之深潛脈絡，即是行陰，爲生滅根元也。感應懸絕者：感應即因果也，而言懸絕者，以行陰既盡，深潛脈絡已斷，因亡果喪，不復受生，故云懸絕。

子二 狀示識陰區宇

於涅槃天，將大明悟，如雞後鳴，瞻顧東方，已有精色。六根虛靜，無復馳逸，內外湛明，入無所入。深達十方十二種類，受命元由；觀由執元，諸類不召，於十方界，已獲其同；精色不沉，發現幽祕，此則名爲，識陰區宇。

於涅槃性天，爲五陰所覆，輪轉生死，昏如長夜，將大明悟。言將者，謂纔有明悟之前兆耳。故下以喻顯之。前三陰盡，如鷄初、二、三鳴，未色見精。今行陰既盡，如鷄最後啼鳴，瞻顧性天，亦若東方已有精明之色，但未大明白，以其尙爲識陰所覆故。工夫至此，行陰已盡，識陰已現時也。　六根虛靜，無復馳逸四句，指掌疏約前四陰盡相言之。以受盡故虛，無領納故；想盡故靜，離分別故；行盡故無復馳逸，絕遷流故。內之六性，既已湛然明淨，況夫色陰先盡，而外之六塵，豈更昏擾乎？如是則內根外境，同歸湛明之一體也。既唯一體，內外相盡，故曰：入無所入。　正脈云：亦即漸次中，塵既不緣，根無所偶，反流全一，六用不行之時也。內外湛明：言根塵化爲一味，湛明之境。入無所入者：謂初心亡所，故言入流；既盡根塵，更何所入？

深達十方，十二種類，受命元由者：至此根塵既銷，綱紐自破，則第八識，從此顯現。環師謂：受命元由，即是識陰，然亦即是類生別相；所謂各命由緒，顯異前之總相而見，故曰深達也。　十方世界，十二種類，衆生投胎，受命根本元由，若知此是無明幻力所起，離於依他起性，則識陰自可頓超。其奈行人至此，觀此受命元由，執此爲本元眞心，故曰觀由執元，遂致識陰終不可破。雖不可破，而行陰已盡，果報不牽，故曰諸類不召，則盡十二類，皆不能牽引受生矣。唯見十方世界，同一識性，同是唯識，一體變現，更無別法之可得，故曰已獲其同。此即已得六銷，猶未亡一。精色不沉，發現幽祕者：謂識精元明，常得現前，如初見性天，已有精明之色，不復更沉。雖未大明，然已東方發白，顯現幽暗隱祕之處，言其具見暗中之物也。即是行盡識現，如脫外衣，方見最內貼體汗衫，此則名爲識陰，未破之區宇。

癸二 終破顯露妄源

若於羣召，已獲同中，銷磨六門，合開成就，見聞通鄰，互用淸淨，十方世界，及與身心，如吠瑠璃，內外明徹，名識陰盡。是人則能超越命濁，觀其所由，罔象虛無，顚倒妄想，以爲其本。

群召，謂群生果報，皆能牽召受生，故曰群召。已獲其同者：行陰已破，諸類不召，識陰現前，故觀十方唯識，一體變現，更無別法，是謂已獲同中，同即一體也。銷磨六門，合開成就者：即於同中，加功用行，銷鎔磨煉，六根門頭，合之則一，開之則六。以六根爲一根用，以眼能見，耳、鼻、舌、身、意皆能見，名合成就；以一根爲六根用，以眼不獨見色，而能聞、齅、嘗、觸、覺、知，名爲開成就；一根如是，根根合開皆然。見聞通鄰，互用淸淨者：正脈云：不唯情界脫纏，亦以情器交徹也。見聞者：略擧六根之二；通鄰者：其結已解，其體不隔也；互用者：體旣無隔，用可互通也；謂眼家，作耳家佛事等。以其迥脫浮塵、勝義，二種根結，無障無礙，故曰淸淨。此即情界脫纏。下則情器交徹。十方世界，此器世界；及與身心，此有情世界也。外器內根，全是自己心光，世界身心，蕩然不復更有，故云如吠瑠璃，內外明徹。即前所謂山河大地，應念化成無上知覺是也。至此一念不生，不生不滅，與生滅和合之相滅，故云名識陰盡。按耳圓通，此當寂滅現前。指掌疏云：前於空所空滅時，宛爾有箇能滅心，即是第八本識，然此乃是對生言滅，滅非眞滅，正是識陰，今於識陰盡處，對生言滅之滅，亦復俱滅，故是寂滅現前時也。

是人則能超越命濁：此經命濁，以一性六用，同異相織爲體，如前命濁文云：汝等見聞，元無異性一性也，衆塵隔越，無狀異生六用也。性中相知，用中相背，同異失準，相織妄成，名爲命濁。今以合開成就，一六俱亡，無復相織，故能超越。至此反觀識陰之所由來，莫非幻妄，非有謂之罔；非無謂之象；體性空寂，故名虛無；迷背眞性，名爲顚倒；元無別法，惟此妄想，以爲識陰之根本耳。但能達妄本空，則妄想尙無，識陰何有？故曰識陰虛妄，本如來藏也。初具示始終竟。

壬二　中間十執　分十

癸初　因所因執　至十　定性辟支　癸初分三

子初　行盡識現

阿難當知：是善男子，窮諸行空，於識還元，已滅生滅，而於寂滅，精妙未圓。

此示識陰十種邪執，第一因所因執也。先敎以當知，以示警覺之意。是修圓通之善男子，窮諸行空者；謂研窮行陰，而至於空，即行陰已盡。於識還元者：指行盡識現，如前云：熠熠元性，性入元澄，一澄元習，如波瀾滅，化爲澄水是也。於八識反本還元矣！已滅七識遷流生滅之性，而於識陰，寂滅之性，精妙未圓。指掌疏云：寂即常德，離生死故；滅即淨德，滅煩惱故；精即我德，有眞體故；妙即樂德，具神用故。總爲一涅槃，蓋必透過識陰，始得圓滿也。寶鏡疏云：而於識陰，寂滅之性，雖已現前，但其眞精妙明，尙未發光，猶爲識陰所覆，未能圓照於法界也。正脈疏云：所言寂滅者，即圓通中解結，末後之滅結也。不帶纖毫生滅曰精，惟餘一味寂常曰妙，始是純眞性體。此而未圓，正明識陰未破，尙爲所覆，似一似常未精未妙也。

子二　謬解成咎

能令己身，根隔合開，亦與十方，諸類通覺，覺知通溜，能入圓元。若於所歸，立眞常因，生勝解者，是人則墮，因所因執，娑毗迦羅，所歸冥諦，成其伴侶，迷佛菩提，亡失知見。

正脈疏云：能令下，先擧起執之由。大凡起執，必覩大定中，殊勝之象，以發端耳。　首二句：能令自己之身，六根隔礙銷鎔，合六根爲一根之用，開一根爲六根之用，躡前銷六入一之境。次三句：亦與十方，十二類生，通一見聞覺知，此爲群心，通同溜合之境。覺知既已通同溜合，能入圓元。圓元：即識陰也。圓表諸類徧含，元表萬化托始。其言能入者，意明四陰蕩盡，歸宿於此而已。　下方是所起法執。若於所歸：即是能入圓元；由不達即是識陰，遂妄立眞常，堪可依住，因即依也，以爲極果，生殊勝之解者。是人則墮因所因執者：本非可依，而謬執能依之心，所依之境，故曰因所因執。正脈云：識乃無明幻影，罔象虛無，畢竟無實，如人夢見依歸得托之地，妄生慶幸，豈有真實哉？下明所墮同類，娑毗迦羅，此云黃髮外道，師事梵天，以我爲能歸，以冥諦爲所歸，前云非色非空，拘舍黎等，昧爲冥諦；然計此非只一人，前後異出耳。成其伴侶者，即同類也。迷佛菩提，亡失知見者：迷了佛果菩提無得之真道，亡失自己因地知見之妙心矣。

子三 出名警覺

是名第一，立所得心，成所歸果，違遠圓通，背涅槃城，生外道種。

識陰十相，此居其首，故名第一。前能令此身，根隔合開，遂立此識有所得之心；亦與諸類，覺知通溜，遂執此識成所歸之果。殊不知，圓滿菩提，歸無所得。今以心有所得，果有所歸，如人夢見拾得金寶，歸於家中，所得所歸，皆非真實也。違遠圓通，背涅槃城，生外道種：寶鏡疏云：向者，行盡識現，根隔合開，圓通將近；今立能立所，則違而遠矣。向者，於涅槃性天，將大明悟；今則背之，而入生死路矣。向者，覺心欲發，堪爲佛子，今則反生外道，斷佛種矣，可不悲哉！後皆倣此。初因所因執竟。

癸二　能非能執　分三　子初　行盡識現

阿難！又善男子，窮諸行空，已滅生滅，而於寂滅，精妙未圓。

此第二，能非能執也，準前可知。

子二　謬解成咎

若於所歸，覽爲自體，盡虛空界十二類內，所有衆生，皆我身中，一類流出，生勝解者，是人則墮，能非能執，摩醯首羅，現無邊身，成其伴侶，迷佛菩提，亡失知見。

若於所歸者：躡前章也。但前章，有乍現勝相之文，已將識陰，爲所歸之果。今仍躡所歸二字，前但執爲歸托之處，此則覽爲自體，是其差別也。覽爲自體者：即忘身觀識，久久觀成，唯見識體無邊，不見有身故，即以識心爲自體也；遂謂盡虛空界，十二種類，所有衆生，皆我身中，一類流出。生殊勝解者，將必以我爲能生彼，而彼非能生我，故曰是人則墮，能非能執。摩醯首羅，即色界頂天，乃三目八臂，騎白牛，執白拂，大自在天是也。竺法蘭云：西域梵志，常修梵行，事首羅天，以爲天尊。今云現無邊身者：謂大自在天，自計於身中，能現無邊衆生之身；而此識陰行人，計我生彼十二類生，與彼計同，故云成其伴侶。不信別有因果，自應迷佛所證菩提之果覺，妄計彼天爲勝，自應亡失正知正見之因心。

子三　出名警覺

是名第二，立能爲心，成能事果，違遠圓通，背涅槃城，生大慢天，我徧圓種。

立能爲心，成能事果者：因見識陰，能攝能生，遂立爲能爲因心，十方衆生，皆我流出，遂謂成就能事之果。違遠圓通者：則失因地心；背涅槃城者：

則亡果地證也。生大慢天，即大自在天，自計能生一切，起祖先慢，故以大慢爲名。又計自體，周偏虛空，圓含一切；今行人謬計，既同於彼，成彼種類，故曰我偏圓種也。正脈問：此計識爲自體，流出一切，何異佛說，萬法唯識？答：佛說萬法唯識，緣生如幻，生即無生；此計實生，安得一轍？又唯識正明無他心外之法，此計能生他法，宛爾顚倒，何疑之有！二能非能執竟。

癸三　常非常執　分三　子初　行盡識現

又善男子，窮諸行空，已滅生滅，而於寂滅，精妙未圓。

此第三，常非常執，準上可知。

子二　謬解成咎

若於所歸，有所歸依，自疑身心，從彼流出，十方虛空，咸其生起，即於都起，所宣流地，作眞常身，無生滅解。在生滅中，早計常住，既惑不生，亦迷生滅，安住沉迷，生勝解者，是人則墮，常非常執；計自在天，成其伴侶。迷佛菩提，亡失知見。

若於所歸，有所歸依者：此與上科差別也。上科於所歸識元，覽爲自體。此科於所歸識元，爲我所歸依處。自疑我之身心，從彼流出。不僅彼能生我，即十方虛空，咸其生起，況空中所有一切耶？即於都起，所宣流地者：地即處也，然識陰即爲虛空等，所都起處，爲身心等，所宣流處也。作眞常身，無生滅解者：於彼所歸識陰，始終不見生滅，故即作眞常之身，無有生滅解也。在生滅中，早計常住者：識陰，由眞如不生不滅，與生滅和合，名和合識，非是不生不滅，要必破和合識，滅相續心，方爲常住眞心。今識陰未盡，在生滅中，早計常住者，不亦惑乎？此正不了眞如爲不生滅性，亦兼不了識陰猶屬微細生滅，故曰既惑不生，猶迷生滅。且眞妄雙迷，安心住著，故曰沉迷。反生勝解者：是以識陰，而作常住解；我及萬物，皆是非常；故曰則墮常非常執。計自在天，即欲界頂，魔王天。涅槃經迦旃延說：一切衆生悉是自在天作。

楞伽經塗灰外道說：計自在天，爲萬物因。今以識陰，爲身心從彼流出，及虛空萬物，皆其生起，正與此天相似，故曰成其伴侶。然既惑不生滅性，則必迷佛果菩提之道，亦迷生滅識陰，則必亡失，正知正見，而墮邪知邪見也。

子三　出名警覺

是名第三，立因依心，成妄計果，違遠圓通，背涅槃城，生倒圓種。

立因依心者：計識能生我身心爲因，又計是我歸依之處爲依。成妄計果者：謂以生滅識陰，作眞常身，成就妄計之果。亡失本修，自與圓通相違遠，流入外道，正與涅槃，相反背矣。此與上科，同一識陰，而所執則異。前執我圓，能生萬物；此執彼圓，生我身心；故曰倒圓種。三常非常執竟。

癸四　知無知執　分三　子初　行盡識現

又善男子，窮諸行空，已滅生滅，而於寂滅，精妙未圓。

此第四，知無知執，準上可知。

子二 謬解成咎

若於所知，知徧圓故，因知立解，十方草木，皆稱有情，與人無異。草木為人，人死還成十方草樹，無擇徧知。生勝解者，是人則墮知無知執，婆吒、霰尼，執一切覺，成其伴侶。迷佛菩提，亡失知見。

溫陵曰：所知，即所觀識陰也。謂識有知，而一切法，由知變起，因計知體，圓徧諸法，遂立異解，謂無情皆有知也。　十方草木，本屬無情，以異解故，皆稱有情，與人無異。草木為人，人死還成十方草樹，互為輪轉，無所揀擇，有情無情，而徧皆有知也。正脈問：此與佛說，山河化為無上知覺，有何簡別？答：今詳內所明，見、相二分，本惟一心，迷之為二，故妄見無情，不通知覺，大悟復歸一心，則通一知覺，更無外物，非謂各各有知，同他心量也。

今以無情有知，生勝解者，是人則墮，謬計無情有知，實本無知，故曰知無知執。婆吒、霰尼二外道名；婆吒，名義集云：跋闍，此云避去，善見律云：

初爲牧童，毘舍離王，未登位時，共同遊戲，童爲王蹋，泣訴父母。父母曰：汝應避去，因此立名。䨙尼或云先尼，此翻有軍，立名之意未詳。執一切覺者：二外道執一切有情無情，皆有知覺，此計徧知，竟同於彼，故曰成其伴侶。迷佛菩提，亡失知見。

子三　出名警覺

是名第四，計圓知心，成虛謬果，違遠圓通，背涅槃城，生倒知種。

是名第四，計圓徧一切有知爲因心，成虛無謬誤之果，則違遠圓通之因地心，迷背涅槃之果地覺，生倒知種；以無情無知爲有知，謂倒知種。問：世有依草附木，以顯靈異，詎非有知耶？答：是能依能附之精靈有知，非彼無情之草木有知也。四知無知執竟。

癸五　生無生執　分三

子初　行盡識現

又善男子，窮諸行空，已滅生滅，而於寂滅，精妙未圓。

此第五生無生執，準上可知。

子二　謬解成咎

若於圓融根互用中，已得隨順，便於圓化，一切發生，求火光明，樂水清淨，愛風周流，觀塵成就，各各崇事，以此羣塵，發作本因，立常住解，是人則墮生無生執。諸迦葉波，并婆羅門，勤心役身，事火崇水，求出生死，成其伴侶，迷佛菩提，亡失知見。

環師謂：識陰盡者，消磨六門，諸根互用，今識陰未盡，則纔得隨順而已。若於圓滿無礙，融通不隔，六根互用之中，觀中一字，足見互用之妙，含而未發也。已得隨順者：雖然互用之妙，含而未發而已；得隨心順意，略無隔礙而已。即便於此，圓融化理，妄生計度，一切諸法，莫不由此四大發生。於是求火之光明，樂水之清淨，愛風之周流，觀塵之成就，塵即地大，以地大能成就諸事故。各各崇事：崇即尊崇，事即供事，或尊供於火，或尊供於水等，各隨所見，而偏執也。爲欲增進其圓化之妙，以此群塵，發作本因者，群塵即指四大，如前云：四大和合，發明世間，種種諸相，以此爲發生造作本因。一切所作，皆屬無常，惟此常住，故立常住解，以爲常司造化之眞宰也。幷謬計能生聖果，一切聖凡因果，莫不由之而生；實則不能生，故曰生無生執。諸迦葉波，別姓也，如優樓頻螺迦葉等，婆羅門總姓，共有十八，迦葉其一也，乃指一類，事四大之外道。勤勞其心，役使其身，供事於火，尊崇於水，事風崇土，可以例知。以此崇事，求出生死，以求眞常之果，成其伴侶。所立既非眞常，所修寧有實果？故曰迷佛菩提。崇事無情，立常住解，故曰亡失知見。

子三　出名警覺

是名第五，計著崇事，迷心從物，立妄求因，求妄冀果，違遠圓通，背涅槃城，生顛化種。

正脈云：計著：邪惑也。崇事：邪業也。迷心者：迷己一眞靈覺之心；從物者：從四大無知之物。妄求因者：非因計因也；妄冀果者：非果望果也。認無情之物爲眞因，故曰違遠圓通；將有漏之果爲實證，故曰背涅槃城。生顚化種者：謂生顚倒化理之種類，佛說應觀法界性，一切唯心造。是心爲能造，而一切爲所造，此是生物之正理。今既顚倒化理，故墮外道種類。五生無生執竟。

癸六　歸無歸執　分三　子初　行盡識現

又善男子，窮諸行空，已滅生滅，而於寂滅，精妙未圓。

此第六歸無歸執，準上可知。

子二　謬解成咎

若於圓明，計明中虛，非滅羣化，以永滅依，爲所歸依，生勝解者，是人則墮，歸無歸執；無想天中，諸舜若多，成其伴侶。迷佛菩提，亡失知見。

圓明，即是識陰，見前四陰皆盡，露出識陰，圓徧湛明，猶如止水；而不知仍是罔象，虛無妄想，即便計此，圓明中虛無體性，為究竟地。非滅群化者：非即毀也，要毀滅群塵所化，一切身土，即欲灰身滅土，纖塵不立。以永滅依，為所歸依者：以永滅群化所依之空，為所歸之處，常處虛空，永為依托，更不前進。豈知乃是虛無不實之境，非是實有可歸之處也。以此生勝解者，是人則墮歸無歸執，以此為托之處，實無可歸托也。無想天中，諸舜若多，成其伴侶者：正脈云：無想天，略舉非非想，以該四空，非取四禪無想也。諸舜若多，總舉趣空天衆，為同類也。既以斷滅為果，自應迷佛菩提，以虛無為因，自應亡失知見。

子三　出名警覺

是名第六圓虛無心，成空亡果，違遠圓通，背涅槃城，生斷滅種。

於圓明中，以虛無之心為因，成就空亡之果，謂縱使修到非非想天，八萬劫終是落空亡。違遠圓通，以不生不滅為因地心；背涅槃城，以不生不滅為果地覺也。現在既以斷滅居心，將來必墮斷滅之種。正脈問：此與後二何別？答：棄有取空，見解志願皆同，但先心各別，此凡外種伏惑取空，彼聖性種斷惑取空也。六歸無歸執竟。

癸七　貪非貪執　分三　子初　行盡識空

又善男子，窮諸行空，已滅生滅，而於寂滅，精妙未圓。

此第七貪非貪執，準上可知。

子二　謬解成咎

若於圓常，固身常住，同於精圓，長不傾逝，生勝解者，是人則墮貪非貪執；諸阿斯陀，求長命者，成其伴侶。迷佛菩提，亡失知見。

正脈云：圓常亦識陰區宇。歷觀上來，於此一境，稱圓元、圓融、圓明、圓常，義各有表。元表諸法統歸，融表萬化含蓄，明表徹體虛朗，常表究竟堅牢。各與本文關涉，細尋可見。由彼觀見，前四陰盡滅，而識陰現前，識體精明，湛不搖動，而妄計爲圓滿常住也。又見識爲一身之主，有欲堅固此身，令得常住，同於識精圓明，長不傾逝。傾逝即死也，即所謂長生不死也。不知此身，終是無常生滅，妄生貪著。以此生勝解者，是人則墮，貪非貪執，謂妄生貪著長生，而實非可貪也。諸阿斯陀，此云無比，即長壽仙也。言諸者，以仙非一人，凡求長命者，成其伴侶。不知更求眞常之果，故曰迷佛菩提；但知堅固幻妄之軀，故曰亡失知見。

子三　出名警覺

是名第七，執著命元，立固妄因，趣長勞果，違遠圓通，背涅槃城，生妄延種。

執著命元者：執著識陰，爲受命之根元也。立固妄因者：立堅固幻妄之色身，以圓常識陰爲因心。趣長勞果者：趣向長戀塵勞之果報，而不求出離之道也。亡失本修，故曰違遠圓通；不出生死，故曰背涅槃城。生妄延種者：謂不達自性眞實常住，存想固形，妄冀延長壽命，以成長壽仙之種類也。七貪非貪執竟。

癸八　真無真執　分三　子初　行盡識現

又善男子，窮諸行空，已滅生滅，而於寂滅，精妙未圓。

此第八真無真執，準上可知。

子二　謬解成咎

觀命互通，卻留塵勞，恐其銷盡，便於此際，坐蓮華宮，廣化七珍，多增寶媛，恣縱其心，生勝解者，是人則墮真無真執，吒枳迦羅，成其伴侶，迷佛菩提，亡失知見。

觀命：即觀受命元由，乃是識陰，與諸類通覺，故曰互通。是知一切身命，咸以識陰為本，一切塵勞，悉與命元有關；於是卻留住世間塵勞，祇恐其銷盡，則我之身命，無所依託。且行盡識現，一切圓融變化，莫不隨心自在。便於此際，正卻留塵勞之相。塵勞以貪欲為本，即於此際，現坐蓮華宮，取其莊嚴美麗，微妙香潔。廣化七珍，多增寶媛者：七珍即七寶，媛是美女也。使七寶羅列於華宮，俾美女橫陳於左右，窮奢極欲，恣縱其心，以為妙樂。生勝解者，是人則墮，眞無眞執，妄執業識，命元為眞常，而實非眞常。吒枳迦羅，即天魔之異名，吒枳此云結縛，迦羅此云我所作，此魔自謂三界結縛，惟我所作，以能變化欲境，結縛衆生故。今卻留塵勞，略同彼計，故云成其伴侶。迷佛菩提，亡失知見，不知更有無上菩提，亡失正知正見也。

子三　出名警覺

是名第八發邪思因，立熾塵果，違遠圓通，背涅槃城，生天魔種。

發邪思因者：謂發邪思縱欲，以為因心。立熾塵果者：謂立熾盛塵勞，以為果覺也。違遠圓通，本修之因心；背涅槃城，寂滅之果覺也。不斷欲而修禪，必落魔道，故曰天魔種。八眞無眞執竟。

癸九　定性聲聞　分三　子初　行盡識現

又善男子，窮諸行空，已滅生滅，而於寂滅，精妙未圓。

此第九定性聲聞，準上可知。

子二　謬解成咎

於命明中，分別精麤，疏決眞僞，因果相酬，惟求感應，背清淨道。所謂見苦斷集，證滅修道，居滅已休，更不前進。生勝解者，是人則墮定性聲聞。諸無聞僧，增上慢者，成其伴侶。迷佛菩提，亡失知見。

於命明中者：謂識陰顯露，已能通達，各命由緒，了然明白也。便知此中，識陰偏含，漏無漏種子，爲一切凡聖所依。由是分別精麤者：分析辨別，而聖位則精，謂變易精微故；凡位則麤，謂分段麤顯故。疏決眞僞者：疏通決擇，而聖道則眞，謂修證眞實故；外道則僞，謂斷常僞妄故。因果相酬者：世出世間，皆是依因感果，自相酬答。而欲易麤爲精，捨僞從眞，故惟求感應。感即是修，應即是證，惟求眞修實證，速出三界也。

背清淨道者：謂背棄一乘實相，清淨之道，以雙離二邊垢故。所謂見苦、斷集、證滅、修道者：躡解惟求感應之事。苦、集，是世間因果。滅、道，是出世間因果。見世間苦諦苦果，皆由集諦煩惱苦因所招；見出世間滅諦樂果，皆由道諦樂因所感。厭苦斷集，慕滅修道。居滅已休，更不前進者：居滅諦涅槃之樂，則心滿意足，自謂所作已辦，生死已了，更不求進大乘之道，中止化城，不求寶所，得少爲足。生勝解者：於菩薩所修大乘，不生一念好樂之心，是人則墮，定性聲聞。定性：即不發囘小向大之心，鈍阿羅漢是也。諸無聞僧者：四禪無聞比丘，及增上慢者，略同此計，故曰成其伴侶。沉空滯寂，故迷佛果，菩提之道，灰身泯智，是以亡失大乘知見。

子三　出名警覺

是名第九，圓精應心，成趣寂果，違遠圓通，背涅槃城，生纒空種。

圓精應心者：圓滿易麤爲精，求應之因心，成就沉空趣寂，定性之小果。不得圓通之因心，故曰違遠。莫獲涅槃之極果，故稱迷背。生纒空種：謂永纒於空，而無超脫之志。九定性聲聞竟。

癸十　定性辟支　分三　子初　行盡識現

又善男子，窮諸行空，已滅生滅，而於寂滅，精妙未圓。

此第十定性辟支，準上可知。

子二　謬解成咎

若於圓融，淸淨覺明，發研深妙，即立涅槃，而不前進。生勝解者，是人則墮定性辟支。諸緣獨倫，不迴心者，成其伴侶。迷佛菩提，亡失知見。

六根互用曰圓融，諸塵不染曰淸淨，照見命元曰覺明。發研深妙者：發心研究有二種：一獨覺，寂居觀化，無師自悟。二緣覺，觀察因緣，悟明無性，此二人俱得深妙之悟，即以悟境，立爲涅槃，以爲歸息之處。不知更求眞如不動，寂滅場地，及性海圓融，緣起無礙，故云而不前進。以是生勝解者，是人則墮入定性辟支，辟支梵語，具含緣、獨二覺義。定性，以不復前進，亦即不迴心者，成其同伴等侶。迷佛菩提，亡失知見者：迷了佛果，無上菩提之道，此實所也；亡失本修，正知正見之心，此因心也。

子三　出名警覺

是名第十圓覺湛心，成湛明果，違遠圓通，背涅槃城，生覺圓明，不化圓種。

圓偏諸類，覺知通湛，此是識陰境界，即以悟境爲因心，成湛明果。寂靜名湛，成獨覺，得自然慧之果；洞徹曰明，成緣覺，究竟無生之果。違遠圓通，背涅槃城者：謂圓通依不生滅爲因地心，然後圓成果地修證。今乃依識陰悟境，即立涅槃，得少爲足，中止化城，故曰違遠，曰背。生覺圓明，不化圓種者：覺，即獨覺、緣覺，生此二種果位；圓明即悟證之境。獨覺無師自悟，緣覺緣生無性，遂計其理圓，其智明，即認爲涅槃眞境；而不能融化透過，所悟所執，空淨圓影，依然爲一定性種耳。問：識陰十境，前八是外道、天、仙、魔王，錯修妄本，貪戀塵勞，不出三界，枉受生死，判屬爲魔，固其宜矣；而聲聞、緣覺、斷惑證眞，已出三界，而了生死，何亦判屬魔境，令人不敢修習；倘遇鈍根，有失接引，豈慈悲心者之所爲耶？答：准華嚴經，忘失菩提心，修諸善法，皆爲魔業。況此經乃修楞嚴大定，圓滿無上菩提，聲聞、緣覺，得少爲足，中止化城，非魔業而何哉？二中間十執竟。

壬三　結害囑護　分三　**癸初　示因交互**

阿難！如是十種禪那，中途成狂，因依迷惑，於未足中，生滿足證，皆是識陰，用心交互，故生斯位。

如是十種禪那：謂透過行陰十境，識陰未曾起執，總屬禪那善境。中途成狂，因依迷惑者：未至圓通中間，或遭枝歧，如前八種各起狂解，因依顚狂見解，不自覺知，故曰迷惑。又於未足中，生滿足證者：未至寂滅現前，即生滿足證，保果不前，自謂已足；如後二種，定性聲聞、辟支是也。然究其所以，實非外魔來擾，皆是識陰將破未破，用心不純。妄念與正念，交互而起。若妄念勝時，故生斯位。斯位即前十執。

癸二　迷則成害

衆生頑迷，不自忖量，逢此現前，各以所愛，先習迷心，而自休息，將爲畢竟所歸寧地。自言滿足，無上菩提，大妄語成。外道邪魔，所感業終，墮無間獄。聲聞、緣覺，不成增進。

此警惕顯害。衆生頑而無知，迷而無識，不自思忖量度，逢此境界現前，各以所愛而取。先習迷心者：積劫熏習，偏愛邪種，迷暗自心。今於定中，所現境界，適與先心相似，投彼病根，發其痼疾，即便欣取，而自休息。前八種，於自所計果，擬是畢竟所歸寧地，將謂即是安身立命之處，如第一所歸果，第八識塵果是也。後二種於自所證果，自言滿足，無上菩提，妄言究竟極證，如第九趣寂果，第十湛明果是也。

然此等，未得言得，未證言證，故云大妄語成。雖皆爲妄語，而害分輕重，外道邪魔八種，所感有漏，禪福之業終盡，必墮無間之獄，此約害之重者言之。聲聞緣覺二種，現前所證，乃是無漏所感，必無墮獄之事。惟是不成增進，永閉化城，不達寶所，此約害之輕者言之。其害雖分輕重，而於圓通中，皆爲魔障耳。

癸三　囑令保護

汝等存心，秉如來道，將此法門，於我滅後，傳示末世，普令衆生覺了斯義。無令見魔，自作沉孽，保綏哀救，消息邪緣。令其身心入佛知見，從始成就，不遭歧路。

汝等，存大悲救世之心，秉如來覺他之道，將此辨魔法門，於我滅度之後，正法寖衰，邪法增熾，傳示末法之世，普令衆生，覺了斯義。斯義：即中途成狂等，十種差別之義。既經覺了，顚狂知見自息。前七是見，第八具見愛，以却留塵勞故。二乘，於界內見愛雖盡，而界外見愛猶存。其於涅槃，則迷眞執似；於諦理，則厭有著空，不達法空，但求自利等，皆顚倒分別見也。以上諸見不生，故云無令見魔，自作沉孽。自作者：顯非外魔來擾，乃是心中見魔之自作耳。沉孽：謂沉重罪孽，如外道邪魔，報終墮獄；聲聞辟支，永閉化城皆是也。

保綏哀救，消息邪緣者：綏安也，保綏禪定，哀救行人，消磨息滅邪見之緣。邪緣，即前顚倒分別見愛，全障眞正知見。今既息滅，則障盡理現，令其身心，自然得入佛之知見，從此爲始，成就圓通，中中流入薩婆若海，直至成佛，不遭歧路；所謂終始地位，中間永無諸委曲相也。二詳分五魔境相，一大科竟。

庚三　結示超證護持　分二　**辛初　先示超證**　**二　後示護持**

辛初分三　**壬初　諸佛先證**

如是法門，先過去世，恆沙劫中，微塵如來，乘此心開，得無上道。

如是，指法之詞。法門，近指識陰，辨魔法門，遠該前四陰。先過去世，恆沙劫中：遠指多劫也。微塵如來者：極言其佛之多也。前云：此是微塵佛，一路涅槃門。乘此心開者：每於一陰未開之時，須要依此法門，而辨別之，不爲十種魔境所惑，方得透過。一陰如是，諸陰皆然，識陰若盡，則任運得成無上佛道矣！

壬二　識盡所超

識陰若盡，則汝現前諸根互用，從互用中，能入菩薩，金剛乾慧，圓明精心，於中發化。

識陰若盡者：將齊此以明超證也。則汝現前諸根互相爲用，六根之體，固屬圓融，六根之用，亦復不隔，每一根中，皆兼具五根之用，此當圓教初住，圓通之位；五陰既盡，解六結，越三空，生滅既滅，寂滅現前時也。從互用中者：此即從初住位中，便能入於菩薩金剛乾慧，此乾慧即前之乾慧地，初住已證。耳根圓通，名爲金剛三昧，乾慧親依而立，故特稱金剛之名。此即一超直入，等覺後心，蓋促擧始終也。下圓明精心，於中發化者：略表中間，廓周法界曰圓，寂照無邊曰明，前偈云：現在諸菩薩，今各入圓明，此即圓通體也，故號精心，謂純眞無妄之妙心。於中即於初住至等覺，兩楹之中，發起神通變化。如觀世音，獲二種殊勝，發三種妙用也。

如淨瑠璃，內含寶月，如是乃超十信、十住、十行、十回向、

四加行心，菩薩所行，金剛十地，等覺圓明。

首二句以喻明。瑠璃：喻圓明精心；含月：喻於中發化。謂圓明精心，性具神化，不礙發揮運用，洞照近遠。如論悟證，已齊佛果。如是乃超十信、十住等，意以初住爲能超，中間諸位爲所超，下入於如來，妙莊嚴海；亦即以初住爲能入，妙莊嚴海爲所入也。此中復超十信者：全顯此經十信，乃初住開出。於地特言菩薩所行者：意表入地，乃眞修聖位耳。皆以金剛利智修斷，故言金剛十地，與前乾慧位中，金剛不同，彼指耳根圓通，是諸位通依，故置諸位之初，此顯地上金剛，堅利之智，能斷微細無明，故標十地之首。

正脈云：於等覺復言圓明者：見始終惟此一心，但至等覺，則發化之極也。按天台言：圓教有利根者，一生超登十地。淸涼言：解行在躬，一生圓曠劫之果，皆從初住超之。蓋初住名發心住，以是義言，從初發心，即成正覺。舊註謂從七信超之，未敢聞命；大抵詳究圓家，只有二位：一斷前通惑，從滿觀行，一超直入初住，中間更不取證。二斷後別惑，從入初住，一超直至等覺，中間亦不取證。而佛於圓家，仍列多位者，有二意：一者、爲引漸機，令欣從圓頓也。二者、見佛眼明，極能於至迅速者，見而分析也。譬於飛隼上山，雖至迅疾，然亦自下歷上；但眼鈍者，終不能徹見，而分析之，故須佛眼也。

壬三　圓證極果

入於如來，妙莊嚴海，圓滿菩提，歸無所得。

入於究竟如來，圓極之果。妙莊嚴海者：以萬德莊嚴果海，各盡其妙，是為福究竟。圓滿菩提者：以證得一切種智，圓滿無餘，是智究竟。歸無所得者：以契合性真本有，不從外得，是理究竟。上二句顯修成，後一句顯性具，蓋從性起修，修還契性，離性真外，無有少法可得矣！前云狂性自歇，歇即菩提，勝淨明心，不從人得也。初先示超證竟。

辛二　後示護持　分三

壬初　首明遵古辨析

此是過去，先佛世尊，奢摩他中，毗婆舍那，覺明分析，微細魔事。

此是舉古佛辨魔法門，先佛授受，修習大定，增進聖位之心要也。奢摩他止定之中，用毘婆舍那觀慧，定慧均等，因中始覺智明，分析微細魔事。先佛是過來人，古語云：欲知山下路，須問過來人，自然不錯。則今之所說，亦唯遵先佛儀範也。

壬二　正令諳識護持

魔境現前，汝能諳識，心垢洗除，不落邪見。

果能如我所說，則諸魔境，一切現前，汝便能諳識。致魔雖然由定，實乃由心。但要心中不生勝解，則心垢洗除。主人不迷，則彼魔事，無奈汝何，自不落於邪見網中。此正令諳識諸魔。

陰魔銷滅，天魔摧碎，大力鬼神，褫魄逃逝，魑魅魍魎，無復出生。

陰魔，即心見二魔；由心垢洗除，則陰魔銷滅。內魔既銷，則外之天魔，自應摧碎其膽。大力鬼神，見其王尚爾摧碎，自應褫喪也魄逃逝，於十二由旬之外；魑魅魍魎，諸小鬼神，自應潛踪匿跡，無復出生。

直至菩提，無諸少乏，下劣增進，於大涅槃，心不迷悶。

此上先舉古佛辨魔法門，如是內魔外魔，一併潛銷，故能超諸位，直至無上菩提智果。雖然能超，而於諸位功德，無諸少乏，所謂一悟一切悟，一證一切證也。縱是下劣二乘，亦能回小向大，勵志增進。於如來所證，無餘大涅槃斷果，心不迷悶，於寶所矣！

若諸末世，愚鈍衆生，未識禪那，不知說法，樂修三昧，汝恐同邪，一心勸令，持我佛頂，陀羅尼咒，若未能誦，寫於禪堂，或帶身上，一切諸魔，所不能動。

此轉令咒護衆生。特約末法之世，去聖時遙，足深憂慮。況愚迷暗鈍衆生，智不明，而根不利。以智不明，未識禪那中，差別境相；根不利，不知佛所說，辨魔法要；自力法力，二緣俱缺。而乃樂修耳根三昧，直修反聞之定。汝恐同邪者：汝恐未能諳識魔境，誤入邪網，即同於邪也。自當勸令，一心持我佛頂陀羅尼咒：無庸他術，但專持咒，此咒既稱佛頂，即最尊最勝之法，又稱陀羅尼，即總一切法，持無量義，一切法義，皆在其中。設或無讀誦性。而未能誦，寫於禪堂，及其住處，或帶身上；一切諸魔，所不能動者：以此咒常有，金剛藏王菩薩種族，併其眷屬，晝夜隨侍故也。

壬三 叮囑欽古教範

汝當恭欽，十方如來，究竟修進，最後垂範。

指掌疏云：既示辨魔之法，又申結勸之義，末復教以，汝當恭欽，則如來反覆叮嚀之意，已深切矣！然教以恭欽者有二義：一者、此是十方如來，從始至終，究竟修進之法，當恭敬欽承，而修習之，此囑以依法，成自利行也。二者、此是十方如來，憐愍最後末世，垂留儀範，當恭敬欽承，而宣傳之，此囑以依教，成利他行也。寶鏡疏云：最後垂範者：以當機殷勤啓請，十方如來，得成菩提，妙奢摩他，三摩、禪那，最初方便；是以如來，令其生信開解，乃至示以三如來藏，耳根圓通，正助雙修，發行證入，則最初方便，能事畢矣。而更廻身再來凭倚，重詳七趣，以勵精修，復辨五魔，而防惑亂，此於性定，垂示初心，修習儀範，乃在後之又後，故云：最後垂範，正與最初方便，相照應耳。大科初無問自說五陰魔境竟。

戊二　因請重明五陰生滅　分三　己初　躡前請問　二　具答三問　三　結勸傳示　今初

阿難即從座起，聞佛示誨，頂禮欽奉，憶持無失。於大衆中，重復白佛：如佛所言，五陰相中，五種虛妄，爲本想心，我等平常，未蒙如來，微妙開示。

當機即從座起，聞佛最後曲垂遺範，開示教誨，頂禮接受，欽敬奉承法旨，仰體慈悲聖意，記憶受持，而不忘失，傳示於末法也。於大衆中下：具陳三問，先問生起妄想，重復白佛，如佛所言，五陰相中，五種妄想，如色陰中堅固妄想，受陰中虛明妄想，想陰中融通妄想，行陰中幽隱妄想，識陰中虛無妄想，以爲根本想心。我等平常，只知五陰相妄，當體全空；並未蒙如來，微細開示，五種妄想，以爲根本。此第一問，請細說妄源也。

又此五陰，為併銷除，為次第盡？如是五重，詣何為界？

此次問滅除頓漸。又此五陰，既總是妄想，今欲破除，為當一併頓除，為當次第漸盡耶？此第二問，請指示頓漸也。　如是五重，詣何為界者：此三問陰界淺深，又如是五陰五重。若欲破除，須至何等界限，為色陰邊際？何等界限，為識陰邊際？此第三問，請因界淺深也。

惟願如來，發宣大慈，為此大衆，清明心目，以為末世，一切衆生，作將來眼。

如上三問，乃為進修法要。惟願如來，大慈不倦，一一詳示。不獨為此現前大衆，清明心目，心地清淨，目光明朗，辨識前程，進修無礙；乘願入彼末法，將如來語，傳示後世，令一切修定衆生，作將來正法眼也。初躡前請問竟。

己二　具答三問　分三

庚初　答生起妄想　二　答因界淺深　三　答滅除頓漸　庚初分三

辛初　標說妄想之由　二　詳示五重妄想

三　總結妄想所成　辛初分三　壬初　推原生起元虛　二　判決倒計非是

三　結歸故說妄想　今初

佛告阿難：精眞妙明，本覺圓淨，非留生死，及諸塵垢，乃至虛空，皆因妄想之所生起。

此總明五陰，皆以妄想爲本。佛告阿難：我說五陰，皆是妄想，以爲其本者，豈無故哉？夫精眞妙明，本覺圓淨者：謂純一無雜，至眞無妄，此指純眞之心，體也。妙者寂義，明是照義，此指寂照雙融，用也。名曰本覺者，揀非修成，特言圓淨者，即彌滿淸淨，中不容他也。非留生死者：即無界內分段生死。及諸塵垢者：即無界外所證涅槃。如前云：想相爲塵，識爲垢。二俱遠離，則汝法眼，應時淸明。乃至虛空者：乃至超略，世界衆生，極於虛空。前云：漚滅空本無，況復諸三有，總之生死涅槃，及諸衆生世界，而至虛空，皆因妄想之所生起。蓋界內分段生死，即受、想、行三陰；界外變易涅槃，即是識陰；依正乃至虛空，即色陰也。但是本覺妙明心中，元無五陰，如心經云：空中無色，無受、想、行、識，眞空實相中本無也。

斯元本覺，妙明精眞，妄以發生，諸器世間，如演若達多，迷頭認影。

此喩妄生非實。斯即指五陰，皆是妄想所生。元是本覺，即指本有覺性。妙明精眞，即指一眞法界，意顯體用互融耳。既元是一眞，何有五陰？蓋以一念妄動，而成業識；依動故能見，發生見分；依能見故境界妄現，發生相分；既有見相二分，遂發生有情世間，及器界世間。如是空見不分，色陰與劫濁並起。性摶四大，受陰與見濁並起。根塵相識，想陰與煩惱濁並起。知見欲留，業運常遷，行陰與生濁並起。性中相知，用中相背，識陰與命濁並起。總以不了惟心，用諸妄想，展轉妄成五陰。故曰如演若達多，迷頭認影。以演若迷頭，喩衆生不了惟心；認影狂走，喩衆生用諸妄想：究竟眞本有，而妄本空。由衆生不知眞本有，而妄迷如失，如演若頭本在，而妄驚其失也。不達妄本空，而誤迷爲有，如演若影非實，而認爲眞也。意表五陰，從本虛妄不實矣。初推原生起元虛竟。

壬二　判決倒計非是

妄元無因，於妄想中，立因緣性，迷因緣者，稱為自然，彼虛空性，猶實幻生，因緣、自然，皆是眾生妄心計度。

正脈云：此中所以必斥二計者：良以五陰，始從妄想而生，雖有恆無；終依倒計而住，雖無恆有；所謂從畢竟無，成究竟有。是故二計不亡，則五陰牢不可破矣。所以如來欲掘妄想之原，先斥所依之計也。　妄元無因者：承上妄以發生而來，則本無所有，元無有因；如前云：若有所因，云何名妄？是知現前五陰，唯是妄想。以其展轉相因，遞相為種；內教學者，因立因緣，故云於妄想中，立因緣性，已是方便，非有實義，何況外道邪見，撥無因果；復迷因緣者，而稱五陰，為自然性也。其實因緣、自然，皆為戲論，故舉虛空之喻，以況顯之。彼虛空之性，雖似不動不壞，猶實幻妄所生。前云：迷妄有虛空，依空立世界是也。何況因緣、自然，二計皆是眾生妄心，顛倒分別，妄生計度，都無實義也。

阿難！知妄所起，說妄因緣。若妄元無，說妄因緣，元無所有。何況不知，推自然者？

又阿難！汝果能知妄想有所起處，可說妄想以爲因緣，此縱許也。若妄想元無起處可得，當體全空，則說妄想因緣者，元無所有矣，此即奪也。因緣，乃內教小乘，以爲不了義而非眞，何況外宗，並不知因緣，而謬推自然者，則愈妄之甚也。二判決倒計非是竟。

壬三　結歸故說妄想

是故如來，與汝發明五陰本因，同是妄想。

是因緣、自然，二計俱非之故，如來與汝發明，五陰五重蓋覆，根本生因，雖有堅固，虛明等，五種差別，同是妄想，更無他物也。斯正如來，欲令衆生，了妄無因，知眞有本也。蓋佛自第一卷，普判衆生誤認文云：一切衆生，從無始來，皆由不知，常住眞心，性淨明體（此迷眞也），用諸妄想（此認妄也）；此想不眞，故有輪轉。遂將妄想二字，重重開示，至此五陰，說出五種妄想，以爲其本，分作五重，一一詳示，乃見爲人一片婆心，成始成終之至意也。亦見本經，十卷文字，起結脈絡，勢若廻龍，首尾相顧也。初標說妄想之由竟。

辛二　詳示五重妄想　分五　壬初　色陰妄想　至五　識陰妄想

壬初分三　癸初　示體因想

汝體先因，父母想生，汝心非想，則不能來，想中傳命。

此別示五重妄想，先明色陰妄想，五根六塵，皆爲色陰，今特顯其與妄想相應者，且就內身五根而言。我雖然爲汝發明，五陰本因，汝猶不知，色陰爲堅固妄想。故云，汝之形體，有質礙可見者，先因父母，俱動愛欲妄想而生。愛欲妄想動，而後有赤白二渧，若汝中陰心中，非有憎愛之想，自不能攬爲自體。前云流愛爲種，納想成胎，務必父母與己，三想感應和合，而來想中，傳續命根也。

癸二　引喻詳釋

如我先言：心想醋味，口中涎生；心想登高，足心酸起；懸

崖不有，醋物未來，汝體必非，虛妄通倫，口水如何，因談醋出？

此引喻顯妄。如我先於想陰文中，曾言二喻，今復引之也。心想醋味，口中涎生；心想登高，足心酸起；然懸崖不有，醋物未來。但憑虛想，而口水足酸，虛妄而應。而汝現前身體，必非與虛妄，通爲一類者，口水如何因談醋出？足酸如何因思崖生？此句影略也。是知口水足酸，既然由想而生，汝體虛妄，亦應同於口水足酸也。現前色陰既爾，而前之根本色陰，例此可知。

癸三　結名妄想

是故當知，汝現色身，名爲堅固，第一妄想。

是故者：是汝體口水，虛妄通倫之故。應當得知，汝現在色身之體，名爲堅固，第一妄想：謂取著有力，堅固而不可解也。如父母交遘，欲愛妄想，與自己投胎，流愛妄想，其堅固有力，自不待言矣！正脈問：內根固然，若兼外器，何關妄想？答：如前世界相續中，言堅明立礙，及堅覺寶成等，亦堅固妄想也。初色陰妄想竟。

壬二　受陰妄想　分二　癸初　轉想成受

即此所說臨高想心，能令汝形，眞受酸澀。

此明受陰，即虛明妄想也。即此色陰中所說前喻，臨高虛想之心，以發起受陰者。想以取像爲義，受以領納爲義，前色陰即五根，此受陰即五識，而想陰即第六意識。臨高想心，即六識，曾經懸崖險處，落卸影子，在想心中。今聞懸崖，則起臨高虛想之心，能令汝之形體，眞受酸澀。受酸澀處，即受陰，於三受中，是苦受，所謂轉想成受也。懸崖不有，想雖無實，而酸澀忽形，受乃是眞；如是諸受，皆可例知其妄也。

癸二　推廣結名

由因受生，能動色體，汝今現前，順益違損，二現驅馳，名爲虛明，第二妄想。

由想心爲因，所以受陰生起，能動色陰之形體，眞受酸澀之妄境。此由因受生句，合臨高想心；能動色體之句，合能令汝形，眞受酸澀。汝今現前，正示受陰也。所謂順之則益，即樂受；違之則損，即苦受。二現驅馳者：即苦樂二者，現在能驅役自心，馳流不息。文中不言不苦不樂受者，因捨受不顯，苦樂二受，現前分別，容易明白也。溫陵曰：臨高空想，而酸澀眞發，違順皆妄，而損益現馳，則受陰無體，虛有所明，故名爲虛明，第二妄想。二受陰妄想竟。

壬三　想陰妄想　分二　癸初　身念相應

由汝念慮，使汝色身，身非念倫，汝身何因，隨念所使，種種取像，心生形取，與念相應。

此明想陰，即融通妄想，全以想陰之虛，能使色身之實，虛實相應，以見想陰之妄也。由汝念慮者：念慮，即想陰也，亦即前所謂，浮想是也。謂由於汝之第六意識，想念與思慮，所以能使役汝之現前色身。而身是色法，念是心法，色法本非心法同一倫類；既非念類，不應隨念，故難以汝身之色法，何因緣故，隨心法之念所使耶？即今現前，根塵相對，種種取像，想陰以取像爲義，然皆因想念心生，而後諸根之形方取；則知根身，所取之像，必定與想念而相應也。此約體通五識，故能令色身，時時與念慮相應；前難云：隨念所使者此也。寶鏡疏取喩如歌舞工伎之人，隨他拍轉，拍緩則步緩，拍急則步急，而身與念，亦若是矣。

癸二　推廣結名

寤即想心，寐爲諸夢，則汝想念，搖動妄情，名爲融通，第三妄想。

寤即想心，寐爲諸夢者：寤即醒也，寐即睡也。醒時即是想心，乃通於散位獨頭；睡時即爲亂夢，又通於夢中獨頭。不言定中獨頭者，以此經三摩，非思惟影像之定，獨頭不起現行故。則汝身汝想，無時無處，而不相應；良由汝之想念不息，以故搖動妄情，或寤或寐，紛然無間也。則知想陰，與前五根，幷五識，互融互通，爲第三妄想。不惟互融色身，隨念所使，而且互通夢寐，搖動妄情。則知此陰，雙融色心兩處，俱通寤寐兩境，故名融通妄想也。三想陰妄想竟。

壬四　行陰妄想　分二　癸初　體遷不覺

化理不住，運運密移，甲長髮生，氣銷容皺，日夜相代，曾無覺悟。

此明行陰，即幽隱妄想也。化理不住者：指行陰爲變化之理體，有遷流之事用，體屬生滅，故云不住。運運密移者：謂念念遷變，秘密推移，表其幽深隱微之動相。莊子喻以夜壑負舟，正此密移之意；但彼謂造化，此言行陰也。此下乃釋密移之事，能遷實體。意謂行陰，生、住、異、滅，四相遷流，念念不停，能遷實體；如初生之時，甲漸漸長，及其壯也，髮漸漸生，逮乎垂老之年，氣漸漸銷，容漸漸皺，其誰使之耶？殆行陰爲之。日夜相代，曾無覺悟者：此皆日夜生、住、異、滅，無有少停，互相更代，從古及今，曾無一人，能覺悟也。波斯匿王云：變化密移，我誠不覺者此也。

阿難！此若非汝，云何體遷，如必是眞，汝何無覺？

此雙詰是非，顯體虛妄。故呼阿難，此遷流之行陰，若果非汝心者，云何能遷變汝之實體耶？以見不非汝也。如必此遷流之行陰，是眞汝心者，汝何不念念覺知耶？以見不即汝也。是汝非汝，兩不可定，足知虛妄非眞矣！初體遷不覺竟。

癸二　結名妄想

則汝諸行，念念不停，名爲幽隱第四妄想。

幽隱者：幽深隱微。則汝諸行：指現在行陰，念念遷流，不得停住。仁王般若經云：一念之中，有九十剎那，一剎那中，有九百生滅，其幽隱難知，是非莫辨，徹體虛妄，故以妄想名之。又以密移不覺故，冠幽隱之號。正脈云：大抵受、想、行之三陰，雖皆屬心，而文中皆顯與色身通貫；受則能令色身領境，想則能驅使於身，行則能遷變乎體。又雖說三陰通貫色身，而實要顯身爲念倫，非眞實有也。四行陰妄想竟。

壬五　識陰妄想　分四

癸初　縱奪眞妄

又汝精明，湛不搖處，名恆常者，於身不出見、聞、覺、知，若

實精眞，不容習妄。

此明識陰，即微細精想也。純一無雜，橫豎洞照，曰精明，所謂似一也。浮想已盡，遷擾俱停，曰湛不搖處，所謂似常也。即此似一似常，元是根本識陰，體通如來藏性，衆生迷位之中，離此無別眞體可得，第一卷云：識精元明是也。若以此精明不搖之識，爲恆常不變之性者，於身不出見、聞、覺、知，所謂元依一精明，分成六和合也。此固以根本難知，指出現前六用，令凡小之人，知現前見、聞、覺、知，與識精同體故。若實精一無雜，眞實無妄者，自不容習種之妄染；譬如眞金，不應混雜泥沙也。

何因汝等，曾於昔年，覩一奇物，經歷年歲，憶忘俱無？於後忽然，覆覩前異，記憶宛然，曾不遺失，則此精了，湛不搖中，念念受熏，有何籌算？

何因反難之詞。既云若實精眞，不容習妄，下正明習妄之事，故反難云：

何因緣之故，汝等曾於疇昔之年，覩一奇異之物，既見奇物，必先留心，經歷年深歲久，初時猶憶，久則斯忘，久之又久，則憶忘俱無。於後忽然，覆覩前異者：於後來忽然之間，覆覩從前奇異之物，而記憶宛然如昔日。由前六熏習之力，熏成種子，在八識田中，曾不遺失，故以何因反難之。六識如聚斂之吏，七識似出納之官，八識猶庫藏之使，故知此論收執不忘，惟約第八也。理實此識，尚能憶持多劫，無量種習，次第成熟，豈止現生之覩物耶？則此下，顯妄非眞，精了即精明也，亦即現前見、聞、覺、知，同一無分別性，名湛不搖中。念念受熏，有何籌算者：前念後念，受彼妄習所熏，無有停息，分劑頭數，無量無邊，有何可籌量計算也。

癸二　正申喻示

阿難當知：此湛非眞，如急流水，望如恬靜，流急不見，非是無流，若非想元，寧受妄習。

阿難！應當了知，此八識，湛不搖者，熏之以眞則眞，熏之以妄則妄，亦非眞常不可動搖之性也。但如急流水，正脈云：須取無波，平流之急水。望如恬安也靜者：以其無波浪之參差，無飛湍之上下也。次二句，明其正因流急，故不可見，非眞無流也。嘗驗其流，拋一草葉，於其水面，草葉迅疾而去，方覺其流之最急，非無流也。若非想元者：謂此若非前四陰，妄想根元，寧受妄習所熏，此決言其猶有微細妄想故也。

癸三　的指滅時

非汝六根，互用開合，此之妄想，無時得滅。

然此微細妄想，直待何時，方得銷滅？除非汝之六根，互用之時，根隔開合之際，此之妄想，亦無時而得滅也。但經用反言以顯，故云：若非根解入圓通，此妄終無滅時也。六根互用開合，正當寂滅現前時也。

癸四　推廣結名

故汝現在，見、聞、覺、知，中串習幾，則湛了內，罔象虛無，第五顛倒，微細精想。

此承上文，未得六根互用，未盡想元，故汝現在，見、聞、齅、嘗、覺、知六精之性，即第八識中，念念受熏，互相串穿。雖習氣幾微，令不散失，則湛然了知之內，即精明湛不搖中，一分無明爲能串，而六根習幾爲所串耳。故罔象虛無，若無不無，似有非有，凡夫計爲命根，二乘認作涅槃，虛而作實，無而爲有，是爲顚倒，微細精想。謂迷眞執似，迷眞如藏性，執相似藏識，豈非顚倒乎？前四麤，顯此識微細，又此識雖非妙精明心，如第二月，故名精想，但多一揑而已，放手即是眞月矣！二詳示五重妄想竟。

辛三　總結妄想所成

阿難！是五受陰，五妄想成。

此總結五陰，即五種妄想所成也。此五種，即是衆生所受報法。受此五種，蓋覆眞性，故名五受陰，又名五取蘊。一切衆生，莫不取此以爲自體，故名此身爲五蘊幻軀，又名五陰身也。由是而觀，五陰，雖淺深麤細之不同，而要之皆妄想所成，悉非眞心本有也。

寶鏡疏云：良以衆生，自迷如來藏性，而有妄色妄心，依此色心，而成五陰，故有世間凡、聖差別也。若以衆生知見，執此五陰，爲實有者，即世間法。若以二乘知見，執此五陰，爲空寂者，即出世法。若在諸佛菩薩，善得中道，了色即空，達空即色，即爲出世上上法，乃第一義諦，不思議境界也。設若離此五陰之法，則五乘聖教，亦無安立之處也。以故，迷之則凡，悟之則聖，皆不出此。凡修定者，苟能於是，用金剛觀智，蕩滌空有情計，掃除斷常知見，了一眞之本具，達諸妄以本空，則其五陰妄想之心，當體淸淨，即是本如來藏，妙眞如性矣！初答生起妄想竟。

庚二　答陰界淺深

汝今欲知，因界淺深，惟色與空，是色邊際。惟觸及離，是受邊際。惟記與忘，是想邊際。惟滅與生，是行邊際。湛入合湛，歸識邊際。

阿難前第三問，如是五重，詣何爲界？佛今於第二超答云：汝現今欲知，因界淺深者，此一科之文，披閱諸家疏釋，惟交光法師，研究有得於心，詳釋邊際之淺深，超千古而獨最，故悉依之。交光法師云：今考古訓，十八界，乃云界者因義；謂出生諸法，如地生物，而地爲物因也。今五陰即界之開合，故名因界，但是陰之別名而已。淺深，即是邊際之淺深，歷五陰而各有也。如色陰中，有相爲色，無相爲空，若離諸色相，而棲心空淨；祖家，謂之一色邊，唯識，謂爲空一顯色，是知盡色，而不盡空；皆未出乎色陰邊際，而一切空忍，皆非究竟也。受陰中，取著曰觸，厭捨曰離，斷諸取著，而不忘厭捨，是猶住捨受之中。故佛於離幻之後，復敎離離，是知盡觸，而不盡離；亦未出乎受陰邊際，而一切背捨，皆非究竟也。想陰中，有念爲記，無念爲忘，除諸念而不忘無念，是仍住於靜念之中。故佛言：有念無念，同歸迷悶。祖云：莫謂無心便是道，無心猶隔一重關。是知盡記，而不盡忘，亦未出乎想陰邊際，而一切無想，皆非究竟也。行陰中，以迷位，散心麤行爲生相，如二卷喻如瀑流者是也。以修位，定心細行爲滅相，如此卷喻如野馬者是也。然此細行，似滅非滅，仍是清擾細遷，如定中人，不免爪生髮長，足以驗之。是知盡生，而不盡滅，亦未出乎行陰邊際，而一切滅定，皆非究竟也。識陰中，以有入爲湛入，蓋泯行流，而滅歸識海。經云：性入元澄，一澄元習，如波瀾滅，化爲澄水是也。以無入爲合湛，經云：內外湛明，入無所入是也。蓋合字有不動之意，即流急不見其流也。然此合湛境界，分劑非淺，良以始言湛入，特表行陰方消，識海初入；按位已當七信，齊於四果。而圓通正在聞所聞盡，終言合湛，更名識海久停，湛明淨極，雖視湛入有加，居然仍在識境，咸不免於最細四相所遷，是知盡湛入，而不盡合湛，終未出乎識陰邊際；所謂清光照眼，猶似迷家，而一切明白法身，猶未究竟也。問：識陰盡時，畢竟何位？答：入初住，證圓通也。經云：非汝六根，互用開合，此之妄想，無時得滅；是其明徵也。問：此之識陰，既惟第八，即是業識，而別經論，皆謂無明生相，等覺後心方盡，今言初住即盡，而後位依何住持耶？答：彼是漸教所談，初住等覺，尚隔天淵，豈遽說盡？此是圓頓之旨，經文從互用中，頓超諸位，能入金剛乾慧，非等覺後心而何？應知勝義中，眞勝義性，大不思議，不應以漸而難圓也。然以此總較，因界之淺深者，若但知色爲色，而不知空亦是色者，知色界之淺者也；知空色之皆色者，知色界之深者也。如是乃至但知湛入爲識，而不知合湛亦識者，知識界之淺者也；知湛入合湛皆識者，知識界之深者也。是則發揮五重妄想，可謂極盡其境界矣！

庚三　答滅除頓漸

此五陰元，重疊生起，生因識有，滅從色除。

阿難前第二問云：又此五陰，爲併銷除，爲次第盡？故如來在此第三，而追答之。此五陰生滅次第，即六根結解次第，故先明五陰，生起滅除，二重次第。此五陰元，是從細向麤，一重疊一重，次第生起也。生則從細向麤，因迷藏性，以爲識性，故曰生因識有。由識而行，由行而想，由想而受，由受而色；如人著衣，必自內向外，而漸著故。滅則從麤向細，須從色陰先除。則受、想、行、識，次第漸除；如人脫衣，必自外向內，而漸脫也。

理則頓悟，乘悟併銷；事非頓除，因次第盡。

此單陳滅除次第，而仍兼始悟則無次第，而終修須次第也。蓋此五陰，以理推究，如前所云：五陰本因，同是妄想。既唯妄想，妄性本空，一念頓悟，乘此心開，則五重妄想，如紅爐點雪，一併銷除，有何淺深次第之可得耶？正脈擧喩，夜暗驚杌爲鬼，奔馳荒越，一被他人說破，鬼想全銷。若就事相而論，事，謂修斷之事，色心諸法，非能頓除，務必自淺而深，因五陰之次第而漸除以盡也。正脈云：鬼想雖已全銷，而馳途豈能遽返，要須歷返前途，方歸舊處矣！總是頓悟，漸修之意而已。

我已示汝，劫波巾結，何所不明，再此詢問？

此乃斥問。取第五卷，綰巾以示倫次之文云。六結不同，一巾所造，令其雜亂，終不得成；是結解，定有倫次，故云：我已示汝，劫波巾結。前阿難亦云：是結本以次第綰生，今日當須次第而解。於彼既知，於此即應理會。故責云：何所不明，再此詢問。此處破陰之文，與解六結而入圓通比之，破五陰而登初住，法數五六參差，如何會合？答：初於聞中，入流亡所解動結，所入既寂，動靜二相，了然不生解靜結，初解動靜二結，破色陰。如是漸增，聞所聞盡，解根結，破受陰。盡聞不住，覺所覺空，解覺結破想陰。空覺極圓，空所空滅，解空結，破行陰。生滅既滅，寂滅現前，解滅結，破識陰。如是解結破陰，若合符節矣。

寶鏡疏問：如何是頓悟漸除之義乎？答：如大海猛風頓息，是頓悟也；波浪漸停，是漸除也；如嬰兒諸根頓生，是頓悟也；力量漸備，是漸除也；如太陽頓出，是頓悟也；霜露漸消，是漸除也；如春筍頓長，即與母齊，是頓悟也；枝葉分數，節節而上，是漸除也。若但頓悟，而不漸除，則有解無行，執理迷事；若但漸除，而不頓悟，則有行無解，執事迷理；均非正修眞三摩地也。二具答三問竟。

己三　結勸傳示

汝應將此，妄想根元，心得開通，傳示將來，末法之中，諸修行者，令識虛妄，深厭自生，知有涅槃，不戀三界。

此總結五陰，勸令傳示將來也。故囑云：汝應將此五陰妄想根本元由，一一研究，色陰堅固妄想，受陰虛明妄想，想陰融通妄想，行陰幽隱妄想，識陰微細精想。心得開通者：謂妄想之名，雖淺深次第有異，了達同一虛妄，更無根緒；此勸其自利不迷也。傳示將來下，勸其利他普益也。偏言末法之中者：以衆生根基淺薄，執心太重，五陰難除。諸修行者，若不思修行，則姑勿論耳。如要修行，則當令識五陰體性，虛妄根元，既是虛妄，五陰豈有眞實，認妄爲眞，故有輪轉。深厭自生者：謂既達五陰全妄，其體本空，則深切厭離之志，自然發生矣！知有涅槃者：知本有不生不滅，眞性全在，依此爲本修因地心，然後圓成果地修證，不復更戀三界，有漏生死因果矣。戀字與厭字，敵體相反，既厭而豈戀哉？二因請重明五陰生滅竟。併上大科，談五魔令辨，以護墮落竟。自阿難請談七趣以來，至此說法，更爲一周，名爲超有出魔周。

指掌疏云：首楞嚴，翻爲究竟堅固，以不動不壞爲義。今經精研七趣，唯是自業所招；詳辨五魔，都緣邪思所致；重明五陰，總以妄想爲根。自業所招，七趣成而密因壞；邪思所致，五魔起而了義亡；妄想爲根，五陰覆而萬行頽。密因壞，則正信不堅；了義亡，則正解不固；萬行頽，則眞修必墜；是始終不堅，而有壞也。今知自業所招，業不造，而七趣空；邪思所致，思無邪，而五魔遁；妄想爲根，想離妄，而五陰銷。七趣空，則密因本具，而正信堅矣！五魔遁，則了義現前，而正解固矣！五陰銷，則萬行無滯，而眞修成矣！眞修既成，妙證必剋，據此則生信、發解、起行、證果，從始至終，究竟堅固，不動不壞；題中首楞嚴三字，義統乎此。自阿難請定以來，歷談至此，爲正宗分竟。

乙三　流通分　分五

丙初　較供佛之福　二　答獲福之多　三

歎滅惡之功　四　舉兩利之勝　五　結大衆法喜　今初

阿難！若復有人，徧滿十方所有虛空，盈滿七寶，持以奉上微塵諸佛，承事供養，心無虛度，於意云何？是人以此施佛因緣，得福多不？

此明流通分。流者：流傳後世；通者：通達十方。經分三分，譬如一人：初序分如首，五官具存，觀之便知善惡，亦如經中序分，一觀便知，是大乘小乘。二正宗分如身，五臟全在，以爲一身之要。三流通分如足，以便行走。經有流通分，能成法益，流傳無盡，通達無邊也。此以財施較定供佛之福。阿難！設若復有一人，徧滿十方虛空，則虛空無盡可知；如是虛空，盈滿七寶，則七寶無邊可知；以此滿空七寶，供養一佛二佛，則財施之勝，福田之廣可知；何況持以奉上微塵數諸佛，一一悉皆，欽承奉事。心無虛度者：即無有一佛，而空過者，則福田之廣，愈可知矣！又以滿空七寶供養，是廣大心；供養諸佛，是第一心；微塵諸佛，心無空過，是常時心；如是三心並發，在汝阿難之意，以為云何？是人以此施佛，殊勝因緣，得福多不多耶？

丙二　答獲福之多

阿難答言：虛空無盡，珍寶無邊，昔有衆生，施佛七錢，捨身猶獲，轉輪王位，況復現前，虛空既窮，佛土充滿，皆施珍寶，窮劫思議，尚不能及，是福云何，更有邊際？

阿難答言：虛空徧滿十方，故言無盡；珍寶盈滿虛空，故言無邊。昔有下，舉例較量，昔有衆生，施佛七錢，獲轉輪王位者：據達磨顯宗論云：無滅尊者即阿那律。昔於殊勝福田諸福田中。佛為殊勝福田，因以七錢，施設食供，後異熟報，七返生於三十三天，七生人中，為轉輪王，最後生於大貴釋種，餘如阿含等經不錄。轉輪聖王，統領四大部洲所有國土，人中福報第一；七寶具足，千子圍繞。七寶者：金輪寶、馬寶、象寶、主兵臣寶、主藏臣寶、女寶、寶藏瓶。況復現前有人，虛空既窮，十方佛土，又充徧珍寶，持以奉上，微塵諸佛，縱使窮劫，以第六意識，思量擬議，尚不能及。如是福報，云何更有邊際。

丙三　歎滅惡之功

佛告阿難：諸佛如來，語無虛妄。若復有人，身具四重，十波羅夷，瞬息即經，此方他方，阿鼻地獄，乃至窮盡十方無間，靡不經歷。

欲顯滅惡之功，先示眞實之語。因以下：弘經之時至少，而滅惡獲福甚多，恐難生信。故先擧諸佛如來，所有語言，無有虛而不實，妄而不眞，汝當諦信也。

若復有人，身具小乘，淫、殺、盜、妄，四根本重罪；十波羅夷：大乘十種重罪。波羅夷：義當極惡，亦譯名棄。謂若犯此罪之一者，即應墮獄，況復俱犯？即應速墮；故云瞬息即經此方他方，阿鼻地獄等。瞬息時之極短，猶言臨墮迅速也。先墮此方阿鼻地獄，具足一劫；更墮他方，阿鼻地獄，具足一劫，乃至展轉，窮盡十方無間。無間者：即阿鼻之華言也。靡（即無也）不經歷者：顯十方俱經，諸獄備歷也。

能以一念，將此法門，於末劫中，開示未學，是人罪障，應念消滅，變其所受，地獄苦因，成安樂國。

此擧暫爾弘經，即指將要墮獄之人。能以一念者：謂能以一念，迴光返照，背塵合覺，頓悟圓通法門；深入一門，彼六知根，一時清淨。既頓悟已，又將此法門，於末劫中，開示未學，修禪那者，令其各得開悟，續佛慧命，紹隆佛種。然而弘經之功雖少，惟以一念，其所得之益甚多，不可爲喻。是人罪障，應念消滅者：是人罪障，即小乘四重、大乘十棄。應念者：應其弘經之一念，頓悟眞如本有，妄想本空，則何罪不消，何障不滅？所謂千年暗室，一燈能破；又如一星之火，便可燎原，頓成灰燼。變其所受地獄苦因，成安樂國者：不惟只消罪障，且能變苦爲樂，其故何也？以能將此法門，於末劫中，開示未學。此法門，即圓頓法門，圓彰法界，極顯一心，此一念心，即十方如來，成佛眞體，故能變苦因成樂國，化魔界成佛界矣！

得福超越，前之施人，百倍千倍，千萬億倍，如是乃至，算

數譬喻，所不能及。

此不僅離苦得樂，仍當得福無量，超越無比。前之施人者：即超越前以盈空珍寶，奉上塵數諸佛之人。超越百倍、千倍、千萬億倍，如是展轉乃至算數譬喻，所不能及倍。總之前人之福，任說無有邊際，迥不能及於此福之少分耳。超越前人，略有三義：一、約佛，不以財施為重，惟以法施為重，以能一念，悟此圓頓法門故。二、約行，不以自行為要，惟以化他為要，以能於末劫中，開示未學故。三、約福，前是有漏之福，此是無漏之福，以能出離生死，永脫輪迴故。譬如摩尼一顆，勝似海寶千般，阿伽陀藥，壓倒醫方萬品，則超越前福，固其宜矣！三歎滅惡之功竟。

丙四　舉兩利之勝

阿難！若有衆生，能誦此經，能持此咒，如我廣說，窮劫不盡，依我教言，如教行道，直成菩提，無復魔業。

弘經利益，轉苦為樂，已如上說。今舉無惡，誦經持咒之人言之。能誦此經者：能誦持顯文，一心不亂，若文若義，了解分明。能持此咒者：能加持密咒，三業相應，有正有助，自能得益。如我廣說，窮劫不盡者：此誦持之福，如我以四無礙辯才，廣爲宣說，窮劫說其所得之福，所受之報，尙不能盡。然而自利之行，尙且如此，何況更能利他乎？

依我教言，如教行道者：如前文言，汝等必須，將如來語，於我滅後，傳示末法，徧令衆生，覺了斯義。此首二句，即依我教言。下於我滅後，宣傳開示，徧令末法，一切未學衆生，覺了如斯辨魔之義，此即如教而行利他之道。誦經持咒，既是顯密雙修，而自行化他，仍復自他兩利也。

直成菩提，無復魔業者：況無上菩提，必須兩利圓滿，方克證入。從初發心住，一超直入，妙覺果海，圓滿菩提，於其中間，中中流入，更無魔業肆擾，諸委曲相。　指掌疏云：此經顯密雙修，自他兩利，如風帆揚於順水，若獅絃奏於群音，自然直成菩提，無復魔業。此功德所以無盡，而稱讚所以靡窮也。

丙五　結大衆法喜

佛說此經已。比丘、比丘尼、優婆塞、優婆夷，一切世間，天人阿修羅，及諸他方菩薩，二乘，聖仙童子，并初發心大力鬼神，皆大歡喜，作禮而去。

佛說此經已者：自阿難請定之後，如來初示佛定總名，令知諸佛，修因尅果；次說奢摩他路，令悟密因，大開圓解；三說三摩修法，令依耳根，一門深入；四說禪那證位，令住圓定，疾趣菩提；正說妙定始終已竟。復詳初心緊要，初談七趣勸離，以警淹留；次辨五魔令識，以護墮落；三請重明五陰，生滅之相，正宗已竟。復說流通，較量持福，滅惡之功，兩利之勝，至此所應說者，皆已說竟。

比丘、比丘尼、優婆塞、優婆夷，解見在前。序分，唯列比丘，餘三或是後來，今則俱列，以如來凡說法處，必有四衆，爲內護故。一切世間，天、人、阿修羅、八部列三，餘亦應有；以如來說法處，必有八部，爲外護故。序分不列，非所急也。及諸他方，菩薩、二乘者：他方菩薩，序分中，咨決先來衆，及音感後至衆。他方二乘，序分中，唯列辟支無學，並未列羅漢，或亦後來，故以俱列。聖仙童子者：內修聖道，外現仙身，不壞童眞，故稱聖仙童子。或因聞法而來，或因護咒而至，故序分不列。幷初發心，大力鬼神者：鬼神特加發心；大力者：表其立志護法，具大神力，可以降魔制外，而爲外護之衆。皆大歡喜者：合會大衆，法喜充滿，旣聞正宗，而獲本妙圓心；復聞流通，而知究竟弘益。依如來之密因，起了義之修證，發菩薩之萬行，一超直入，妙莊嚴海；自慶成佛有分，皆大歡喜也。作禮而去者：進而聞法於師，退而修法於己；作禮：表謝法之儀；而去：爲自修之行。又去不徒去，要休去，歇去，冷湫湫地去，正所謂狂性自歇，歇卽菩提，勝淨明心，本周法界，不從人得也。全部正文，講解已竟。

首楞嚴經講義第二十四卷終

大佛頂首楞嚴經正文卷第十終

稽首十方婆伽梵　一切尊法賢聖僧　本師釋迦牟尼佛　首楞嚴經最上乘
願賜慈悲垂護念　頓令下智成淨慧　每於深奧玄妙旨　精研細討得領會
啓悟密因與了義　逆流照性發明耀　一門深入達心源　竟究堅固無動壞
妄性本空眞本具　一超直入如來地　仰符聖意述微言　普願流通續慧命

皈依弟子葉性禮謹識

圓瑛老法師事略

法師誕生靈異，弱冠出家，禪、淨兼通，行、解相應。諸山卓錫，勝地傳經，集緇素於一堂，宏佛法以濟世。翰墨精通，詩、文優美，尤其餘事耳！似此道德文章種種，已於六十壽辰時，由孫明法居士。刋傳事略中見之矣。轉瞬十有四年，辛卯五月，欣逢法師七十壽辰，廼節採前刋，增編近事，不尙虛文，但求紀實，有類年譜，俾貢世人獲悉師之宏願，及其爲教盡瘁之苦衷，以勵來者。惟師仍謙遜未遑，而門徒實有不能已於言者，玆者七十有四，時大佛頂首楞嚴經講義刋行於世，謹續前篇，筆之於左：

法師福建古田縣人，俗姓吳，父諱元雲，母闕氏，禱觀音大士，夢抱子至，既覺而法師生。五齡椿萱失蔭，稍長業儒，聰穎絕倫，有神童之稱。年十八，頓悟人生如幻，便欲出家，爲叔父所阻。十九歲大病愈後，發願出家，即投福州鼓山，禮興化梅峯寺增西上人爲師，法名弘悟，字圓瑛，韜光則別號也。翌年依鼓山湧泉寺妙蓮和尚授具足戒。二十一歲至常州天寧寺，依冶開和尚參究禪宗，經四寒暑。是年禪七，帶病參禪，至二七第二日，定境現前，身心廓然！即說偈曰：狂心歇處幻身融，內外根塵色即空；洞徹靈明無罣礙，千差萬別一時通。廿五歲，參寧波天童寺寄禪和尚，別號八指頭陀者，從習禪定，一心參究。

廿八歲冬，定中前境復現，身心俱空，自是慧業增明，定功益力，乃取前習楞嚴經讀之，凡向之未通者，無不明晰。復從通智、諦閑、祖印、慧明、道階諸法師，修習教觀，宗說兼通，辯才無礙，已使海內，共仰宗風矣！前淸宣統元年，法師重興鄞縣接待寺，寺爲歷朝古刹。從新拆建，并創辦佛教講習所。辛亥光復，佛門多故，遂同寄禪和尚，入都請願，組織中華佛教總會，以挽頹風，時被選爲參議長。是夏，買舟渡老虹橋，適退潮覆舟，溺水幾殆；得慶再生，殆天遣作道援焉。

六年，任寧波佛教會會長，并創立僧民學校二所。

七年，創辦寧波佛教孤兒院，教、養兼施，工、讀並重，各省聞風，相率倣效，此慈善事業，實佛徒應行舉辦，方合慈悲爲本之宗旨。

九年春，赴北平。演講楞嚴法華兩經，法緣甚盛。時北五省旱災，師發起佛教籌賑會，勸募鉅款，賑救災黎。是年秋，在寧波七塔寺講楞嚴經。

十一年，赴南洋群島，新加坡、檳榔嶼講經，感化者衆。遂倡設檳城佛教研究社。

十二年，遊化臺灣時，曾在基隆靈泉寺，臺中愼齋堂，臺南開元寺，新竹州金剛寺等處，宣揚佛化，法雨頻施，三根普被。時新竹州有一小塘，名湖潭者，水淺而小，然年必淹斃數命，視爲慘事，地方紳耆恭請法師親爲超度，師因與約，全州人士，應持齋禁屠以示誠敬，果能允諾，自當任之。紳云：當商之官廳，師在臺南講經時，得來函一一照辦，請擇日超薦，遂即覆函，屆時首途，到州時往迓法駕之車夫，呼曰菩薩至矣！請登車。師訝以詢？車夫云：前夜湖潭，有數鬼魂，各向其各家屬們相告，謂菩薩將來超度，故知之。迨師抵湖浬，群呼菩薩，歡喜若狂！超薦既畢，復返臺南講經，越七日，州中來函致謝曰：湖浬水為之涸，死者得蒙超拔，生者亦不至枉死，從此安全，真奇蹟也。是秋，由臺南回至泉州，同轉道和尚，轉物當家，三人發願，重興開元寺。

十三年，重新建築大開元寺，併創辦開元慈兒院，陸續收養孤兒，二百餘名，至十四年春成立。十四年夏，在厦門南普陀寺，講楞嚴經。

十五年，重渡南洋，籌募慈兒院基金，所得之款，於庇六呷，組織基金董事會，保管本息，以垂永久。時該坡有一河，每年溺死數十人，聞法師在臺超度之驗，欲請超度，師亦以全坡素食為約，歡迎到埠，道場將開，適有一大蛇，關閉籠中，將供宴客之用，法師勸令放生，並為其說法，當揚旛時，解籠釋放，而蛇騰身數丈，一躍入河，去而復還，翹首向師稱謝，如是者三，觀者無不驚異！即時啓建道場，寶幡初樹，天雨欲來，師因默禱觀音大士，須俟法事畢，再行下雨，以啓地方人士之信心。後果如默禱，法事既畢，回壇抽衣，時大雨滂沱而至。法會七日，應驗之事非一；有賣水果者，詣壇參觀，心不敬信，出言褻瀆，遂發神經病。既歸，其家人即至法師處，報告所得之病，求為醫治。法師即授以懺悔之法，其病遂愈，因此敬信倍至。

有一傭婦，身衣不淨，欲入壇中，纔至門首，忽然倒地，口吐白沫，請師救援。師至，見其人事不省，遂取水誦咒數遍，將水含一口，噴其面上即醒。少頃問其故？答曰：見一黑面人甚大，一手執戟，一手攔阻，不許進壇，因是驚倒。法會期中，有困於生計，欲投河自盡者，自橋上一躍而下，覺似水中有二人，扶至水面，此人原要尋死，復入水底，依然仍被扶上，如是者再，方始呼救，橋上行人，爲其救援，送至醫院，遂將其事語人。衆曰：水鬼發心護法。故不要人矣。

凡欲進壇者，必須茹素更衣。時有一中學校長，信心不具，即對全體學生宣言：謂我吃魚，吃畢往壇，且看是否能倒？此等迷信之事，費用許多金錢，汝等不可置信，遂大酌。忽有魚骨，梗喉不出，乃致身死。法會圓滿，是日送聖，適校長出喪，道路傳說，此即不信之果報，證信因果之說爲不誣也。

十六年，以浙省鄞、奉二區，寺產將有沒收之舉，法師挺身衞教，奔走呼號，幸得保存。

十七年夏，首都全國教育會議，議決全國寺院，改作學校，所有寺產，盡充教育基金。法師因發起組織江浙佛教聯合會，被選爲主席，入都請願，卒獲成功。佛教寺產，賴以保全。並於各埠，創辦佛教慈幼院，佛教醫院，佛教工廠，分擔社會責任；又於各叢林，創辦佛學院，農林場等，養成自食能力；旋返福州講經。是秋經紳士公舉，住持大雪峯崇聖禪寺；復接收城中法海寺，爲雪峯下院，荒涼舊刹，經一年經營，百廢俱舉。

十六年，被選爲寗波江東七塔報恩寺住持。是夏中國佛教會成立，被選爲主席；入都力請廢止不平等之管理寺廟條例，經交立法院修正，爲監督寺廟條例保全佛教產權。

十八年秋，應杭州佛教會之請，於菩提寺講經，法喜充滿！冬復應揚州願生寺講經。

十九年春，浙東寗波天童宏法禪寺，改選住持，法師當選。此寺爲六朝古刹，禪宗祖庭，住衆三千餘指，冬參夏講，定爲常規。是夏五月進院，當即對衆宣誓曰：爲法爲人，盡心盡力。具有十二不（不貪名、不圖利、不營私、不舞弊、不苟安、不放逸、不畏强、不欺弱、不居功、不卸責、不徇情、不背理。）可謂言表行功，嚴於律已矣！隨即開講楞嚴經，四方學者雲集。每年冬季，傳授三壇大戒，丕振宗風，續佛慧命，大衆心悅。

二十年，復被選爲全國佛教會主席。是年中央大學教職員，在京組織廟產興學促進會，意圖沒收全國寺產。法師挺身衞教，力闢其說，以民國約法所載，人民一律平等，無宗教階級之區分，以人民有信仰之自由，有保有財產之自由等，種種根據，風潮遂息。是秋洪水爲災，遍十六省，法師奔走籌募。普惠災黎。東三省淪陷，法師通告全國佛教徒，啓建護國道場，並電蒙藏院，一致擁護中央，曾撰一聯云：出世猶垂憂國淚，居山恆作感時詩。是年秋後，住持福州瑞峯林陽寺，並往興化莆田梅峯寺講經。

廿一年夏，就佛教會執委之職。是秋入都，向中央黨部，直接請求，發給人民團體組織證，旋獲第一號許可證書，以保全佛教。而全國佛教徒，開選舉大會，依法改選，法師復被選爲主席。是冬天童火災，殿堂樓舍被燬者九處，計五十餘間。兩序大衆，悲痛萬分，僉謂此等工程，非二十年，不能恢復。法師親出募捐，僅未三年，全部重新，較前更見莊嚴，並增築新樓二十八間，添設谷倉十餘間，加築高牆，以防火患。

廿二年夏，中國佛教會，第五屆選舉大會，有嫉妒者，揑辭誣謗，法師寧靜以處。終於無損光明，因復繼任主席。秋應青浦佛教徒之請，廣弘法化，冬赴餘姚，講演佛學。

廿三年夏，中國佛教會第六屆全國代表大會，法師仍任主席。是秋在南京，講仁王護國般若經，著有講義，有國府林主席撰序，並爲題簽。是歲福建古田縣，古祥寺之吉祥塔，受炸彈震動，塔石崩裂，法師發願重修，乃勸南潯顧蓮成居士，及德配邢夫人，捐資獨修，發現塔頂，有一石碑，文曰：宋浙江吳興南潯顧重修等字。足證前後千餘載，遙遙相對。旋感塔放白光，衆所共覩。冬復宏化寗波餘姚。

廿四年二月，往汕頭潮陽揭陽等處講經，聽衆踴躍，皈依者千餘人。六月赴厦門，妙釋寺講金剛般若波羅密經，聽衆尤多。並於鼓浪嶼、日光岩講經。是年在滬，手創圓明講堂，秋間落成。

廿五年春，赴長沙講經。臨別時四衆數百人相送，依依不捨。至武漢三鎭，復懇留講演，皈依座下者，指不勝屈。而天童方丈，適六年任滿，堅辭法席，舉大悲和尚爲主席。秋冬間，各省叢林，爭迎法師爲住持者，計有六處，法師悉皆辭謝。惟福州鼓山湧泉禪寺，乃閩中首刹，桑梓攸關，義不容辭，遂於臘月回閩。

廿六年正月初二日，接理鼓山湧泉禪寺住持。四月重渡武漢三鎮，宏法利生。五月逢師六十壽辰，兩序大衆，爲開千佛大戒，五十三日。六月遊廬山牯嶺，於居士林講經一月。仍任中國佛教會理事長，兼全國災區救護團團長。召集蘇滬佛界青年，組織僧侶救護隊，俾戰時之用，經訓練月餘，而八一三滬戰發生。遂用卡車，運載災區難民暨傷兵，送至上海各收容所，及佛教醫院，往來通衢，衆目共覩，咸稱僧界，最爲勇敢。冒險奔走，約兩月餘。蒙佛加被，始終僅死一僧。上海淪陷後，隨軍由滬沿途至南京，達漢口，繼續從事救護。當抗戰時，以各處收容所，經費無着；十月間，師自往南洋馬來亞半島，募集醫藥費，以資接濟。蓋無經費，直同虛設。法師即偕徒明暘先赴新加坡總商會，請求組織，接濟各處收容所。並滙款組織漢口第二僧侶救護隊。次到吉隆坡，檳榔嶼總商會，組織一如新加坡，並函寗波佛教會，組織第三僧侶救護隊，均獲如願，不幸滬漢甬。相繼淪陷，而漢口救護隊，祗得隨軍至河南。

廿七年春，師更承南洋檳榔嶼極樂寺之請，住持法席。寺爲鼓山之下院，於歐洲頗著聲望，允稱大刹。師住持後，百廢俱舉，煞費苦心，及今寺院，日趨莊嚴，皆出自師賜也。夏間法師回國，視察各收容所，及佛教醫院，成績均佳，重赴南洋報告，繼續募款救濟。

廿八年秋，再回國到滬，當時即有某甲，暗思陷害，指使某乙，密報日本南京憲兵司令部，謂法師乃抗日分子，曾在南洋募鉅款接濟。至九月一日，圓明蓮池會成立，法師在堂禮佛，忽有日方汽車四輛，載憲兵多人，如臨大敵，法師及明暘師，遂同時被逮。是時秋風正緊，衣服單薄，法師乃默禱觀音大士，放自然氣，充滿師徒二人，以免飢寒。次日拘送南京，越一宿，竟然不飢不寒。菩薩於飢寒，既能加被，而於身命不至危險，旋即拘禁於南京日本憲兵司令部。師復念地獄天宮，皆爲淨土，隨處可建道場，因一心念佛，恬靜若平時。審問時，先問明暘師，種種恐嚇。後乃審訊法師，面目猙獰，幾瀕於危，法師從容陳辯，率爲折服，且漸加優待，立拘某乙治以反造之罪，逮捕嚴訊，拷打終日，可見報應之速。後憲兵團長勸誘法師，與之合作，師以老病却之。農曆九月廿八日，釋放返滬。始復自由，仍住圓明講堂，閉門謝客，專事著述。乃某甲以奸謀不遂，反向重慶誣報，謂法師受僞政府，南洋宣撫使之命，已搭輪出國，幸當局明察其情，未予置信，終得大白。

廿九年，法師仍在講堂，著有勸修念佛法門，發菩提心文講義，彌陀經要解講義，佛說八大人覺經講義，楞嚴綱要等書。法師不特精通性、相，兼善詩文，書法亦妙，佳編墨寶，遍布寰宇。六旬以前，已著有大乘起信論講義，彌陀經講義，法華弘傳序講義，普門品講義，心經講義，一吼堂詩集，更有仁王護國般若經講義等。曾由上海佛學書局，及圓明法施會，出版流通，命名爲圓瑛法彙。

卅年夏，天津居士林，派代表來滬，約請赴天津講經，法師以著書辭，不克前往。

卅一年，該林復請弘法，法師以情殷不可却，遂于夏間首途，並應北平佛教徒之請，在廣濟寺講經兩閱月。

卅二年春，應無錫南京講經，秋應天津、北平、保定等處之請，前往講經。

卅三年夏，應無錫、蘇州，秋冬應南京講經，臘月返滬。此三年中間，信仰皈依者，不可勝數。

卅四年春，法師因鑒說法人才缺乏，遂考取青年優秀僧伽卅二人，創辦圓明楞嚴專宗學院，於四月初八日，佛誕日成立，法師自任院長，每日講經，復兼編著楞嚴講義，已成十六卷，恆至夜分，歷久忘倦。

三十五年二月初四日，法師升座講演，約一小時，忽覺舌强，辭不達意，頗自駭異！反覆再講，愈覺不支。明暘師趨至座旁，扶到寢室，已不省人事。急延醫診治，知是中風險症，治療經一星期後，神識始清，而半身感不遂。全院學生，及信徒等，發願減壽，以延師壽，即各地道友信徒，亦爲祈禱，越二月，手足方能動轉，此後漸漸恢復；雖曰醫藥生效，究亦師之道力，以及各方祈禱之力也。是秋恭請應慈老法師，講華嚴要解，並請覺澄法師講圓覺經。

三十六年春，師爲教心切，復欲升座講經，衆弟子以法師病體未健，力勸再事休息，遂請守培老法師，講大乘起信論。又請靜權老法師講地藏經。

是年農歷五月十二日，法師七十壽誕，弟子等欲爲其祝嘏，師以烽火猶驚，瘡痍未復，囑勿多事。惟衆弟子，以師齒德兼尊，聲譽遠播，總當略示敬意，以慰群情。爰集緇素四衆，禮佛誦經，恭請社會名流，惠然蒞止，禱民生之樂康，祝道脈之緜延。最近復據海內外各地來函，屆時爲師舉行誕辰慶祝者，計廿餘處，具見大德所被，群情翕然。

南洋檳城極樂寺，自法師廿七年春接任以來，迨廿八年秋回國，寺務由志崐和尙代理，並職事照應。旋檳城淪陷，寺衆艱苦撐持。監院明德師等，以法師回國九載，今值勝利，交通恢復。盼師飛錫南來，以慰衆望。由是邀集諸山長老開會，衆意一致，公舉達明老和尚，深日師爲代表，返國迎請。法師以衆意難却，兼極樂寺手續未完，遂即允行。於臘月中旬，率徒明暘偕行，道經香港，蒙該地佛教聯合會歡迎，駐錫東蓮覺苑，承王學仁居士，及林楞眞苑長厚待，並講楞嚴經大意，聞者歡悅，得未曾有。臨別時復荷歡送，於十二月廿六日安抵星洲，該坡僧伽策進社，菩提學院，暨諸山大德，赴埠迎接。駐錫圓通寺承各寺邀宴，歡敍浹洽。

卅七年正月，望後赴吉隆坡，該坡佛教同人，到站歡迎，雪蘭莪佛教徒，假中華大會堂，開歡迎大會，旋赴巴生坡、觀音亭，致祭轉物老和尚，該地僑賢，假華商公所，開會歡迎。道經怡保，承三寶洞，宗鑑法師，暨東蓮小築，勝進法師，及霹靂佛學社諸團體，開會歡迎，並請開示，法師講演，慧辯如流，群衆傾心。二月中旬，至檳榔嶼，極樂寺大衆，暨北馬佛教徒百餘人。至埠迎接。法師到已，與諸歡迎者，同至極樂寺，隨即開會歡迎，久別重逢，彌覺忻幸！極樂寺於淪陷時，幸得大衆同心苦守，而寺宇依然如故，且新建藥師殿，並修理全部殿堂，法師見之，喜慰無量！嗣復應華嚴寺之請，講八大人覺經，適福州鼓山湧泉寺，來函詳述兩序大衆開會，僉舉法師復位住持，由盛慧老和尚，爲護理方丈，本年三月上浣，爲法師宏開壽戒。

極樂寺，自妙蓮老和尙，開山以來，迄今六十餘載，道風遠播，譽冠南洋，兩序首領公議，今歲法師逢七秩晉一誕辰，大衆爲開千佛壽戒，四衆雲集，數百餘人，濟濟一堂，爲馬來亞空前之勝會，至四月八日圓滿。後復應吉打坡觀音亭，如賢和尙之請，講勸修念佛法門，善信受化者衆。法師以國內要務待理，亟欲返國，於五月上旬啓程，經吉隆坡、新加坡，由香港乘機抵滬。此行也，雖爲日無多，而宣揚大乘佛法，高竪戒幢，使未信者生信，增長善根；已信者深造，精進行道，法師之所賜，實至深且鉅也。綜計所收信徒，三千餘人，無怪乎所經各地，報章讚揚備至，逾古稀年齡，而能爲法忘軀，誠難能而可貴也。

三十八年春，法師整理舊稿，將一吼堂文集，住持禪宗語錄，弘化紀念册，盂蘭盆經講義付印流通，廣宣法益。更有楞嚴經講義已編十六卷，尙餘三分之一，大願未償，遂從事續編，閉門謝客，專一其心，於是編至辛卯四月，佛誕前三日編畢，全部共廿四卷，裝成五册，即行問世。凡海內外，參加附印助印者，不乏其人。足徵法師一生，研究楞嚴，近代推爲獨步！將見是書出世，令人捨識用根，忘塵照性，悟圓理，起圓修，得圓證，疾趣無上菩提矣！

憨山大師放生功德偈

人既愛其壽，生物愛其命。放生合天心，
放生順佛命。放生免三災。放生離九橫。
放生壽命長。放生官祿盛。放生子孫昌。
放生家門慶。放生無憂惱。放生少疾病。
放生解冤結。放生罪垢淨。放生觀音慈。
放生普賢行。放生與殺生，果報明如鏡。

註：「三災」一、刀兵災。二、疾疫災。三、飢饉災。

「九橫」一、得病無醫。二、王法誅戮。三、非人奪精氣。四、爲火所焚。五、水中沈溺。六、爲惡獸所噉。七、墮崖。八、中毒受咒。九、被飢渴困。

國家圖書館出版品預行編目資料

大佛頂首楞嚴經講義／圓瑛法師著. -- 1 版. -- 新北市：華夏出版有限公司, 2022.11
冊；　公分. --（Sunny 文庫；261-262）
ISBN 978-626-7134-44-3（上冊：平裝）. --
ISBN 978-626-7134-45-0（下冊：平裝）
1.CST：密教部

221.94　　111011655

Sunny 文庫 262
大佛頂首楞嚴經講義（下）

著　作　圓瑛法師
印　刷　百通科技股份有限公司
電話：02-86926066　傳真：02-86926016
出　版　華夏出版有限公司
220 新北市板橋區縣民大道 3 段 93 巷 30 弄 25 號 1 樓
電話：02-32343788　傳真：02-22234544
E-mail：pftwsdom@ms7.hinet.net
總經銷　貿騰發賣股份有限公司
新北市 235 中和區立德街 136 號 6 樓
電話：02-82275988　傳真：02-82275989
網址：www.namode.com
版　次　2022 年 11 月 1 版
特　價　新台幣 1080 元（缺頁或破損的書，請寄回更換）

ISBN：978-626-7134-45-0

《大佛頂首楞嚴經講義》由佛教書局授權華夏出版有限公司出版